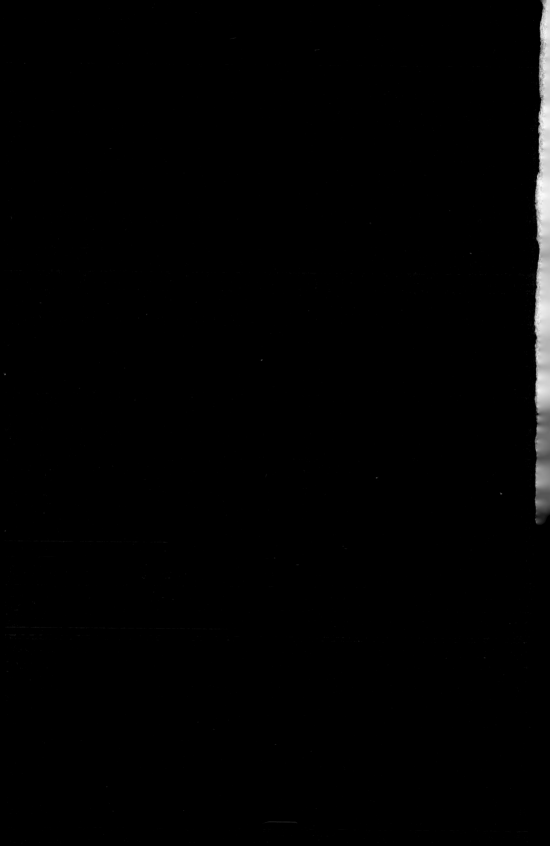

1 9 세 기
민 중 사
연 구 의
시각과 방법

19세기 민중사 연구의 시각과 방법

1판 1쇄 인쇄 2015년 8월 24일 | 1판 1쇄 발행 2015년 8월 31일

지은이 배항섭 | **편집인** 마인섭, 성균관대학교 동아시아학술원 02)760-0781~4
펴낸이 정규상 | **펴낸곳** 성균관대학교 출판부 02)760-1252~4 | **등록** 1975년 5월 21일 제1975-9호
주소 110-745 서울특별시 종로구 성균관로 25-2   ⓒ 2015, 성균관대학교 동아시아학술원

값 20,000원
ISBN 979-11-5550-122-1 94910   978-89-7986-832-6 (세트)

본 출판물은 2007년 정부(교육부)의 재원으로 한국연구재단의 지원을 받아 수행된 연구임(NRF-2007-361-AL0014).

동아시아
문명총서
11

19세기
민중사 연구의
시각과 방법

배항섭 지음

민중의식을 파악하기 위해서는 민중이 경제적인 것뿐만 아니라 다양한 사회적 요인을 포함한

생활권과 심성 양면에서 고유한 문화를 지닌 자율적 존재라는 점에 유념하면서 민중 사상 형성 과정을

그 자체로서 파악할 수 있는 문제의식과 방법론을 획득해야 한다.

성균관대학교
출 판 부

차례

제2부 새로운 방법의 모색

책 머리에

1

이 책은 필자가 「동학농민전쟁연구」로 박사학위 논문을 쓴 이후, 민중운동사 연구가 '몰락'해가는 모습을 지켜보면서 주로 19세기 말, 곧 근대 전환기의 민중(운동)사에 대해 새롭게 고민해간 글들을 엮은 것이다. 박사과정을 시작한 것은 1989년 9월이었고, 학위를 받은 것은 1996년 8월이었다. 이 기간은 민중사 연구와 관련하여 이중적 의미를 지니는 시간이었다. 1990년 전후는 세계사적으로 베를린 장벽과 동구권 사회주의의 붕괴라는 세기적 사건이 일어났으며, 국내 학계에도 포스트모더니즘을 비롯한 새롭고 다양한 학문 조류가 본격적으로 내습한 시기였다. 다른 한편 1980년대 후반은 6·10항쟁으로 표현되는 민주화운동과 최대 규모의 노동운동이 일어나는 등 한국 사회에서 '민중운동'이 최고조에 달할 때였다. 또한 동학농민전쟁(이하 농민전쟁) 100주년(1994)을 앞두고 대대적인 학술·기념사업이 시작된 것도 이 무렵이었다.

이에 따라 동학농민전쟁 연구에는 사회주의 붕괴의 충격이나 각종 포스트 사조가 내습한 영향이 즉각적으로 반영되지 않았다. 필자의 박사학위 논문 역시 그러한 분위기 속에서 서술되었다. 그러나 학위논문을 제출할 무렵에는 이미 민중운동사에 대한 일반인들이나 연구자들의 관심이 급격히 식어가고 있었고, 민중운동사가 발 딛고 있던 역사 인식에 대한 근본적 비판들도 본격적으로 제기되기 시작하였다. 이러한 연구 환경 속에서 100주년에 기세를 올렸던 대부분의 연구자들도 민중운동에 대한 관심을 접었으며, 신진 연구자들은 거의 나오지 않았다. 민중운동 사 연구가 침체의 길을 걷기 시작한 것이다.

이와 같은 국내외적 정세의 격변과 다양하고 새로운 학문 조류의 거센 도전이 1990년대 후반에 들어 민중운동에 대한 사회적·학문적 관심이 퇴조하게 된 중요한 요인이 되었음은 물론이다. 그러나 동시에 그러한 변화에 대응하여 민중(운동)사를 새롭게 이해하려는 연구자들의 노력이 미흡했다는 점을 깊이 자성하지 않을 수 없다. 새로운 출발을 위해서라도 그동안의 민중(운동)사 연구를 연구시각이나 문제의식이라는 맥락에서 체계적으로 되짚어볼 필요가 있다고 생각한다. 쟁점별 접근이나 주요 주제별 검토도 중요하지만, 새로운 연구 방향 설정을 위해서는 무엇보다 연구시각이나 문제의식에 대한 검토가 요청되기 때문이다.

그 가운데 이 책에서 집중적으로 살펴본 것은 그동안 민중운동사 역시 다른 분야의 연구와 마찬가지로 서구 중심적·근대 중심적 인식에 규정되면서 진행되어 왔다는 점이다. 특히 1990년대까지의 민중운동사가 그려내고 있는 "민족으로서의 민중", "근대를 지향하는 민중"이라는 이미지에 대해 비판적으로 검토하였다.

2

이 책은 제1부 〈연구 동향과 시각〉, 제2부 〈새로운 방법의 모색〉으로 나누어 각기 6편씩의 글을 싣고 있다. 제1부에는 주로 민중운동에 대한 기왕의 연구들을 검토한 글을 모아놓았다. 「조선후기 민중운동 연구의 몇 가지 문제」에서는 임술민란 연구의 현황과 과제를 지주제와 민란, 향촌사회 지배질서와 민란, 민중의식과 민란 등의 세 가지 주제로 나누

어 살펴보고, 연구의 진전을 위해 무엇보다 민중의 일상생활과 그 속에서 형성된 민중의식에 대한 해명이 필요함을 주장하였다. 「동학농민전쟁의 사상적 기반에 대한 연구현황과 과제」에서는 동학사상과 동학농민전쟁의 관계에 대한 기존의 연구를 ① 동학사상=지도이념론, ② 종교적 외피론, ③ 유기적 관련론, ④ 단절론의 4개 유형으로 나누어 각각의 주장이 내세우는 핵심 내용과 문제점을 살펴보았다. 「1920~1930년대 새로운 동학농민전쟁상의 형성」은 1920~1930년대에 오늘날 우리가 알고 있는 동학농민전쟁상이 형성되어 가기까지의 과정을 추적한 글이다. 「한우근의 동학농민전쟁 연구─내용과 의의」는 해방 이후 동학농민전쟁에 대한 제1세대 연구를 대표하는 한우근 선생의 연구를 "동학농민전쟁의 배경", "동학과 동학농민전쟁의 관계", "동학농민전쟁의 전개과정"으로 나누어 검토한 글이다. 「등신대(等身大)'의 민중상으로 본 동학농민전쟁」은 1998년에 발간되어 한국 학계에도 커다란 반향을 불러일으킨 조경달 선생의 『異端の民衆反亂─東學と甲午農民戰爭』에 대한 서평이다. 「1990년대 이후 북한 학계의 동학농민전쟁 연구동향과 특징」은 1990년대 이후 북한 학계에서 이루어진 동학농민전쟁 연구가 그 이전에 비해 동학의 역할이나, 동학농민전쟁의 애국애족적 성격을 강조한 점이 특징적임을 지적한 글이다.

　제2부에 실린 글들은 기왕의 연구들에서 보이는 민중상이나 연구방향을 검토하면서 새로운 민중사 연구방법을 모색해본 것들이다. 「근대를 상대화하는 방법」은 조경달 교수의 책에 대한 서평 형식을 취한 글이지만, 민중사 연구에 대한 필자의 생각을 "근대를 상대화하는 방법"이라는 맥락에서 정리한 글이라는 성격이 강하기 때문에 제2부에 배치하였다. 「임술민란의 민중상에 대한 재검토」는 기왕의 임술민란 연구가 묘사하고 있는 토대반영론적, 근대지향적 민중상을 비판적으로 살펴보고, 근대지

향과는 다른 맥락, 혹은 동아시아적 시각에서 새로운 민중상을 구축할 것을 제안한 글이다. 「동학농민군의 지향 : 근대인가? 반근대인가?」에서는 동학농민군의 지향에 관한 기왕의 연구를 근대지향론과 반근대지향론으로 대별한 후 각각의 주장과 문제점을 비판적으로 살펴보았다. 「현행 고등학교 근현대사 교과서 서술에서 보이는 민중상」은 근대전환기 민중운동에 대한 교과서 서술 내용이 '근대', '민족'이라는 중심 코드에 근거하고 있음을 비판적으로 검토한 글이다. 「동학농민전쟁에 대한 역사 교과서 서술 내용의 새로운 모색」은 동학농민전쟁에 대한 최근 교과서의 내용을 검토하면서 '나눔과 배려' 등 새로운 가치를 드러내고, 동아시아라는 확장된 시야에 입각하여 새롭게 서술할 것을 제안한 글이다. 「동학농민전쟁 연구의 새로운 가능성」은 동학농민전쟁 연구가 운동 그 자체의 분석에만 머물 것이 아니라, 향촌사회의 지배질서, 혹은 여성의 참여나 사회적 지위 등과 연결하여 접근함으로써 민중운동 연구의 의미를 풍부하게 확장해 나갈 것을 주장한 글이다.

앞서 언급했듯이 이 책의 핵심적인 문제의식은 서구 중심적·근대 중심적 인식에 규정되어 진행되어 온 기왕의 연구들을 비판적으로 검토하는 한편, 필자 나름의 새로운 연구방법이나 시각의 단서들을 제시하는 데 있다. 이러한 문제의식의 요체는 사실 이 책에 실린 글 가운데 가장 먼저 발표된 「현행 고등학교 근현대사 교과서 서술에서 보이는 민중상」 (2003)에도 잘 정리되어 있다. 당시의 고등학교 교과서 내용을 분석한 것이지만, 사실상 그때까지의 민중운동 연구를 비판적으로 검토한 이 글의 요체는 다음과 같다.

기왕의 연구들은 조선후기로부터 20세기 초반으로 이어지는 이른바 "근대이행기"의 역사과정을 '근대화'와 '민족'을 중심 코드로 서술하고 있으며, 민중의 삶과 생각이나 민중운동 역시 '근대화'와 '민족'을 중심으로 한 근대화운동과 민족운동의 흐름 속에서만 이해하여 왔다. 이러한 이해는 민족이나 근대가 아닌 다른 지향을 가지고 살아간 사람들, 특히 '민족운동'이나 '근대화 운동'에 가담하였다 하더라도 민족주의나 근대지향과 결을 달리하였던 민중의 생각과 행동을 억압, 배제하거나 왜곡한다. 때문에 민중은 고유한 생각이나 행동을 가진 행위주체(agency)로 인식되거나 인정될 여지가 없으며, 근대를 지향해 나아가는 민족의 대서사가 제시하는 역사적 전망에 의해 통제되고 전유되는 존재들로 재현될 뿐이다. 여기에는 민족이나 근대지향이라는 가치들과 범주들을 쓸모없게 만들거나 전복시킬 가능성이 있는 다른 가치들과 범주들을 배제하고 억압함으로써 주변화하는 계서제적인(hierarchical) 전략이 깔려 있다. 그러나 민중의 사상 내지 생활 의식은 특정한 가치나 기준으로 재단하기에는 '모순'으로 가득 차 있고, 전통과 습속이 혼재되어 있어서 근대지향과 민족주의적 시각으로 그들을 이해하는 것은 불가능하다. 이 점에서 '근대화'나 '민족'이라는 코드와는 다른 생각과 행동을 보였던 민중사의 복원은 그 시대의 역사상을 풍부하게 할 뿐만 아니라 그를 토대로 근대에 대해 비판적으로 성찰할 수 있는 하나의 중요한 단서가 될 수 있다는 것이다.

이후의 글들도 기본적으로 이상과 같은 문제의식에서 씌어졌다. 이 책의 다른 글에서도 수차례 지적되겠지만, 이른바 "근대이행기"의 민중의식은 부르주아의 그것과는 다른 결을 보이고 있었다. 민중의 생활세계나 의식은 국가권력이나 지배층에 온전히 포섭될 수 없는, 지배적 가치나 이념만으로는 이해하기 어렵고 또 거기에 쉽사리 포섭되지도 않는 상대적 자율성과 독자성을 가지고 있었기 때문이다. 이는 곧 민중의식과 행동에는, '서구'가 구성해놓은 단선적 발전 과정으로는 포착하기 어려운, 복잡한 갈래들이 얽혀 있는 고유한 영역이 있었음을 의미한다. 이

점에서 특히 본서에서 다루는 19세기 혹은 "근대이행기"의 민중운동과 민중의식에 대한 연구는 근대 중심적·서구 중심적 역사 인식에 의해 배제되거나 억압·왜곡되었던 민중의 삶과 의식을 재조명하고 거기에 숨겨져 있는 다양한 가능성을 새롭게 발견해 나갈 수 있는 단서가 될 수 있다. 민중사가 서구 중심주의를 극복하고 근대/전통의 이분법적 이해를 넘어서서 전근대로부터 근대를 다시 바라보고 상대화하는 하나의 방법일 수 있는 것도 이 때문이다.

민중운동사 연구는 무엇보다 역사를 고정된 것, 목적론적인 무엇으로 파악하는 것이 아니라 인간의 삶이 주체적으로 대응해 나가는 속에서 역사를 어떤 가능성으로 이해하려는 데 그 의의가 있다. 그러나 지금까지의 민중운동사 연구는 서구적 경험을 준거로 한 발전론적·목적론적 역사 인식에 입각하여 민중운동이 역사의 진화론적 전개과정을 증명해주는 표상이라는 점을 선험적으로 전제하여왔다. 물론 민중운동이 그런 점과 전혀 무관하지는 않을 것이다.

그러나 민중운동은 다만 한 사회의 모순을 표출하는 면만 지닌 것이 아니다. 민중운동이 전개되는 시공간은 일상적인 삶 속에서 잘 보이지 않던 민중의 생각을 집중적으로 드러내 보인다. 물론 민중운동의 요구조건이나 투쟁 양상에서 드러나는 민중의 행동 양식이나 생각은 사회구조나 지배체제, 지배이념에 규정된 바가 적지 않다. 그러나 거기에는 당국이나 지식인들의 기록, 혹은 이른바 "위로부터"의 시선으로는 잘 볼 수 없거나, 확인하기 어려운 당시 사회의 이면이나 밑바닥뿐만 아니라, 사람들의 생각이나 삶의 방식이나 사람과 사람 간, 혹은 국가권력과 사람들 간의 관계 등을 엿볼 수 있는 중요한 단서가 될 수 있다. 이런 점에서도 목적론·발전론에 입각한 '민족으로서의 민중상', '근대를 지향하는 민중상'은 근본적으로 재고되어야 한다.

3

여기에 실린 글들은 특정한 단행본을 염두에 두고 쓰인 것들이 아니다. 학술회의에서 발표했던 글도 있고, 청탁을 받아서, 혹은 필자의 필요에 의해 그때그때 서술된 것도 있다. 때문에 일부 중복되는 부분도 있지만, 각 글의 완결성을 위해서는 필요한 만큼 그대로 두었다. 발표한지 가장 오래된 글은 2003년에 쓴 「현행 고등학교 근현대사 교과서 서술에서 보이는 민중상」이지만, 사실상 가장 먼저 작성된 것은 「조선후기 민중운동 연구의 몇 가지 문제」이다. 이글은 1998년도에 작성되었으나, 개인적인 사정으로 발표하지 못하였다가, 2008년도에 발표한 것이다. 2008년도에 발표할 때 일부 새로운 논저들을 추가로 참조하였지만, 거개의 내용은 원래 그대로이다.

여기에 실린 대부분의 글도 원래 발표한 내용 그대로이다. 교정 과정에서 발견된 오탈자나, 비문 등만 수정하였다. 다만 「현행 고등학교 근현대사 교과서 서술에서 보이는 민중상」의 경우 전거만 밝혀져 있던 인용문을 본문에 노출시킨 것이 많다. 그렇지만, 다른 부분의 서술 내용은 손대지 않았고 논지도 그대로이다.

십 수년 전부터 민중사 연구의 새로운 시각이나 방법에 대해 고민하면서 쓴 글들이지만, 본격적인 연구가 아니라서 변죽만 울리다 만 꼴이되었다. 다만, 아직 부족한 점이 많지만, 새로운 시각과 방법을 수용한 단행본을 준비 중이라는 점을 밝혀둔다.

역사적 시간과 그 속을 살아간 인간의 삶과 경험은 특정한 가치나 기준을 전제로 한 역사 인식 그리고 그에 따라 구성된 역사상으로는 그려낼 수 없다. 그렇게 해서는 도저히 이해할 수 없을 만큼 다양하고 광범위하기 때문이다. 역사연구자는 이와 같이 매우 다양한 삶과 경험을 어떤 식으로든 해명해보려고 노력하는 존재라고 생각한다.

모든 인간의 삶과 경험이 다 소중하고, 또 그것을 이해하는 것은 지난한 일이지만, 그 중에서도 민중의 삶과 생각에 접근하기 위해서는 각별한 고민이 필요하다. 물론 민중의 삶과 생각을 그대로 재현하는 것은 불가능하다. 그러나 다양한 인간군상이 모여 만들어 간 역사 과정에 대한 '전체적' 파악, 혹은 역사상 재구성을 위해서도 민중의 삶과 생각을 '이해'하려는 노력은 불가결한 것이다.

이 책이 앞으로 민중사 연구의 새로운 시각과 방법을 열어가고, 나아가 서구 중심적·근대 중심적 역사 인식을 넘어서는 새로운 역사상을 구성하는 데 작은 계기가 되기를 기대해본다. 이 책의 문제의식을 가다듬고 진전시켜 나가는 데는 역사문제연구소 민중사반의 세미나 그리고 일본 〈아세아민중사연구회〉와의 교류가 큰 도움이 되었다. 이 자리를 빌려 감사를 표하고 싶다. 끝으로 난삽한 원고를 꼼꼼히 읽고 교정해준 한국학중앙연구원의 최주희 박사, 그리고 지지부진한 작업을 기다려준 성균관대학교 출판부 관계자들께 감사드린다.

2015년 8월
배항섭

제 1 부

연구 동향과 시각

조선후기 민중운동 연구의 몇 가지 문제
– 임술민란을 중심으로

1. 머리말

민중운동은 민중의 생각과 행동논리를 보여주기도 하지만, 발발배경과 전개과정에서 제시되는 요구조건이나 투쟁양상, 그에 대한 정부의 대책 등 일련의 과정을 통해 당시 사회의 모순 그리고 변화의 방향을 드러내거나 시사해준다. 이 점에서 민중운동은 당시 민중의 생각이나 행동뿐만 아니라 민란 발발 전후 조선의 사회상과 이후의 역사상을 전체적으로 조망하고자 할 때 빼놓을 수 없는 분야라고 생각된다.

그럼에도 불구하고 최근 들어 민란을 비롯한 민중운동 연구는 거의 실종되다시피했다. 그 요인으로는 우선 사회주의 진영의 몰락과 신자유주의적 국제질서의 확산, 국내 민주화의 진전과 IMF 사태 이후 급격히 확산된 '실용주의' 분위기, 현실 속의 사회운동이 실망스런 모습을 보여주고, 또 한편에서는 새로운 사회운동이 대두하는 등 민중운동 연구가 고조되었을 때와는 크게 달라진 국내외적인 환경의 변화를 지적할 수 있을 것이다. 다른 한편 이러한 변화에 앞서 연구자의 생각이 너무 쉽게 변해버린 것이 아닌가 하는 생각도 떨칠 수 없으며, 기왕의 민중운동 연구가 취해온 접근방법이나 시각에도 적지 않은 문제가 내포되어 있다는 점도 민중운동 연구의 침체에 영향을 미쳤을 것으로 보인다.

일제시대 식민사학자들은 임술민란의 발발 원인으로 조선왕조 지배층의 부패와 가렴주구 등 조선사회의 극단적인 혼란상을 강조하였다. 따라서 민란을 조선후기 사회의 변화라는 측면과 연결하여 이해하기를 기대하기는 어려웠다. 1960년을 전후한 시기부터 훗날 이른바 '내재적 발전론'으로 명명된 한국사에 대한 새로운 인식체계가 대두되었다. '내재적 발전론'에 입각한 조선후기 역사상을 재구성하려는 노력이 집중적으로 이루어지면서 임술민란에 대한 연구에도 변화의 조짐이 나타나기 시작했다.

임술민란은 봉건사회 해체기에 이르러 극에 달해 있던 조선사회의 모순이 폭발한 것임과 동시에 거기에는 새로운 사회를 향한 전망이 내포되어 있을 것이라는 관점에서 새로운 접근이 추구되었다. 이후 사회경제사 분야의 연구성과가 축적되면서 민란의 직접적인 원인이 삼정의 문란에 있었다 하더라도, 그 저변에는 생산력의 발전과 농민층 분화의 진전에 따른 지주-소작관계의 확대 등 생산관계를 둘러싼 모순이 가로놓여 있었다는 점이 강조되었다. 따라서 민란의 주도층이나 요구조건, 지향 등도 그러한 시각 속에서 찾아졌다.

1980년대에는 향촌 지배질서의 변화, 총액제, 공동납, 도결과 같은 부세운영체제의 변화가 크게 주목받았다. 그리고 이러한 변화에 대응한 민란의 조직 기반으로 향회, 이회, 도회, 민회가 부각되고, 민란 주도층으로 요호부민, 그리고 초군(樵軍)으로 대표되는 빈농이 주목되는 등 민란이 다양한 시각에서 새롭게 조명됨으로써 그 역사상도 한층 구체화되었다.[1]

---

1 조선후기 민중운동을 연구사적으로 검토한 글로는 金鎭鳳, 「民亂」, 『韓國史論』 4, 國史編纂委員會, 1976; 鄭奭鍾, 「民衆의 成長」, 『韓國史研究入門』, 1981; 方基中, 「朝鮮後期 收取制度·民亂研究의 現況과 국사敎科書의 敍述」, 『歷史敎育』 39, 1986; 朴贊勝, 「조선후기 농민

이 글에서는 1862년 삼남지방을 휩쓴 임술민란을 대상으로 그간의 연구 시각이나 접근방법과 관련하여 몇 가지 문제를 제기해보고자 한다. 특히 민란의 배경이나 전개 양상과 관련하여 지주제, 향촌지배질서, 부세수취제도, 민중의식 등이 어떻게 이해되고 있는지, 또 기왕의 이해에는 어떤 문제가 있는지를 살펴보려 한다.

2. 지주제와 민란

일제시대 식민사학자들의 연구에서는 대체로 민란의 배경을 조선말기의 부패와 가렴주구에서 찾았고, 민란의 성격도 그에 대한 반발로 일어난 자연발생적 폭동으로 이해하였다. 때문에 민란을 조선사회의 체제 모순이나 내부의 변화라는 면과 연결하여 접근하려는 시각은 보이지 않았다. 일제시대 사회경제사 연구에서는 마르크스주의의 역사이론을 수용함으로써 민란을 봉건적 통치계급과 농노적 농민,[2] 혹은 봉건 지배계급 대 농민 대중 간의 첨예한 계급투쟁이라는 시각에서 이해하였다.[3] 계급투쟁이 다만 봉건 지배계급 대 농민 대중 간의 대립투쟁으로 표현되는 것은 조선의 경우 서구와 달리 발전하는 새로운 생산력에 기반하여 성장하는 도시 부르주아지나 중소상공업자가 존재하지 않았고, 상인·고리대자본은 봉건 지배계급과 대립하지 않고 오히려 그들의 비호 아래 그들과 결탁하여 오로지 농민 대중만을 착취했기 때문이라고 하였다. 또

항쟁사 연구현황」, 『中世社會 解體期의 諸問題』(下), 1987 등이 있다.

2　李淸源, 『朝鮮歷史讀本』, 白揚社, 1937, p. 193.

3　李北滿, 『李朝社會經濟史硏究』, 大成出版社, 1948.

이러한 양상에 대해 서구적 경험과 비교하면서 생산력이 정체·후퇴한 "아시아적 봉건사회"인 조선사회의 특수성으로 규정하고 있는 점에서 아시아적 정체론을 벗어나지 못하고 있음을 볼 수 있다. 이에 따라 민란을 계급투쟁으로 규정하면서도 그 발발 배경을 조선사회의 체제적 특성이나 변화와 적극적으로 연결하여 접근하지 못한 채 "봉건 지배계급의 농민에 대한 포학(暴虐)한 착취와 억압"에서 구할 수밖에 없었다.[4] 해방 이후에 나온 각종 개설서의 내용도 식민사학의 연구시각과 큰 차이가 없다.[5] 대체로 관리의 탐학을 강조하고 사회경제적 변화나 민중의식의 성장 등에 대해서는 주목하지 못하였다.

연구시각에 변화가 나타난 것은 1950년대 후반부터였다. 김용섭은 19세기 후반기의 민란은 한국사의 발전과정에서 봉건적 관료체제가 붕괴하고 근대적 사회가 태동되어 가는지 아닌지를 측정하는 데 중대한 위치를 차지한다는 전제에서 민란의 발생 배경을 재검토할 것을 주장하였다. 종래의 연구에서는 민란 발생의 원인을 삼정의 문란과 지배층의 수탈, 그에 따른 피지배층의 빈곤화에서만 파악하여 온 점을 비판하고 사회경제 면에서의 발전과정에서 성장해온 민중의식에 주목할 필요가 있다는 문제를 제기함으로써 민란을 사회경제적인 변화와 연결하여 파악하는 시각을 제시하였다.[6]

이후 김용섭은 조선후기 농업 변동과 모순구조에 대한 연구를 통해 민란의 사회경제적 배경을 제시하고자 하였다. 그는 18·19세기 농촌사회

---

4 李北滿, 앞의 책 참조.

5 서울大學國史研究會, 「國史槪說」, 弘文書舘, 1952; 李丙燾, 「國史大觀」(新修版), 普文閣, 1955; 李弘稙·申奭鎬·韓㳓劤·曺佐鎬 共著, 「國史新講」, 一潮閣, 1958.

6 金容燮, 「哲宗朝 民亂發生에 對한 試考」, 「歷史敎育」 1, 1956.

에는 봉건적인 신분제의 해체 과정에 수반하여 농민층 분화가 촉진됨에 따라 지주층과 무전자(無田者), 부농층과 영세소농층, 고용주와 피고용자층이 첨예한 대립이 형성되었다고 하였다. 그 가운데서도 지주층의 농민 수탈에 대항하여 일어나는 크고 작은 항조운동(抗租運動)이 쌓이고 쌓인 결과 폭발한 것이 민란이라고 하였다.[7] 또 김용섭은 민란이 지주-전호제의 확대로 인한 농촌사회 내부의 계급적 갈등에 삼정문란이 가중됨으로써 농민 몰락과 계급적 모순이 격화된 데서 발생한 것이라는 이해를 토대로 민란의 주체를 몰락 농민층·영세소작농으로 파악하였다. 민란의 성격에 대해서도 빈농·몰락 농민층이 주체가 되어, 삼정문란뿐만 아니라 이에 편승하여 농민 몰락을 촉진하였던 지주층에 대해서도 항쟁한 반봉건 농민운동으로 규정하였다.[8] 이러한 연구는 민란을 이 시기 농업 변동의 구조적 특징과 연결하여 파악하고, 지주-전호, 부농-영세농, 고용주-임노동자 사이의 모순의 격화 등 계급적 모순을 본격적으로 강조한 최초의 연구로서 민란 연구를 한 단계 진전시킨 것이다. 그러나 농업 변동에 따른 모순을 지주-전호 간의 갈등을 중심으로 설명하고, 주체세력으로는 빈농·소농층을 강조함으로써 부민·향임층의 참여를 극히 부차적인 것으로 이해하였다. 이점은 결과적으로 그 스스로 조선후기 농업 변동 가운데 가장 주목되는 점으로 검증해 낸 부농의 형성과 발전이라는 현상을 민란과 연결하여 파악하지 못하였다는 점에서 문제로 지적되고 있지만,[9] 이

---

7 金容燮, 「18·19世紀의 農業實情과 새로운 農業經營論」, 『大東文化研究』 9, 1972(『韓國近代農業史研究』, 1975에 재수록).

8 金容燮, 「哲宗 壬戌改革에서의 應旨三政疏와 그 農業論」, 『韓國史研究』 10, 1974(『韓國近代農業史研究』, 1975에 재수록).

9 방기중, 앞의 글, 127쪽. 이와 관련하여 김용섭은 최근에 발표한 글에서는 진주민란의 전개과정을 제1계열(몰락 양반)에 의한 정소운동과 제3계열(빈농)에 의한 실질적인 민란으로 구분하고, 수곡도회의 중심은 양반토호나 양반지주층과는 구별되는 일반인으로서의 요호와 부농층이었다고하여 이전

후의 민란 연구에 커다란 영향을 미쳤다.[10]

한편 북한에서는 해방 직후 마르크스주의를 교조적으로 받아들이던 분위기에서 벗어나 주체사상에 입각하여 한국사를 정리해 나가던 1963년에 김석형 등이『봉건지배계급에 반대한 농민들의 투쟁-이조편』을 공동연구로 엮어내었다. 여기서 진주민란 부분을 집필한 김석형은 진주민란의 직접적 발발 계기를 도결(都結)과 통환(統還)에서 찾았다. 또 운동의 성격에 대해서는 자본주의적인 맹아가 발생·발전하고 있었으나, 아직 사회생활에 그리 영향력을 가지지 못하였으며, 항쟁의 주력군과 조직자 가운데 자본가나 노동자라 할 만한 사람이 없고 대부분이 농민이었기 때문에 농민폭동이 새 시대를 지향하는 투쟁이기는 하였으나, 중세기형 폭동의 테두리를 벗어나지 못하였음을 지적하였다.[11] 그러나 김석형은 도결이나 통환 등 부세운영의 문제를 민란의 전개과정과 구체적으로 연결하여 파악하지 못하였다. 또 민란의 성격을 '반봉건 계급투쟁'으로 규정하면서도 지주-작인 간의 모순문제를 그다지 강조하지 않았으며, 농민 의식에 대해서도 거의 언급하지 않았다.

민란의 사회경제적 배경에 대한 김용섭의 문제제기와 연구 이후 지

과는 다른 견해를 보이고 있다(金容燮, 「哲宗朝의 民亂發生과 그 指向 -진주(晉州)民亂 按覈文件의 分析」,『東方學志』 94, 1996, pp. 72-73, 79;「朝鮮王朝 最末期의 農民運動과 그 指向」,『韓國近現代農業史研究』, 一潮閣, 1992.

10 김용섭은 최근 그동안 축적된 자신의 연구를 종합적으로 정리하여 1956년의 임술민란에 대해 제기했던 문제에 답하는 의미를 지니는 연구성과를 내놓았다. 여기에서는 이전과 달리 민란의 발발 배경으로 농촌사회의 변동에 따른 계급 대립의 심화, 신분제의 동요와 사회평등의식의 성장, 부세제도상의 변화, 새로운 사상의 대두, 향촌사회의 질서 변화, 몰락 농민의 思亂意識의 형성 등을 망라하여 지적하고 있다(金容燮, 「哲宗朝의 民亂發生과 그 指向 -晉州民亂 按覈文件의 分析-」,『東方學志』 94, 1996).

11 김석형, 「1862년 진주농민폭동과 각지 농민들의 봉기」, 박시형·홍희유·김석형,『봉건지배계급에 반대한 농민들의 투쟁-이조편』, 1963(여기서는 같은 책, 서울, 열사람, 1989 재간행본을 참고함), pp. 177-179.

주제의 확대가 민란의 중요 원인이었다는 주장이 이어졌다. 1988년 망원한국사연구실에서 공동작업으로 내놓은 『1862년 농민항쟁』은 조선후기 농업생산력의 진전과 상품화폐경제의 발달에 따라 급속히 촉진된 농민층 분해가 소농경영의 영세화와 자영농민층의 몰락 현상을 초래했고, 그에 따라 야기된 지주-작인·빈농 사이의 모순이 민란의 가장 중요한 원인이 되었다고 하였다. 이에 비해 부농과 빈농 간의 갈등은 부차적이었고, 국가의 조세수탈과 사대부들의 불법지배는 제3의 원인이었다고 하여 지주-작인 간의 모순과 대립을 가장 중요한 원인으로 이해하였다.[12] 농민들의 궁극적 지향도 빈농들이 원하는 "농민적 토지 소유"의 실현이었다고 보았다.[13]

오영교는 경영분화를 반영하는 부농-빈농의 대립과 조선봉건국가에 의한 농민지배를 지적하기도 하였으나, 토지 소유 분해가 가속화된 데 따른 봉건지주와 소·빈농·작인 간의 계급대립이 19세기의 체제적 모순이자 민란의 주요 원인이었다고 주장하였다.[14] 조윤선도 임술민란의 원인으로 지주-전호제의 모순을 강조하였다. 특히 초군, 빈농이 주체가 되어 지주, 사대부가를 공격한 점에 주목하여 그것이 곧 지주-전호제를 부정하는 행동양상이었던 것으로 이해하였다.[15]

권내현도 진주 지역의 사례 분석에서 민란과 사회변동을 유기적으로

---

12 망원한국사연구실, 『1862년 농민항쟁』, 1988, pp. 55-58. 망원한국사연구실의 『1862년 농민항쟁』은 우선 연구의 형식면에서 사료의 수집과 검토단계부터 공동작업을 거쳐 펴냈다는 점에서 의미를 가진다. 뿐만 아니라 공동연구의 장점을 살려 풍부한 자료를 토대로 각 지역 민란의 사례를 망라하여 정리함으로써 임술민란 연구를 진전시키는 데 중요한 디딤돌이 되었다.

13 망원한국사연구실, 앞의 책, p. 88.

14 吳永敎, 「1862년 農民抗爭研究」, 『孫寶基博士停年紀念 韓國史學論叢』, 1988, pp. 693-694.

15 趙允旋, 「私的地主制의 측면에서 살펴본 壬戌農民蜂起」, 『史叢』37·38, 1990.

연결하여 이 지역의 사회변동과 제 세력의 동향, 민란으로의 전화과정과 모순의 반영과정 등에 대한 분석을 통해 민란이 양반지주가 다수 거주하고 지주—작인 간의 대립이 가장 첨예하였던 서부지역에서 발발한 것으로 이해했다. 전개과정에서도 부세저항과 동시에 봉건지주에 대한 공격이 활발하게 이루어졌음을 밝혀내고, 부세운영의 폐단이 항쟁의 직접적인 배경이었지만, 내부적으로는 양반사족지주와 소빈농층 간의 대립이 중요하게 작용하고 있었다고 파악하였다.[16]

한편 대부분의 연구에서는 당시 사회의 기본모순이 지주—작인 관계에 있었다는 점을 강조하고 있다. 또 이를 바탕으로 농민들이 토지개혁을 요구하거나 본격적인 대지주투쟁을 벌이지 않은 것은 한계이지만, 민란 당시에 농민들의 행동 속에는 대지주투쟁이라 할 만한 것이 있다고 하였다.

망원한국사연구실에서는 민란의 진행과정에서 지주—전호 간의 기본모순이 아니라 봉건국가의 농민 지배과정에서 나타나는 모순 해결에 대한 요구가 투쟁의 전면에 제기되었던 것은 지주—전호 간의 계급 대립이 아직 성숙되지 않았기 때문이 아니라 조선 봉건사회 내의 계급 배치의 특성이 지주—전호 간의 직접적인 투쟁을 제어하고 있었기 때문이라고 하였다. 지주는 계급 이익을 실현하는 도구로서의 봉건국가와 지주의 계급 지배를 정당화하는 지배 이데올로기인 유교사상의 뒤에 은폐되어 있었다는 것이다. 따라서 지주계급의 이익은 항상 국가권력의 조정에 통제되어 나타나는 것처럼 보였기 때문에 투쟁의 국면에서는 국가와 일반 농민의 투쟁으로 나타나게 되었다는 것이다. 기본모순인 지주—전

---

16 權乃鉉, 「18·19세기 晉州地方의 鄕村勢力變動과 壬戌農民抗爭」, 『韓國史研究』 89, 1995.

호 간의 모순이 국가 기구와 유교 이데올로기에 은폐되고 국가 기구에 그 모순을 전가하였기 때문이라는 논리이다.[17] 오영교도 봉기의 동인인 빈농들이 지향하고 있었던 사회변혁의 방향은 궁극적으로 농민적 토지 소유의 실현이었으며, 기본모순이 지주-작인 간의 대립이었음에도 불구하고 토지문제를 언급조차 하지 않은 요인으로는 소빈농층의 조직적 역량이 취약하여 초기 등소운동 과정을 지주, 부민이 주도하였다는 데서 찾았다.[18]

이윤갑은 성주 지역의 사례연구를 통해 민란이 임술항쟁(1862), 계미항쟁(1883), 갑오농민전쟁(1894)으로 발전해나가는 과정을 추적하였다. 임술항쟁의 1차 봉기는 요호부농층이 주체가 되어 호소 청원에 의존하는 향회방식으로 전개됨으로써 지세과징 등 불법적인 중간 수탈과 가렴주구의 폐지를 요구하면서도 소빈농 집단의 이해와 직결되는 구조적인 부세편중의 모순에 대해서는 거의 언급하지 못하였다고 하였다. 그러나 2차봉기는 소빈농 집단이 독자적인 요구와 조직에 근거해 일으킨 것으로 부세제도의 구조적인 변혁을 요구했으며, 나아가 기본적 생산관계였던 지주전호제의 개혁을 요구하였고 신분제에 저항하였다고 하였다.[19]

이영호는 진주민란을 사례로 빈농과 초군들은 국가-농민의 관계뿐만 아니라 지주-전호관계의 모순을 느꼈기 때문에 봉건적 수취체제의 개혁을 요구하는 한편 경제적 불평등의 근본적인 원인인 지주제의 개혁을 요구하였으며, 소부르주아로의 성장을 위한 기초로서 농민적 토지 소유

---

17 망원한국사연구실, 앞의 책, pp. 53-54.

18 오영교, 앞의 글, 724, pp. 693-694.

19 이윤갑, 「19세기 후반 慶尙道 星州地方의 농민운동」, 『孫寶基博士停年紀念 韓國史學論叢』, 1988, pp. 686-687.

의 실현을 지향하고 있었다고 파악하였다. 또한 이영호는 국가–농민관계에 대한 저항으로 항세투쟁 속에 기본 모순관계인 지주–전호관계에 대한 저항이 어떤 방식으로 은폐되어 있는지를 해명하고자 하였다. 그에 따르면 기본적인 생산관계는 지주–전호관계이지만, 조세수취의 대상이 토지로 집중됨으로써(조세는 전호부담) 국가–농민관계는 질적인 차원에서 지주제와 밀접한 관계를 형성하여 결합하게 되었다는 것이다. 이는 국가–농민의 조세수취관계 속에 나타나는 모순을 지주–전호의 지대수취관계 속에 전가하는 것으로 그만큼 지주제의 규정성이 강화되었음을 의미하며, 따라서 국가–농민관계의 많은 부분이 지주–전호관계로 용해되었고, 다른 한편 지주–전호관계는 국가–농민관계를 통하여 그 모순을 일부나마 표출할 수 있게 되었다고 하였다. 또 민란에서 반지주투쟁(항조투쟁)이 적지 않았음에도 불구하고 봉건적 생산관계를 결정적으로 타파할 수준에까지 도달 못한 것은 ①지주소유지가 분산되어 있었기 때문에 작인들도 고립적 분산적으로 존재하였으며, ②소작인 사이에 자작농도 병존함으로써 지주전호관계 타파투쟁이나 조직을 갖추는 데 방해요인이 되었기 때문이라고 하였다.[20]

김용섭도 최근의 연구를 통해 민란이 진행되는 과정에서 제3계열(빈농·초군)이 주도한 다음에도 체제적·구조적 모순의 개혁, 즉 농업개혁·토지개혁을 주장하지는 않고, 제1계열(몰락양반)의 운동 주체와 지도층이 내세우고 있던 도결(都結)·통환(統還)의 혁파를 강하게 주장하고 쟁취하고 있을 뿐이었지만, 그들에게 그러한 욕구가 없었던 것이 아니라 다른 방식으로 표출되었으며, 지배층으로서의 요호부민(饒戸富民)·양반사족·향리층(鄕吏層)에 대한 처절한 보복이 바로 그 표현이었다는

---

20 이영호, 「1862년 진주농민항쟁의 연구」, 『韓國史論』 19, 서울대 국사학과, 1988.

것이라고 하였다.[21]

이상에서 살펴본 바와 같이 민란에 대한 연구가 진전되면서 민란이 단순히 부패와 수탈에 대한 반응이 아니라 그 배면에 지주제의 확대나 신분제의 변동 등 사회경제상의 변화와 그에 따른 민중의식의 성장 등이 내재되어 있었음을 착목한 연구가 이루어져 왔다. 그러나 대체로 지금까지의 민란 연구는 "경제사 연구에 종속된 채 진행됨으로써 농민항쟁을 단순히 경제구조의 반영으로만 설명하는 데 그치고 있어 농민항쟁이 가지는 역사 발전의 추동적 역할을 약화시키는 경향을 낳기도 했다"는 지적처럼[22] 토대반영론 내지 계급환원론적인 접근방법에 의존하였다는 한계를 지니고 있다. 그렇기 때문에 민란의 배경에 대해 민란 발발 이전 조선사회의 각종 모순과 변화상을 지적하면서도 그것을 민란의 발생경위나 전개양상과 구체적으로 연결지어 설명하지는 못하였다.

지주제의 확대가 대다수 농민의 생활을 어렵게 하였으리라는 점, 따라서 이에 대한 반감이 소빈농들 사이에 잠재해 있었으리라는 점, 또 균전적 토지개혁을 원했을 것이라는 점은 부인할 수 없을 것이다. 그러나 지주–작인 관계가 기본모순이었다 하더라도 어느 시대를 불문하고 어느 항쟁에서나 기본모순의 혁명적 타파를 직접적으로 제기하는 것만은 아닐 것이다. 더구나 임술민란의 요구조건 가운데는 지주제에 대한 반대 내용이 전무하다. 이에 대해서는 초기 등소운동 과정에서 요구조건을 담은 소지(所志)를 요호부민이 작성한 경우가 많았기 때문이라고 지

21　金容燮, 「哲宗朝의 民亂發生과 그 指向 –晋州民亂 按覈文件의 分析–」, 『東方學志』 94, 1996.

22　망원한국사연구실, 『1862년 농민항쟁』, 1988, 동녘, p. 27. 망원한국사연구실의 『1862년 농민항쟁』은 우선 연구의 형식 면에서 사료의 수집과 검토단계부터 공동작업을 거쳐 펴냈다는 점에서 의미를 가진다. 뿐만 아니라 공동연구의 장점을 살려 풍부한 자료를 토대로 각 지역 민란의 사례를 망라하여 정리함으로써 임술민란 연구를 진전시키는 데 중요한 디딤돌이 되었다.

적하기도 한다.

그러나 처음부터 소빈농이 민란을 주도하였거나, 민란의 진행과정에서 요호부민은 탈락하고 소빈농이 주도하게 된 경우에도 난민들의 요구조건은 부세문제로 집중되고 있으며, 지주—소작 문제에 대한 요구는 보이지 않는다. 더구나 지세를 작인이 부담하는 것이 일반화되어 있던 영·호남의 경우 도결의 실시에 따른 부세의 토지 집중화는 곧 작인의 부담이 가중되었음을 의미한다. 그러나 소빈농은 결세를 다시 지주가 부담하게 하는 등 지주—소작 관계의 개선 등을 요구하지 않고 결세의 정액화를 요구하는 방식의 대부세투쟁으로 일관하였다.

한편 국가기구가 지주의 지대 실현을 보장해주는 역할은 하였지만, 지주—전호의 모순을 은폐하였기 때문이라는 논리도 석연치 못하다. 오히려 국가기구 혹은 국왕은 지주제의 모순을 타파하려는 입장을 빈번히 보이고 있었다. 뿐만 아니라 이런 논리로는 현실적으로 유교 이데올로기가 '은폐'한 것은 지주계급보다는 국가기구였음에도 불구하고 대지주투쟁보다는 대국가기구투쟁이 강하게 나타난 사실을 해명하기도 어렵다. 이와 달리 국가—농민의 조세수취관계의 모순이 지주—전호의 지대수취관계 속으로 전가되었다는 이해도 있지만, 이 역시 납득하기 어렵다. 그렇다면 민란에서 드러나는 주요 대립관계는 지주—전호관계가 되어야 마땅할 것이기 때문이다. 그러나 현실은 그와 반대로 국가—농민간의 대립구도가 핵심을 이루고 있었다.

지주제 개혁을 요구하였다는 주장도 그것을 뒷받침할 만한 구체적 전거를 제시하지 못하고 있다. 물론 지주가로 추정되는 부잣집을 공격하는 사례가 민란이 발생한 고을에서 빈번하게 보이며 거기에는 지주와 부자에 대한 반감이 내포되어 있었을 것으로 이해된다. 그러나 그들에 대한 공격을 지주제에 대한 반대의 표현으로만 해석하는 데는 회의적이다. 다양한 이유가 있을 수 있기 때문이다. 공격 대상자가 다만 지주이기 때문일 수도 있지만, 특히 악덕 지주가만 공격당했을 수도 있고, 고리대 관계로 농민들에게 평판이 나빴을 수도 있으며, 군량이나 전재(錢財) 염출을 거절했기 때문일 수도 있다. 따라서 부잣집을 파괴했다는 사실만으로 민란이 지주–소작 관계 때문에 일어났다거나, 난민들이 지주제의 철폐를 요구하였다는 주장은 지나친 논리의 비약일 것이다. 이러한 시각은 민란에는 당시 사회의 기본 모순을 반영하여야 한다는 점을 당위로서 전제한 위에 그렇지 못한 현상을 추론하고 있다는 혐의가 없지 않다. 이는 조선사회가 봉건사회이고 그 물적 토대를 이루는 기본적 생산관계는 지주–소작 관계였다는 점을 전제하고, '제대로 된 반봉건투쟁'이기 위해서는 그 모순의 담지자인 농민들이 당연히 그에 반대하였을 것이라는 생각이 선험적으로 전제된 데서 초래된 것으로 보인다.

지주제에 대한 반대가 없었다는 점은 조선후기 사회의 성격을 이해하는 데서도 매우 중요한 의미를 가진다. 이 점에서 토대반영론적인 이해는 심각한 문제가 있다. 무엇보다 민중이 토지 소유 분화나 지주–작인 관계에 대해 무슨 생각을 했는지에 대해 고민할 여지를 봉쇄하는 것이다. 조선후기의 토지 소유 구조, 병작반수에 대해 구래로 내려오는 상사(常事)로 받아들인 민인들의 인식, 자유로운 토지 상품화에 따른 토지 소유 계급의 유동성,[23] 뒤에서 언급하겠지만 19세기에 들어 1894년경까지는 특히 재지지주의 경우 지대 수취량이나 수납률이 경향적으로 급감하고 있었다는 점 등과 관련하여 좀 더 다양한 접근과 해명이 요청된다.

---

23 배항섭, 「1894년 동학농민전쟁에 나타난 토지개혁구상」, 『사총』 43, 1994 참조.

3. 향촌사회 지배질서와 민란

1980년대 후반부터 집중적으로 이루어진 부세수취제도와 향촌사회에 대한 연구는 민란의 배경이나 전개양상, 성격 등을 해명하는 데 한층 풍부한 시각을 제공하였다. 이러한 연구들은 민란의 배경이 된 삼정의 문란을 현상적으로 설명하는 데서 나아가 사회경제적 변화에 따른 수취체제의 변화, 그리고 향촌사회를 둘러싼 재지사족과 수령·이향 간 세력관계의 변화 등을 한층 구체적으로 밝혀내고 그러한 변화가 민란과 구체적으로 어떻게 연결되는가 하는 문제에 관심을 집중시켰다.

우선 향촌사회 지배구조의 변화에 주목한 연구들이 축적되면서 그와 연결하여 민란을 이해하려는 새로운 시도가 이루어졌다. 논지의 핵심은 다음과 같다. 17세기 무렵부터 사족의 계층 분화가 진행되어 가는 한편, 경제적 실력을 배경으로 신분을 상승시켜 간 요호부민층, 서얼 등이 향안에 입록되는 사태가 일반화되면서 신·구향 간에 향전(鄕戰)이 벌어졌다. 18세기에는 사족들이 향권으로부터 멀어지는 대신 수령권이 강화되어 수령−이향이 중심이 되는 관 주도의 향촌 통제책이 실시되었고,[24] 18세기 후반에는 사족 중심의 지배체제가 붕괴되고 수령과 이향이 중심이 된 "수령−이향 지배구조"가 자리 잡았다는 것이다.[25]

고석규에 의하면 "수령−이향 지배구조"는 ①수령, ②이서, ③요호부민으로 이루어진 향임·군교, 그리고 ④양반토호로 이루어져 있지만,

---

24 김인걸, 「조선후기 향권의 추이와 지배층동향」, 『한국문화』 2, 1981; 「19세기 전반 관주도향촌통제책의 위기」, 『국사관논총』 6, 1989.

25 高錫珪, 「19세기 전반 향촌사회 세력 간 대립의 추이 − 경상도 영양현을 중심으로」, 『국사관논총』 8, 1989; 「19세기 前半 鄕村社會支配構造의 성격 −〈守令−吏·鄕 수탈구조〉를 중심으로」, 『外大史學』 2, 1989; 「19세기 농민항쟁의 전개와 변혁주체의 성장」, 『1894년 농민전쟁연구』 1, 1991.

양반토호와 요호부민은 양면성을 가지는 존재였다. 양반토호는 중앙권력으로부터 소외된 재지의 양반지주 층으로 향촌의 정치·사회적 위세를 기반으로 조세부담에서 상대적으로 유리한 지위를 인정받아왔다. 이들은 한편으로는 수령이나 이향과 결탁하여 토지겸병을 추진해갔지만, 다른 한편에서는 수령—이향 지배체제가 강화되면서 일반 농민과 마찬가지로 지방관리들의 수탈 대상으로 전락해갔다. 따라서 이들은 때로는 피역민을 보호하거나 촌락 전체에 부과된 조세의 일부를 부담하는 등 민중적 입장에 서기도 했다.

요호부민에는 양반은 아니지만 경제력을 바탕으로 성장해 나가던 계층이 포함되어 있었다. 이들은 수령이나 이서배들과 결탁하여 수령—이향 지배구조에 편입됨으로써 중간 수탈층이 되는 등의 방식으로 자신의 정치·사회적 지위를 높이고자 하였지만, 향권에서 배제됨으로써 오히려 빈농층에 비해 더욱 심한 수탈의 표적이 되기도 했다. 수령—이향 지배구조 속에서 진행된 총액제 등 부세수취제도의 변화는 가난한 농민들뿐만 아니라 요호부민이나 양반토호층까지도 몰락시켰다. 총액제 운영은 조세수탈의 중압을 이기지 못하고 유리·도망한 소빈농층의 몫까지 요호부농층이 부담하여야 하는 구조였기 때문에 빈농층뿐만 아니라 부농층까지 몰락시키는 원인이 되었다.[26]

부세수취제도의 변화로는 우선 김용섭에 의해 18세기 중엽 이후부터 부세수취가 점차 총액제의 방식으로 운영되기 시작하였음이 밝혀졌다.[27] 총액제는 국가가 토지와 민인을 일일이 파악하지 않고, 군현 단위

---

26 김인걸, 앞 글 「19세기 전반 관주도 향촌통제책의 위기」, p. 179; 고동환, 「19세기 부세운영의 변화와 그 성격, 『1894년 농민전쟁연구』1, 1991, p. 103, 122.

27 金容燮, 「朝鮮後期의 賦稅制度 釐正策」, 『韓國近代農業史研究』(增補版), 1988.

로 미리 정해진 수취 총액을 담세자의 증감과 관계없이 공동 부담하게 하는 제도였다. 이 제도는 조세수탈의 극심한 편중을 초래하여 경제적으로 여유가 있는 부농층 등은 온갖 방법을 동원하여 조세부담에서 벗어났고, 이들이 내야 할 조세는 빈농층이 부담하는 문제를 드러내었다. 빈농층의 유리·도망이 이어지자 수탈은 다시 부농층에게 미치지 않을 수 없었으며, 이는 조세수탈에 대해 부농과 빈농이 함께 투쟁할 수 있는 조건을 만들었다.[28]

또한 총액제가 실시되면서 향촌사회에서는 그에 대응하여 고을 단위의 공동납 형식을 채택하였다. 이것은 할당받은 부세의 총액을 결당 혹은 호당 일률적으로 배분하여 부담시키는 방식이었다. 물론 관과 결탁한 소수의 사족, 요호부민은 빠지거나 부담을 경감할 수 있었으나, 포흠 등이 누적되면서 부세의 절대량이 증대하여 조관(朝官)을 지낸 경력이 있는 사족까지 부세부담에서 자유로울 수 없었다. 이러한 사정은 사족으로부터 무전(無田)의 빈농에 이르기까지 모든 읍민을 공동의 이해관계로 묶어놓았다. 이처럼 공동납이 채택되면서 세액의 합리적 할당방안을 합의하기 위해 향회가 개최되었으며, 결과적으로 향회는 민란의 발발 과정에서 중요한 기능을 수행하게 되었다.[29]

총액제와 공동납에 대한 연구는 빈농·소농이 민란의 주도층임을 강조하면서 요호부농층의 참여 사실을 외면하거나 그 의미를 낮게 평가하던 기왕의 연구와 달리 요호부농을 부각시키는 결과를 가져왔다. 이에 따라 민란의 발발배경을 한층 구체적으로 해명하였을 뿐만 아니라, 사

---

28 망원한국사연구실, 앞의 책, p. 42, 50.

29 安秉旭, 「19세기 壬戌民亂에 있어서의 '鄕會'와 '饒戶'」, 『韓國史論』 14, 서울대 국사학과, 1986; 「조선후기 자치와 저항조직으로서의 향회」, 『성심여자대학논문집』 18, 1986.

족을 비롯한 요호부민이 빈농과 연대하여 반관(反官)투쟁을 전개하게 되는 민란의 초기 양상을 해명하는 데도 중요한 단서를 제공하였다. 여기에 더하여 19세기에 들어오면서 광범위하게 실시되기 시작한 도결(都結)에 대한 연구는 민란의 초기단계에서 난을 주도하며 일반 농민과 함께 투쟁하였던 요호부민이 점차 난에서 이탈하여 오히려 빈농의 공격 대상이 된 원인이나, 요호부민과 빈소농 간의 대립의 원인을 부세운영의 측면에서 찾을 수 있는 단서를 제공하였다.

도결은 일찍부터 통환(統還)과 함께 민란의 중요한 원인으로 지적되어 왔지만,[30] 거기에 대한 구체적인 분석은 1990년대에 들어오면서 이루어지기 시작했다. 도결은 19세기 초반에 나타나는 부세수취 관행으로 도봉(都捧), 방결(防結), 관양호(官養戶)라고도 하였다. 도결은 전세 · 대동세 외에 도망 등으로 부족해진 군역세나 포흠된 환곡, 그리고 각종 부가세를 토지에 부가하는 제도이다.[31] 또는 도호(都戶) 내지는 관도호(官都戶)의 다른 표현으로 기존의 응세조직인 작부제(作夫制)를 통하지 않고 수령이 직접 조세부담자로부터 세를 거두어 들이는 전결세(田結稅) 수취 방식으로 조세의 화폐납이 그 전제조건이 되는 제도로 이해되고 있다.[32]

안병욱은 도결로 인해 조용조(租庸調)라는 봉건적인 수취체제가 근본적으로 변혁되는 계기가 마련되었으며, 도결법 시행으로 부담이 늘어난 지주나 부유한 자작농 등 부호들도 그동안 신분적 특권으로 면제받아 오

---

30 김석형, 앞의 글, 145쪽; 鄭昌烈, 「조선후기 농민 봉기의 정치의식」, 『韓國人의 生活意識과 民衆藝術』, 1983, p. 50.

31 安秉旭, 「19세기 賦稅의 都結化와 封建的 收取體制의 해체」, 『國史館論叢』 7, 1989.

32 김선경, 「1862년 농민항쟁의 都結혁파요구에 관한 연구」, 『李載龒博士還曆紀念 韓國史學論叢』, 1990(이 글은 「1862년 농민항쟁의 반봉건적 지향−都結혁파요구를 중심으로」, 『망원한국사연구실회보』 2호, 1987을 토대로 작성한 것이다).

던 양역의 일부와 포탈된 환곡까지도 떠맡게 됨으로써 불만을 가지게 되었고 이러한 불만이 수령과 충돌을 일으켜 민란으로 비화되기도 한 것으로 이해하였다.[33]

이에 대해 김선경은 도결을 둘러싼 양반 호수배와 일반농민의 이해가 서로 달랐음을 지적하며 다른 견해를 제시했다. 도결의 실시로 가장 불만이 많던 계층은 관에 이익을 빼앗긴 호수배(戶首輩)들이었기 때문에 봉기의 초기과정에서 양반의 역할이 두드러진 지역에서만 기존의 조세기구인 작부제를 부활시키기 위해 도결혁파를 요구하였다는 것이다. 반면 일반 농민층은 도결의 실시에 따라 호수배들에게 중간 착취가 없어지고, 그들이 주로 부담하던 군역, 환곡, 잡세 등의 부담까지 토지세 부담자 일반이 나누어진다는 점에서 오히려 이익이 되었기 때문에 도결혁파를 요구하기보다는 자의적인 조세부과를 제한하거나 막기 위해 결가의 정액화, 혹은 인하를 요구하거나 새로운 조세원칙을 마련하는 행태를 보였다고 하였다.[34]

이러한 지적은 부세문제를 둘러싸고 소빈농과 요호부민의 이해가 합치하는 점뿐만 아니라 서로 상충되는 점도 있었음을 보여주며, 요호부민과 소빈농 사이의 갈등과 대립의 원인이 지주제뿐만 아니라 부세수취의 방식에서도 초래되고 있었음을 확인해주고 있다. 이에 따라 민란 발발의 배경뿐만 아니라 민란의 진행과정에 나타난 대립관계를 한층 명확하게 이해할 수 있게 되었고 민란의 운동구조나 성격에 대해서도 보다 세밀한 이해가 가능해졌다.

부세수취제도의 변화가 민란과정에서 대민과 소민 간의 대립을 초래

---

33 安秉旭, 앞의 글, 1989.

34 김선경, 앞의 글, pp. 638-641.

하였다는 점은 19세기 양역수취법의 변화상을 분석한 송양섭에 의해서도 제기되었다. 그에 따르면 19세기를 전후하여 본격적으로 확산되어 나간 '동포(洞布)'는 지속적으로 성장해온 소민층의 욕구가 반영된 결과였으며, 기존의 구파법(口疤法)과 함께 병행되기 시작한 동포제(洞布制)에 따라 군역부담에서 제외되고 있던 대민도 역전(役錢)을 부담하게 되었기 때문에 이의 실시를 적극적으로 받아들이려 한 소민과 자신들의 기득권을 지키기 위하여 구파법을 주장하는 대민 사이에 이해의 충돌이 초래되었고, 대민에 대한 소민들의 반발이 항쟁의 한 원인이 되었음을 지적하였다.[35]

향촌사회 지배질서의 변화에 대한 연구는 민란을 사회경제적 변화와 그에 따른 모순의 표출로 파악해오던 경제환원론적인 연구시각을 극복함으로써 전개양상, 요구조건 등에 대해서도 한층 풍부하게 이해할 수 있는 중요한 단서가 되었다. 그러나 최근에는 '수령─이향 지배체제'에 대해 몇 가지 비판이 제기되었다. 이노우에(井上和枝)에 따르면 사족들이 향촌사회에서 수행한 교화의 측면, 곧 윤리규범을 침투시켜 신분질서를 통제하고 길흉부조를 통하여 농민적 재상산구조의 기초 확립을 도모하였다는 점도 중시되어야 하며, 이 점에서 사족의 영향력은 여전히 무시될 수 없다는 것이다.[36] 정진영은 "수령─이향 수탈체제"라기 보다는 "벌열─이향 수탈구조"라는 표현이 더 어울린다고 하였다. 그는 19세기의 지배구조와 관련하여 감사도 대체로 벌열가문 출신일 것이며, 수령의 경우 벌열가문이거나 그렇지 않을 경우 이향의 통제를 받는 존재일 수밖에 없는 현실이었다고 하였다. 때문에 '수령─이향 체제'라는 표현은 수

---

35 宋亮燮, 「19세기 良役收取法의 변화─洞布制의 성립과 관련하여」, 『韓國史研究』 89, 1995.

36 井上和枝, 「朝鮮李朝時代鄕村社會史研究の現況と課題」, 『歷史評論』 500, 1991, p. 141.

령이라는 제도적 직임의 기능을 강조하는 표현이므로 수탈체제의 핵심
인 벌열 혹은 벌열화한 정치체제를 드러내지 못하는 한계가 있다고 지적
하였다.[37]

조경달 역시 민중사가 수탈과 저항이라는 이분법적 구도를 벗어나기
위해서는 모순의 측면만이 아니라 조화의 측면도 동시에 고려하여야 한
다고 주장하였다. 곧 향촌사회나 국가에 모순이 축적되어 갔지만 존속
할 수 있었던 것은 힘에 의한 지배의 계기만으로는 설명하기 어려우며
무언가 지배에 대한 합의 시스템–조화의 논리가 있었고, 이 시스템이
해체될 때 비로소 그것을 재구축하기 위해 민란이나 반란이 발발한다는
것이다. 이러한 맥락에서 조경달은 사족이 덕망이나 정의감에 기초하
여 민중과 함께 일어났으며, 민중에게도 덕망가를 내세우고자 하는 "덕
망가적 질서관"이 자리 잡고 있었음을 강조하였다. 〈덕망가적 질서관〉
은 조선 특유의 재지질서관(在地秩序觀)으로서 세계사적 차원에서 보편적
으로 보이는 명망가적 지배와 유사하나 반드시 재력이나 권력, 명망 있
는 가문을 배경으로 하는 것이 아니라 재력도 권력도 없는 재지지식인이
덕망만으로도 지도자가 될 수 있는 조선 특유의 질서관이라고 하였다.
또한 사족지배체제는 현실적으로 붕괴되고 있었지만, 덕망 있는 사족의
존재를 바라고 그들에 의한 향촌질서의 조화로운 재생을 기대하는 심성
이 소민층에게 지속적으로 존재하고 있었으며, 민란이라는 비일상적인
세계가 전개되는 가운데 그러한 심성은 일거에 현재화하였다고 하였다.
이러한 질서관은 민란뿐만 아니라 이후 동학농민전쟁으로도 계승되며
민중운동의 발발 및 전개과정에서 중요한 원리로 작동하고 있었다고 하

---

37 정진영, 『조선시대 향촌사회사』, 한길사, 1998, p. 542.

였다.[38]

　사족지배체제가 붕괴되고 수령-이향 지배구조의 대두가 가지는 의미
도 농민의 입장에서 사족-농민 관계에 성립되어 있던 관행의 변화라는
시각에서 바라볼 경우 또 다른 모습으로 비춰질 수도 있을 것이다. 이와
관련하여 최근 재지지주의 지대수취량과 수납률의 변화 양상을 추적한
사례연구는 흥미로운 사실을 보여준다.

　18세기 중반부터 1920년대 후반까지 영암 남평 문씨가의 두락당 지
대수취량을 추적한 김건태의 연구에 따르면 1894년 전후를 저점으로 지
대수취율이 급격히 하락하다가 반등하는 급격한 U자 곡선을 그리고 있
다. 이에 따르면 18세기 중반경 두락당 조 20두에 달하던 지대수취량
이 1880년대에는 두락당 5두로 1/4 정도의 수준으로 급감하고 있다.[39]
1830년부터 1930년대 중반까지 영광 신씨가의 두락당 지대수취량과 지
대수납률을 분석한 정승진의 연구도 기본적으로 유사한 경향을 보여준
다. 두락당 지대수취량은 1830~1844년까지 9두에서 1861년부터 5~6
두로 감소하여 선명한 하락 경향을 보이고, 1876~1894년에 들어서는
2~3두대로 급격히 하락하였다. 지대수납률을 보면 1930~1944년 80%
수준을 상회하던 것이 1860년경에는 20~40%대로 급감하고, 1876년에
서 1894년 전후 시기까지는 경향적으로 더욱 하락하였다.[40]

　재지지주의 지대수취가 경향적으로 하락하게 되는 요인으로는 두락
당 생산량이 장기적으로 하락한 점, 지대수취 형태가 병작반수 수준의

38　趙景達, 「李朝民衆運動の展開: 士 論理 救濟思想」, 2002, 東京, 岩波書店 참조.

39　김건태, 1743-1927년 전라도 영암 남평문씨 문중의 농업경영」, 「대동문화연구」 35, 1999; 「문중
　　지주제」, 「조선시대양반가의 농업경영」, 역사비평사, 2004 참조.

40　정승진, 「재촌지주가의 토지 소유와 농업경영」, 「한국근세지역경제사」, 경인문화사, 2003.

도지에서 생산량의 1/3 혹은 그 이하인 집조 형태로 바뀌었다는 점, 결세와 종자를 작인이 부담하게 된 점 등이 그 원인으로 지적되고 있다.[41] 그러나 다른 한편 재지적 기반을 가진 사족의 경우 자연재해 혹은 개인적인 사정으로 어려움에 처한 작인에게 온정주의적 태도를 취했을 가능성을 배제하기 어렵다. 실제 남평 문씨가의 사례를 통해 그러한 사정을 엿볼 수 있다. 이 지역에서도 18세기 중엽부터 종자와 작인이 부담하는 관행이 정착되어 나갔으나, 문씨가에서는 1890년대까지는 흉년 등으로 소출이 감소하여 작인이 어려운 처지에 처했을 때는 종자와 결세를 작인들에게 무이자로 대출해 주기도 했다. 물론 재지양반 지주층의 족계답의 경우 일문의 화합을 위해서도 필요한 것이었지만, 지주 경영의 목표가 수익 극대화에 있는 것이 아니라 향촌사회에서 후덕한 지주라는 대접을 받고 가격(家格)을 유지하기 위해서도 필요하였다는 지적은 흥미롭다.[42]

이러한 남평 문씨가의 사례를 일반화하기는 어렵지만, 작인이나 향촌사회의 평판으로부터 상대적으로 자유로웠던 부재지주의 경우, 이와 달리 1832~1885년 사이의 두락당 지대수취량이 단기적으로는 증감을 거듭하지만 장기적으로는 점증하고 있다는 사례연구가 있다.[43] 또 1862년 이후의 상황이지만, 경상도 풍기에 있는 부재지주지의 경우 1871~1894년간의 지대수납률을 보면 크게 흉년이 들었던 1876년의 50% 미만을 제외하면 100%가 15년간, 95%가 8년이었다.[44]

---

41 김건태, 앞의 책, pp. 381-386; 정승진, pp. 157-158.

42 김건태, 앞의 책, pp. 392-394.

43 김건태, 앞의 책, pp. 384-386, 399.

44 김건태, 「19세기 후반-20세기 초 부재지주지 경영」, 「대동문화연구」 49, 2005.

사례연구의 대상이 된 재지지주(전라도 영암)와 부재지주의 전답(충청도 서산, 경상도 풍기)이 서로 다른 곳에 위치해 있었다는 점에서 지력 등 지역적 농업 환경과 농법의 차이 등이 고려되어야 할 것이다. 물론 부재지주의 경우 민란 발발 당시 직접적인 공격 대상이 될 수 없었다는 점에서 논외로 해도 될 것이다. 중요한 점은 지대수취 면에서 재지지주와 부재지주 사이에 뚜렷한 차이를 보이고 있다는 것이다.

18세기 중엽부터 작인이 지세와 종자를 부담하는 관행이 정착되어 가면서 재지지주의 지대수취량 및 수납률과 결세부담의 추이는 더욱 뚜렷이 대비된다. 영암 지주가의 지대수취량을 분석한 김건태에 따르면, 1744년을 100으로 두고 1880년대까지의 지대수취량과 출세실결수의 변화 양상을 볼 때 지대수취량은 30으로 떨어지지만, 출세실결수는 여전히 100에 접근한 양상을 보인다. 양자 간 지수값의 차이는 18세기 후반에는 10 전후였으나, 이후 점차 벌어져서 1820년대에는 30 전후, 1840년대는 40 전후, 1860년대는 60 전후, 1880년대에는 70 전후로 뚜렷이 증대하고 있다.[45]

결세부담에서 보이는 이러한 양상은 양반지주가의 지대수취량이나 수납률 변화와 매우 대조적이다. 재지지주의 경우 생산력 저하에 조응하여 지대수취량이나 수납률이 경향적으로 하락하고 있었을 뿐만 아니라, 흉년 등으로 소출이 감소하여 작인이 어려운 처지에 처했을 때는 종자와 결세를 작인들에게 무이자로 대출해주기도 했다. 이는 재지지주-작인 간에 일종의 모럴 이코노미(moral economy)가 작동하고 있었음을 시

---

45 김건태, 앞의 책, pp. 395-397. 이는 지주가의 경우에도 마찬가지였다. 흉년이 들어도 전세부담은 거의 감액되지 않기 때문에 지대를 엄격하게 받는 대신 전세를 지주 자신이 부담하였던 경상도 풍기에 전답을 둔 부재지주의 경우 혹심한 흉년이 든 1876년에는 '入庫'란이 비어 있었다(김건태, 앞의 글, 2005, p. 252).

사한다. 부재지주의 경우에도 흉년이 들면 지대의 일부라도 감해 주었고, 극심한 흉년이 든 1876년의 경우 두 차례에 걸쳐 지대를 감해 주었다. 그러나 결세의 경우 19세기에 들어 단위두락당 소출이 경향적으로 떨어지고 있었음에도 불구하고 전체적으로 오히려 조금 증가하는 양상을 보였다. 물론 정부에서도 흉년이 들면 결세(지세)를 경감해주거나, 때로는 아예 면제해주기도 했지만, 탕감의 정도는 담세자의 경제적 형편과 무관하게 일률적이었다. 흉작이 심할 경우 경감된 지세라 하더라도 지주가에게도 부담이 되었지만, 지주들은 그래도 버틸 수 있는 여력이 있었다. 그러나 지세를 작인이 부담하는 관행이 정착된 남부지역에서 흉년 시에 빈농이나 소농에게 부과되는 지세는 그것이 경감된 "가벼운" 액수일지라도 매우 심각한 결과를 초래할 수 있었다. 가족의 생존에도 부족한 곡물밖에 수확하지 못할 정도로 흉작이 들었을 때 국가권력이 거두어 가는 "가벼운" 지세도 "이미 목까지 차 있던 물이 입과 코까지 막아버리는" 치명타가 될 수 있었기 때문이다. 이에 따라 농민에게 결세부담은 지대부담에 비해 상대적으로 더욱 심각한 결과를 초래하고, 또 더욱 큰 불만을 야기했을 것으로 보인다.[46]

　이러한 점들을 고려할 때―이향지배구조의 성립은, 곧 농민들과 함께 향촌사회에서 거주하면서 일종의 모럴 이코노미를 공유하는 한편, 수령―이향의 향촌사회에 대한 불법적 수탈을 완충해주던 사족층의 몰락을 의미하는 것이다. 이에 더하여 총액제로 운영된 부세수취제도는 사족지배체제가 유지되던 때에 비해 훨씬 가혹하게 민중의 생활을 압박했을 것으로 보인다. 이러한 문제에 접근하기 위해서는 향촌사회 내부에서 사족 내지 양반토호와 상민과의 관계, 지주―작인 관계, 부세수취의

---

46 김건태, 앞의 글, 2005, p. 254.

구조나 절차 등에 대한 보다 세밀한 해명이 필요하다.

한편 조선왕조 사회에서 사족은 지배 시스템의 유지에 매우 핵심적인 역할을 수행하고 있었으며, 조정에서도 그러한 역할을 요구하고 있었다. 이는 민란이 발발했을 때도 소민들에게는 책임을 거의 묻지 않는 반면, 사족에게는 과도할 정도로 문책을 하고 있는 데서도 엿보인다. 1885년의 원주민란 사례에서도 보이듯이 왕조정부에서는 1876년 이후에도 여전히 사족들에게 향촌사회의 조정자 역할을 해줄 것을 기대하고 있었다. 그러나 현실은 수령−이향 지배구조가 성립하면서 사족도 수탈의 대상으로 전락해가고 있었다. 원주의 사례에서 보이듯이 이서배들은 이미 양반을 일반 평민과 다를 바 없는 태도로 대하고 멸시하고 있었으며, 무리를 모아 사족 집을 찾아가서 가산을 파괴하였음은 물론 심지어 살해한 것으로 추정되는 사태까지 벌어졌다.[47] 사족이 향촌사회의 조정자 역할을 할 수 있는 여지가 사라지고 있었던 것이다. 이는 사족에 대한 중앙권력의 기대와 현실 간의 괴리가 심각하였고, 결국 조선왕조사회의 지배 시스템에 심각한 균열이 노정되고 있었음을 보여준다. 이 점에서 민란에 대한 깊이 있는 이해를 위해서는 세도정권에 의한 권력 독점, 지배층의 경향분기, 그리고 재지사족의 몰락과 소외가 사회적으로 어떤 균열을 일으키고 있었는지, 그에 따라 사족이나 수령, 수령−이향 체제 등 지배체제에 대한 민중의 의식은 어떠했는지에 대해서도 검토가 요청된다.

---

47 趙景達, 『李朝民衆運動の展開: 士 論理 救濟思想』, 2002, 東京, 岩波書店, pp. 75−77.

4. 민중의식과 민란

  민중의식이나 지향에 대해서는 기왕의 연구들이 많은 관심을 보여왔다. 그러나 민중의식의 실상에 대해 분석적으로 접근한 연구는 거의 없다. 앞서 지적한 바와 같이 경제환원론적, 토대반영론적인 접근이 주조를 이루고 있었기 때문에 민중의 의식이나 지향은 운동의 토대 혹은 경제구조의 모순을 반영하는 것으로 이해되어 왔다. 그래서 토대, 곧 지주–작인 관계에 대해서는 당연히 반대해야 하는 것으로, 그에 대한 반대가 전면화하지 않은 것은 지주제에 대해 반대하지 않았기 때문이 아니라, 모순이 은폐되어 있거나 운동과정상의 전술적 오류로 해석하거나, 혹은 민란의 한계인 것으로 설명되었다. 그러나 이러한 접근이 오히려 민란 난민의 의식과 민란의 원인 및 전개과정, 요구조건 등을 있는 그대로 형상화하는 데 방해가 되어왔음은 앞서 살펴본 바와 같다.

  다수의 연구자가 민란의 발발 배경으로 민중 의식의 성장을 지적하고 있다. 농업 생산력의 발전, 경제적 모순의 심화, 신분제의 동요 등이 곧바로 민중의식의 성장으로 이어진다는 토대반영론적인 이해가 대부분이다.

  이런 점에서 민란 난민의 정치의식에 대해 본격적으로 접근한 정창렬의 연구가 주목된다. 정창렬은 기존의 연구에서는 삼정문란과 관리, 아전들의 가렴주구를 단순한 현상 형태로서만 파악하거나, 지배체제 자체의 문제로 거론하면서도 국가구조, 지배구조와 유기적 관련 속에서 파악하지 못하였다고 지적하였다. 때문에 민란이 난민의 주체적 의식, 자세 여하와 관계없이 객관적으로는 체제 자체를 부정하는 반봉건적 성격의 것으로 파악되고 있으면서도 민란이 갖고 있는 정치적 의미는 외면되고 있다고 하면서 민란의 정치의식에 본격적으로 접근하고자 하였다.

그에 따르면 민란민은 국왕의 덕정(德政)체제와 왕조의 정치 · 경제 · 사회제도 자체에 대해서는 회의하지 않았기 때문에 중앙정부의 삼정이정책에 크게 기대하였다는 것이다. 이 점은 집단적 폭력에 의하여 고을의 봉건적 질서를 완전히 뒤엎어 놓는 행동 면에 비추어볼 때 민란민의 주체적 의식세계가 상대적으로 뒤떨어져 있었음을 의미한다는 것이다. 그러나 부세에 대해서는 스스로의 이해관계를 반영시키고, 스스로의 의지를 관철시키려는 의식이 있었다고 하였다. 또 '봉건적' 정치권력의 절대성—국왕의 덕정체제 내지 민유방본(民惟邦本) 이데올로기의 절대성—이 자명한 전제로 의식되고 있는 테두리 속에서 고을의 문제에는 농민층의 의지를 반영시키려는 정치의식이 있었음을 지적하였다. 때문에 민란은 민유방본 이데올로기가 고을의 현장에서 수령, 읍리, 대민 등에 의하여 허구화되어 있다는 점, 국가가 민유방본 이데올로기에서 벗어나서 '지주화된 기관'으로 전변하고 있음을 행동으로 항의한 것이었다고 이해하였다.

또 민본 이데올로기의 담지자는 국가 · 국왕이라는 의식이 자명하게 전제되어 있었지만, 국가 · 국왕에게 민본 이데올로기에 명실상부한 내용 실체를 담아줄 것을 요구하였다는 사실, 더욱이 소극적 · 잠재적으로나마 농민자치제를 지향하는 방향에서 삼정을 개혁함으로써 그 내용과 실체를 담으려고 하였다는 사실은 민본 이데올로기가 근대적인 방향으로 성장 · 발전할 수 있는 가능성을 스스로 간직하고 있었음을 드러낸다고 하였다.[48] 그는 또 민란에서 보이는 이러한 의식세계를 민본 이데올로기에 몰주체적으로 매몰되어 있던 '백성의식'(조선전기)이나 '민중의식'

---

48 鄭昌烈, 「조선후기 농민 봉기의 정치의식」, 『韓國人의 生活意識과 民衆藝術』, 성균관대 출판부, 1984.

(개항 이후)과 구별하여 '평민의식'이라고 명명하였다. 나아가 평민의식이 성립되는 배경을 농업생산력의 발전과 경영형 부농 내지 광작농민의 대두, 상업의 발달, 그에 따라 농민이 토지긴박으로부터 해방되고 농민층 분화가 전개된 점 등에서 찾고자 하였다. 또 당시의 민중은 양인농민, 노비농민을 주류로 하고 몰락 양반, 상인, 수공업자가 합세한 광범한 연합체였으며, 따라서 민중은 자기 고유의 계급적 이익을 가지고 있는 사회경제적 계급이기보다는 봉건적인 여러 구속과 제약에 저항하는 주체로서의 연합체였다는 것이다. 곧 계급으로서 실재하는 사회층이 아니었기 때문에 조직의 구심점이 없었고, 스스로의 세계상도 갖고 있지 못하였으며, 그 지속성과 일상성이 없었기 때문에 일시적 봉기로 끝나고 있었다고 하였다. 때문에 사회의식도 양반문화, 양반사회에 대한 회의와 비판에 그치고 있을 뿐 스스로를 새로운 문화·사회적 담당 주체로 의식하지 못하였고, 인간 해방에 대한 지향이 지배적인 반면, 사회적 해방에 대한 지향은 부차적이었고 민족으로서의 자기 인식도 매우 낮은 수준이었다고 이해하였다.[49]

　이 연구는 민중운동의 성격과 의미를 이해하는 데 반드시 필요하면서도 종래에는 전혀 접근하지 않았던 민중의식에 대한 해명을 시도한 것으로, 민란연구를 한 단계 끌어올리는 계기가 되었다. 그러나 민유방본(民惟邦本) 이념이 형성되는 과정과 구체적 논리, 그것이 작동하게 되는 사정을 민중의 일상생활과 관련하여 설명하지는 못하였다. 특히 지배 이데올로기인 민유방본 이념이 민중의식화되는 논리, 그리고 그 내용이 지배층의 그것과 어떤 동일성과 차이가 있는지 등을 구체적으로 해명할 필요가 있다.

---

49 정창렬, 「백성의식, 평민의식, 민중의식」, 한국신학연구소 편, 「한국민중론」, 1984.

이후에도 민중의식에 대해서는 많은 연구자가 언급하고 있다. 그 중 몇 가지를 살펴보면 다음과 같다. 이미 1956년에 민란 배경과 관련하여 새로운 시각을 제시하며 기존의 연구에 문제를 제기하였던 김용섭은 당시의 진보적 지식인들은 운동 주체보다 더 분명하게 봉기의 원인을 체제적·구조적 모순으로 파악하고 있었다고 하면서 운동 주체인 농민의 "사란의식(思亂意識)을 바탕으로 한 민란은 그 지도층의 사회 모순 타개에 대한 의욕이나 현실인식의 정도 여하에 따라 군현 단위, 지역 단위 민란으로 그칠 수도 있고 앞서 있었던 홍경래난이나 후에 있게 되는 갑오동란과 같은 전국적인 농민전쟁·농민혁명으로 확대될 수도 있는 것이었으나", 진주민란은 지도층의 능력이 부족하였기 때문에 지역 단위 민란으로 머무르고 말았다고 하였다.[50] 이러한 견해는 운동 주체보다 높은 의식 수준을 지니고 있던 진보적 지식인이 지도한다면 전국적 항쟁도 가능하였음을 시사하는 것이다. 그러나 이는 다른 한편 민중운동의 발발이나 전개과정에서 농민 대중은 다만 지도층에 의해 동원되고 지도되는 수동적 존재로 이해하는 것이며, 그들의 주체적 의식세계에 대한 고려를 외면하는 것이다. 아울러 사회경제적 조건을 강조해온 그간의 논지에 비추어볼 때도 어색한 견해라고 생각된다.

오영교는 농민들은 기존의 현감이나 감사에 대해서는 착취자로 불신하였지만, 국왕의 명을 받아 중앙에서 파견된 안핵사에 대해서는 오히려 그들의 권위를 빌어 자신들의 문제를 해결하고자 하였다고 하였다. 그러면서도 농민들은 부세제도의 철폐, 시정요구를 통해 사회·경제적인 면에서의 반봉건을 지향하였고, 수령·관속 및 읍권 담지자들에 대한 공격과 읍권 장악을 통해 현존하는 봉건적 통치체제를 부정하는 반봉

---

50 김용섭, 앞의 글, 1996.

건적인 정치의식을 표출하고 있었다고 하였다.[51] 그러나 난민이 국왕의 덕정체제를 자명한 전제로 받아들이고 있었다는 정창렬의 지적에 비추어볼 때 그들의 정치의식을 반봉건적인 것으로 이해하는 것은 지나친 비약이라고 생각된다. 어디까지나 '봉건적' 테두리 안에서의 제도 개선을 요구한 것으로 보아야 할 것이다.

한편 향촌사회 지배질서 변화나 부세수취제도의 변화 등과 관련하여 민란에 대한 이해가 심화되는 과정에서 부분적으로 민중의식과 관련한 논의도 진행되었다. 안병욱은 향촌사회에서 차지하는 요호부민의 지위에 주목하여 요호부민이 민란 전개의 전 과정에서 주도적인 역할을 하였음을 강조하였다. 운동의 진행 속에서 하층 민중의 의식이 적극적인 상태로 성장하고 요호부민과 이해관계에 본질적인 차이가 발견됨에 따라 양자 간의 유대관계가 일부 무너지고 나아가 적대관계로까지 발전되면서 운동의 중심축은 일반 농민을 바탕으로 성립되어 갔으나, 당시 사회 모순도 이 양자 간보다 이들과 봉건지주층 사이에서 더 확연히 드러나 있었기 때문에 양자 간의 긴밀한 유대관계는 계속되었다고 하였다. 이런 점에서 농민들을 계발하고 조직하며 유사시에 동원하고 때로는 필요한 비용을 마련하는 일에 요호들의 역할이 절대적으로 필요하였으며, 19세기 임술민란 단계까지는 향회가 이런 운동의 장이었다고 이해하였다.[52] 고석규는 소빈농층은 아직 스스로의 힘만으로는 계급적 이익을 실현시킬 수 없었으며, 토호층과 요호부민층의 주도에 의해 참여함으로써 반관투쟁에 머무를 수밖에 없었다고 하였다. 또 소민들도 토호적 존재

---

51 오영교, 앞의 글, p. 709, 716, 718.

52 安秉旭, 「19세기 壬戌民亂에 있어서의 '鄕會'와 '饒戶'」, 『韓國史論』 14, 서울대 국사학과, 1986.

에게 힘을 빌리는 것이 단기적으로는 매우 효과가 있음을 인정하고 있었던 것으로 파악하였다.[53]

이상의 연구들은 주로 요호부민 내지 토호의 의식에 대해 언급한 것이지만, 소빈농의 의식에 대해 상대적으로 소홀히 할 수 있는 접근 방법이다. 소빈농의 의식세계를 민란의 전개과정 속에서 파악할 필요가 있다. 예컨대 향회가 민란의 조직적 기반이 되었다는 견해에 대해 민회나 이회 등 기존의 향회와는 다른 집회들이 주목되고 있지만,[54] 민회에 대해서도 그것을 주도하거나 참여한 계층의 차이에서만 파악할 것이 아니라 동원 논리나 의사결정 과정 등을 동시에 비교할 때 그것이 가지는 의미가 한층 분명해질 것이다. 이와 관련하여 조경달은 민중향촌 지배질서의 변화를 이해하는 방법 면에서 문제가 있다고 지적하였다. 임술민란보다 20여 년 정도 뒤에 일어난 1885년의 원주민란을 분석한 조경달은 난민이 사족을 견인하려 한 것은 그들이 가진 현실적 힘 때문이 아니라, 그들의 덕망 때문이었다고 지적하면서 난민은 사족의 덕망을 이용하여 관측과의 교섭을 유리하게 진행시키려는 의도에서 사족을 끌어들였다고 하였다.[55]

또한 '수령-이향 지배구조'는 민란 이해에서 경제주의적 관점을 극복

53 고석규, 「19세기 前半 鄕村社會支配構造의 성격 -〈守令-吏·鄕 수탈구조〉를 중심으로」, 『外大史學』 2, 1989.

54 宋讚燮, 「1862년 진주농민항쟁의 조직과 활동」, 『韓國史論』 21, 서울대 국사학과, 1989; 金仁杰, 「朝鮮後期 村落組織의 變貌와 1862年 農民抗爭의 組織基盤」, 『震檀學報』 67, 1989; 金容民, 「1860年代 農民蜂起의 組織基盤과 民會」, 『史叢』 43, 1994.

55 이러한 시각은 "덕망가적 질서관"이라는 장치가 없다는 점에서 큰 차이가 있지만, 빈소농의 입장에서 접근했다는 점에서는 "간혹 창란한 죄를 대민에게 돌린다"는 자료에 근거하여 농민들이 "자신들의 봉기를 은폐 내지 정당화하고 요구의 관철을 용이하게" 하기 위해 전직 고관을 끌어들였다고 한 이윤갑의 이해와 상통하는 면이 있다(이윤갑, 「19세기 후반 慶尙道 星州地方의 농민운동」, 『孫寶基博士 停年紀念 韓國史學論叢』, 1988, p. 658).

하였다는 점에서는 의미가 있으나, 역시 농민들의 의식과 관련한 고민은 잘 드러나지 않는다는 점을 지적하였다. 사족지배질서와 '수령-이향 지배구조'의 차이가 주로 요호, 토호의 지위나 이해와 관련되어 파악되고 있으며, 소빈농의 입장에 대한 고려가 부족하다는 것이다. 또한 '수령-이향 지배구조'를 주장하는 연구자들도 시인하고 있듯이 소빈농들은 토호나 요호의 주도에 끌려 들어가는 존재로만 그려지고 있고, 운동의 전개과정에서 요호가 탈락하고 빈농이 주도하지만, 전체적인 운동상은 토호의 반관운동으로 묘사되기 때문에 소빈농의 독자적인 고유의 의식세계는 무시된다는 것이다.[56]

한편 민중운동은 단지 사회구성체에 내재하는 모순을 증명하는 의미를 가지는 것이 아니다. 뿐만 아니라, 근대이행기의 민중운동은 부르주아의 운동과는 다른 독자적 측면을 가지고 있었다. 이점에서 민중은 국가권력이나 지배층에 온전히 포섭될 수 없는, 전근대적 혹은 근대적 가치관으로 이해하기 어렵고 또 거기에 쉽사리 포섭되지 않는 자율성과 독자성을 가진 존재였다.[57] 이러한 민중의식을 파악하기 위해서는 민중이 경제적인 것뿐만 아니라 다양한 사회적 요인을 포함한 생활권과 심성 양면에서 고유한 문화를 지닌 자율적 존재라는 점에 유념하면서 민중 사상의 형성과정을 그 자체로서 파악할 수 있는 문제의식과 방법론을 획득해야 한다는 지적은 경청할 만하다.[58]

소빈농의 의식세계에 대한 해명을 위해서는 민중운동의 동원과정과

---

56 趙景達, 「李朝末期の 民亂-原州民亂(1885年)の 事例から-」, 『朝鮮史研究會論文集』 33, 1995; 조경달, 앞의 책, 2002 참조.

57 시바따 미찌오 지음, 이광주, 이은호 옮김, 『근대세계와 민중운동』, 한벗, 1984, pp. 28-34.

58 安丸良夫, 앞의 글, 1974, pp. 79-80.

논리, 전개과정, 파괴와 살육이 어떤 의식이나 가치관을 기반으로 이루어진 것인지를 그들의 일상생활에 대한 이해를 바탕으로 해명할 필요가 있다. 이와 관련하여 최근 조선후기에서 개항기에 걸치는 농민들의 의식세계를 모럴 이코노미(Moral Economy)에 입각하여 해명한 연구는 시사하는 바가 크다.[59] 모럴 이코노미는 권력과의 관련을 중심으로 민중문화를 규명하려는 시도로 가장 널리 알려진 연구방법이다. 톰슨 이후 많은 연구자가 수용한 모럴 이코노미는 동서양을 불문하고 민중문화의 중요한 특징으로 설명되고 있다. 예를 들면 프랑스 혁명 당시 상퀼로트의 의식세계를 설명하는 데에도 모럴 이코노미의 개념이 사용된다. 이에 따르면 파리 주민은 서로 공통의 규범에 속한다는 의식을 가지고 있었으며, 이를 바탕으로 이들은 "모두가 서로 소비해가면서 근린관계의 연대감을 갖는 것이 무엇보다 중요하고", "당국은 식료를 비롯한 생활필수품의 공정한 공급과 분배를 통해 주민의 기본적인 생활을 보장할 의무가 있다"는 관념, 즉 모럴 이코노미에 입각하여 투쟁하였다. 이것은 혁명 전부터 이어져 온 것으로 부르주아적 정치경제와는 이질적이었다.

또 14~16세기 이집트의 식량위기 때도 민중행동의 전제가 된 발상에는 "일종의 모럴 이코노미"가 있었다고 하였다. 카이로의 식량봉기는 식량의 부족 내지는 가격등귀에 대한 조건반사가 아니라 국가의 가부장적 지배가 일시적으로 파탄되었을 때의 그의 회복을 요구한 것이었다. 통치자와 민중과의 복합적인 관계와 관념, 양자 사이의 게임 내지는 민중의 권력관이라는 차원에서 모럴 이코노미를 제기한 것이다. 일본 민중사상사 연구를 대표하는 야스마루 요시오(安丸良夫)가 근세 일본의 백성 잇키(一揆)에서 자유민권운동기의 곤민당(困民黨) 사건에 이르는 민중

---

59 김성우, 「조선시대 농민적 세계관과 농촌사회의 운영원리」, 『경제사학』 41, 2006.

운동의 의식세계를 설명하는 키워드도 모럴 이코노미이다. 그에 따르면 에도시대에 요나오시(世直し) 운동의 핵심은 대중적인 실력 행사에 의해 지역사회에 모럴 이코노미를 회복시키는 것이었다고 하였다.[60]

또 제임스 스코트(James C. Scott)는 1976년에 쓴 『농민의 도덕경제』에서 20세기 전반 동남아시아 농민경제 및 반란을 둘러싼 모럴 이코노미를 본격적으로 다루고 있다. 주로 동남아시아, 특히 베트남 남부 델타 지역을 사례로 이 지역 농민들이 프랑스 식민주의자들에 의해 생활이 파괴되고 생존을 위협 받았을 때 그에 저항한 논리를 모럴 이코노미를 적용하여 설명하였다. 스코트에 의하면 농민들이 가진 정치문화의 근저에 있는 규범은 '생존 유지의 윤리인 모럴 이코노미'였다. 이것은 생존유지를 제일로 생각한 지역적 공동체와 상호부조의 약속이었으며, 그것이 침해되었을 때 농민들은 그 회복을 위해 투쟁하였다는 것이다.[61]

모럴 이코노미와 관련하여 주목되는 것은 실제로 민란의 전개과정에서 나타난 대민에 대한 소민의 공격이 지주제에 대한 반대이기보다는 조세부담을 소민에게 전가하려는 그들의 태도에 대한 반대였다는 점이다. 자료상에 나타나는 바는 부세수취 과정에서 보여주는 대민의 부당한 수탈이나, 소민에게 과다한 부담을 지우려는 대민의 파렴치한 행동에 대한 반대, 재결의 혜택을 지주 양반층에게만 주지 말고 소민에게도 균등히 나누어줄 것에 대한 요구 등이었다. 또 초군의 반대민(反大民) 행동도 지주제에 대한 반대라기보다는 생업과 직결되는 사족의 금양작벌 등 '공동체적 관행'을 무시하는 가혹한 이해추구에 대한 반대였다. 반면에 재

60　近藤和彦, 「モラル・エコノミーとシャリヴァリ」, 『民衆文化』, 岩波書店(東京), 1990; 安丸良夫, 「困民黨의 意識過程」, 『思想』726, 1984.

61　제임스 스코트, 김춘동 옮김, 『농민의 도덕경제』, 아카넷, 2004.

지지주의 지대 수취량과 수납률이 단위면적당 생산력 저하에 조응하여 하락하고 있었으며, 흉년이 들었을 때는 무이자로 종자나 결세를 대부해준 점 등은 지주-작인 간에 일종의 모럴 이코노미가 작동하고 있었음을 보여준다. 이러한 문제를 명확히 하기 위해서는 촌락사회 내부에서 이루어지던 생업과 관련한 일종의 '공동체적 관행'과 그 속에서 형성된 민중의식이 어떠하였던가, 농민들이 일상생활 속에서 체감하는 불만의 내용이 구체적으로 무엇이고 그것이 어느 수준이었는가 등 대한 해명이 요청된다.

민중의식을 그들의 일상적인 생활이나 그를 둘러싼 관계망 속에서 포착해내는 일이 필요하다. 국가와 국왕, 수령이나 이서배, 양반사족, 지주층에 대한 생각, 또 그들과 민중 자신과의 관계 등에 대해 어떤 생각을 가지고 있었는지에 대해 민중의 일상생활 내부나 지배층과 민중 간의 관계망, 그 사이에서 작동되는 가시적 또는 비가시적 시스템 등으로부터 이해할 필요가 있다. 예컨대 지배층의 부세나 지대 수취, 수취 과정과 방식 등에 대해 민중은 어떤 기준을 가지고 정당성과 부당성을 판단했는지, 관리나 향촌지배층의 생각과 행동은 어떠해야 바람직하며, 그렇지 못할 경우 그들에 대해 어떠한 태도를 취했는지 등은 민중의식을 들여다 볼 수 있는 중요한 단서가 될 것이다.

예컨대 "근래에 인심이 옛날과 같지 않아 면이나 리 가운데 또한 부호나 조금 넉넉한 부류(富戶稍實之類)가 많다. 그러나 끊임없는 욕심으로 겸병광작(兼并廣作)하여 축적된 재산을 더욱 늘리려는 계획만 있고 빈민들을 도와주는 의리는 전무하여 그들을 실업(失業)·유산(流散)하게 한다" 등의 몇 가지 기록에서[62] 지적하고 있는 '옛날의 인심'이 어떠하였으며,

---

62 『승정원일기』 정조 23년 4월 29일.

그 속에서 생산과 분배 그리고 조세부담을 둘러싸고 관행이 어떠하였던가, 위의 기록에서 지적하였듯이 관행적으로 이루어진 "부호초실지류(富戶稍實之類)"가 빈민에 대해 도와주는 의리가 어떠하였는가 등을 구체적인 생산활동이나 일상생활상, 그 속에서 형성된 의식세계 등과 연결하여 해명하는 것이 무엇보다 중요할 것이다.

5. 맺음말

민중사의 과제는 민중의 삶, 그들이 살아온 모습과 역정이라는 관점에 서서 역사상을 재구성하는 데 있다. 민중운동은 곧 평소에는 '말이 없던' 민중이 자기 목소리를 내는 시공간이며, 그 시공간에서는 당시의 사회상이나 모순이 집중적으로 드러날 수 있다. 이 점에서 민중운동은 당시 사회를 새롭게 들여다볼 수 있는 좋은 통로이기도 하다. 이러한 점에서 민중운동사는 역사상을 전체적으로 조망하기 위해서 반드시 필요한 연구 분야이다.

그러나 앞서 언급했듯이 최근 민중운동에 대한 연구는 실종되다시피 하였다. 여기에는 현실 사회주의의 몰락이나, 민주화의 진전과 이후의 변화 등 국내외적 환경 변화가 민중 그 자체 혹은 민중운동사에 대해 회의하게 만들었다는 점도 커다란 영향을 미쳤을 것으로 보인다. 그러나 다른 한편으로 그동안의 민중운동사를 연구하는 방법이나 시각에도 문제가 있었다고 생각된다. 무엇보다 종래의 연구에서는 민중운동을 발전단계론 속에 위치 지우거나 사회경제구조의 분석 등 객관적 조건에 대한 분석을 토대로 하여 거기에 규정된 움직임으로 이해해온 경향이 있었다.

민란연구가 경제사 연구에 종속된 채 진행됨으로써 민중운동을 단순히 경제구조의 반영으로만 설명하는 데 그치고 있다는 문제제기는 여전히 유효하다. 대부분의 연구가 경제결정론적이고 계급환원론적인 시각을 드러내고 있기 때문이다. 이런 시각에서의 민중운동은 단순히 사회경제구조 면에서의 모순을 드러내는 현상에 불과하게 된다. 민중 역시 당연히 주어진 사회경제구조의 모순을 담지하는 존재로 선언되고 있을 뿐이며, 그 모순을 해결하기 위해 투쟁하는 존재로만 그려질 수 있다. 이 경우 그들이 가진 고유한 생각이나 의식세계에 대한 고민은 저절로 차단되고 만다. 보다 중요한 것은 무엇이 혹은 어떤 세계관 혹은 가치관이 민중으로 하여금 목숨을 건 투쟁의 대열로 이끌었는가 하는 점이다. 이를 이해하기 위해서는 민중의식을 그들의 일상적인 생활이나 그를 둘러싼 관계망 속에서 포착해내는 일이 긴요하다는 점을 다시 한번 강조해 둔다.

동학농민전쟁의 사상적 기반에 대한 연구현황과 과제
– 동학(사상)과 농민전쟁의 관계를 중심으로

1. 머리말

1894년에 일어난 '동학농민전쟁(이하 농민전쟁으로 약칭)'은 한국 근대사뿐만 아니라 그것이 직접적인 실마리가 되어 청일전쟁이 일어났다는 점에서 동아시아 근대사에도 커다란 영향을 미친 일대 사건이었다. 따라서 농민전쟁에 대해서는 많은 연구자가 관심을 가져왔고, 많은 연구가 축적되어 왔다.

그러나 농민전쟁에 대한 관심은 1990년대를 고비로 격감한다. 그 원인은 우선 한국 사회 내부적으로 민주화가 일정하게 성취되었다는 점, 외부적으로 사회주의권의 붕괴와 관련하여 변혁에 대한 기왕의 논리나 전망에 동요가 초래되었다는 점, 그와 함께 진행된 한국의 민중과 변혁운동의 현실과 추이 등에서 찾을 수 있을 것이다. 또 동학농민전쟁 100주년을 계기로 연구가 크게 진전되었다는 점도 하나의 요인이 되었을 것으로 보이지만, 역사의식이나 접근방법 면에서 새로운 모색이 충분히 이루어지지 못했다는 민중운동사 연구 내부의 문제도 중요한 요인이라고 생각한다.

농민전쟁의 지향이나 역사적 성격에 대한 이해는 연구자 간에 크고 작은 차이가 있다. 그것은 최근까지도 농민전쟁을 지칭하는 용어가 '갑오농민전쟁', '1894년 농민전쟁', '동학농민전쟁', '동학혁명', '동학농민운동', '동학운동' 등 매우 다양하다는 데서도 알 수 있다. 용어의 다양함은 주로 1894년에 일어난 이 사건을 농민전쟁 혹은 혁명, 그도 아니면 '운동'으로 볼 것인가 하는 점과 이울러 동학과 농민전쟁의 관련 여부나 정도에 대한 이해의 차이에서 연유한다. 이와 같이 동학 혹은 동학사상과 농민전쟁의 관계는 농민전쟁의 성격을 이해하는 데서 관건이 되는 문제이기도 하다. 따라서 농민전쟁 100주년을 맞이한 즈음에도 이와 관련한 연구와 논쟁이 활발하게 진행된 바 있다. 그러나 여전히 많은 문제점을 남겨두고 있음에도 불구하고 최근 들어 농민전쟁에 대한 연구가 격감하면서 이에 대한 검토도 사실상 사라지고 말았다.

동학은 양반의 서자인 최제우(崔濟愚)라는 향촌 지식인에 의해 1860년에 창도되었다. 그는 1864년 관에 체포되어 처형되었고, 그 후 그의 제자 최시형이 도통을 이어받았다. 1871년 이필제란 등을 겪으며 관으로부터 극심한 탄압을 받았지만, 1880년대 중반부터 동학 교세가 삼남 일대를 중심으로 크게 확산되면서 수많은 교도가 몰려들었다. 마침내 1894년에는 동학교도들이 중심이 되어 조선 역사상 가장 큰 민중운동인 동학농민전쟁이 일어났다. 많은 민중이 동학에 몰려든 것은 동학사상이 생활 속에서 체득한 민중의 경험과 의식에 비추어 나름대로의 설득력이 있었기 때문이다. 또 동학교도들이 목숨을 건 투쟁의 대열에 동참하게 된 것도 동학사상이 그들의 의식세계에 어떤 전환의 계기를 마련해주었기 때문일 수도 있을 것이다. 이 점에서도 동학과 농민전쟁의 관계는 다만 농민전쟁의 성격만이 아니라 당시 민중의식 내지 민중사상을 이해하기 위해서도 반드시 해명되어야 과제이다.

동학농민전쟁에 대한 연구사 검토는 이미 여러 연구자에 의해 수차례 이루어져 왔다. 그 가운데서도 동학과 농민전쟁의 관계는 농민전쟁의 역사적 의미나 성격 해명과 관련하여 핵심적인 문제 중의 하나인 만큼 중요하게 다루어져 왔다. 대부분 동학농민전쟁에 관한 연구 전체를 검토하는 속에서 동학과 농민전쟁의 관계를 다루었지만,[1] 동학과 농민전쟁의 관계에 대해서만 검토하기도 하였다.[2] 연구사를 검토한 기왕의 글에서는 대체로 동학과 농민전쟁의 관계에 대한 연구 경향을 동학사상과 농민전쟁을 직결시키는 견해, 종교적 외피론 내지 유기적 관련론, 단절론 등 크게 세 가지로 나누어 살피고 있다.

이 글에서도 기본적으로 이러한 분류를 따르되, 종교적 외피론과 유기적 관련론을 구별하여 ①동학사상=지도이념론, ②종교적 외피론, ③유기적 관련론, ④단절론 등으로 나누어 검토하고자 한다. 종교적 외피론과 유기적 관련론을 분리하여 검토하는 것은 우선 종교적 외피론과 관련된 연구가 더 이상 진전되지 않은 채 사실상 기각되기에 이른 반면,[3] 동학농민전쟁 100주년을 전후한 시기부터 유기적 관련론의 입장에 선 연구들이 한층 진전된 논리를 펼치고 있기 때문이다.

이 글에서는 동학과 농민전쟁의 관계에 대한 네 가지의 견해가 각기

---

1 동학농민전쟁에 대한 연구사를 정리한 대표적인 글로는 다음을 참조. 정창렬, 「동학과 농민전쟁」, 한국사연구회 편, 『한국사연구입문』(서울, 지식산업사, 1981); 정창렬, 「동학과 동학란」, 이가원 외 편, 『한국학연구입문』(서울, 지식산업사, 1981); 한우근, 「동학과 동학란」, 『한국학입문』(서울, 학술원, 1983); 정창렬, 「갑오농민전쟁과 갑오개혁」, 韓國史硏究會 편, 『한국사연구입문 2판』(서울, 지식산업사, 1987); 안병욱, 「갑오농민전쟁의 성격과 연구현황」, 역사문제연구소 편, 『한국근현대 연구입문』(서울, 역사비평사, 1988); 정용욱 외, 『남북한 역사인식 비교강의』(서울, 일송정, 1989); 역사학연구소 1894년 농민전쟁연구분과 엮음, 『농민전쟁 100년의 인식과 쟁점』(서울, 거름, 1994); 한국정치외교사학회 편, 『갑오농민혁명의 쟁점』(서울, 집문당, 1994); 한국역사연구회, 『한국역사입문 3』(서울, 풀빛, 1995); 동학학회 편저, 『동학, 운동인가 혁명인가』(서울, 신서원, 2002).

2 송찬섭, 「농민전쟁에서 동학은 어떤 일을 하였는가」, 역사학연구소 엮음, 앞의 책.

3 김선경, 「농민전쟁 100년, 인식의 흐름」, 역사학연구소, 앞의 책, p. 101.

어떠한 논리로 구성되어 있으며, 또 어떤 한계 내지 문제점이 있는지를 중점적으로 분석함으로써 향후 동학농민전쟁을 새롭게 이해할 수 있는 가능성을 모색해보고자 한다.

2. 동학사상=지도이념론

동학사상=지도이념론은 동학의 사상과 조직이 모두 농민전쟁의 필수적인 조건이 되었다는 주장이다. 이러한 인식은 1920년대에 들어 천도교 측 인사들에 의해 가장 먼저 제시되었다. 그 대표적 인물이 이돈화이다. 그는 1926년 『개벽』에 실린 글에서 "갑오동학혁명(甲午東學革命)"은 정치혁명, 계급투쟁이자 이상향(理想鄕)=지상천국(地上天國)을 만들려는 신념에서 일어난 것으로 '문약 무괄(文弱 武恬)한 조선(朝鮮)에 잇서 그마마한 민중운동이 닐어나게 된 것은 전혀 동학교화(東學敎化)의 계급의식(階級意識)으로 나오게 된 것"이라고 하였다.[4] 또한 그는 1926년 『신인간』에 게재한 글에서도 "조선의 최근 육십 년 민족적 활동이라는 것은 전혀 동학당의 활동으로 볼 수 있으며", "그 활동의 최대의 자로는 갑오혁명운동, 갑진혁신운동, 기미민족운동"이라고 하면서, "동학교도가 이러한 혁명운동을 일으키게 된 동기는 다만 당시 사회의 환경의 추동으로뿐만 된 것이 아니요, 적어도 동학의 교지인 인내천의 평등사상의 대동기로부터 나온 것"이라고 하여[5] 동학사상, 특히 인내천 사상이 동학농민전쟁

---

4 李敦化, 「甲午東學과 階級意識」, 『開闢』 68, 1926년 4월, pp. 44-45.

5 李敦化, 「東學의 史的 考察」, 新人間 제3·4호, 1926년 7·8월[동학농민혁명100주년 기념사업추진위원회 편, 『동학농민전쟁연구자료집(1)』(서울, 여강출판사, 1991), pp. 424-437에 재수록, p. 431, 437].

의 사상적 기반이 되었음을 강조하였다. 이러한 생각은 이후 『천도교창건사』(1933) 등 천도교 측 인사들의 논저에서 지속되었으며, '인내천'에서 보이는 평등사상은 현재까지도 동학사상이 농민전쟁의 사상적 기반이라는 주장의 핵심적 논거가 되고 있다.

천도교 측 이외의 연구자로서 동학사상이 농민전쟁의 사상적 기반이 되었다는 견해를 제시한 대표적 연구자는 김상기(金庠基)이다. 그는 1931년 8월 21일부터 10월 9일까지 36회에 걸쳐 '동학과 동학란'을 「동아일보」에 연재했으며, 이후 이 글을 정리하여 단행본 『동학(東學)과 동학란(東學亂)』을 발간하였다.[6] 김상기는 농민전쟁을 '동학란'이라고 이름 붙였지만, "동학란은 일반이 아는 바와 같이 동학교문의 종교운동이었던 것보다 일대 민중운동이었으며 사회혁신운동이었다"고 하여 동학농민전쟁이 종교운동이 아니라 민중운동, 사회혁신운동이었음을 밝히고 있다.[7] 또한 김상기는 동학교단에는 무위이화(無爲而化)를 원칙으로 실력을 쌓아 서서히 동학의 이념을 실현시키려는 '최시형파'와 하루빨리 사회개혁을 하여 인민을 도탄에서 구하자는 '급진파'(남접)가 있었다고 하였고, 동학농민전쟁의 주동부대인 '남접'을 통솔한 전봉준은 동학의 고천의례(告天儀禮)와 주문 등에 조금도 관심이 없었고 그 뜻을 다른 데 두고 동학을 '용무지지(用武之地)'로 삼으려 한 인물이었다고 지적하였

---

6 김상기, 『동학과 동학란』(서울, 대성출판사, 1947). 이 책은 1975년 같은 제목으로 일부 수정하여 재간행되었다[김상기, 『동학과 동학란』(서울, 한국일보사, 1975)]. 「동아일보」에 연재된 내용과 대조해본 결과 거의 차이가 없지만, 이 글에서는 1975년의 재간행본과 「동아일보」를 동시에 인용하기로 한다. 『동학과 동학란』의 연구사적 의의에 대해서는 이영호, 「동학과 농민전쟁 연구의 원형-東學과 東學亂(김상기, 「동아일보」, 1931)」, 『역사와 현실』 11, 1994 참조.

7 「동아일보」, 1931년 9월 12일; 김상기, 앞의 책, 1975, p. 84. 「동아일보」 연재 마지막부분에서도 "본문에서는 갑오동학운동을 편의상 관용어인 동학란으로 썼음"을 밝히고 있다(「동아일보」, 1931년 10월 9일).

60 **제1부** 연구 동향과 시각

다.[8] 이런 점은 동학사상을 동학농민전쟁의 사상적 기반으로 직결시키는 견해와는 매우 다른 모습이다.[9] 그러나 다른 한편 그는 동학과 농민전쟁이 적지 않은 관련이 있는 것으로 파악하였다. 우선 동학교문의 정신으로 "부패하고 혼란한 현실로부터 창생을 구제함"을 목표로 한 '개혁의 정신', 독특한 인천관계(人天關係)의 설명으로부터 발로된 '평등사상'을 들고 있다.[10] 이 가운데 특히 평등사상을 강조하고 있는데, 동학사상의 '인심즉천심(人心卽天心)'은 최시형에 이르러 '인내천(人乃天)'주의로 확립되었고, '사인여사천(事人如事天)'이라는 논리로 "인류평등의 이론이 붙어지게 되었"다고 하였다. 그리고 "이 사상의 발전이야말로 프랑스 혁명에서 「루소」의 민약설과 같이 당시 극단의 계급제도에 희생되어 있던 일반 교도 사이에 반항적 정신이 더욱 각성케 되었으며, 이 정신이 드디어 갑오동학란의 지도정신에 옅지 않은 관계를 가짐에 이르렀을 것이다"고 하여 동학의 평등사상이 농민전쟁의 기본사상으로 작용하였을 것으로 추정하였다.[11]

---

8 「동아일보」, 1931년 9월 16일; 김상기, 앞의 책, 1975, p. 100.

9 이영호는 이런 점에 주목하여 김상기의 견해를 동학사상=지도이념론인 것으로 이해해온 기왕의 연구를 비판하면서 오히려 김상기는 "동학란의 지도정신을 동학사상에서 찾는 것에는 반대하는 입장을 취하고 있"으며, "동학운동론적인 입장이기보다는 '농민전쟁론'의 입장에서 동학과의 유기적 관련성을 추구"한 것으로 평가하고자 하였다(이영호, 앞의 글, pp. 254-255). 확실히 김상기의 견해는 농민전쟁의 사상적 기반이 동학사상에 있었음을 분명히 강조하는 이돈화와 비교해볼 때 차이가 난다. 그러나 김상기는 동학농민전쟁만이 아니라 3.1운동까지도 '동학교문의 운동'으로 파악하고 있으며(「동아일보」, 1931년 8월 21일), 동학이 '갑오혁명운동'의 모체가 되었고, 3.1운동의 중심 세력이 되었다고 하였다(김상기, 앞의 책, p. 2, p. 164)는 점 등에 유의하여 여기서는 김상기의 입장을 동학사상=지도이념론으로 분류하기로 한다. 김상기는 이돈화의 도움을 받아 「동아일보」에 연재하는 글을 썼고, 이돈화가 쓴 교리 관련 글도 많이 참조하였다. 동학과 농민전쟁의 관계에 대해 분명한 관점을 가지지 못한 것은 이런 사정과 관련이 있을 것으로 보인다.

10 「동아일보」, 1931년 9월 9일; 김상기, 앞의 책, 1975, p. 74.

11 「동아일보」, 1931년 9월 6일; 김상기, 앞의 책, 1975, p. 60.

동학사상이 농민전쟁의 사상적 기반이 되었다는 견해는 해방 이후에도 이어졌다. 김용덕은 동학사상의 핵심을 평등주의·혁명주의·민족주의로 규정하였다. 그 가운데 혁명적 요소는 인내천사상과 함께 교리의 핵심이기 때문에 "그것은 농민전쟁이 걸친 종교적 분장, 즉 외곽적인 것이 아니라 교리 자체가 혁명의 원리이며 추진력"이었다고 하였다.[12] 따라서 "동학사상에 의한 교단의 조직과 신세계에의 고무 없이, 그리고 조화신앙 없이 어떻게 수백만의 대군을 움직일 수 있었겠는가. 참으로 동학사상 없이 동학혁명이 없었음은 명백하다 할" 것이며, '동학혁명'은 "평등주의·혁명주의·민족주의로 말미암아 모든 잡다한 전근대적 요소에도 불구하고 본질적으로 우리의 자주적인 근대화운동이었던 것이다"고 주장하였다.[13] 그러나 동학사상에 평등·혁명·민족주의가 있다고 하더라도 그것이 어떤 논리나 매개를 통해 농민전쟁의 지도원리로 되었는지에 대한 구체적 해명은 없다. 특히 혁명주의를 매우 중요하게 들고 있으나, 혁명주의가 농민전쟁을 통해 어떻게 관철되고 있었는지에 대해서는 설득력 있는 설명이 없다. 또 그는 "시운(時運)과 조화력을 믿는 것이 동학군의 사기의 원천"이었고, 당시 "동학사상에 있어서 조화야말로 종교와 현실을 연결하여 수도(修道)와 혁명의 대립을 통일한 핵"이라고 하면서 조화의 내용으로 주문과 궁을부(弓乙符)를 들고 있다.[14] 그러나 동학의 조화력에 대한 믿음이 농민전쟁을 이끄는 사상적 기반이었다고 하면서도, 구체적 전개과정 속에서 설명해내지 못하고 있다. 다만 김구가 동학의 조화술을 말한 사례를 들어 조화(造化)에 대한 신념이 동학을

---

12 김용덕, 「동학사상연구」, 「중앙대학교논문집」 9, 1964, p. 212.

13 김용덕, 위의 글, p. 224.

14 김용덕, 위의 글, pp. 203-204.

확대하는 데 크게 기여하였다거나, 보은집회 당시 동학교도들이 "우리는 궁을(弓乙)의 도(道)이기 때문에 척왜척양하는 방법이 있다"고 한 점을 들어 대부분의 동학교도가 지도층의 조화력을 믿었고, 조화신앙이 동학당의 실천운동을 관류하는 커다란 요소였다고 주장하였다.[15]

동학사상을 농민전쟁과 직결시키는 견해는 지금도 이어지고 있다. 예컨대 박맹수는 "동학혁명은 당시 피지배층의 정치사회적 견해를 풍부히 반영하고 동학사상으로부터 이념을 제공받고, 동학조직을 매개로 대규모의 민중항쟁으로 발전하였다"고 하여 동학사상이 곧 농민전쟁의 사상적 기반이 되었다는 견해를 보이기도 했다.[16]

종교는 현행 사회질서에 대신하며 새로운 질서를 사고하는 데 필요한 근원적인 힘을 제공한다. 동학사상은 평등사상뿐만 아니라 새로운 질서의 도래를 믿는다는 점에서 예언사상을 내포하고 있다.[17] 그러나 동학사상이 가진 혁명성이나 민족성·평등성을 인정한다 하더라도 동학사상=지도이념론을 주장한 연구에서는 동학의 사상적 내용이 민중과 결합해 나가는 논리나 과정에 대해 설득력 있는 논리를 제시하지 못하고 있다. 특히 농민전쟁의 전개과정에서는 물론 이미 1893년 보은집회 무렵부터도 인내천 등 동학사상과 관련된 생각이나 요구 등이 거의 보이지 않는 점에 대한 충분한 해명이 있어야 할 것이다. 물론 농민전쟁의 전개과정에서도 양반에 대한 공격, 노비문서 탈취 등 신분차별에 대한 반대와 '평

---

15 김용덕, 위의 글, p. 208.

16 박맹수, 「동학혁명의 문화사적 의미」, 『문학과 사회』 25, 1994년 봄호. 박맹수는 동학의 평등사상이 동학이라는 새로운 공동체 속에 광범위한 민중이 결속하게 하였고, 전봉준 등에 의해 동학사상이 정치사회적 실천원리로 발전되어 동학농민혁명의 이념이 되었다고 하여 일면 "제한적 관련성"을 주장하기도 했다[「동학농민혁명에 있어서 동학의 역할」, 동학농민혁명기념사업회 편, 『동학농민혁명과 사회변동』(서울, 한울, 1993), p. 64].

17 한우근, 「동학의 리더쉽」, 『백산학보』 8, 1970, p. 496.

등사상'에 관련된 행동이 여러 지역에서 보이고 있다. 그러나 동학사상이나 동학과 직접 관련이 있는 요구조건은 거의 제시되지 않았다. 또 신분적 차별에 반대하는 농민군의 생각과 행동이 반드시 동학사상 때문에 생긴 것으로만 보기에는 무리가 있다. 신분적 억압과 차별에 대한 저항은 초역사적으로 존재해왔기 때문이다.

이와 관련하여 동학경전의 자구 분석을 통해 민중이 추진해나간 농민전쟁의 사상적 기반이나 지도이념을 설명하는 방식에는 문제가 있다는 점을 지적해두고 싶다. 당시에는 대다수 민중이 문자 해독력조차 가지지 못했으며, 경전 내용도 강습이나 구전을 통해 전파되었다. 따라서 경전 내용이 가진 정치·사회·사상적 의미에 대한 명확한 이해를 바탕으로 동학에 입도하는 교도들은 소수의 지도부를 제외하고는 그리 많지 않았을 것이다. 당시 지식인들은 동학에 대해 신분차별이 없고[18] 내 것과 네 것의 구분 없이 서로 돈과 곡식을 나누어주고,[19] 가진 자와 없는 자 간에 서로 도와준다는 의미에서 유무상자(有無相資)하는 집단[20] 등으로 이해하고 있었다. 또한 동학교도들 가운데는 동학을 단순한 치병(治病)이나[21] 불로장생의 비결로, 피화(避禍)의 수단 혹은 이산이해(移山移海)하는 술수(術數)로, 혹은 배고픔을 면하기 위한 방편으로 여기는 자들이 적지 않았다.[22] 이러한 인식이 당시 민중의 원망(願望)과 결합될 가능성은 충분

---

18 「甲午東學亂」, 『동학농민전쟁사료총서』(이하 『총서』) 9(서울, 사운연구소, 1996), 214쪽. 신분차별이 없었기 때문에 奴主가 함께 입도하였던 점에 대해서는 「梧下記聞」, 『총서』 1, p. 109 참조.

19 「聚語」『東學亂記錄』上, p. 107.

20 「天道敎會史草稿」, 『동학사상자료집』 2(서울, 여강출판사, 1979), pp. 435-436·444; 崔承熙, 「書院(儒林)勢力의 東學 排斥運動 小考」, 『韓㳗劤博士停年紀念史學論叢』, 1971 참조.

21 동학 창도 초기 교도들의 입교 동기가 대부분 治病에 있었음에 대해서는 朴孟洙, 「崔時亨研究」, 韓國精神文化硏究院 박사학위논문, 1995, pp. 163-164 참조.

22 「捕盜廳謄錄」(下), 戊辰 6月 黃載斗地異山謀逆告變, 521쪽 참조. 1882년에 입도한 손병희의

히 열려 있었다고 생각한다. 예컨대 김구는 황해도에서 동학을 전파하고 있던 오응선(吳膺善)을 찾아가 "상놈된 원한이 골수에 사무친 나에게 동학에 입도만 하면 차별대우를 철폐한다는 말이나, 이조(李朝)의 운수가 다하여 장래 신국가를 건설한다는 말에서는 작년 과거장에서 품은 비관이 연상되"었으며, 이에 따라 동학에 입도할 마음이 불같이 일어났다고 하였다.[23] 단편적인 사례이지만 동학이나 동학사상이 어떻게 전파되고 수용되었는지를 구체적으로 보여준다. 따라서 동학사상과 농민전쟁의 관계를 파악하기 위해서는 경전의 자구가 아니라 동학이 당시 민중에게 어떤 것으로 인식되었고, 왜 수용되었는지를 당시 민중의 일상생활과 그 속에서 이루어진 경험, 동학의 전파논리나 확산과정, 동학농민전쟁의 전개과정과 관련하여 구체적으로 밝혀나갈 필요가 있을 것이다.

3. 종교적 외피론

동학의 교리는 농민전쟁의 지도원리가 될 수 없었지만, 시대적 조건 속에서 종교인 동학의 사상과 조직이 없었다면 농민전쟁이 불가능하였다는 입장으로 엥겔스가 『독일농민전쟁』에서 제기한 종교적 외피론을 수용한 견해이다. 종교적 외피론에 가까운 견해를 처음으로 주장한 연구자는 일제시대에 활동한 일본인 시노부(信夫淸三郞)였다. 시노부는 엥겔스가 『독일농민전쟁』에서 제시한 종교적 외피론을 인용하여, 전라도에

경우에도 동학교도로부터 동학은 "三災八亂을 免하는 術"이라는 말과 함께 입도를 권유받았다[『天道敎會史草稿』, 『동학사상자료집』1(서울, 여강출판사, 1979), p. 482].

23 김구 지음, 도진순 주해, 『백범일지』(서울, 돌베개, 2004), p. 42.

모여 있던 불평불만분자에게 집단화를 부여한 것은 종교로서의 동학당이었다고 하였다.[24] 이때 시노부가 『독일농민전쟁』 가운데서 직접 인용한 부분은 다음과 같다.

당시의 복잡한 다종다양의 계급이 일환으로 되며 더욱 큰 전체로 된다고 하는 것은 지방 분권주의 지방적 및 주방적(州邦的) 독립 때문에, 각 주방 상호 간의 공업적 및 상업적 소격(疏隔)으로, 또 불충분한 교통 때문에 거의 불가능하게 되었던 것이다. 이와 같은 상태 아래에서의 집단화는 종교 개혁에 있어서 혁명적인 종교적=정치적 사상이 일반적으로 확대함에 이르러서 이에 비로소 성립되었던 것이다.[25]

그러나 시노부는 동학사상이 어떤 면에서 집단화의 계기로 작용하였는지에 대해 구체적인 분석을 하지 않고 있다. 뿐만 아니라, 정작 농민전쟁의 발발 배경과 경위에 대해서는 농민전쟁이 대원군의 조정에 의해 일어났으며, 그 뒤에는 원세개가 있었다는 정치적 음모론으로 일관함으로써 전형적인 식민사학의 인식을 드러내는 데서 그치고 말았다.

종교적 외피론을 본격적으로 수용한 대표적인 한국인 연구자는 이청원이다.[26] 이청원은 "사회가 농노관계 위에서 정체되었을 때 모든 개혁적 운동이 종교적 외피를 입는 바와 같이 갑오농민전쟁도 그러하였다.

---

24 信夫淸三郎, 「동학당의 난」, 『육오외교』, 1935(『동학농민전쟁자료집 1』에 번역 수록, p. 122).

25 프리드리히 엥겔스 지음, 허교진 옮김, 『독일혁명사 2부작』(서울, 소나무, 1988), p. 54. 이 구절은 이후 이청원을 비롯하여 강재언 등 종교적 외피론을 주장하는 연구자들이 핵심적으로 의존하는 내용이다.

26 오영섭에 따르면 이에 앞서 1945년 간행된 문석준의 『조선역사』가 "동학란은 종교적 의상을 입은 농민의 대중투쟁으로 생각할 수 있겠다"고 하여 종교적 외피론의 입장을 보였다 한다(오영섭, 「1940년대 후반 유물사가들의 동학농민운동 인식」, 『동학학보』 10, 2005, p. 248).

즉 반이조적인 몰락 양반들의 사상이 동학에 의하여 집단화의 계기를 발견하였던 것이다"고 하여 외피론의 입장에서 농민전쟁에 접근하였다.[27] 이때 이청원이 인용한 것은 역시 엥겔스의 『독일농민전쟁』에 나오는 앞의 인용문이었다. 농민전쟁의 성격에 대해서는 "부르주아 민주주의적 요구를 내포한 대규모의 반봉건 반침략의 농민전쟁이었다"고 하였다. 농민전쟁이라는 용어를 처음으로 사용한 것도 이청원이었고, 농민전쟁의 성격을 '반봉건 반침략'으로 도식화한 것도 이청원이 처음이었다.[28]

종교적 외피론을 한층 구체화시킨 것은 재일사학자 강재언이었다. 강재언은 "동학사상은 민족의 내외적 위기 속에서 열강의 침략에 반대하며, 봉건적 신분제도의 속박에 반대하는 농민을 주체로 한 민중의 계층적 요구를 일정한 범위에서 반영하고 있고, 따라서 봉건체제 아래 피압박 피수탈 계층[班不入 富不入 士不入]이 상당히 광범하게 망라되었다. 그러나 동학사상 그 자체는 종교적 표지를 우선하여 거기에 계층적 요구를 종속시킴으로써 사회변혁의 원리로는 될 수 없었다. 따라서 동학사상은 보국안민 광제창생을 부르짖으면서도 사회발전 법칙에 합치된 구체적 전망도, 현실적 수행방법도 제시할 수 없었다. 단지 포덕천하에 의한 무위이화(無爲而化)가 있었을 뿐이었"다고 하여 동학사상이 농민전쟁의 사상적 기반이 될 수 없었음을 주장하였다. 또 동학의 인내천 사상에 대해서도 그것은 도덕지상주의이기 때문에 "여기에서 모든 인간이 신선화한 인간평등 '지상천국'의 실현을 설명한다 하여도 봉건사회를 부정한 새로운 사회로의 구체적인 비전과 방법은 나올 수 없다"고 하였다.[29] 이어서

---

27 이청원, 「갑오농민전쟁의 성격과 그 력사적 의의」, 『력사제문제』 3, 1947, p. 5.

28 오영섭, 앞의 글, p. 262.

29 姜在彦, 「封建體制解體期の甲午農民戰爭」, 『朝鮮近代史研究』(東京, 日本評論社, 1970).

다음과 같이 주장하였다.

　　종교적 외피 속에서 그것이 내포하는 양면성-종교적 표지와 계층적 요
구-은 정부와의 첨예한 대결 속에서의 교조신원운동의 발전과정에서, 특
히 보은집회를 계기로 후자가 전자를 압도하게 되고, 무위이화의 교리에
따라 비폭력주의를 고집하던 동학 상층 간부의 생각과는 다른 방향, 즉 농
민전쟁의 혁명적 방향으로 질적 전환을 하게 된 것이다. 그러나 이 질적
전환은 어디까지나 동학의 종교적 외피 안에서의 것으로, 그로부터의 탈
피를 의미하는 것은 아니다. 그것은 갑오농민전쟁에서 지역적 한계를 넘
어선 농민군의 조직동원이 동학 조직의 형태를 통하여 이루어지고, 그것
에 의해서 이 농민봉기를 전국적인 농민전쟁으로 발전시킬 수 있었다는 데
서도 알 수 있다.[30]

　　결국 강재언은 동학사상에서 "봉건사회를 부정한 새로운 사회로의 구
체적인 비전과 방법은 나올 수 없"었지만, 보은집회를 계기로 지방 접주
들의 영향이 강한 전라도(남접)에서 동학사상이 내포하는 종교적 표지를
극복하고, 동학 조직을 활용함으로써 농민전쟁이 발발할 수 있었다는
것이다. 이러한 이해는 엥겔스의 종교적 외피론을 수용한 것이지만,[31]

이 책은 1982년 한울 출판사에서 번역 간행되었다. 여기서는 번역본을 참고하기로 한다[강재언,
『한국근대사연구』(서울, 한울, 1982), pp. 150-151].

30 강재언, 앞의 글, 앞의 책, p. 157.

31 그의 종교적 외피론은 다음과 같은 인식에 기초하고 있다. "봉건제도의 해체기에 그 근본적인 지양을
향한 새로운 계급의 등장 및 지도가 농민투쟁과 결합할 수 없었던 역사적 조건하에서는, 18세기이거
나 16세기이거나 또는 洋의 동서를 막론하고, 모든 경우는 아니라 하더라도 상당히 보편적으로, 전
면적 농민전쟁에 있어서 '종교적 외피'가 존재할 수 있다는 역사적 근거는 충분히 있다. 그것은 독일
농민전쟁뿐만 아니라, 가까운 예로서 중국에서의 태평천국의 혁명운동 및 의화단운동에서도 볼 수

'종교적 표지'와 '계층적 요구'를 별개의 것으로 분리하여 파악하는 견해는 엥겔스가 제시한 종교적 외피론과 차이가 있다.

엥겔스는 독일 농민전쟁 당시의 역사적 조건, 곧 지방분권화, 상품화폐 경제와 교통수단의 불비를 극복하고 대규모 단위의 집단화를 위해서, 곧 고립성, 분산성을 극복하기 위해서는 종교개혁 과정에서 혁명적이고 종교적이며 정치적인 사상의 확산이 필요했다고 하였다. 그러나 종교적 외피론의 핵심은 종교적 요구와 반봉건적 요구의 분리가 아니라 양자가 오버랩(overlap)된다는 데 있다.

중세는 완전히 미개한 상태에서부터 발전하였다. 중세는 모든 측면에서의 새로운 출발을 위해 구문명과 구철학, 구정치와 구법률학을 폐지하였다. 붕괴된 구세계로부터 이어받은 것이 있다면 그것은 기독교와 문명을 상실한, 그 절반은 붕괴된 수많은 도시뿐이었다. 그 결과 성직자는 지적 교육을 지속적으로 독점하였는데, 이것은 모든 원시적 단계에서 발견되는 현상으로서, 교육 자체도 압도적으로 신학적 색채를 띠게 된다.

정치학과 법률학을 비롯한 학문들은 성직자의 손안에 신학의 일분야로 남아 있었고, 신학에서 널리 적용되었던 제 원칙에 따라 취급되었다. 교리는 동시에 정치원리였으며, 성서 인용은 모든 법정에서 법률적 타당성을 지녔다. 특수한 법관 계급이 형성된 뒤에도 법률학은 오랫동안 신학의 감독하에 놓여 있었다. 지적 활동의 영역에서 신학이 갖는 이 같은 권위는 동시에 기존의 봉건적 지배를 통합하고 재가하는 총체적인 힘으로서의 교회의 위치가 갖는 필연적 귀결이었다.

이상과 같은 제 조건하에서 봉건제에 대한 모든 전반적이고 공공연한

있다"(강재언, 앞의 책, p. 123).

공격 그리고 무엇보다도 교회에 관한 공격, 모든 혁명적인 사회 정치적 학설은 신학적 이단이 되지 않을 수 없다는 것은 명백하다. 기존의 사회 제조건을 공격하기 위해서는 이것이 쓰고 있던 천상의 보관(寶冠)을 벗겨버려야 하였다.[32]

요컨대 모든 반봉건 운동이 종교적 이단의 성격을 띠지 않을 수 없다는 것이다. 여기서 말하는 신학적 이단은 지배 이데올로기로서의 기능을 수행하는 한편, 이미 민중의 일상 속에 내재화해 있던 기독교사상에 민중의 염원을 투사하여 그 사상을 재해석·재정립하는 방식으로 성립한 것이다. 특히 뮌쩌(와 재세례파)에 대해 "그는 기독교의 외양을 빌려 쓴 채 일종의 범신론을 설교하였는데", "때로는 공공연하게 무신론을 가르치기도 했다", "그의 말에 따르면 유일하게 현존하는 계시는 이성으로 언제나 모든 사람 속에 존재하는 계시라는 것이다"고 하였다. 이런 점에 뮌쩌는 기독교적 외피를 입고 있었다는 것이다. 뮌쩌는 신의 왕국, 즉 예언된 천년왕국이 이 땅에서 즉각적으로 수립되도록 요구하였으며, 그를 위해서는 본래적인 기독교라고 여겼던 것과 대비되는 모든 제도를 폐지하여야 한다는 것이었다. 뮌쩌가 신의 왕국이라는 말로 이해한 것은 계급 차이, 사유재산 그리고 사회 성원에 대립적인 위로부터 강요된 국가권력이 없는 국가에 다름 아니었다. 그가 설교한 바에 의하면 모든 기존의 권위는 이들이 혁명에 항복하고 가담하지 않는 한 전복되어야 하며 모든 노동과 재산이 공유되어야 하고 완전한 평등이 도입되어야 한다는

---

32 엥겔스, 앞의 책, pp. 55-56. 이어서 "중세 전 기간을 통하여 봉건제에 대한 혁명적 항거는 활발하였다. 당시의 제 조건에 따라 그것은 공개적 이단운동처럼 신비주의의 형태를 띠든지 아니면 무장봉기의 형태로 나타났다"고 서술하고 있다.

것이었다.[33]

이러한 요구는 곧 봉건적 질곡에 억압받던 농민의 요구에 근접한 것이었다. 이와 같이 신의 왕국을 건설하려는 교의의 내용이나 그 실천과정이 농민의 반봉건투쟁과 부합되는 상황을 설명하는 개념이 바로 '종교적 외피론'인 것이다.[34] 여기서 중요한 것은 중세적 지배 이데올로기에 매몰되어 있던 농민이 지배층에 맞설 수 있게 된 것은 "신의 왕국" 등으로 재해석된 교의를 통해서였다는 점이다. 독일 농민전쟁에서 농민들은 '구법', '옛 권리(das altes Recht)'에 정당성의 근거를 두고 구관습을 침해하는 영주권, 영주의 영역 지배권을 반대하였다. 또 독일 농민군은 '신의 법' 혹은 '신의 정의'라는 보편적 정당성의 원리를 확보하고 그것을 내세움으로써 사회 현상을 새롭게 바라볼 수 있었고, 반란을 특정 제후국을 뛰어넘는 차원으로 확대시킬 수 있었다는 것도 같은 맥락의 이해 방식이다.[35] 분절적 농민들을 묶을 수 있는 논리나 반란을 정당화할 수 있는 이념이 지배 이데올로기 역할을 하던 종교에 대한 재해석에서 나왔음을 보여준다. 종교적 외피론을 주장하는 연구자들이 자주 언급하는 태평천국역시 마찬가지이다. 태평천국도 종교적 외피를 엎고 진행된 측면이 강하다. 스스로를 신의 아들이라고 칭한 홍수전은 하느님으로부터 요마(쏘麿)들, 곧 청 황제를 비롯한 관리들을 베어 없애고 지상천국을 건설하라는 명령과 함께 참마도를 받았다고 하며, 그것을 수행하기 위해 농민전

---

33 엥겔스, 앞의 책, pp. 68-69.

34 이에 대해서는 배항섭, 「쟁점: '동학농민전쟁' 어떤 사회를 만들려고 했나」, 『역사비평』 21, 1992, p. 334에서도 간단히 언급한 바 있다.

35 Heide Wunder, "'Old Law' and 'Divine Law' in the German Peasant War", The Journal of Peasant Studies, Vol. 3, No.1(October 1975); 瀨原義生, 『ドイツ中世農民史の研究』(東京, 未來社, 1988), pp. 437-479, 특히 pp. 452-453; 前間良爾, 「ドイツ農民戰爭」, 『中世の農民運動』(東京, 學生社, 1975), pp. 118-120.

쟁 일으켰다.[36] 이 경우 역시 종교적 요구가 '반봉건적' 과제 수행과 겹치고 있다.

이에 반해 농민전쟁에서는 농민전쟁 기간 중에 동학의 교리나 종교적 요구가 전면에 제기된 적이 거의 없었다.[37] 이는 종교적 외피론의 적용을 주저하게 만드는 가장 중요한 점이며, 기왕의 종교적 외피론자들이 엥겔스의 종교적 외피론을 차용하는 방식에 문제가 있음을 보여준다. 이 점에서 종교적 외피론을 비판하는 다음의 견해들이 주목된다.

오길보는 1959년 「갑오농민전쟁과 동학」(『력사과학』 3)에서 종교가 민중의 생활과 관련하여 가지는 독일과 조선의 차이점, 조선은 서구와 달리 중앙집권적 정치체제였고 상품화폐경제가 상당히 발달해 있었다는 점, '1811~1812년 평안도 농민전쟁'도 종교적 외피를 쓰지 않았다는 점 등을 들어 종교적 외피론을 비판하였다.[38]

정창렬도 종교적 외피론은 16세기 초 독일 농민전쟁 당시 독일과 19세기 말 조선의 사회·문화적 조건의 동질성을 전제로 한 것이지만, 조선의 경우 독일과 달리 종교생활이 대중의 생활에 중요한 지위를 차지하지 않았다는 점, 봉건사회를 근본적으로 지양하는 시민계급이 등장하여 농민전쟁을 지도할 때에만 근대에 이를 수 있다는 점을 전제로 하여 서유럽의 고전적 경험을 1890년대 조선에 상정하고 있으나, 19세기 후반

---

36 이에 대한 최근의 연구로는 조너선 D. 스펜스 지음, 양휘웅 옮김, 『신의 아들: 홍수전과 태평천국』(서울, 이산, 2006) 참조.

37 엥겔스의 논리를 차용한다면, 교조신원운동의 경우 종교적 요구를 전면에 내세웠지만, 내용면에서는 반봉건적 지향이 저류에 흐르고 있었다는 점에서 종교적 외피론이 적용될 만한 소지가 있다. 그러나 동학농민전쟁의 경우 만약 그것이 동학에서 말하는 개벽 상황을 열기 위한 투쟁이었음을 받아들인다면, 오히려 외형적으로는 '반봉건적' 요구를 전면에 내세웠다는 점에서 '반봉건'의 외피를 쓴 종교운동이라고 규정될 수 있을 것이다.

38 오길보, 「갑오농민전쟁과 동학」, 『동학연구』 12, 2002에 재수록, pp. 277-278.

조선의 경우 타 민족에 의한 억압이라는 조건이 가중되어 있었다는 점을 유의해야 한다고 지적하였다. 또 "자본주의 경제의 침투에 의하여 반(半)식민지적인 전국적 시장의 형성과정에 대응하는 측면도 물론 중요하지만, 결전, 도결 등 조세의 금납화 과정에 동반되는 농민생활의 국지적 차이성의 파괴라는 측면도 깊이 천착하여야 할 것"이라고 하였다.[39]

안병욱도 중앙집권적 통제하에서 행해진 수취제도가 고을 단위로 행해지면서도 지역적 차별이나 개별 제도하에 행해진 것이 아니라 동질적인 성격을 지니고 있다는 점, 고을 단위의 저항이 집약된 민란의 경험을 토대로 분산적 한계를 극복하여 연대의식과 대중 동원이 이루어진 데서 농민전쟁이 가능했다고 하였다. 또 지방의 5일장을 중심으로 형성된 전국 규모의 유통경제권을 주목하였으며, 종교적 생활이 공통적 인식 기반으로까지 작용할 만큼 민중생활에 영향을 미쳤는가 하는 점에는 의문을 제기했다.[40]

오길보와 정창렬, 안병욱의 주장은 서구적 경험과 달랐던 점을 근거로 종교적 외피론에 의문을 제기한 것이다. 서구와 달랐던 조건들이 어떠한 민중의식을 어떻게 형성해갔는가에 대한 구체적인 분석을 진행하지는 못했지만, 향후 연구 방향과 관련하여 시사하는 바가 많다고 생각한다.

이상 종교적 외피론의 다양한 견해와 그에 대한 비판에 대해 살펴보

---

39 정창렬, 「동학과 동학란」, 이가원 외 편, 『한국학연구입문』(서울, 지식산업사, 1981), pp. 384-385, 393. 또 다른 글에서도 동학농민전쟁은 "봉건체제의 극복·지양"이라는 "민족 내부의 모순뿐만 아니라 (일본 제국주의의 침략이라는—필자) 민족 외부의 모순까지도 그 해결이 역사과제로서 제기되고 있었다는 점"이 독일 농민전쟁과의 차이라고 하였다(정창렬, 「갑오농민전쟁연구」, 연세대학교 박사학위논문, 1991, p. 272).

40 안병욱, 「갑오농민전쟁의 성격과 연구현황」, 『한국근현대연구입문』(서울, 역사비평사, 1988), p. 44.

았다. 『독일 농민전쟁』에서는 분명히 밝히지 않았지만, 엥겔스는 『공상에서 과학으로의 사회주의의 발전』(영어판, 1892) 「서문」에서 독일 농민전쟁을 유럽 부르주아들의 3대 투쟁 가운데 하나로 규정하여 그것이 부르주아 지향의 운동인 것을 서술하였다.[41] 이러한 점을 전제로 할 때 농민전쟁이 반자본주의적인 지향을 보였다면 동학농민전쟁을 '농민전쟁'으로 규정하는 문제에 대해서도 다시 생각해볼 필요가 있을 것이다. 비단 종교적 외피론이 아니더라도 농민전쟁이라는 용어가 그것이 가진 부르주아 지향성을 인정하는 엥겔스의 견해로부터 차용된 것임은 분명하기 때문이다. 농민전쟁에 대해 역사학뿐만 아니라 다양한 관련 학문 분야의 교류를 통해 좀 더 폭넓고 새로운 시각에서 접근할 것이 요청된다.

4. 유기적 관련론

유기적 관련론은 동학사상이 곧바로 농민전쟁의 사상적 기반이 된 것은 아니었지만, 내면적·유기적인 관련을 가진다는 견해이다. 종교적 외피론과 유사하지만, 종교로서의 동학사상을 단순히 외피에 불과한 것으로, 혹은 부정적인 것으로만 보지 않고, 동학사상에는 '혁명적'·'변혁적' 요소가 있으며 동학사상에 대한 새로운 이해 등을 통해 동학사상과 농민전쟁이 내면적·유기적으로 관련을 가지게 되었다고 이해하는 점에서 차이가 난다.

이러한 견해는 일본인 연구자인 이시이(石井壽夫)의 글에서 처음으로

---

41 칼 하인리히 맑스, 프리드리히 엥겔스 저, 석탑편집부 편역, 『맑스-엥겔스 선집』(서울, 석탑, 1990), p. 222.

보인다. 이시이는 "동학은 모든 의미에서 조선이 붕괴하고 현대조선이 여명하는 커다란 전환기에 태어난 선구적인 종교이고, 민주적인 동시에 민족적인 현대적인 특색을 갖고 있다"라고 하였다. 농민전쟁에 대해서는 "민중주의적이고 민족주의적인 사조를 내건 민중의 힘에 의해 신국가사회의 건설을 꾀한다고 하는, 중세적 봉건국가사회의 붕괴를 의미하는 무엇이었을 것이다"고 하여 일본인 학자로서는 이례적으로 긍정적인 평가를 하였다. 동학과 농민전쟁의 관련에 대해서는 "최제우 자신은 어디까지나 동학을 하나의 종교로서 말했던 것이지, 결코 정치적 혁명원리로서 고취한 것은 아니었다. 그러나 그 성격은 현실 부정적이며, 쉽게 혁명원리로 될 수 있는 것이었다. 그러니까 장래에 동학당의 난이 발발하여 조선붕괴의 직접 원인으로 되었던 것이다"고 하였다.[42] 또한 이시이는 "그의 교는 민중과 하나로 이어질 운명에 있으면서 동시에 현실의 민란의 주체인 농민을 직접 움직이는 데는 이르지 못했던 것이다. 이두 가지를 적극적으로 하나로 연결하고 농민운동의 지도원리로 신차원의 신앙력을 만들어낸 것은 교조 그 자신이 아니라 그의 제자에 의해서였다"라고 하였다.[43] 동학사상 자체는 결코 혁명원리가 될 수 없었지만, 그 제자에 의해 새로운 교리가 만들어짐으로써 민중과 결합, 농민전쟁의 지도원리가 되었다는 것이다.

해방 이후 동학사상과 농민전쟁의 내면적·유기적 관련성을 제기한

---

42 石井壽夫, 「教祖 崔濟愚にあける東學思想の歷史的展開」, 『歷史學研究』 11卷 1號 通卷 85號, 1940(동학농민전쟁100주년기념사업추진위원회 편, 『동학농민전쟁자료집 1』에 번역 수록, pp. 301-302).

43 그러나 그 역시 결론 부분에서는 "우리 황도(皇道)에 의한 일군만민 정치를 조선에 나타나게 하는 하나의 매개"였고, "동아의 신단계에 적응하여 황도정신에 완전히 융합하는 것이야말로 바람직한 것이다"고 하여(『동학농민전쟁자료집 1』, p. 303) 당시 식민사학의 분위기로부터 완전히 자유로울 수는 없었다.

대표적 연구자는 한우근이다. 그는 동학사상 자체가 혁명사상은 아니지만, 새로운 성격을 띨 수도 있는 본질을 내포하고 있다"고 하였다.[44] 또 동학사상에는 "인간 존재의 본질을 절대선으로 추구하는 점에서 초현세적인 윤리에의 요구를 말하고, 또 새로운 질서의 도래[時運]를 믿는다는 점에서 예언사상을 내포하고" 있으며, 이러한 "현실 부정적인 예언사상과 외세의 위협에 대한 저항의식은 동학사상(동학교)으로 하여금 혁신성을 띨 수도 있게 하는 '민족적' 종교로서 성장될 수 있게 한 것이었다"고 하여[45] 동학사상과 농민전쟁의 유기적 관련성을 제시하였다. 따라서 그는 "동학교의 지도층은 처음에는 동학을 어디까지나 종교운동으로서 이끌어갔"으며, "그들이 종교적 입장을 고수할 때 그들의 활동은 종교적인 한계를 벗어나지 않았다(동학란 제1차봉기 당시의 제2세 교주 최시형의 입장)"고 하여 동학사상과 교문의 혁명성을 부정하였지만, "그들이 현실적인 면에 눈을 돌릴 때 그들의 운동은 정치적인 운동으로 전환될 수도 있었다"고 진단하였다. 동학농민전쟁이 바로 그 사례이며, 동학농민전쟁은 "자신의 처우에 대한 항변이 바로 농민을 대변하는 것임을 자각"하고, 나아가 "침투해온 외세(일본 세력)에 대한 항거로 국가 운명을 보전해야 한다는 메시아적인 기능을 사게까지에 이른" 전봉준이 지도한 것으로 이해하였다.[46]

한편 김영작은 동학사상이 사회윤리사상의 결여, 도덕지상주의적 편향 등으로 인한 체제 구상의 관념상과 정치 기능의 공동성(空洞性) 때문

---

44 한우근, 「동학사상의 본질」, 『인문과학』 22, 1969, p. 181 ; 「동학사상의 본질」, 『동방학지』 10, 1969, p. 70.

45 한우근, 「동학의 리더쉽」, 『백산학보』 8, 1970, p. 496.

46 한우근, 위의 글, 1970, p. 500-501.

에 "민중을 운동의 에네르기로 전화시키는 지도원리일 수 없었"다고 하였다. 그러나 지도원리로 전환될 수 있는 계기를 내포하고 있었다고 하며, 그것을 인내천 사상의 사회적 구현과 동학의 조직화에서 찾았다. 전봉준이 그러한 역할을 하였으며, "우리는 천의(天意)에 따라 행동하며, 축문(呪文)을 암송함으로써 활기를 낳게 하여 사지(死地)도 생지(生地)와 같음이라"고 한 전봉준의 표현 등을 근거로 "전봉준은 동학사상을 실천적으로 해석함으로써 동학조직을 종래의 농민봉기가 지녔던 지방적 분산성과 고립성을 극복하여 전국적 농민봉기로 끌어올리는 매체로서의 구실을 다할 수 있게 하였다"는 견해를 제시했다.[47] 새롭게 실천적으로 해석된 교리와 동학 조직에 의해 분산성과 고립성을 극복하고 농민전쟁을 추진할 수 있게 되었다고 하여, 동학과 농민전쟁이 내면적인 관련성을 가진다는 견해를 보이고 있다. 그러나 교리에 대한 전봉준의 새로운 실천적 해석이 동학교리와 어떤 연관성과 차이가 있는지에 대한 분석이 구체적으로 제시되어 있지 못하다.

정창렬은 종교적 외피론에 가까운 주장과 유기적 관련론을 동시에 제시하였다. 우선 그는 동학에서 "인간이 할 수 있고 또 해야 할 일은, 상제의 의지의 조화, 즉 무위이화(無爲而化)를 확신하고 그 조화를 기원하는 동학 신앙을 두터이 하는 것뿐이었"고, "인간의 주체적 실천적 행동을 배제하였기 때문에 그 사회사상은 현실적으로 공동(空洞)이었다. 현실 변혁의 방법 구상도 지극히 관념적이고 환상적이었다"고 하면서도 동학사상과 농민전쟁의 관련을 완전히 부정하는 것이 아니라 내면적인 관계가 있었음을 주장하였다. 그는 사회경제 구성에서는 자본주의적 관계의 진전이 아직 미약하여 계급관계의 분화가 사회적 결합의 유대로

---

47 김영작, 『한말 내셔널리즘 연구』(서울, 청계연구소, 1989), pp. 227-228.

서 등장할 만큼의 수준에까지는 이르지 못하였기 때문에 지역적 고립 분산성을 뛰어넘어 변혁 역량을 동원할 수 있는 매개체는 동학의 교문조직 이외에서는 발견될 수 없었다고 주장하였다. 또한 동학은 "현존의 질서를 비록 환상적으로나마 총체적으로 부정하고 있었기 때문에 그 사상과 조직이 현실의 변혁을 희원하는 농민들에게 자철(磁鐵)이 될 수 있었고, 따라서 동학사상과 동학교문이 농민들의 현실변혁 행동을 원천적으로 저지·억압하지는 않았다. 이러한 양면적인 규정에 의하여 동학교문의 조직이 농민군의 외피로 될 수 있었"다고 하였다.[48] 이는 종교적 외피론에 가까운 견해이지만, 다른 글에서는 종교적 외피론보다는 내면적·유기적 관련론을 제시하고 있다.

그는 동학은 "지배 이데올로기에 유폐되어 있던 농민들로 하여금 현실의 모순을, 고을의 울타리를 넘어서는 전국의 일반적 문제로서, 개별·특수의 차원을 넘어서는 농민층 일반의 보편적 문제로 인식하게 하는 사상적 도약대의 구실을 하게 되었다. 아울러 동학은 농민들로 하여금 현실사회의 총체적인 모습의 대극점에 미래의 새로운 총체적 사회상을 모색하게 하는 사상적 도약대 구실도 하게 되었다. 따라서 동학은 국가와 지배계급에게 자신들의 사회경제적 요구를 제기하고, 그 요구를 거부하는 상대방에게 비판을 제기하면서 저항하는 농민들에게 저항이라는 행동의 정당성의 확신을 제공하는 구실까지도 하게 되었다"고 하였다. 그러나 이러한 과정은 동학 그 자체의 사상을 기반으로 한 것이 아니었다. 농민들은 자신들의 사회적·계급적 이익의 실현과 그것을 위한 현실 변혁을 위하여 동학을 일정하게 수정하여 수용하게 되었다. 그 수정의 핵심 내용은 무위이화의 부정이었다. 수정된 동학사상은 농민적

---

48 정창렬, 「갑오농민전쟁연구」, 연세대 박사학위논문, 1991, p. 186, 267.

동학사상이라고 할 수 있는데, 이것이 농민전쟁의 사상적 기반이 되었다고 하였다.[49]

나아가 "현실을 파악하는 문제의식이 종래의 민란으로부터 질적으로 비약하여, 전국의 차원에서 사회경제체제에 관련되는 보편적 모순으로서 인식하고, 그 연장으로서 정치권력의 담당자 문제까지 제기하게 된 것은, 현실의 모순 자체의 심화와 그에 말미암은 농민의 사회적 계급적 이익의 첨예화에 규정되는 것이었지만, 주체적으로는 동학사상에 의한 사상적 비약이 전제되지 않았다면 불가능한 것이기도 하다"고 하였다.[50] 결국 정창렬의 견해는 동학사상이 그대로 농민전쟁의 사상적 기반이 된 것은 아니었지만, '무위이화'의 극복을 요체로 한 새로이 해석된 동학사상, 곧 '농민적' 동학사상이 농민에게 사상적 도약대 역할을 했다는 것으로 동학사상과 농민전쟁 간의 내면적 관련성을 지적하는 것이다.

한편 단순한 동학주도론과 종교적 외피론을 모두 비판하면서 동학과 농민전쟁이 바로 연결되지는 않지만, 유기적인 관련을 가진다는 입장에서 동학과 농민전쟁의 사상적 연계성을 치밀하게 분석한 연구는 조경달의『이단의 민중반란』이다.[51] 그는 우선 민중이 곤고(困苦)와 인종(忍從)의

---

49 정창렬, 「동학농민전쟁과 프랑스혁명의 한 비교」, 미쉘 보벨, 안치홍 외, 『프랑스혁명과 한국』(서울, 일월서각, 1991) pp. 236-237.

50 정창렬, 「동학농민전쟁과 프랑스혁명의 한 비교」, 미쉘 보벨 외, 앞의 책, 238쪽. 이 부분은 학위논문의 내용과 차이가 있다. "동학사상이 갖고 있는 이러한 정치적 성격은 당시의 농민들에게 직접 간접으로 영향을 미쳐서 농민들로 하여금 고을의 수령 아전 향임 등, 또는 중앙정부의 맞상대의 자리에 설 수 있게 하였다. 오랜 세월에 걸쳐서 공순(恭順)의 윤리에 매몰되고 또 그러한 매몰이 사회적으로 그리고 세대로 이어지면서 전승되어 온 삶에 길들여진 농민들로서는 고을의 지배자집단이나 중앙정부의 맞상대의 자리에 스스로를 세운다는 것은 지난한 일이었다. 동학사상은 이를 가능하게 하였던 것이다. 그러나 동학사상의 사회적 역할은 여기에서 그치는 것이었다." 이러한 논리는 농민전쟁 자체와 동학의 관계를 부정하는 입장이다(정창렬, 「갑오농민전쟁연구」, 연세대 박사학위논문, 1991, pp. 41-43).

51 趙景達, 『異端の民衆反亂─東學と甲午農民戰爭』(東京, 岩波書店, 1998). 이 책은 역사비평

나날을 보내면서도 그러한 일상적 세계로부터 투쟁이라는 비일상적 세계로 도약하기 위해서는 민중을 내면으로부터 충동하는 어떤 정신적 동기가 있어야 한다는 점을 강조하였다. 또 엥겔스의 '종교적 외피론'도 실제로는 종교적 이단사상이 독일 농민전쟁에서 지니는 결정적 역할을 강조하고 있다는 점을 지적하면서, 민중을 농민전쟁으로 끌어들인 논리를 동학의 이단사상을 통해 탐색하고자 하였다.[52]

이를 위해 그는 사상계승의 다이나미즘을 강조하였다. 사상이나 종교는 발생과 동시에 수용하는 민중의 소양이나 민족의 문화 상태에 규정되어 창시자의 본디 생각과 다르게 변해간다는 것이다. 이에 따라 동학사상의 성립, 정통과 이단의 분기과정 및 양자의 사상적 차이를 분석하고 있다. 이를 통해 남접에 의해 재해석된 이단 동학에서는 정통 동학의 내성주의(內省主義)가 약화되고, 철저하게 '의뢰의 신앙'=타력(他力)을 설파함으로써 민중 스스로가 상제로 전환되는 것, 곧 군자화·신선화가 용이해졌기 때문에 진정한 민중적 지평을 열고 민중을 변혁 주체로 파악할 수 있었다고 하였다. 결국 농민군이 수용한 이단 사상은 농민전쟁이 발발하게 된 사상적 동인이자 농민군의 행동과 지향을 결정적으로 규정하는 요소라고 하였다.[53] 민중이 투쟁이라는 비일상적 세계로 도약할 수

사에서 번역되었다[조경달 지음, 박맹수 옮김, 『이단의 민중반란』(서울, 역사비평사, 2008)]. 이하 페이지는 번역본에 따르기로 한다.

52 조경달, 앞의 책, pp. 27-28. 이하의 내용은 배항섭, 「'等身大'의 민중상으로 본 동학농민전쟁-조경달, 『이단의 민중반란』 서평」, 연세대학교 현대한국학연구소 편, 『해외한국학평론 4』(서울, 일조각, 2006)의 일부 내용을 재정리한 것이다.

53 한편 조경달은 동학사상의 역할을 매우 강조하는 입장임에도 불구하고 '동학'을 탈각시키고 '갑오농민전쟁'으로 지칭하고자 하였다. 그것은 동학농민전쟁이라는 용어가 동학의 종교적 역할을 일면적으로 강조한다는 혐의를 받을 수 있기 때문이라고 하였다. 동학의 종교적 역할을 강조하기는 하지만, 결코 원래의 동학을 인정하는 것이 아니라, 동학에 대해 공명하여 온 민중의 창조적 이해에 착목(着目)하였기 때문이라는 것이다(조경달, 앞의 책, p. 15).

있었던 내면적 · 정신적 동기를 이단동학, 곧 남접(南接) 계열에 의해 재해석한 동학의 이단 사상에서 찾은 것이다. 사상 계승의 동태적 측면을 강조하며 동학교문의 사상만이 아니라, 민중이 그것을 수용하는 방법에 착목한 연구방법은 기존의 접근방식을 뛰어넘는 발상이며, 그리고 관련 자료가 거의 없음에도 불구하고 동학사상의 천관(天觀)에 대해 치밀하게 분석한 점, 그를 통해 정통과 이단을 구분하고 이단 사상과 농민전쟁의 사상적 연관성을 구체적으로 해명하고자 한 저자의 노력은 동학과 농민전쟁의 관계 해명에 중요한 진전을 이룬 것임에 틀림없다.

그러나 다른 한편 얼마나 많은 교도가 경전에 대한 실천적 이해, 혹은 천관에 대한 새로운 이해를 바탕으로 입도하였고, 또 농민전쟁에 가담하였는지에 대해서는 회의적이다. 대부분의 교도는 동학 경전에 대한 이해나 해석보다는 유무상자(有無相資)로 표현되는 상호구휼, 치병(治病)의 수단, 신분 차별이 없는 집단이라는 점 등에 매료되어 동학에 입도하였다. 따라서 피란(避亂)이나 기근을 면하기 위한 궁민(窮民)이 급작스레 대거 입도하였던 '도소체제기(都所體制期)'는 말할 것도 없고, 그 이전에도 동학 경전에 대한 충분한 이해를 가지고 입도하는 교도는 많지 않았을 것이다. 더구나 전봉준이 동학사상을 실천적으로 해석하거나, 정통 동학과 이단 동학이 서로 다른 천관(天觀)을 가지고 있었다 하더라도 저자의 표현대로라면 빈농 · 반프로 · 천민(賤民)이 많았던 남접 계통의 교도들이 정통과 이단 동학의 천관을 깊이 있게 이해하고, 그를 통해 변혁주체로 자각하였다는 논리가 현실적으로 얼마나 설득력이 있을지는 의문이다. 특히 이러한 해석으로는 동학교도가 아닌 일반 민중이 가담하게 된 '사상적 기반'을 해명하기 어렵다. 동학사상을 지도이념으로 보는 견해에서 지적한 바와 마찬가지로 농민전쟁이 전개되는 동안 농민군 측에서 제시한 각종 격문에는 동학과 관련된 내용이 거의 없다는 사실에 대해서도 해명이 필요하다. 조선의 지배 이데올로기는 유교였고, 민중의 일상생활도 많은 부분 그것을 수용하거나 거기에 침윤되어 있었기 때문에 동학 그 자체가 이미 이단이었다. 이것은 동학이 농민들을 묶어내는 '보편적' 원리가 되는 데 한계가 있었음을 말한다. 동학은 어디까지나 이단이었고, 거기에는 소수의 농민들만 포섭되어 있었기 때문이었다.

정창렬이나 조경달이 어떤 식으로든 동학과 농민전쟁의 관계를 찾으려는 이유는 농민전쟁 그 자체를 농민들의 일상생활은 물론 민란에 비추어 볼 때도 하나의 비약인 것으로 받아들이고 그 도약대 역할을 동학에서 찾고자 하기 때문이다. 농민전쟁을 하나의 비약으로, 곧 지역을 넘어 국가적 모순 속에 자신을 위치시키고 개벽을 지향하기 위해서는 세계관의 대전환이 필요하다는 시각은 한편으로는 매우 당연한 지적일 수 있다. 그러나 "혁명은 현존하는 권력 구조, 법, 국가, 심지어 지주의 정당성마저도 부정하지 않는 농민들에 의해 만들어질 수도 있다"는 에릭 홉스봄(Eric Hobsbawm)의 지적도 있듯이[54] 민란이 농민전쟁으로 비화하기 위해서 반드시 세계관의 대전환이 필요한 것은 아닐 것이다. 더구나 농민군이 국왕을 전혀 부정하지 않았다는 점, 혁명적 상황과는 거리가 먼 농민군의 요구조건, 곧 〈폐정개혁안(弊政改革案)〉의 내용 등으로 미루어 볼 때 농민군이 혁명적 상황 내지 '개벽' 상황을 지향했는지에 대해서도 의문이다. 이 문제와 관련하여 우리의 농민전쟁이 체제나 지배 이데올로기, 종교생활의 성격 등과 관련한 민중의 존재 양식이나 일상생활과 생각 등의 면에서 서구와 크게 다른 조건을 기반으로 배태되고 발발한

---

54 Eric Hobsbawm, "Peasants and Politics," Journal of Peasants Studies 1, no. 1(October 1973), p. 12; 에릭 홉스봄 지음, 김동택 외 옮김, 「농민과 정치」, 『저항과 반역 그리고 재즈』(서울, 영림카디널, 2003), p. 245.

것임을 지적하고 싶다.

예컨대, 조선은 서구와 달리 정치적으로 중앙집권적 왕조체제하에서 일찍부터 관료제가 잘 발달되어 있었다. 국왕을 정점으로 하여 각 도와 군현은 중앙정부에서 파견된 '국왕의 대행자'인 지방관의 지배를 받고 있었으며, 면리(面里) 단위까지도 군현의 이서배(吏胥輩)와 면리임(面里任) 등을 통해 중앙집권적 지배체제의 연망(聯網)에 편입되어 있었다. 이는 농민의 일상생활 가운데 많은 부분이 국왕의 대행자 → 국왕 혹은 국가기구와 밀접한 관계 속에서 이루어지고 있었음을 의미한다.

농민은 일상생활 속에서 국왕의 존재를 항상 의식하며 생활하였고, 스스로를 왕민으로 자각하고 있었으며, 그에 따라 농민은 왕세(王稅)로 이해된 국역 부담을 당연한 것으로 이해했다. 서구의 경우 엘리트층이 군사적 임무를 담당하였지만, 조선에서는 후기로 갈수록 엘리트들이 군역을 기피하고 농민층이 이를 담당했다는 사실은 국왕과 농민, 혹은 나라와 농민의 관계에 대한 농민의 인식이 서구 농민의 그것과는 크게 다를 수 있었음을 의미한다. 이러한 사정에 더하여 조선의 치자(治者)들이 스스로 제시한 민유방본이라는 이념은 점차 조선의 농민으로 하여금 스스로에 대해 정치의 주체는 아닐지라도 자신들이 국가 존립의 근거가 됨을 의식할 수 있게 하는 중요한 계기가 되었을 것이다. 따라서 반드시 외부적 이념이나 사상적 비약이 없더라도 반란의 대열에 동참할 수 있는 계기가 잠재해 있었다고 볼 수 있다. 이는 곧 조세수취제도의 문란한 운영이나 탐관오리의 행패 등으로 인한 농민의 불평불만이 서구와 같이 '봉건적 소우주'에 갇혀 있기보다는 쉽게 중앙권력과의 직접적인 갈등이나 마찰로 연결될 수 있었음을 시사한다. 이 점은 분권적 체제하에서 강력한 공동체 규제를 가지고 있었기 때문에 명치유신 이후에도 어법(御法)보다 촌법(村法)을 우선시하였다거나, 민중의 에너지가 가(家)나 촌락

(村落) 정도의 소공동체 내부 문제의 해결에 집중되었던 일본 민중운동의 경험과도 중요한 차이를 보이는 지점이다.[55]

이러한 특징들은 농민전쟁에서도 분명히 표현되고 있었다. 농민전쟁의 시작을 알리는 1894년 3월 20일의 〈무장포고문(茂長布告文)〉에서 농민군은 "백성은 나라의 근본으로 근본이 위축되면 나라가 멸망한다. (중략) 우리는 비록 초야(草野)의 유민(遺民)이지만, '석권지사(食君之土)'하고 '복군지의(服君之衣)'하므로 (국가의) 위망을 좌시(坐視)할 수 없"어서 일어났음을 밝혔다.[56] 또 4월 4일 〈제중의소(濟衆義所)〉의 명의로 법성포 이향(吏鄕)에게 보낸 글에서는 "민폐(民弊)의 근본은 이포(吏逋)에서 말미암고, 이포의 근본은 탐관(貪官)에서 말미암으며, 탐관이 범법(犯法)하는 것은 집권세력의 탐람(貪婪)에서 기인하는 것이다"고 하였다.[57] 이와 같은 창의문이나 통문의 내용은 농민군이 고을 단위의 부패와 모순을 해소하기 위해서는 결국 왕조정부의 핵심적 권력자들을 타도하는 길밖에 없다는 점을 조선사회의 모순 구조 속에서 인식하고 있었고, 민유방본(民惟邦本)이나 왕토(王土)·왕신사상(王臣思想) 등 유교적 이데올로기에 기반하여 자신들의 행동을 정당화하고 있었음을 보여준다. 독일 농민전쟁이나 러시아 농민운동 등 서구 농민운동에서도 농민은 흔히 '신의 왕국' '신의 정의' '신의 뜻' '땅은 신의 것이다' 등 지배 이데올로기 역할을 해왔고, 자신들 역시 일상적으로 접해온 종교적 교리와의 관련 속에서 정당성의 근거를 찾았다. 이 점에서 민유방본의 이념은 지배 이데올로기이지만, 농민들에 의해 지배층에 저항하는 정당성의 근거로 재해석 될

---

55 鶴卷孝雄,「近代化と 傳統的 民衆世界」(東京, 東京大出版會, 1991), p. 9.
56 「東匪討錄」, pp. 320-321.
57 「駐韓日本公使館記錄」1, p. 20.

수 있으며, 지배 이데올로기에 입각한 과거, 곧 중국 고대의 특정 시대를 현실에 대항하는 하나의 유토피아로 그려낼 수도 있다는 점을[58] 조경달이 말한 사상 계승의 다이나즘의 맥락에서 접근할 필요가 있다. 또 지배 이데올로기의 재해석을 통한 정당성 확보가 가능했다면, 굳이 농민전쟁의 발발에 이단의 종교사상이 필요했다거나, 농민의 요구가 그러한 종교의 외피 속에 은폐될 필요가 없었던 것은 아닐까? 실제로 농민군이 요구하는 토지제도 개혁에는 왕토사상이, 부정부패 척결 요구에는 왕민사상 등 지배 이념과 관련된 사상이 정당성의 근거가 되고 있었다.[59] 또한 민중운동 당시에도 민중은 지배이념인 민본과 인정 이념을 지배층의 책무로, '백성'이 당연히 누려야 할 '은택'이라는 쪽으로 바꾸어 이해함으로써 그들의 요구와 주장을 정당화하고 있었다. 민본과 인정 이념에 대한 민중 의식은 조선후기부터 개항 이후로 이어지는 잦은 민란(民亂) 그리고 보다 직접적으로는 〈교조신원운동(敎祖伸寃運動)〉이나 〈척왜양운동(斥倭洋運動)〉 등 직접 국왕을 상대로 벌인 시위·농성 등을 경험하며 다른 방향으로 전환해 나갈 수 있었을 것으로 생각된다. 유교적 소양을 갖추고 있던 지도부는 일반 농민과 달리 스스로 정치의 주체로 자임하고 있었다. 이러한 인식이 감사, 나아가 국왕에게 직접 상소하는 사태로 발전할 수 있었으며, 이는 여기에 참여했던 민중과 이 사실을 들은 민중의

---

58 만하임은 유토피아가 이데올로기에 대항하는 것이라는 관점에서 유토피아라는 개념은 기존 사회의 변화를 바라는 어떤 억눌린 집단의 정치적 생각을 종종 반영한다고 하였다[K. 만하임 지음, 임석진 옮김, 『이데올로기와 유토피아』(서울, 청아, 1991)].

59 이에 대해서는 배항섭, 「1894년 동학농민전쟁에 나타난 토지개혁구상」, 『사총』 43, 1994; 「근대이행기'의 민중의식—'근대'와 '반근대'의 너머」, 『역사문제연구』 23, 2010 참조. 이외에도 농민이 자신들의 행위를 정당화한 논리로는 척왜척양의 의병이라는 점, 대원군을 추대하려고 한다는 점 등이 농민군 측에서 제시되었다. 지배 측이 제시한 통치이념인 민본이념과 밀접한 관련이 있는 주장들이다.

의식에 영향을 미쳤을 것이고 이러한 전 과정이 농민전쟁을 정당화하는 민중의식으로 수렴되었을 것으로 보인다.[60]

그러나 유기적 관련론에서는 농민전쟁의 사상적 기반, 정당성의 기반을 동학사상과의 관련 속에서만 찾음으로써 조선시대의 지배 이념, 그에 대한 농민의 인식, 농민의 생활을 둘러싼 다양한 경험, 그 속에서 형성되어 간 의식세계에 대한 접근은 차단되고 말았다. 그 결과 민란 단계의 민중의식이 '교조신원운동'과 '척왜양운동', 농민전쟁의 전개과정, 그 과정에서 일어난 객관적 조건의 변화에 따라 변해 나간 측면에 대한 동태적 분석은 외면되거나 미흡할 수밖에 없었던 것이다.

앞서 언급하였듯이 농민전쟁의 사상적 기반을 동학에서 찾는다 하더라도 동학 경전의 자구 분석이나 동학사상에 대한 내면적 분석만으로는 한계가 있다. 농민의 일상적 생활 속에서 전개된 의식세계를 파악해 나가고 그와 관련 속에서 경전이나 동학사상의 어떠한 점이 어떤 의미로 수용되었는가 하는 점을 규명하여야 동학사상과 농민전쟁의 관련성을 이해할 수 있을 것이다. 또한 민중운동의 전개과정이나 요구조건 자체에 대해 내재적으로 분석하는 방법이 필요하다. 근대화 혹은 근대 민족운동이라는 시대적 과제를 선험적으로 전제한 것에 맞추어 해석하거나, 동학사상이라는 민중의 일상 외부에서 수용된 사상을 전제할 것이 아니라 민중이 어떤 세계에서 삶을 영위했으며, 그 속에서 어떠한 생활감각이나 세상에 대한 인식을 형성해가고 있었는지에 대한 분석이 선행되어야 한다. 동학사상도 그러한 경험, 일상생활상의 체험을 토대로 형성되고 전개되어 가던 민중의식과 관련하여 파악될 때 동학사상과 농민전쟁

---

60 이와 관련한 최근의 논의로는 배항섭, 「19세기 지배질서의 변화와 정치문화의 변용―仁政 願望의 향방을 중심으로」, 『한국사학보』 39, 2010 참조.

의 연계성 문제도 한층 섬세하게 접근될 수 있을 것이다.

5. 단절론

단절론은 동학사상과 농민전쟁의 관련을 부정하는 입장이다. 단절론적인 견해를 처음으로 제시한 것은 전석담이다. 전석담은 1947년에 쓴 『조선사교정』(서울, 을유문화사)에서 "갑오농민란은 조선 말기에 자주 일어난 민란 중 전국적 범위의 가장 큰 농민반란이었다. 이 투쟁에는 동학당이 선두에 섰기 때문에 동학란이라고 부르게 되었으나, 실은 농민전쟁이라고 보아야 할 것이라고 하였다"고 하여 농민전쟁론의 입장에 서고 있다. 그것은 무엇보다 그가 농민전쟁의 주체 세력을 "투쟁에 참가, 동원된 절대 다수가 농민-특히 빈농"이었다는 데서 찾고 있다는 점과 연관이 있다.[61] 그러나 농민전쟁과 동학의 관계에 대해서는 매우 부정적이었다. 그는 종교적 외피론을 반대하지는 않았지만,[62] 동학과 농민전쟁의 관계에 대해서는 부정적이었다.

그는 1949년에 쓴 『조선경제사』에서 "동학의 교리를 일관한 정신적 토대는 의연히 유교적 사상이다. 이것을 바꾸어 말하면 최제우나 그 아류들은 유교적 정신에서 탈피할 수 없었던 것이다"고 하였다.[63] 그렇기 때문에 "문제는 동학의 교리 그 자체의 진보성 또는 혁명성에 있었던 것이 아니다. 극단의 억압과 착취 밑에서 그야말로 억울하기 짝이 없는 인

---

61 전석담 지음, 『민중조선사』(서울, 범우문고, 1989 재간행본), pp. 83-84.

62 전석담, 앞의 책, p. 93.

63 전석담, 『朝鮮經濟史』(서울, 박문출판사, 1949), p. 174.

민대중이 한 개의 종문(宗門, 조직적 집단)에 집결되어 단체적 행동이 가능하게 된 데 있는 것이다"고 하여 동학과 농민전쟁의 관계를 조직 면에서만 인정하였다. 동학농민전쟁의 사상적 동력은 "당초부터 일반 교도의 반항정신은 동학의 이데올로기보다 앞섰던 것이며, 또한 일반교도의 생활감정은 동학 이데올로기보다 훨씬 혁명적인 것이었다"고 하여 동학 교리나 동학 지도부의 사상보다는 일반 교도들의 반항정신, 생활감정에서 찾고자 하였다.[64]

전석담은 농민전쟁과 농민군에 대해서도 매우 낮게 평가하고 있다. 그는 우선 '동학당'에 대해 진정한 혁명당이 아니었다고 하며, "종교단체로서 정치적·투쟁적 의식으로서 당원을 교양 훈련한 것이 아니라, 종교적 인생관과 정치적 불평과 또는 미신적 관습으로 교도를 끌어들였던 것이다"고 하였다. 때문에 "전봉준 지도하의 동학농민란이 그 혁명적 성격에도 불구하고 자연발생성과 비조직성의 커다란 약점을 가지고" 있었던 것이라고 하여 농민군의 활동을 부정적으로 평가하였다.[65] 농민군의 지향에 대해서도 "막연하나마 자유와 평등의 구호로 들고 나온 민주개혁을 위한 대중투쟁이었다"라고 하여 그 의미를 어느 정도 인정하였다. 그러나 "봉건전제 이조의 정권을 타도하고 지주의 토지를 빼앗아서 토지 없는 농민에게 나누어 주는 토지혁명을 실시하고 민주주의 정권을 세우고 정치적 자유를 확보하는 등 초보적 민주주의 과업을 해결할 때까지 싸워야 하였을 것이었다"라고 하여 그 한계를 지적하였다.[66] 이러한 그의 견해는 기본적으로 역사발전단계론을 선험적으로 전제한 위에

---

64 전석담, 앞의 책, pp. 176-177.

65 전석담, 앞의 책, pp. 203-204.

66 전석담, 앞의 책, p. 207.

당시 조선사회의 발전 정도가 낙후되어 있었음을 인정하고 그에 맞추어 농민전쟁의 역사적 의미를 평가하는 그의 역사인식과 밀접한 관련이 있었다. 그것은 그가 농민전쟁이 실패한 요인 가운데 하나로 "조선의 발전이 당시 매우 침체, 낙후하여 계급관계에 있어서 자본가도 노동자도 독립한 계급으로 형성되지 못하였다. 따라서 농민전쟁의 혁명성을 충분히 지도, 원조할 만한 '동맹군'이 나서지 못한 것이다. 요컨대 반봉건적 민주주의운동의 지도적인 계급 세력이 성장할 만한 경제적·사회적 발전이 없었다"는 점을 들고 있는 데서도 확인할 수 있다.[67]

전석담은 한국사의 정체성(停滯性) 논리를 벗어나지 못한 채 당시 조선의 사회경제적 상황이 매우 낙후되었다는 점을 전제하고, 그를 토대로 농민전쟁과 동학사상의 의미를 재단하는 방식을 취하고 있다. 서구적 경험에 근거한 역사발전단계론을 선험적으로 전제하는 한 특권화된 서구적 경험에 비추어 그와 달랐던 지향이나 행동 양태는 모두 폄하될 수밖에 없을 것이다. 이러한 인식으로는 한국사의 고유한 맥락 속에서 전개된 동학사상이나 농민전쟁을 온전히 이해하는 것이 애초에 불가능할 것이다.

한국 학계에서 단절론은 크게 두 가지로 나눌 수 있다. 하나는 농민전쟁의 개혁적 측면을 강조하는 입장에서 제시된 것이고, 다른 하나는 '보수적 의거론'의 입장에서 제시된 것이다. 전자를 대표하는 것은 김용섭이다. 김용섭은 사회경제적 변화와 아울러 성장해간 민중의식이 농민전쟁의 조건과 전망을 부여한다고 하였다.[68] "동학에 대해서는 혁명에

---

67 전석담, 앞의 책(1989년 재간행본), p. 92. 앞의 책(1949), pp. 206-207에도 동일한 내용이 기술되어 있다. 또 그는 "농민반란은 푸로레타리아-트나 혹은 기타 혁명계급의 원조와 지도가 없이는 승리할 수 없다. 이것은 철칙이다"는 점을 강조하고 있다(앞의 책, p. 208).

68 김용섭, 「동학란 연구론」, 『역사교육』 3, 1958.

서 그 포조직을 제공하고 농민층의 동원을 용이케 하였다는 표면적인 역할, 종적인 위치 외에는 다른 의의를 부여할 수 없는 것이며, 혁명은 동학의 원리와는 별개로 사회의 발전과정에서 필연적으로 대두한 농민층의 사회의식이 전봉준의 지도이념에 결합됨으로써 추진된 것"이라고 하였다.[69]

한편 그는 "동학혁명은 자연발생적인 농민층의 반란에서 발단된 것"이지만, "농민층을 수습하고 그들에게 혁신원리를 부여함으로써 자연발생적인 민란을 '사회개혁운동'의 수준에까지 끌어올리려고 노력한 것은 혁명의 이론적 지도자이고 실천자였던 전봉준이었다", "전봉준의 혁신원리도 당초에 예정되었던 것은 아니었으며, 그것은 혁명의 진전과 더불어 성장하였다"고 하였다.[70] 또 농민전쟁이 "전봉준의 이념과 동학란 전체의 진전의 방향과는 괴리가 있었고, 전봉준으로서도 끝내 이것을 수습해서 유기적 통일체를 이루지 못하였던 것은, 민란에 반영된 민중의 사회의식을 통일적으로 파악하고 이것을 시민혁명의 단계에까지 집약적으로 이끌어갈 만한 정력적인 시민계급의 대두·협조를 결여한 탓이었지만, 이것은 동시에 반봉건적 사회개혁운동으로서의 동학혁명의 성격에 그 어떤 한계성을 설정케 하는 소이이기도 하다."라고 하였다.[71]

그 한계성으로 김용섭은 동학교문이나 그 고위층이 "봉건적인 유교적 윤리성과 계급성을 벗어나지 못한 것은 물론이요, 철저한 유교사상의 신봉자였다"는 점을 지적하고 있다.[72] 김용섭은 논문의 제목으로는 '동

---

69 김용섭, 「전봉준 공초의 분석」, 「사학연구」 2, 1958, p. 49.

70 김용섭, 앞의 글, p. 48.

71 김용섭, 앞의 글, p. 49.

72 김용섭, 앞의 글, p. 25.

학란'이라는 용어를 사용하고 있지만, '반봉건 반제운동', '근대화에로의 사회개혁운동', '동학혁명' 등으로 표현하고 있으며, 농민전쟁의 의미를 '시민혁명'과 관련하여 파악하거나, 혁신성을 "근대사회의 원리에 연결될 수 있는 것이었는가"라는 데서 찾고 있어서[73] 농민전쟁을 근대지향의 운동으로 이해하였다. 이 점에서 그 역시, 정체성론을 수용한 것은 아니지만, 전석담과 마찬가지로 역사발전론의 시각에서 농민전쟁이 근대를 지향해야 했어야 한다는 점을 당위적으로 전제한 위에 농민전쟁의 의미를 평가하고 있다는 점을 지적해둔다.

한편 북한에서는 오길보가 이청원이 처음으로 제시한 '농민전쟁론'을 계승하면서도 종교적 외피론에 대해서는 "시대의 제조건"이나 "일정한 발전단계"를 고려하여야 하며, 구체적 적용에는 창조적 적용이 요구된다고 비판한 바 있다. 앞서 언급했듯이 오길보는 종교가 민중의 생활과 관련하여 가지는 의미에서의 차이, 조선은 서구와 달리 중앙집권적 정치체제였고, 상품화폐경제가 상당히 발달해 있었다는 점, '1811~1812년 평안도 농민전쟁'도 종교적 외피를 쓰지 않았다는 점 등을 들어 "중세기의 모든 폭동이 예외 없이 종교적 외피를 써야 한다는 것은 아니다"고 지적하고, 농민전쟁에 대해 동학은 "긍정적 역할보다 파괴적이며 반동적인 행위가 더 크다"고 주장하였다. 그는 고립 · 분산적이던 민란이 농민전쟁으로 발전한 것은 전봉준 등 양심적 · 선진적인 유생 · 양반 · 지식인의 지도가 있었기 때문이라고 하여 동학의 조직이 이용되었다는 이청원 등의 견해를 비판하였고, 전봉준이 동학의 접주였다는 기존의 이해에도 그 근거가 없다고 비판하였다.[74] 오길보는 농민전쟁과 동학의

---

73 김용섭, 앞의 글, p. 26.

74 오길보, 앞의 글, 2002 참조.

관련성에 대해 동학의 조직이 기여한 역할까지도 전면적으로 부정한 것이다.

남한학계의 단절론은 안병욱에 의해 다시 제기되었다. 종교적 외피론에 비판적 입장을 보였던 안병욱은 19세기에 들어 민중이 향회를 통해 연대의식과 새로운 사회의식으로서 대동의식을 형성해 나가면서 신분차별과 계급 간의 불평등을 해소해 나가려 하였으며, 그것이 지배층에 수용되지 못하자 민란으로 폭발하였다고 하였다. 이런 경험을 통해 민중 사이에는 사란(思亂)의식, 곧 적당한 때가 되면 언제라도 근본적인 개혁을 위해 항쟁에 나설 생각을 가지게 되었고, 보은집회를 계기로 동학을 매개로 한 농민전쟁을 조직해낼 수 있었다고 하였다.[75] 동학사상과는 완전히 단절하여 민중의식의 성장에 주목한 것이고, 민중운동의 흐름 속에서 민중의식의 성장을 찾으려 한 시각이다. 이러한 견해는 주목되지만, 민중세계의 전통적 관행이나 권력관 등을 구체적으로 찾아야 하는 과제가 남아 있다. 그러나 앞서 자신이 종교적 외피론을 비판했던 논거들을 포함하여 이 문제에 대해 본격적으로 천착하지는 못하였다. 중요한 것은 민중이 어떠한 사상적 근거를 기반으로 가혹한 수탈이나 폭력, 제도화된 불평등에 맞서 농민전쟁의 길로 들어섰으며, 또 자신들의 투쟁 행위와 요구를 정당화했는가 하는 점일 것이다.

한편 유영익은 농민전쟁을 "보수 의거론"이라는 관점에서 파악하였다. 전봉준의 생각과 행동을 통해, 또 농민군의 포고문에 대한 분석을 통해 농민전쟁의 성격을 규정한 것이다. 그에 따르면 전봉준은 동학의 접주이기는 했지만, 동학 특유의 "교리 내지 이상에는 무관했던 사이비

---

75 안병욱, 「19세기 민중의식의 성장」, 한국역사연구회 편, 『1894년 농민전쟁연구』 3(서울, 역사비평사, 1993).

동학도임을 구명함으로써 그가 이끈 농민운동이 '동학혁명'이 될 수 없었다고 했다.[76] 사실상 동학사상과 농민전쟁의 관계를 단절적으로 파악하는 입장이다. 또 유영익은 전봉준이 전통적인 정치·사회·도덕적 질서의 보수에 몸을 바친 철저한 유교 엘리트였다는 점, 대원군을 권좌에 복귀시킴으로써 내정을 복고적으로 개혁하고자 했다는 점, 농민군이 근대적인 개화시설의 창설을 도모하기보다는 개국 이전 조선의 법규를 준용함으로써 시민의 생활 조건 향상을 희망하였다는 점 등을 지적하며 유교적 이상국가를 재현, 보존할 것을 목표로 삼아 유교적 의분심에서 분기한 '의거'였다고 규정하였다. 오히려 농민군이 '봉건적' 차등적 사회신분질서를 이상화하고 있음을 특히 강조하고 있다.[77]

유영익의 연구는 일제시대에 일본인 연구자뿐만 아니라 김상기 등 대부분의 연구자들이 인정하거나 거론하였으나, 1962년 이상백의 연구 이후 자취를 감추다시피 하였던 대원군과 전봉준의 관계를 본격적으로 다시 구명하고자 한 점이 주목된다. 농민전쟁을 전체적으로 이해하는 데 매우 중요한 부분일 수 있지만, 그동안 대부분의 연구자들이 이에 대한 구명을 외면해왔기 때문이다.

그러나 '의거론'은 몇 가지 점에서 중요한 문제를 안고 있는 것으로 보인다. 전봉준의 사상적 기반을 유교에 두는 것은 수긍이 간다. 그렇다 하더라도 유교적 소양을 갖추었다는 점과 목숨을 건 '반란'을 주도한 행위는 상관관계가 별로 없는 것으로 보인다. 유영익은 이에 대해 다만 아버지에 대한 복수심, 대원군과의 내응, 충군애민 사상, 유교적 의분심

---

76 유영익, 「갑오농민봉기의 보수적 성격」, 『갑오농민혁명의 쟁점』(서울, 집문당, 1994).

77 유영익, 「전봉준 의거론」, 『이기백선생고희기념한국사학논총』(서울, 일조각, 1994); 유영익, 「전봉준 義擧論」, 『동학농민봉기와 갑오경장』(서울, 일조각, 1998).

으로 설명하고 있으나, 논리가 빈곤하다. 당시 사회에서 충군애민 사상이나 유교적 의분심을 전봉준보다 더 절실히 충실히 체화하고 있던 인물이 없었을 것으로 생각하기 어렵다. 그렇다면 남는 문제는 아비에 대한 복수심과 대원군과의 공모 가능뿐이다. 대원군과의 내응을 인정한다 하더라도 그것이 어떤 배경에서 이루어졌으며, 농민전쟁과 관련하여 어떤 의미를 가지는가에 대해서도 구체적인 해명이 필요하다. 단지 유교적 소양과 의분을 토대로 대원군과의 내응 혹은 그의 사주에 의해 농민전쟁이 일어났고, "궁극적인 목적"은 "대원군을 받들어 국정을 개혁하는 데 있었다"는 논리는 적어도 수만 명의 민중이 목숨을 걸고 일어났던 농민전쟁의 의미를 전봉준 등 소수의 농민군 지도자와 대원군 간의 내응에 의한 음모, 혹은 전봉준의 개인적 복수의 수준으로 왜소화할 가능성이 있다. 농민전쟁의 전체상을 이해하는 데 근본적인 한계가 있다. 농민군들이 없었다면 전봉준의 의분도 대원군과의 내응도, 충군애국심도 의미가 없었을 것이기 때문이다.

전봉준이 유교적 소양, 유교적 의분심을 기본으로 하고 있었다고 하도라도 전봉준과 같거나 오히려 더 유교적 소양에 충실했을 것으로 보이는 대부분이 유생들이 그에 대해 강렬하게 비판했다는 점에 대해서도 설명이 필요하다. 양자는 다만 대원군 추대 여부에서만 차이가 있고, 의식세계나 정치·경제·사회적 지향에서는 차이가 없는 것일까? 유영익은 전봉준이 '봉건적' 차등적 사회신분질서를 이상화하고 있음을 특히 강조하고 있지만,[78] 농민군에 맞서 싸운 민보군도 자신들을 충효지사, 절의지사, 의사로 자임했으며, 농민군에 대해서는 멸륜멸의(滅倫滅義)하는 역

---

78 유영익, 「전봉준 義擧論」, 『동학농민봉기와 갑오경장』(서울, 일조각, 1998), p. 21.

당, 적당으로 규정하였다.[79] 이는 전봉준의 생각과 행위가 동일한 유교적 이념으로 포장되어 있지만, 대부분의 유생들과는 달랐거나, 적어도 전통적 유교 지식인들은 전봉준의 생각과 행동을 자신들과 다르거나, 자신들에게 위협적인 것으로 인식하였음을 의미한다. 반란에까지 이르게 한 사상의 전개과정에 대한 해명이야말로 농민전쟁과 전봉준을 이해하는 데 핵심적인 부분일 것이다. 이와 관련하여 전봉준 등 농민군 지도부나 농민군들에게 동학이 유교에 대한 "이단적 해석" 같은 것으로 수용되었을 가능성을 생각해볼 수도 있다는 점을 지적해둔다.

또 농민전쟁을 유교적 의분심에 입각한 '의거'로 규정한다면 유교적 소양을 제대로 갖추지 못했거나, 오히려 유교 이념에 입각한 신분질서 등에 반대하였던 수많은 민중의 참여는 어떻게 설명할 수 있는지도 궁금하다. 폐정개혁안에 대한 분석을 토대로 "개혁요구의 초점은 한국사상 빈번히 일어났던 여느 민란의 경우와 마찬가지로 그들의 경제적 불만의 해소였다"고 하였으며, 결국 농민군은 전통사회의 농민들이 보편적으로 가지고 있는 근시안적 '농민적 심리 상태'를 초월한 어떤 새로운 '근대적' 비전 내지 이상을 개발, 제시하지 못하고 있다고 하였다. 이 역시 근대 중심주의적 입장이다. 근대를 자명한 선(善)으로, 혹은 반드시 도달해야 할 목표로 설정하고 그에 적합한 요소들만으로 역사의 줄기를 구성하고 그렇지 못한 부분은 한계로 처리하거나 버리고 마는 방식이다. 또한 "경제적 불만의 해소"라는 지적이 완전히 틀린 이해는 아닐지라도 단지 거기서 그치고 마는 것은 목숨을 건 '반란'의 대열에 가담한 수많은 민중의

---

79 황현도 농민군에 대해 사교집단과 어리석은 백성들의 합세로 인식하였다. 반면 오지영은 "세상 사람들은 동학군의 별명을 지어 부르기를 나라에 역적이요, 유도에 난적이요, 부자에 강도요, 양반에 원수라"고 한다고 썼다.

의식에 대한 이해를 차단하는 것이다. 민중운동의 요구조건은 민중운동의 정당화할 수 있는 기반이 어디서 오는 것인지, 왜 형성된 것인지 등을 포함한 민중의 의식세계를 이해하는 데 관건이 된다는 점을 지적해두고 싶다.

농민군의 지향을 자본주의적 근대로 보는 것에는 필자도 동의하지 않는다. 조경달은 평균주의적 사상을 토대로 농민군이 오히려 "반자본주의적" 지향을 보였고, 이는 세계사적 경험에 비추어 볼 때도 타당한 것이라고 하였으며,[80] 이야말로 "근대이행기" 민중이 가진 "독자성" 내지 "자율성"의 표현인 것으로 이해하였다.[81] 또 민중의 지향은 각 나라나 지역의 관습이나 체제, 지배 이념 등과 밀접한 관련을 가지며, 동학농민군의 경우 근대도 반근대 아닌, 독자적인 의식세계를 가지고 있었다는 주장도 제기되었다.[82] 민중운동 연구가 가지는 또 하나의 의미는 그를 통해 평시에는 보이지 않던 당시 사회의 이면을 들여다볼 수 있기 때문이다. 따라서 근대를 지향하는 '혁명적' 요구가 없었다 하여 '근시안적 심리 상태'로 처리하는 것은 민중운동 자체에 대한 이해를 외면하는 것일 뿐만 아니라 19세기 말 조선사회에 대한 이해, 그 속에서 형성되고 전개되고 있던 사상의 전체상에 대한 이해를 방기하는 것이라고 생각된다.

80 趙景達, 「甲午農民戰爭の指導者=全琫準の研究」, 『朝鮮史叢』7, 1983.

81 조경달 지음, 박맹수 옮김, 『이단의 민중반란』(서울, 역사비평사, 2008), pp. 337-338.

82 배항섭, 2010, 「'근대이행기'의 민중의식: '근대'와 '반근대'의 너머」, 『역사문제연구』23 참조.

6. 맺음말

지금까지 살펴본 것처럼 농민전쟁과 동학사상의 관계에 대한 이해는 크게 네 가지 입장으로 나눌 수 있다. ①동학사상=지도이념론: 동학사상이 농민전쟁의 지도이념, 혹은 동학사상 그 자체가 농민전쟁의 사상적 기반이라는 이해, ②종교적 외피론: 엥겔스가 『독일 농민전쟁』에서 제기한 종교적 외피론을 수용한 견해로 동학사상과 농민전쟁의 관계에 대해서는 부정적이지만, 시대적 조건 속에서 동학사상과 조직을 외피로 삼아 농민전쟁이 일어날 수 있었다는 입장, ③유기적 관련론: 동학의 교리가 그대로 농민전쟁의 지도원리가 된 것은 아니지만, 새롭게 해석된 동학을 통해 동학과 농민전쟁이 내면적인 관련을 가진다는 견해, ④단절론: 동학사상과 농민전쟁은 관련이 없고, 다만 동학은 조직을 제공했을 뿐이며, 농민전쟁은 성장해간 농민의식과 전봉준의 혁신사상, 혹은 유교적 사상을 기반으로 발발하였다는 입장이다.

이러한 견해들은 나름대로의 논거를 가지고 있지만, 적지 않은 문제점도 내포하고 있다. 먼저 ①과 ③에서 보이는 특징은 당시 주·객관적 조건 속에서 농민전쟁이라는 비상한 사건이 일어나기 위해서는 의식면에서의 새로운 전환이 필요했다는 점을 전제로 그것을 동학사상 혹은 재해석된 동학사상에서 찾고 있다는 점이다. 그러나 이 양자의 견해에는 무엇보다 다음의 두 가지 점에 비추어볼 때 커다란 한계가 있다.

첫째, 농민전쟁 발발 이후 농민전쟁 전 과정을 통해 동학의 교리에 입각한 요구나 종교적 요구가 전면에 제기된 적이 거의 없었고, 둘째, 제2차 봉기 이전까지 동학교단 측에서 농민전쟁에 반대하였다는 사실이다.[83]

---

83 이에 대해 그동안 교단 측과 전봉준 측의 생각이 다르지 않았음을 주장해온 박맹수는 최근 『백범일

이러한 점들은 동학사상이 지도이념이 되었다거나, 동학사상이 농민전쟁이 발발하는 정신적 도약대 역할을 했다는 주장에 의문이 들게 하는

지와 일본 측 자료, 농민전쟁 당시 일본에서 간행된 신문 등을 인용하여 다시 한 번 자신의 주장을 피력하고 있다[박맹수, 『개벽의 꿈』(서울, 모시는 사람들, 2011)]. 동학교단을 "남·북접"으로 나누고 이들이 이른바 "교조신원운동" 시기부터 대립적이었다는 견해, 특히 보은집회를 '남접'이 주도하였고, 그들에 의해 척왜양구호가 전면에 제기되었다는 이해에 대해서는 필자 역시 의문을 제기한 바 있다[배항섭, 「1890년대 초반 민중의 동향과 고부민란」, 한국역사연구회 편, 『1894년 농민전쟁연구 4』(서울, 역사비평사, 1995), pp. 39-40]. 『백범일지』에 나오는 바, 최시형이 "참나무 몽동이라도 들고 나가 싸우자"라고 했다는 말에 대해 백맹수는 그것이 동학농민군의 제1차 봉기 당시에 나온 것으로 추정하고 있다. 중요한 한 점은 그 단서로 「김낙봉 이력」에 기록된 바 부안의 김낙봉이 전봉준 등의 봉기 소식을 청산에 있던 최시형에게 찾아가 전했을 때 최시형이 "시운이니 금하기 어렵다'고 했다는 기록을 들고 있다는 사실이다. 이 기록에 대해 박맹수도 전적으로 신뢰하지는 않는 듯하다. 그래서 박맹수는 「김낙봉 이력」의 내용이 "사실이라면"이라는 조건을 붙여, 『백범일지』의 "참나무 몽동이라도 들고 나가 싸우자"는 최시형의 말이 제1차 기포에 즈음하여 나왔을 것으로 추정하고 있다(박맹수, 앞의 책, p. 323). 그러나 「김낙봉 이력」을 인용하는 방식에 문제가 있다고 생각한다. 박맹수는 전후 내용을 잘라내고 전봉준 등의 봉기 소식을 접한 최시형이 "시운이니 금하기 어렵다'고 한 내용만 인용하고 있다. 그러나 바로 뒤이어 최시형은 서장옥이 진산 방축리에서 일어났다는 소식을 듣고 진노하며 "해 지기 전에 해산하지 않으면 대환(大患)이 당두(當頭)하리니"라며 자신의 뜻을 곧장 가서 서장옥에게 전할 것을 지시하고 있다(「김낙봉 이력」, 『총서』 7, p. 378). 전봉준이 기포한 것은 이미 20일여 전인 3월 20일이었지만, 4월 초에나 그 사실을 김낙봉의 보고를 통해 알게 되었다는 점, 그리고 진산에서 봉기한 서장옥에 대해 진노하며 곧장 해산을 지시한 사실 등은 적어도 농민전쟁의 발발이 최시형과 전봉준 간의 사전 협의를 통해 일어난 것이 아님은 물론, 사실상 봉기에 반대하고 있었음을 확인해준다. '남·북접'을 어떻게 이해할 것인지를 떠나서 양자 간의 대립을 지나치게 과장하는 것도 문제가 있지만, 양자 간에 엄연히 존재했던 차이를 외면하는 것도 동학농민전쟁을 이해하는 데 아무런 도움이 되지 않을 것이다. 그 밖에도 박맹수는 일본 방위연구소 등에서 발굴한 다양한 일본 측 자료를 인용하고 있다. 아직 자료들을 직접 접하지 못했기 때문에 그 내용을 확인할 수 없지만, 동학농민전쟁 초기의 기록, 특히 일본군이 직접 파병한 5월 초 이전의 일본 측 기록, 곧 『주한일본공사관기록』을 비롯한 공문서류나 신문 기사는 확인되지 않은 첩보에 의존한 것이 적지 않기 때문에 그 내용에 오류가 매우 많다는 점을 지적해둔다. 한편 앞서 언급한 김낙봉은 당장 해산하라는 최시형의 지시를 전달하기 위해 진산에 도착하였으나, 서장옥 진영의 위세에 압도되어 해산하라는 지시를 제대로 전달하지 못하고, 오히려 최시형이 자기에게도 "속히 내려가 협응하라"고 지시한 것으로 서장옥에게 말하였다. 이에 따라 서장옥은 김낙봉에게 딩징 기지에 통문을 보내 기포(起包)케 할 것을 요청했으나, 김낙봉은 거절하고 자신이 직접 가서 기포할 것을 효유하겠다는 핑계로 방축리를 떠나갔다(「金洛鳳履歷」, 『총서』 7, pp. 378-379). 이러한 사정을 고려할 때 동학교도들에게 청산 소사전으로 모이라고 한 4월 초의 '최법헌' 명의의 통문은, "속히 내려가 협응하라"고 최시형이 지시했다는 김낙봉의 말에 의거하여 서장옥이 돌린 통문일 가능성도 배제할 수 없다(배항섭, 「제1차 동학농민전쟁 시기 농민군의 진격로와 활동 양상」, 『동학연구』 11, 2000, pp. 62-63 참조).

요인이다.

뿐만 아니라 농민전쟁의 사상적 기반, 정당성의 근거를 동학사상과의 관련에서만 찾는 연구는 조선시대 농민들의 생활세계와 다양한 경험들, 그 속에서 형성되어 간 의식세계에 대한 접근을 차단한다. 동학사상과는 무관하게 진행되어 온 민란 단계의 민중의식이 '교조신원운동'과 '척왜양운동', 농민전쟁의 전개과정에서 변해 나간 면에 대한 동태적 분석도 외면될 수밖에 없다.

④의 단절론 가운데 농민전쟁을 개혁적 운동의 시각에서 바라보는 견해는 농민전쟁의 사상적 기반으로 동학사상이 아니라 민중의식의 성장을 주목하고 있다. 그러나 민중의식의 구체적 내용에 대한 해명이 미흡하다. 또 민중의식이 어떻게 형성되어 갔는지, 혹은 민중이 어떠한 사상적 근거를 기반으로 가혹한 수탈이나 폭력, 제도화된 불평등에 맞서 농민전쟁의 길로 들어섰으며, 자신들의 투쟁과 요구를 정당화했는가 하는 점을 농민전쟁의 전개과정 속에서 밝혀내지는 못하였다. 이 점에서 농민들이 동학과 동학사상의 광범위한 전파와 민중의 수용에 촉발되어, 동학을 유교적 이념에 대한 재해석으로 받아들이거나 유교적 이념을 재해석하는 계기로 삼았다는 생각도 가능할 것이다.[84]

민중운동사 연구는 무엇보다 역사를 고정된 것, 목적론적인 무엇으로 파악하는 것이 아니라 인간의 삶이 주체적으로 대응해 나가는 속에서 역사를 어떤 가능성으로 이해하려는 데 그 의의가 있다.[85] 역사발전의 한

---

84 이와 관련한 대표적 연구로는 조혜인, 「동학과 주자학: 유교적 종교개혁의 맥락」, 『사회와 역사』 제 17권, 1990; 윤사순, 「동학의 유교적 측면」, 영남대학교 민족문화연구소 편, 『동학사상의 새로운 조명』, 1998; 김상준, 「대중유교로서의 동학-'유교적 근대성'의 관점에서」, 『사회와 역사』 68, 2005 참조.

85 深谷克己, 「民衆運動史研究の今後」, 深谷克己 編, 『世界史のなかの民衆運動』(東京, 靑木

과정 혹은 최종 목적지인 근대에 살며 과거를 근대를 향해 달려오는 발전과정으로만 이해하는 발전론적 인식에 입각한 역사에 대한 재검토가 필요하다. 발전론적 인식은 그 시대의 사회와 사람들 속에 잠재되어 있거나 드러난 여러 요소 가운데 발전을 담보하는 것들만을 끄집어내어 역사를 재구성한다. 그 대신 근대라는 여과지를 통해 걸러진 요소들, 근대와 무관하거나 배치되는 요소들은 억압되고, 배제되거나 왜곡된다.

근대가 회의되는 시점, 근대를 극복해야 하는 시점에서 볼 때 쓰레기통 속에 버려진 것들, 왜곡된 것들 속에서 현재적 과제를 해명하고 풀어나가는 데 무엇과도 바꿀 수 없는 가치와 의미를 가진 것들이 있을 수 있다. 그에 대한 재발견이 필요하다. 사회경제구조에 의해 주조된 민중, '과학적인 방법'에 의해 과제를 부여받은 규범적 행위자로서의 민중이 아니라, 일상적인 차원에서의 살아가는 모습과 생각들, 그 내면을 좀 더 깊이 파고 들어가 그들의 삶을 따라 그들의 삶이 가진 의미를 고민한다든가 하는 속에서 어떤 새로운 가능성을 찾아볼 수 있지 않을까?

반근대론 혹은 비근대론은 민중운동을 근대화 혹은 근대 민족운동이라는 시대적 과제를 선험적으로 전제한 위에 거기에 맞추어 해석하는 방법, 근대 중심적·서구 중심적 인식하에 근대지향적인 요소들, 혹은 그러한 가능성을 지닌 요소들만 수렴하여 서술하고 그렇지 않은 부분은 한계로 돌리거나 외면해버리는 접근방법을 극복하려는 노력에서 나온 것이다. 그러나 민중운동 그 자체에 대한 한층 더 치밀한 분석, 민중이 어떤 세계에서 삶을 영위했고 개항과 외세 침탈이라는 격변을 맞아 어떤 방식으로 대응해 나갔으며, 그 과정에서 어떤 의식상의 변화를 보였는가에 대한 구체적인 분석이 요청된다. 그 속에는 근대를 새롭게 바라보

書店, 2000), p. 23.

고 극복할 수 있는 무기들이 숨어 있을 수도 있기 때문이다.

1920~1930년대 새로운
동학농민전쟁상의 형성

1. 머리말

동학농민전쟁과 농민군에 대한 현재의 역사상을 고등학교『한국근현대사』교과서 서술된 내용을 통해 보면 다음과 같다. 동학농민전쟁은 "반봉건"과 "반침략"을 지향한 운동이었고, "각종 제도를 개혁하고", "신분적 질서를 해체시키면서 기존 사회 질서를 부정하고 근대사회로 나아가려는", 곧 "근대개혁을 추진하려는" 민족운동, 내지는 "근대지향적인 성격을 가진 아래로부터의 혁명운동이었다"는 것이다.[1] 2004년 3월에 제정된「동학농민혁명 참여자 명예회복 등에 관한 특별법」제1조 목적 조항에 따르면 "동학농민혁명"은 "봉건제도의 개혁과 일제의 침략으로부터 국권수호를 위한" 민족운동으로 규정되어 있다. 이것이 동학농민전쟁에 대한 '역사'화된 공식적 해석이다. 또 동학농민전쟁은 최초의 대규모 민족·민중운동으로 이후의 민족운동이나 민중운동의 출발점이며, 그 정신은 면면히 이어지는 것으로 이해되는 것이 일반적이다.

---

1 김한종 외,『고등학교 한국근현대사』(금성출판사, 2003), pp.76-82; 주진오 외,『한국 근현대사』(중앙교육진흥연구소, 2003), pp. 76-79.

이러한 역사상은 교조(教祖) 최제우(崔濟愚)가 '혹세무민(惑世誣民), 좌도난정(左道亂正)'이란 죄목으로 처형된 사실이나, 농민전쟁 당시 조정이나 지배층이 동비(東匪)나 비적(匪賊) 등으로 규정하였던 점과 극단적으로 대비된다. 이러한 대비는 "역사의 의미는 원래부터 과거에 내재해 있던 것이 아니라 외부에 의해 과거에 부여된 것"이라는 케이스 젠킨스(Keith Jenkins)의 주장을 실감나게 만든다.[2] 동학농민전쟁에 대한 현재의 역사상도 원래부터 그러했던 것이 아니라, 다양한 기억들과 서술 주체들 간의 끊임없는 경합과 투쟁을 거쳐 형성된, 외부에 의해 부여된 것이다. 동학농민전쟁을 지칭하는 용어가 '갑오농민전쟁', '1894년 농민전쟁', '동학농민혁명', '동학농민운동', '동학혁명' 등 다양하다는 데서도 알 수 있듯이 젠킨스가 말한 '외부'는 지금도 새로운 의미를 부여하기 위해 경합 중이다.

젠킨스의 논지와는 다른 맥락이지만, 이러한 연구경향들과 관련하여 이 글에서 중점적으로 살피고자 하는 것은 민중의 주체성 내지 독자성·자율성 문제이다. 해방 이후 동학농민전쟁에 대한 이해는 대체로 서구중심적·근대주의적 역사인식에 기반하고 있다. 이는 서구적 문명화나 근대성을 진보의 입장에서 파악하는 단선적 발전론으로, 근대에 특권적 지위를 부여하고 전근대−근대를 비대칭적인 이항대립의 관계로 편성하는 것이다. 전근대는 근대를 향해 직선적으로 달려가야 할, 근대에 종속적 시간일 뿐이다. 때문에 전근대로부터 근대를 질문할 수 있는 가능성은 봉쇄된다. 곧 진보의 이념이자 발전의 약속으로 특권화되었던 근대, 그러나 지금은 기술적, 도덕적 딜레마에 빠진 근대를 상대화하기 어렵

---

2 케이스 젠킨스 지음, 최용찬 옮김, 『누구를 위한 역사인가』(혜안, 1999), p. 57.

다.[3]

이 점에서 프랑스 혁명 당시 농민혁명이 부르주아와는 다른 독자성·자율성을 가졌음을 주장한 르페브르,[4] 그리고 '모럴 이코노미(moral economy)'라는 개념 장치를 통해 민중의 공동체적 생활에서 비롯된 고유한 문화와 의식의 '자율성'을 강조한 톰슨(E. P. Thompson)이나[5] 제임스 스콧(James C. Scott),[6] 농민을 자율적인 역사 주체로 복원시키는 문제를 중요한 목표로 삼고 있는 최근의 서발턴(subaltern) 연구 그룹이 주목된다.[7] '근대이행기' 민중 엘리트 문화나 지배 이념에 쉽사리 포획되지 않는 고유한 문화와 자율성에 근거하여 근대와 대결해나가는 민중의 시선으로 근대를 바라볼 수 있는 계기를 마련해주기 때문이다. 이런 점에 착목하여 본고에서는 1920~1930년대에 동학농민전쟁에 대한 이미지가 어떤 과정과 논리를 통해 변화되어 가는가 하는 점을 살핌으로써 민중운동을 새롭게 조명할 수 있는 하나의 계기로 삼고자 한다.[8]

1920~1930년대는 도시를 중심으로 "근대적 대중"이 형성되는 시기인 것으로 이해되고 있다.[9] 또 3.1운동과 그 전후의 국제정세의 변화는 민족주의운동의 분화 및 재편과 아울러 대중운동과 공산주의운동을 활

---

3 이에 대해서는 배항섭, 「근대를 상대화하는 방법」, 『역사비평』 88, 2009 참조.

4 이세희, 「프랑스혁명기의 농민운동에 대한 연구사적 고찰」, 『부대사학』 10, 1986 참조; 최갑수, 「프랑스혁명과 농민운동 논쟁에 대한 소고」, 『역사비평』 1992년 여름호 참고.

5 E. P. Thompson, "The Moral Economy of the English Crowd in the Eighteenth Century", *Past and Present*, No. 50, Feb., 1971.

6 제임스 스콧 지음, 김춘동 옮김, 『농민이 도덕경제』(아카넷, 2004).

7 라나지트 구하 지음, 김택현 옮김, 『서발턴과 봉기』(박종철출판사, 2008), 제1장 서론 참고. 서발턴 연구에 대한 자세한 소개는 김택현, 『서발턴과 역사학비판』(박종철출판사, 2003) 참고.

8 이에 대한 기왕의 연구로는 김선경, 「농민전쟁 100년, 인식의 흐름」, 역사학연구소 1894년 농민전쟁연구분과 엮음, 『농민전쟁 100년의 인식과 쟁점』, 거름, 1994 참조.

9 유선영, 「근대적 대중의 형성과 문화의 전환」, 『언론과 사회』 17권 1호, 2009.

성화하는 결과를 초래하였다.[10] 특히 3.1운동에서 보여준 민중의 적극적인 참여는 좌우를 막론하고 민중을 새롭게 '발견'하는 계기가 되었다. 민중을 발견한 사회주의나 민족주의 세력은 자기 집단의 정치적 · 도덕적 권위나 정통성을 높이려는 의도와 병행하여 그들 나름의 '3.1운동상'을 정립하기 위해 치열한 '역사 만들기 경쟁'을 전개하였다.[11] 3.1운동을 거치며 재발견된 민중을 전유하기 위해 3.1운동을 둘러싼 기억 투쟁이 펼쳐진 것이다. 민족주의 진영의 3.1운동상 역시 자신들에게 위협이 되는 민중을 독자적인 집단으로 인정하지 않고 민족 구성원의 하나로 호명함으로써 그들을 통제하려는 의도가 반영된 것임은 물론이다.

3.1운동 이후 민중이 재발견되고 대중운동과 사회운동이 활성화하면서 민중을 전유하기 위한 사회운동 각 진영의 '역사 만들기' 작업은 3.1운동의 역사상에만 그친 것이 아니었다. 민중의 재발견은 '민중'을 이 시대의 새로운 유행어 가운데 하나로 자리매김할 만큼 민중에 관한 담론을 만연하게 하였다.[12] 이러한 분위기 속에서 이전 시기의 민중운동에 대한

---

10 김성보, 「3.1운동」, 역사문제연구소 민족해방운동사 연구반 지음, 『쟁점과 과제: 민족해방운동사』, 역사비평사, 1990, pp. 134-158; 윤경로, 「1910년대 민족운동과 3.1운동」, 한국역사연구회 엮음, 『한국역사입문③』, 풀빛, 1996, pp. 426-442; 임경석, 「3.1운동 전후 한국민족주의의 변화」, 『역사문제연구』 4, 2000 참조.

11 지수걸, 「3.1운동과 국내 공산주의 계열의 민족해방운동」, 『한국독립운동사연구』 13, 1999; 류시현, 「민족주의, 민중을 발견하다 −1920년대 민족주의 계열의 '민중성' 논의와 '민중관'을 중심으로」, 역사문제연구소 외, 『3.1운동, 기억과 기념』, 2009 참조.

12 『개벽』 53호에는 이 시기의 대표적 신술어로 不逞鮮人, 新日本主義, 文化運動, 實力養成, 社會運動, 勞農運動, 民衆, 無産者, 뿔쪼아, 푸로레타리아, 埋葬, 聲討, 撲滅, 大會, 解放, 階級鬪爭, 階過渡期, 戀愛自由, 物産奬勵, 煩悶苦痛, 어린이 등을 소개하였다. 이 가운데 無産者는 "나는 돈 업는 놈이요 하는 말이니 貴族, 資本家, 地主 等에 對한 貧民, 勞働者 小作人 等을 總代表한 말이니 亦 主義者間에 만히 使用한 말", 階級鬪爭은 "階級과 階級−卽 支配階級 被支配階級間에서 思想衝突 利害相爭으로 이러나는 階級戰爭이니 近日 朝鮮뿐 안이라 世界가 모다 닷투어 쓰는 말", 民衆은 "小數 貴族階級이나 資本階級을 떠나서 絶代多數의 無産大衆을 稱하는 말이니 亦 無産者間에 만히 使用되는 말"로 풀이하고 있다(「最近朝鮮에 流行하는

관심도 고조되었다. 이 가운데는 홍경래나 정여립의 난 등도 있었지만, 3.1운동 이전에 일어난 가장 큰 규모의 민중운동이자 3.1운동과 마찬가지로 외세에 반대하였던 동학농민전쟁에 대한 관심이 가장 컸으며, 잡지 등 언론과 매체에도 동학농민전쟁에 관한 글이 많이 게재되었다. 이러한 과정은 결국 대략 30년 전에 발발했던 동학농민전쟁에 대한 기억을 역사화 해나가는 과정이었으며 그에 대한 이미지나 기억에도 중요한 변화가 초래되었다.

여기서는 먼저 동학농민전쟁 발발 당시부터 1920년대까지의 동학농민전쟁에 대한 인식을 살펴보고자 한다. 이어 1920~1930년대의 인식을 크게 민족주의, 사회주의 양 세력으로 나누어 각 세력에 의해 농민전쟁이 전유되고, 새로운 이미지가 형성되어 가는 과정과 내용, 이전 시기 역사상과의 차이, 그 과정에서 '현재 역사'와 '과거 역사'가 어떻게 관련되는가 하는 점 등을 검토해보고자 한다.

2. 1920년 이전: 새로운 동학농민전쟁상의 발아

1) 동학농민전쟁 당시―의거와 비적의 난

농민군의 성격을 둘러싼 대립은 이미 농민전쟁 당시부터 시작되었다. 농민군은 스스로를 "초야의 유민(遺民)", 자신들의 행위를 보국안민(輔國安民)과 광제창생(廣濟蒼生)을 위한 의거(義擧)라고 주상하였으나, 지배층에서는 동비(東匪), 비적(匪賊), 비도(匪徒), 남적(南賊), 초적(草賊), "서투

新術語」,『개벽』제57호, 1925년 3월, pp. 69-70).

(鼠偸)로서 왕령(王靈)에 의해 당장 초절(勦絕)해야 할 대상",[13] "기괴(奇怪)스러운 말과 일로 우매(愚昧)한 백성을 현혹시키는", "요얼(妖孽)", "이단사설(異端邪說)을 신봉하는 비류(匪類)" 등으로 규정하고, 농민군의 행위를 "패역(悖逆)한 거사(擧事)"로 규정하였다.

한편 문명개화론자들의 반응은 보수지배층과는 차이가 있었다. 적어도 농민전쟁 발발 초기로 한정해볼 경우 농민군에 대해 우호적인 생각을 보이기도 했다. 농민전쟁이 발발 직후 윤치호는 농민군이 "악에 물들고 피에 얼룩진 정부"를 반대한다는 점에서 그들의 행동을 두둔하였고,[14] 김윤식은 6월 16일 교정청에서 취한 12개 항목의 개혁 조치에 대해 그것이 모두 농민군이 폐정개혁요구안에서 제시한 것이라고 한 바 있다.[15] 나아가 유길준, 김학우 등의 경우에는 그 기회를 타서 민씨(閔氏)들의 정권을 타도하고 집권하기 위해 비밀리에 동도와 통모하였다는 기록도 있다.[16] 이것은 무엇보다 신분의 해방을 비롯한 사회제도 개혁, 부세운영상의 모순 개혁 등의 면에서 농민군과 개화파 간에는 적대할 만한 근거가 거의 없었기 때문이다.

그러나 집강소시기 이후에는 이러한 인식이 전변하였다. 우선 김윤식은 1894년 8월 11일 충청감사 박제순에게 보낸 편지에서 "동학교도들의 요란(擾亂) 복심(腹心)의 질병으로 서양 오랑캐들의 소란보다 심하다"라고 하여 농민전쟁에 대한 위구심을 드러냈고,[17] 농민군에 대해 우호적

---

13 「양호초토등록」 4월 8일, 『동학란기록』(상).

14 『윤치호일기』 4, 1894년 5월 30일조, p. 37.

15 『續陰晴史』 上, pp. 320-326.

16 『大韓季年史』 甲午 10月, 『동학농민전쟁사료총서』 4, p. 382.

17 「錦營來札」(雲養), 『東學亂記錄』 上, p. 85.

생각을 가지고 있던 윤치호도 "그들(동학당)은 어디서나 양반들에게 매우 깊은 증오심을 드러냈다. 동학당들이 양반들을 다룰 때 보여준 잔인성은 (프랑스 혁명) 당시 프랑스 귀족들이 겪었던 유혈적 폭력 사태를 연상시킨다"라고 하여,[18] 농민군을 폭력적이고 잔인한 존재로 재인식하면서 적대감을 드러냈다. 이에 따라 이들도 농민군을 '비도(匪徒)'나 '비적(匪賊)' 또는 "망국을 강요하는 난적"으로 표현하였으며, 농민전쟁에 대한 인식도 "문명에 대한 무모한 도전"으로 변해갔다.[19]

이런 변화에도 불구하고 문명개화론자들과 보수지배층 사이에는 농민군에 대한 인식에서 적지 않은 차이가 있었다. 그것은 다음과 같은 신문기사를 통해서도 확인된다. 전봉준을 직접 재판한 개화파 관료 법무참의 장박(張博)은 전봉준에게 "죄를 범하기는 했지만, 네가 궐기한 것에 의해, 청일전쟁과 '우리나라의 대개혁'(갑오개혁)이 일어났으며, 지금은 공명한 정치를 행할 수 있게 되었다. '즉 너의 죽음이 오늘 날의 공명한 정사(政事)를 재촉했다고 해야 할 것'"이라고 말하였을 뿐만 아니라, 전봉준이 "죽음은 처음부터 각오하였지만, 다만 역명(逆名)을 쓰는 것은 유감이다"라고 하자, "아니다. 이 선고는 역명(逆名)을 씌우는 선고가 아니다. 오해하지 말라"고까지 했다.[20] 장박은 갑오개혁을 이끌어냈다는 점에서 농민군의 행동에 의미를 부여한 것이다. 농민군이 의도한 것이 아니라, 결과적으로 그렇게 되었음을 지적하는 것임은 물론이지만, 문명개화론자들이 동학농민전쟁을 전유할 수 있는 가능성을 엿보게 한다.

---

18 『윤치호일기』 4, 1894년 2월 19일, p. 29.

19 김영작, 『한말내셔널리즘연구』(청계연구소, 1989), p. 327.

20 『東京朝日新聞』, 1895년 5월 8일, '東學黨巨魁宣告余聞'.

2) 애국계몽운동기-'혁명론'의 맹아

이른바 애국계몽운동기에는 동학농민전쟁에 대한 기사가 거의 나오지 않지만, 몇 가지 확인되는 기사를 통해 대체적인 분위기를 살필 수있다. 우선 농민전쟁이 끝난 지 2년 조금 더 지난 1897년 5월 독립협회에서 발간하는 한 잡지에는 농민군의 행동을 맹비난하는 글이 투고되었다. 농민전쟁을 '동학지요(東學之擾)'로 명명한 투고자는 농민전쟁이 처음에는 민변(民變)이었으나, 그들의 행동을 되돌아볼 때 강도(强盜)였고, 전국을 유린하며 못한 짓이 없는 극적(劇賊)이었다고 하였다. 이 투고자는의병에 대해서도 자칭 의병이라고 하나 '토비(土匪)'라 하였고, 그들의 소행은 화적(火賊)이었으며 둔취(屯聚)하고 겁략(刼掠)하는 짓이 동적(東賊)의 여습(餘習)을 따라하는 것이라고 비난하였다. 또한 이러한 소행이 모두 민지(民志)가 바로 잡히지 않았기 때문임을 주장하였다. 따라서 민지(民志)를 바로 잡기 위해서는 무엇보다 "공(公)"과 "신(信)" 두 가지가 필요함을 역설하였다.[21]

1907년 5월 『대한자강회월보』에 동학농민전쟁을 비난하는 글을 쓴 장지연 역시 다를 바 없었다. 그는 먼저 『춘추전(春秋傳)』에 나오는 "나라가 장차 망하려 하면 반드시 요얼(妖孽)이 나타난다"는 구절을 전제하고, 동학이 1900년에 청에서 일어난 '권비(拳匪, 의화단)'와 마찬가지로 나라에 재앙을 가져오는 요얼(妖孽)이라고 하였다. 또 의화단이 배외(排外)를주로 한 데 비해 '동학(東學)'은 혁내(革內)한 점이 다르지만, 결국 청일전쟁을 불러와서 나라가 망하는 계기를 마련했다고 비판하였다. 농민군에

---

21 「獨立論(寄書)」, 『대조선독립협회회보』 13, 1897년 5월, pp. 7-8.

대해서도 우부우맹(愚夫愚氓)으로 규정하였다.[22] 이상 양자의 글은 농민군을 강도(强盜), 극적(劇賊), 동적(東賊)으로 표현하거나, 나라를 망하게 한 "어리석은 백성들"로 규정함으로써 이전 시기의 문명개화론자에 비해 오히려 더욱 부정적인 이미지로 묘사하고 있다.[23]

반면에 1908년 김기환이 『대한흥학보』 8호에 기고한 글, 「일청전쟁(日淸戰爭)의 원인(原因)에 관(關)한 한일청 외교사(韓日淸 外交史)」는 동학농민전쟁에 대해 상기한 것과는 매우 다른 표현을 쓰고 있어서 주목된다. 이 글은 청일전쟁에 이르기까지 한청일 삼국의 외교적 교섭과정을 살피려는 의도에서 씌어진 것이다. 글의 앞머리에 적시된 글의 순서는 다음과 같다.

日淸戰爭前 韓日淸 三國의 交涉—天津條約—東學黨의 革命的 活動
—日淸開戰—李鴻章—馬關媾和條約—露獨佛三國의 干涉—遼東半島還
付[24]

이 글은 1868년부터 1878년까지의 외교관계만 서술하고 미완인 채로 끝을 맺고 있어서 동학농민전쟁에 대한 그의 생각을 자세히 확인할 수는 없다. 다만 위에 제시한 글의 순서에서 드러나듯이 농민군에 대해 "동학당(東學黨)"이라는 상대적으로 온건한 표현을 하고 있으며, 농민군의 행위에 대해서는 "혁명적 활동(革命的 活動)"이라고 하여 적극적 의미를 부

---

22 南嵩山人 張志淵, 「過去의 狀況」, 『대한자강회월보』 제11호, 1907년 5월.

23 金文演은 개항 이후 한국사의 전개를 연대기적으로 나열하면서 농민전쟁을 '東學之亂'으로 명명하였다(「新年希望」, 『대동학회월보』 2, 1908년 3월).

24 碧人 金淇驩, 「日淸戰爭의 原因에 關한 韓日淸 外交史」, 『대한흥학보』 8, 1909년 12월, p. 36.

여하고 있다. 이를 통해 김기환은 농민군과 농민전쟁을 같은 시기의 지식인들에 비해 매우 긍정적으로 인식하고 있었음을 알 수 있다. 그리고 농민전쟁과 관련한 서술에서는 처음으로 '혁명'이라는 용어를 사용하고 있다는 점이 주목된다. 그러나 동학농민전쟁을 그 전후의 다른 '민족운동'이나 '민중운동'과 관계라는 맥락 속에서 파악하는 것이 아니라, 개항 이후에 일어난 일련의 대외적 사건의 시계열적 흐름 속에 배치하고 있다. 이는 아직 동학농민전쟁을 '민족운동'이나 '민중운동'의 계보 속에서 이해하고 있지는 않았음을 시사한다. 그럼에도 불구하고 동학농민전쟁을 '혁명적 활동'으로 이해한 김기환의 시각은 농민군의 활동을 강도나 극적 행위로 파악하던 이 시기 다른 계몽론자들과 분명한 차이가 있다. 이는 애국계몽운동에 투신한 인사들 간에도 동학농민전쟁에 대한 이해를 둘러싸고 경쟁이 있었거나, 그러한 경쟁이 잠재되어 있었음을 시사한다.

한편 이 시기의 신문에는 당시 전남 해남 일대에서 활동하던 의병장 전해산이 전봉준의 아들이라는 기사가 수차례 실렸다.[25] 임실 출신인 그의 본명은 전수용(全垂鏞, 1879-1910)으로 해산(海山)은 그의 호이며, 한말 후기 의병을 대표하는 인물 가운데 하나이다. 자신이 직접 쓴 『전해산진중일기』에도 사람들이 자신을 "녹두(綠豆)"의 아들이라고 했음을 기록하고 있다.[26] 이것은 그가 전봉준과 같은 성씨이고, 전봉준의 거주지였던 고부와 임실이 그다지 멀리 떨어진 곳이 아니었다는 점을 근거로 한 풍문을 기사화한 것으로 보인다. 물론 현재의 연구성과에 비추어볼 때 그

---

25 「대한매일신보」, 1909년 5월 22일; 「공립신보」, 1908년 12월 30일; 「신한민보」, 1910년 3월 9일, 8월 3일.

26 홍순권, 『한말 호남지역 의병운동사 연구』(서울대학교 출판부, 1994), p. 115 각주 117) ; 홍영기, 『한말 호남의병연구』(일조각, 2004), p. 54 참조.

러한 풍문은 근거가 없다. 그러나 이러한 풍문이나 기사는 황현의 의병 인식과 함께 농민전쟁이나 농민군에 대한 역사상을 의병과 연결하여 구성하게 되는 하나의 단서가 되었을 것으로 보인다. 황현(黃玹)은 『매천야록(梅泉野錄)』에서 전기의병과 동학농민군의 관련에 대해 다음과 같이 기록하였다.

> 강제로 삭발할 때 전국이 흥분하여 의병이 일어났으나, 세월이 조금 지나자 의병들의 사기가 떨어져 京軍만 만나면 패배하였으므로 무수한 사상자가 발생하였다. 그리고 忠憤을 가지고 의병이 된 사람들은 몇 명에 불과하고, 명예를 좋아하는 사람들이 倡義를 하거나 모험을 좋아하는 사람들이 그들에게 따라 붙는 경우가 많았다. 그렇지 않으면 불량배 몇 천 명 혹은 몇 백 명이 成群作黨하여 의병이라 칭하였고, 심지어는 東匪로 활동하던 사람들 중에 안면을 바꾸어 의병을 따르는 사람들이 절반은 되었다.[27]

모두 의병전쟁에 대해 부정적 입장에서 서술한 것이지만, 동학농민전쟁과 전기의병의 연관성을 시사하고 있다. 아직 동학농민전쟁이나 의병운동을 민족운동의 시각에서 파악하고 있지는 않지만, 동학농민전쟁-의병전쟁-3.1운동-민족해방운동-4.19-민주화운동으로 이어지는 한국 근대 민족운동의 계보학적 이해에 하나의 단서를 마련했다는 점에서 특기할 만하다.

---

27 黃玹 著, 金濬 譯, 『梅泉野錄』(교문사, 1994), pp. 380-381.

3) 박은식의 『한국통사』(1915)[28]―미흡한 '혁명'으로서의 '평민혁명'

박은식은 농민군에 대해 동학당이라고 표현하였지만, 그들에게는 원래 정치사상과 혁명성이 있었다고 이해하였다. 그러나 동학이 확산된 요인으로 신분차별이나 관리들의 탐학과 아울러 "주문을 외우면 총구에서 물이 나오고, 주머니에 부적을 넣고 다니면 총을 맞아도 죽지 않는다고 하니 어리석은 백성이 미신에 현혹되어 전국적으로 보급된 것이다"라고 하여 민중의 어리석음을 지적하였다.[29] 또 "동학당 두목 중에 전봉준의 지모가 가장 뛰어나 관군을 연이어 격파했는데, 오로지 미신으로 무리를 따르게 한 까닭에 끓는 물이나 불 속이라도 마다 않고 뛰어들었다"고 하여 전봉준이 미신을 이용하여 농민군을 유인하였다는 점을 지적하며 비판적인 태도를 취하고 있다. 농민군의 행동으로는 지방의 양반토호를 습격하여 채찍으로 때리고 구금했으며, 집을 불 지르고 그 부녀자를 겁탈하기도 하고, 심지어 가족을 몰살하는 일도 있었다고 하였다.[30] 이러한 서술에 이어 박은식은 농민군의 행동에 대해 다음과 같이 평가하였다.

그러나 동학당이 정치를 개혁하고 민생을 보호한다는 원래의 목적에도 불구하고 대부분이 배우지 못하고 미천한 오합지졸들이었다. 그러므로 지방에서 분풀이와 폭정에 대한 응징은 행했지만 담력과 학식이 부족했던 탓

---

28 박은식 지음, 김승일 옮김, 『한국통사』(범우사, 1999).

29 박은식, 앞의 책, pp. 134-135.

30 박은식, 앞의 책, pp. 137-138.

에 중앙정부의 개혁에까지 이르지 못한 것은 참으로 한스러운 일이다.[31]

정치개혁과 민생보호라는 농민군의 목적에 대해서는 인정하였으나, 그들의 행동에 대해서는 오합지졸이었고, 담력과 학식이 부족한 점을 지적하였다. 이러한 평가는 앞 시기에 비추어볼 때 농민군에 대한 부정적 이미지가 많이 탈각되고는 있지만, 동학농민전쟁에 대한 양면적 이미지가 충돌하고 있었기 때문인 것으로 판단된다. 또 농민전쟁이 가진 반외세투쟁에 대해서는 전혀 언급하지 않고 있다. 이는 그가 「황성신문」의 주필을 맡으며 애국계몽운동 활동을 하던 시기에 가지고 있던 문명사관을[32] 아직 벗어나지 못하였음을 보여준다.[33]

이러한 인식은 박은식이 한국의 민당(民黨)으로 동학당, 독립협회, 일진회를 거론하면서도 "동학당의 폭력과 일진회의 매국은 거론할 필요도 없지만, 단지 독립협회는 유사한 신사의 조직이며 그 정신도 본받을 만한 것으로서 그 실패는 우리 민족이 통탄해 마지않는 바이다"라고 한 데서도 드러난다. 이러한 인식은 동학의 폭력적 행동을 비판하고 있는 반

---

31 박은식, 앞의 책, p. 138.

32 이만열, 「박은식의 사학사상」, 「숙대사론」 9, 1976.

33 「대한매일신보」의 기사를 분석하여 근대적 역사개념의 형성 양상을 연구한 최근의 연구에 따르면, 대체로 1907년 이후 역사와 진보의 관념이 형성·결합되었으며, 역사적 개념으로서 민족 개념도 자리 잡았다고 하였다. 그러나 식민지로 전락하기 직전의 상황에서 역사의 주체로서의 민족 개념은 민족과 국민으로 이중화하였다. "민족이란 말은 위대한 과거, 거대한 잠재력을 말하는 단어들과 계열화되는 경향이 있는 반면, 국민은 그 반대로 현재의 퇴보나 퇴락을 말하면서 정신을 차려 합심하여 그러한 상태를 넘어서자고 촉구하는, 그래서 책임이나 권리, 의무 등의 단어들과 계열화하는 경향이 있다"는 것이다. 여기서 언급한 바 "역사가 진보한다"는 관념은 "여러 가지 역사발전의 가능성은 고려되지 않으며, 다만 하나의 보편적 발전법칙만이 있을 뿐"인 19세기 서구에서 출현한 역사발전 관념에 근접한 것이었다(이진경, 「근대 계몽기 「대한매일신보」에서 근대적 역사 개념의 탄생」, 「사회와 역사」 74, 2007, pp. 120-121, 132-133).

면 신사들의 조직인 독립협회를 높이 평가한 데서[34] 짐작할 수 있듯이 엘리트주의적 역사인식과 닿아 있는 것이기도 하다.[35]

농민군의 학식 부족을 한계와 실패 요인으로 지적하는 반면, 지식인층의 조직과 정신에 대해서는 높이 평가하는 것은 지식인의 생각과 행동 속에 민중의 그것이 전유될 개연성을 열어두는 것이기도 하다. 농민전쟁의 실패 요인에 대해서도 1920년대 이후의 민족주의 역사학과 달리, 청일의 개입이나, 관군의 탄압 등 외부적 요인에 대해서는 언급하지 않고, 미신이나 백성들의 어리석음 등 농민군 내부의 문제만을 지적하고 있다. 민중은 여전히 몽매하기 때문에 지도자가 필요하고, 엘리트에 의해 계몽되어야 할 존재로 인식하고 있었음을 시사한다. 이는 민중의 일상적 삶과 생각들이 가지는 독자성, 그리고 역사적 행위자로서의 민중의 주체성에 접근할 수 있는 통로를 막아버리는 결과를 초래하였다.

박은식이 1920년에 쓴 『한국독립운동지혈사』에서는[36] 『통사』와 다른 민중상을 그려내고 있다. 그는 〈갑오년 동학당의 대풍운〉이라는 소제목 아래 "그들의 힘은 양반의 압제와 관리의 탐학에 대해 격분하여 나온 것으로, 우리나라의 '평민혁명'이었다"고 하여 "동학당의 난"에서 "평민혁명"으로 격상하여 평가하였다. 동학이 지닌 미신적 요소 등에 대해서도

---

34 박은식, 앞의 책, p. 217.

35 이 점은 박은식이 주필로 있던 『황성신문』의 의병에 대한 논조에서도 엿볼 수 있다. 『황성신문』은 의병에 대해 시의에 어둡고 실력의 미비로 오히려 국력의 낭비와 동족의 자멸을 가져온다고 서술하였다 [최기영, 『애국계몽운동 2-문화운동』(한국독립운동사편찬위원회, 2009), 220쪽]. 박은식도 『한국독립운동지혈사』(1920)에서는 의병을 민군(民軍)으로 표현하면서 독립운동의 도선(導線)이었다고 평가하였지만, 그보다 5년 전에 쓴 『한국통사』에서는 의병과 관련하여 3편 50장 「민긍호 등 의병의 봉기」에서 원주진위대의 정교(正校) 민긍호의 거의(擧義)에 대한 내용을 중심으로 간략하게 서술하고 있다.

36 박은식 지음, 김도형 옮김, 『한국독립운동지혈사』(소명출판, 2008).

전혀 언급하지 않았고, "만약 외국인의 간섭이 없었고, 또 그 무리 안에서 유능한 자가 나왔다면, 그 파괴로 말미암아 하나의 신선한 독립국가를 건설하는 것도 처음부터 불가능한 일은 아니었다."고 하여 이전과 달리 실패 요인으로 외국의 간섭을 지적하고 있다.[37] 그러나 "그 무리 대부분이 어리석고 무식하였으며, 그들의 행동 또한 난폭하고 기강이 없었다. 정치를 개혁한다는 일은 그들이 할 수 있는 일이 아니었다. 그러나 오랜 묵은 관습을 파괴한 점만으로 충분한 것이었다"고 하여[38] 여전히 엘리트주의적 입장에서 민중을 계몽의 대상으로 인식하는 태도를 보이고 있다. 이것은 그의 역사인식이 여전히 진화론적 문명사관에서 벗어나지 못하였음을 의미한다.[39]

3. 1920~1930년대: 새로운 동학농민전쟁상의 형성

1) 민족주의 계열

이 시기에 동학농민전쟁과 관련한 기사는 『개벽』에 집중되어 있었다. 『개벽』은 천도교의 후천개벽과 개조사상을 배경으로 창간되었다는 점에서도 짐작할 수 있듯이[40] 천도교와 밀접한 관계에 있던 잡지였다. 물론

---

37 외세의 간섭을 둘러싼 전후의 차이는 『한국통사』가 아직 그가 본격적인 독립운동을 시작하기 전에 쓰여졌다는 전과도 관련이 있을 것으로 보인다.

38 박은식 지음, 김도형 옮김, 앞의 책, pp. 44-47.

39 "과거의 문명이란 인류의 경쟁에 이용된 것으로, 인도(人道)와 평화를 위한 사업은 아니었다. 물경천택(物競天擇), 적자생존의 논리가 오직 유일한 법문이었고, 우승열패(優勝劣敗)가 하늘의 법칙이었다"(박은식 지음, 김도형 옮김, 앞의 책, p. 155).

40 최수일, 『개벽』연구(소명출판, 2008), pp. 420-432.

개벽 주도층은 사회주의 세력과 민족주의 세력을 모두 아우르려고 했던 만큼 『개벽』에 실린 글도 필자에 따라 적지 않은 편차가 있지만, 대체로 "문화적 민족주의의 천도교적 변용"이라는 정치사상적 위상을 가지고 있었다.[41] 이 시기는 '문명과 진보'에 바탕을 둔 역사인식이 본격적으로 전개되는 시기였다. 천도교의 이론가이자 『개벽』의 주요 필진 가운데 하나였던 이돈화도 마찬가지였다.

우리가 처음으로 개화의 말을 듯고 개화라 함을 입으로 불러보기는 甲午年으로써 제1기를 삼지 아니치 못할지니 厪百年間-惰眠에 무며 因襲에 꿈꾸던 일반 민중이 俗所謂 東學亂이라 칭하는 민중적 개혁당의 활동에조차 일반사회는 처음으로 退屈의 窩穴로부터 惰眠을 들어 「이것이 웬일이냐」하는 뜻을 두게 되엇다. 딸아서 日淸戰爭이 일어남에 이르러 개화의 소리가 점점 민간에 놉하것다." 물론 "甲午이전에 在하야도 일부 志士 政客의 開化黨이 업슴은 아니나 그러나 그는 극히 일부 정치가의 新舊충돌에 지내지 아니한 것이요 온 민중이 다 가티 사상적 동요를 일으켯스며 變態的 심리를 가지게 된 것은 少하야도 甲午의 연대가 이에 이르게 함이라. 몽롱하나마 개화라 칭하는 용어가 민간에 유행하기를 시작하야 그를 찬동하는 사람도 생겻스며 그를 반대하는 사람도 잇게 되엇다. 의미를 알고 불럿던지 모르고 불럿던지 어쨌든 이 개화라 하는 용어 한마디가 과도기의 초기를 형성하엿슴은 피치못할 사실이엇다. (중략) 그러하는 동안에 어느덧 개화라 하는 말이 변하야 문명이라 하는 신용어가 되엇다. 개

---

41 허수, 「1920년대 『개벽』의 정치사상-'범인간적 민족주의'를 중심으로」, 『정신문화연구』 31, 2008 가을호. 허수에 따르면 『개벽』 주도층은 정치적 견해와 종교적 성향의 표출을 억제하는 '매체전략'을 취하면서, 정치적 현실에서 대립하고 있던 민족주의 세력과 사회주의 세력 어느 한 쪽을 지지하지 않고 양자를 모두 『개벽』에 포괄하려고 했다.

화 문명 두 가지의 용어가 그러케 相差의 의미를 가진 것은 아니지마는 如何턴지 개화가 변하야 문명이라 하는 용어가 되기는 진보의 일계단이라고 볼 수 잇다. 다시 말하면 甲午의 정도를 대표로 한 개화라는 용어가 甲辰의 정도를 대표로 한 문명이라 하는 용어로 변하게 되어써 금일에 이르럿다. 개화는 未開하엿던 사회가 처음으로 형식상 혹은 정신으로 눈을 열엇다 함이니 이를 1日의 과정으로 말하면 欲明未明한 曉頭라 하는 말과 흡사함이요 문명이라 하는 것은 정신이나 형식에 찬연한 문물이 전하엿다는 의미일지나 그러나 대체 문명이라 하면 這間에 정신으로보다 물질적이라 하는 편이 과중하여젓다 하는 의미이며 문화라 함은 그의 反動으로 정신적에 치중되는 말이라 함이 대개 일반 보편의 容認이라 하면 朝鮮에 在한 개화, 문명, 문화라 칭하는 3用語의 3過程도 또한 這個의 의미가 업지안타 云치 아니치 못할지라.[42]

이어서 이돈화는 문명으로 나아가기 위해서는 자조자위(自助自爲) 정신과 협동 정신이 불가결함을 강조하였다.[43] 이 글에서도 알 수 있듯이 역사 서술의 기조는 세계사적 문명화 과정 속에서 조선의 위치를 파악하고, 역사를 발전=진보의 시간, 원인과 결과의 논리에 의거하여 그려내고자 하는 방법이 한층 두드러지게 나타났다. 동학농민전쟁 역시 개화─문명─문화로 진보해가는 과정에서 "퇴굴(退屈)의 와혈(窩穴)에서 타맹(惰眠)"하고 있던 민중으로 하여금 개화를 향해 나아가게 하는 단초를 연 사건으로 위치가 부여되고 있다.[44]

---

42 李敦化, 「混沌으로부터 統一─에」, 『개벽』 13, 1921년 7월, pp. 4-5.

43 李敦化, 「混沌으로부터 統一─에」, 『개벽』 13, 1921년 7월, pp. 6-9.

44 "동학난(東學亂)이 니러낫슴으로 해서 수구당(守舊黨)의 중앙정부는 곳 개혁이 되야 조선유신(朝鮮

또 천도교는 3.1운동을 주도한 경험을 토대로 1920년대에 들어 사회 (정치)운동을 의욕적으로 전개해 나갔다. 이런 사정 때문에 『개벽』이나 기관지인 『신인간』 등을 통해 천도교의 교리나 역사를 적극적으로 알리고자 하였으며, 그 과정에서 동학농민전쟁에 관한 기사도 다른 어느 잡지보다 많은 지면을 차지하게 되었다. 이 가운데 동학농민전쟁에 대한 이미지를 가장 극적으로 변전시킨 글은 황의돈이 『개벽』 22~23호(1922)에 걸쳐 연재한 「민중적(民衆的) 귀호(叫號)의 제일성(第一聲)인 갑오(甲午)의 혁신운동(革新運動)」이었다.

民衆的 革新의 運動이 적엇섯다. 다시 말하면 時代時代에 革新的 爭鬪가 업지 안하얏더래도 그는 다 1,2個의 野心的 英雄의 私慾的 爭奪戰뿐 정말 精神界로나 物質界로나 全民衆의 自由的 權利, 平等的 幸福을 要求키 爲하야 또는 그를 代表하야 叫號하고 奮鬪한 光榮의 記錄이 적엇섯다. 더구나 우리 朝鮮民族의 記錄은 아무리 四千餘年의 長時間에 뻐쳤다 하더래도 나의 가장 謳歌하고 讚歎하는 民衆的 要求의 爆發인 甲午革新運動을 노코서는 曉天의 星辰과 가티 落落할뿐. 때때로 革新的 運動이 업지 안하얏더래도 그는 다 一時的 梟雄의 野心的 運動뿐이엇섯다. 羅末의 革新運動이 아무리 壯烈하얏다 하더래도 그는 오즉 弓裔, 甄萱, 王建輩의 野心的 叫號뿐이엇스며 麗末에 李太祖의 革新이 成功하얏더래도 그는 一部貴族階級에서 地位的 爭奪戰뿐이엇다. 李夢鶴, 李适, 金通精, 洪景來의 叛亂이 때때로 업지 안하얏더래도 그는 다 個人的 局部的 不平의 叫號聲뿐으로서 完全이 眞實로 全民族의 不平, 苦痛, 呻吟, 慘憺的

維新)의 단서(端緒)가 그로 열럿스며"(一記者, 「甲午東學亂의 自初至終」, 『개벽』 68, 1926년 4월호).

生涯의 反動으로(이하3줄 삭제-원문) 民衆的 要求의 爆發은 오즉 甲午 革新의 運動이잇설슬뿐이다.[45]

황의돈은 전봉준에 대해 "민중적 자유와 사회적 평등을 위하야 대담히 叫號하고 용감히 분기한 위대한 가치를 구가한 인물", 동학당에 대해서는 "귀족계급의 감시하에서 자유의 정신과 평등의 주의로 비밀결사가 되었던 평민단체"로 규정하며 농민전쟁을 갑오혁신운동(甲午革新運動)으로 명명하고, 농민군을 "민군(民軍)"으로 불렀다. 농민군이나 동학교도에 대해서도 "귀족적(貴族的) 횡포(橫暴)와 정치적(政治的) 압박하(壓迫下)에서 신음(呻吟)하는 가련무고(可憐無告)의 민중적(民衆的) 심리(心理)에 가장 동정(同情)과 위안(慰安)을 줄 만한 천인합일(天人合一), 만인평등적(萬人平等的) 교리(敎理)를 주장(主張)하는 그네의 집단(集團)은 곳 미로(迷路)에 방황(彷徨)하는 우리 민중(民衆)의 광명선(光明線)이 되고 의귀소(依歸所)가 되엇섯다. 그래서 전국(全國)이 화응(和應)하고 만인(萬人)이 추향(趨向)하야 일대단결(一大團結)이 되엇섯다"고 이해하였다. 미신이나 민중의 무지몽매를 지적하던 앞 시기의 인식과는 전혀 다른 이해이다. 또 영국의 청교도혁명이 청교도 교단이 없거나 크롬웰(Cromwell)의 지휘가 없었으면 불가능했을 것이며, '갑오혁신운동' 역시 동학교단이 없었으면, 그 "광영적(光榮的) 기록(記錄)이 우리 조선민중사상(朝鮮民衆史上)에 나타나지 못하얏슬 것이다."라고 하여 영웅주의적 역사인식을 드러내기도 하였으나, 조선 역사상 유일하게 "민중적(全民衆)의 자유적(自由的) 권리(權利), 평등적(平等的) 행복(幸福)을 요구(要求)키 위(爲)하야" 일어난 "민중적(民衆的) 혁신(革新)의 운동(運動)"이었음을 분명히 하고 있다.

---

45 黃義敦, 「民衆的 叫號의 第一聲인 甲午의 革新運動」, 『개벽』 22, 1922년 4월호, p. 18.

또 황의돈은 동학농민전쟁을 그 전후의 세계사적 사건들의 계기적 발발 과정과 연결하여 이해함으로써 그것이 세계사적 시간 속에서도 진보를 향해 나아가는 혁신운동이었음을 드러내고자 하였다.

李朝 哲宗 五年, 關西 豪傑 洪景來의 革命運動 失敗 後 四十三年, 맑스의 共産主義 宣言 後 七年, 우랭쓰 第三革命 爆發 後 六年, 크림 戰爭 宣戰의 同年, 洪秀全의 革命亂發生 後 四年, 英佛聯合軍의 北京侵略 前 三年, 뿌리텐의 印度병合 前 四年으로서 朝鮮에서는 貴族의 虐焰이 極端에 熾上되고 西洋에서는 자유와 평등의 叫號聲이 가장 猛烈하얏고 인도와 支那에는 歐州人의 侵略이 殆甚한 同時에 文明의 曙光이 次次 啓發되랴는 시기엿섯다.[46]

한편 이 시기에 농민전쟁이나 농민군에 대해 서술한 글들 가운데는 황의돈의 글과 유사하거나, 거의 그대로 옮겨놓다시피 한 것이 적지 않았다. 이 시기 농민전쟁에 관한 글들은 무엇보다 농민전쟁과 농민군에 대한 이전 시기의 이미지를 전면적으로 전변시킴으로써 농민전쟁을 비적들의 반란으로 바라보던 종래의 시각을 완전히 기각시켰다는 점에서 중요한 의미를 가진다. 농민전쟁은 비적의 난(亂)에서 평민혁명, 민중적 혁신운동, 혹은 민중운동으로 바뀌었다.[47] 용어상으로는 '동학란'이나 '동학전(東學戰)'으로 표현하였더라도 그 성격에 대한 이해는 마찬가지였

---

46 黃義敦, 「民衆的叫號의 第一聲인 甲午의 革新運動(續)」, 『개벽』 23, 1922년 5월호, p. 74.

47 "갑오(甲午)의 동학난(東學亂)은 조선(朝鮮) 역사가 잇슨 뒤로 제일 큰 민중운동(民衆運動)이엿다"(一記者, 「甲午東學亂의 自初至終」, 『개벽』 68, 1926년 4월). 수촌 산인은 1871년에 일어난 이필제란을 "근대조선민중운동(近代朝鮮民衆運動)에 잇서서 누구보다도 제일(第一)이라 안이 할 수 업다"고 하였다(壽春山人, 「辛未年과 朝鮮」, 별건곤 제36호, 1931년 1월).

다.[48] 특히 김자립은 "갑오(甲午)의 서정개혁(庶政改革)을 단행(斷行)하니 이것은 전혀 동학혁명(東學革命)의 파동(波動)에 의한 부산물(副産物)이다" 라고 하여 최초로 '동학혁명'이라는 용어를 사용하였다.[49]

이러한 변화는 3.1운동 이후 민중에 대해 제고된 관심이 역사상의 민중상을 재구성하려는 노력으로 이어지고 있었던 분위기와 무관하지 않다. 예컨대 김자립은 1926년 『개벽』 70호에 실은 글에서 조선왕조 시대에 무엇보다도 많은 민우(民擾)가 있었으나, 조선왕조 500년의 역사 기술이 "대개가 왕실(王室)에서 편수(編修)하엿거나 또는 적어도 왕실(王室)을 중심 삼고 편수(編修)한 것임으로 근본(根本)으로 그와 가튼 민간반역(民間叛逆)에 대하야 기록(記錄)을 소루(疎漏)"하였음을 지적하면서 조선시대의 '반혁운동(叛革運動)'을 혁명운동이라는 맥락에서 일별하고 있다.[50] 민간 모반의 역사가 혁명의 역사로 재인식된 것이다. 이 밖에도 이돈화는 "자시로 민군은 각 군에 집강소를 설하고 방백과 수령으로 더불어 협약을 결한 후 범어행정(凡於行政)에 관민협의체로 행정을 시(始)하니라"라고 하여 집강소를 관민합의기구로 파악하는 등 농민전쟁에 대한 구체적이해 수준도 크게 진전시켰다.[51]

그러나 무지몽매와 미신 등과 결합되어 있던 농민전쟁이나 농민군상

---

48 예컨대 김기전은 "동학전"이라는 용어를 사용하고 있지만, 농민전쟁에 대해 지역 차별과 신분 차별에 반대하여 "특권계급의 혁청(革淸)을 행하고 다수 인민의 인권을 옹호하려 한 것이 최근세로 말하면 평안도(平安道)의 홍경래난(洪景來亂)이엿스며 갑오(甲午)에 동학전(東學戰)이엿다"고 하였다(起瀍, 「農民運動國産運動이 勃發하기까지-餓鬼의 威壓에서 解放되려하는 民衆運動의 二三」, 『개벽』 32, 1923년 2월호, p. 46).

49 金自立, 「五百年間의 革命運動」, 『개벽』 70, 1926년 6월호. 천도교 인사였던 박달성도 1927년 "동학혁명"이라는 용어를 사용한 바 있다(朴達成, 「孫義菴의 三大快事(逸話中에서)」, 『별건곤』 10, 1927년 12월).

50 金自立, 「五百年間의 革命運動」, 『개벽』 70, 1926년 6월호.

51 白頭山人, 「洪景來와 全琫準」, 『개벽』 5, 1920년 11월호.

이 자유, 평등, 혁신의 이미지로 바뀌고 있었다는 점은 앞서 언급했듯이 동학농민전쟁 역시 개화―문명―문화라는 경로를 따라 근대를 향해 '진보'해 나가는 움직임으로 전유되고 있었음을 의미한다.[52] 그 결과 민중이 가지고 있던 자율적인 삶의 영역이나 자신의 의지, 생각은 억압되고 배제되어 버렸다. 이에 따라 동학농민군에 대한 이미지가 전면적으로 바뀌어 자못 민중의 힘에 대해 신뢰를 보내기도 했으나,[53] 다음의 글에서 보이듯이 민중은 여전히 계몽의 대상이었다.

　　민중이란 그 元體가 聰明치 못하며 또 우리의 민중에 잇서 별로 심함과 갓거늘 우리네의 압헤 노힌 문제는 누구의 聰明으로도 문득 해석하기 어려운 복잡하고 또 중대한 것이엇다. 이에 써 人族別로 치면 우리 사람, 英米國사람, 露西亞사람, 日本國사람, 主義者로 치면 國粹主義者 社會主義者(各種의) 融和主義者, 聯邦主義者, 右를 더 좀 具體的으로 말하면 爲政者 宣敎者 新聞雜誌業者 賣名賣言業者가튼 新人. 가튼 舊人 等 (다―가티 그 문제의 解釋者로 자처하는 사람)이 總動員格으로 민중의 머리 우에 임하야, 혹은 利와 혹은 威로 혹은 道와 혹은 義로써 이리 이끌며 저리 꾀이어써 민중의 머리를 날로 複雜, 眩慌하게 되엇스며, 더욱 近日에 이르러 첫 삼월의 버섯(먹지도 못할 것)과 가티 생겨나는 假志士 假主義者

52　정응봉은 "사회진화의 법칙에 따라 역사적 필연의 산출로서 후천개벽을 창도하고 나온 것이 곳 東學 사상입니다"라고 하여(鄭應琫, 「朝鮮은 어데로 가나?―종교계」, 『별건곤』 34, 1930년 11월) 사회 진화론에 입각한 인식을 보여주고 있다.

53　"이 혁명이 우리에게 남겨준 큰 의의는 민중의 힘이란 것은 이러한 것이며 민중의 요구는 이러한 것이다. 비록 일시(一時)의 실패를 당하였슬지라도 우리 민중은 어느 때 일지라도 이와 가튼 민중 본위 (本位)의 새 세상을 세우고야 말지며 그래서 세우기까지는 언제던지 이와 가티 싸울 것이다 하는 가장 중요한 교훈을 우리 남아 잇는 민중에게 피와 불로써 전해준 그것이다"(―記者, 「甲午東學亂의 自初至終」, 『개벽』 68, 1926년 4월호).

輩의 橫議와 策論은 加一層 民衆의 向方을 眩惑케 함이 잇나니 우리가 새삼스럽게 民衆의 自重을 促하는 微意-또한 여긔에 잇도다.[54]

안재홍 역시 이러한 엘리트주의의 시각을 보여준다. 전봉준을 비롯한 당시의 인물들에 대해 대체로 "기개(氣慨)에서 빼어남이 잇스되 이상(理想)에서는 빈약(貧弱)하엿고, 호남(豪男)으로서 장(壯)한 바 만흐나 기획(企劃)으로서는 소홀(疎忽)함을 면(免)치 못하엿"다고 하였다. 또 갑신정변의 실패에 대해서도 첫 번째 요인으로 "자각(自覺)이 업는 민중(民衆)들"을 탓하였고, "형세일비(形勢日非)에 착음(着急)한 생각이 들어서 민중(民衆)을 계발(啓發)하며 운동(運動)을 조직화(組織化)하기에는 넘우 전도요원(前途遼遠)하엿"음을 지적하였다.[55] 전형적인 계몽주의적 발상에 다름 아니다.

민중을 계몽의 대상으로 보게 된 것은 지식인들의 엘리트주의, 그리고 워싱턴 회의 등 국제정치 상황이 기대와 다른 방향으로 흘러감에 따라 민중의 힘만으로는 독립을 쟁취할 수 없다는 상실감도 작용하였지만, 서로 민중을 끌어들이기 위한 사회주의 계열과의 대립과 경쟁에도 그 원인이 있었다. 「동아일보」(1920년 4월 67일 사설)에서는 이미 1920년 초부터 "세계 개조의 벽두"를 맞아 민족운동의 의미를 다시 해석하면서 문화운동의 성격을 강조하였고, 그에 입각하여 "우리 조선 사람은 한 덩어리가 되어야" 하고, "서로 협력하며, 연락하여야 할 것"을 주장하였다. 『개벽』에도 지주와 소작인 간의 협조를 의미하는 '노사조화주의'에 관한

---

54 「民衆이어 自重하라」, 『개벽』 23, 1922년 5월호, p. 3.
55 安在鴻, 「過去의 先驅者와 將來의 先驅者」, 『삼천리』, 1929년 9월, p. 6.

글이 실리고 있었다.[56] 또 「동아일보」 계열을 비롯한 민족주의 세력은 민족구성원 내부의 단결을 주장하였다. 민중을 독자적인 한 단위로 설정하기보다는 민족구성원의 일원으로 설정하고 전체 조선인의 단결을 강조하였다.[57] 민중의 생각과 행동이 가진 주체성을 제대로 인식하지 못한 것이다.

이돈화 역시 『개벽』 창간호에 「최근 朝鮮에서 起하는 各種의 新現象」이라는 세태비평문을 써서 "개조의 소리가 널리 세계에 선포한 이래-처사(處士)의 명호(名號)를 엇고 잇든 우리 조선(朝鮮)사회에서도, '으아' 소리를 치고 활동하기를 시작"하였고, 특히 "오래동안 피굴(退屈)에 곤피(困疲)하엿든 이 조선(朝鮮)의 민중으로 무엇이든지 활동한다하는 말이 좌우간 고맙고 감사한 일이라 안이할 수 업다"고 하여 3.1운동 이후 재발견된 민중에 대한 기대를 한껏 드러내고 있다. 이는 곧바로 민중을 천도교로 견인해 들이려는 의도로 연결되고 있다.

朝鮮종교의 건설자로 유명한 東學선생 崔水雲이 한 번 新신앙을 부르지즘에 八域의 민중은 滔滔의 대세로 此에 가입케 되엇나니 이것이 과연 조선인으로 儒의 정치적 壓迫과 佛의 퇴화적 신앙에 오래동안 退屈되엇든 결과가 안일 것이냐. 안이, 다수의 민중은 萬幣-陳陳하고 餘脉이 奄奄한 儒佛의 신앙하에서 到底圓滿한 위안을 득키 불가능함으로써 신신앙에 향하야 위안적 광명의 途를 開拓코저 함일진더.[58]

---

56 박찬승, 『한국근대 정치사상사연구』, 역사비평사 1992, pp. 199-200.

57 류시현, 앞의 글, pp. 26-27.

58 李敦化, 「최근 朝鮮에서 起하는 各種의 新現象」, 『개벽』 1, 1920년 6월호, pp. 14-15.

민족주의와 사회주의 세력 간의 대립은 이미 1922년 김윤식 사회장이나 1923년 물산장려운동을 둘러싸고 노골화된 바 있지만, 1920년대 전반기에 이미 사회운동의 주도권은 사회주의 진영으로 넘어가 있었다. 이에 따라 사회주의에 대한 민족주의 세력이나 천도교 측의 비판도 강화되었다. 이러한 사실은 천도교 측 인사인 김기전이 1924년에 쓴 「世界社會主義運動의 史的 記述」에서도 확인된다.

생각하라, 大戰直後의 巴里會議, 그 회의의 主成分子인 英米佛伊, 그 나라들의 당시 당국자인 웰손, 로이드쪼지, 크레만소, 또는 그들 侵略諸國의 現狀擁護策으로 일너진 國際聯盟—그따위의 일홈들은 얼마나 우리사람의 口頭에 올넛스며, 또는 얼마나 우리사람들의 속을 태웠는가. 아닌게 아니라, 그것은 확실히, 한, 勢力이다. 오늘의 형편에 잇서 그것은 물론 세력이다. 그러나 그 세력은 엄격한 의미에 잇서 사람의 세력은 아니다, 순수한 豺狼의 세력이다. 자기보다 無勢한 사람을, 無勢한 민족을 엇더케 하면 더 좀 교묘하게 압박하고, 더 좀 조직적으로 착취할가 하는, 즉 모든 弱小國民 모든 弱小民族의 피를 마시지 안코는 만족치 아느러하는 豺狼의 세력이다. 豺狼의 압에서 取할 道는 오즉 그에게 피를 밧치거나 그러치 아느면 鐵을 주거나—이 두가지 밧게는 업는 것이다. 그런대, 우리는 그에게 仁義를 구하엿다. 豺狼에게 仁義를 구하려는 우리도 우리려니와, 豺狼으로서 仁義를 버픈다는 그놈들의 假面이야말노 壯觀이다. 실로 사람豺狼의 綽號에 붓그럽지 아니한 내용이다. 豺狼의 세력에 代할 人間의 勢力— 즉 절대의 대세력은 따로 잇는 것이다. 일즉부터 따로 잇는 것이다. 무엇이냐, 세계의 社會主義的 運動, 各國 各民族間의 無産大衆의 양심을 통해서 勃發하는 社會主義的 운동이 즉 그것이며, 그 운동의 국제적 結聯이 亦 그것이다. 이것은 근래의 사람으로 누구나 아는

일.[59]

이 시기의 유교 비판도 마찬가지 맥락에서 전개되었다. 유교에 대한 비판은 이미 19세기 후반부터 문명개화론자들에 의해 제기되어 왔지만, 1910년대 '실력양성론'의 구사상, 구관습개혁론에서도 핵심적인 위치를 차지하고 있었고,[60] 1920년대에 들어 더욱 강화되었는데 이 역시 민중 동원과 관련이 있었다. 천도교 인물인 김기전도 유교의 신분적 차별을 맹비판하면서 "유교에 대한 생각을 하게 되면, 엇더케 마음이 갑갑하고, 아니꼽고, 불쾌해서 견댈 수가 업"다고 하였다. 또 공자에 대해서도 유소시절부터 관직에 급급하고 입신행세(立身行世)를 도모한 천박한 인물로 묘사하며 사상혁명을 강조한 데서 엿볼 수 있듯이 천도교를 사회운동의 중심적 지위로 올려놓으려는 의도가 있었던 것으로 보인다.[61] 또 1924년 11월 동학 교조 최제우의 탄신 100주년을 맞아 『개벽』에 실린 "갑오(甲午)의 민중운동이 뉘의 사상으로 나왓스며 갑진(甲辰)의 혁신운동은 뉘의 혈맥(血脉)이며 삼일(三一)운동의 중심력(中心力)은 뉘의 계통에서 나왓는가."라는 글은[62] 그러한 의도를 노골적으로 보여준다.

한편 문일평이 1924년에 쓴 다음의 글은 계급적 대립을 극복하고 민중을 민족운동의 전선으로 끌어들이고자 하는 의도에서 나온 것이지만, 동학농민전쟁을 근대 민족운동의 계보 속에서 파악한 본격적인 글이라는 점에서 주목된다.

---

59 小春, 「世界社會主義運動의 史的 記述」, 『개벽』 46, 1924년 4월호, pp. 51-52.

60 박찬승, 앞의 책, pp. 155-165 참조.

61 起瀍, 「上下·尊卑·貴賤, 이것이 儒家思想의 基礎觀念이다」, 『개벽』 45, 1924년 3월, p. 18.

62 「人乃天主義의 主唱者 崔水雲 先生의 誕生 百年記念에 就하야」, 『개벽』 53, 1924년 11월.

三一運動은 즉 甲午革命이래 최대한 민중운동이다. 다못 전자는 계급 적임에 반하야 후자는 민족적이오. 1은 무력수단을 취함에 반하야 1은 평화수단을 취한 차이는 잇스나 생존권을 주장하는 一點에 至하야는 兩者에 間然함이 업다.[63]

이 글에서 보이듯이 문일평은 동학농민전쟁을 "갑오혁명"으로 명명하면서 비록 평화수단에 의한 3.1운동과 달리 무력수단을 취했지만, 모두 생존권을 주장한 민중운동이었다는 점에서 차이가 없다고 하였다. 이는 동학농민혁명-의병전쟁-3.1운동-민족해방운동-4.19-민주화운동과 통일운동으로 이어지는 한국 근대 민족운동의 계보학적 파악에 한걸음 더 다가서 있는 서사이기도 하다.

2) 사회주의 계열

1910년대 후반부터 1920년대는 사회주의사상, 마르크스주의 사상이 조선사회에 점차 수용되어 가던 시기였다. 동시에 1920년대는 사회주의를 표방하거나 의식한 다양한 사회운동이 전개되기 시작하였다. 마르크스주의 경제이론과 사회이론을 학습한 논객들이 등장하기도 하였다. 1923년 중반부터 한국의 사상계에는 사회주의자들이 크게 대두한 반면, 문화운동은 사회주의자들의 비판을 받으며 급격히 퇴조하는 양상을 보

---

63 文一平, 「甲子以後 六十年間의 朝鮮」, 『개벽』 43, 1924년 1월호. 문일평은 농민전쟁에 대해 "상민계급이 특권계급에 대하야 자신의 생존권을 주장하는 일대 항쟁," "조선사상에 잇서 階級爭鬪의 색채가 가장 선명한 革命運動"으로 규정하는 한편, 농민전쟁이 외세의 개입 때문에 실패한 것으로 받아들였다(文一平, 위의 글, pp. 124-125).

였다.[64] 그러나 아직 사회주의자들 간에도 이해는 다양하여 유물사관에 입각한 역사이론이 한국사 인식에 본격적으로 적용되기에 이른 것은 아니었다. 다만 1930년대에 들어서는 백남운을 필두로 한 마르크스주의 역사학자들의 한국사 연구가 본격적으로 이루어지기 시작했다.[65]

유물사관의 역사학이란 경제적·사회적·정치적·이데올로기적 제관계의 구조적 존재 방식과 그것의 변화, 새로운 단계로의 이행과정을 진보라는 시각에서 파악하는 이론이다. 또 유물사관에 입각한 역사학은 기본적으로 '보편성'에 입각하여 사실(史實)의 의미를 추구한다. 이 점에서 사학사적으로 보면 계몽사상이나 문명사와 닿아 있는 성격을 가진다고 할 수 있다. 유물사관 내지 계급투쟁사관에 입각하여 동학농민전쟁상을 그린 최초의 인물은 일본 유학생 고광규였다. 그는 1921년 재일조선인유학생 단체의 기관지인 『학지광』에 쓴 글에서 동학농민전쟁을 조선혁명으로, 동학당을 조선혁명당으로 명명하고, 조선혁명당은 계급투쟁을 선각한 집단으로 "빈부를 평균하고 문벌을 타파함이 목표였고 斥洋斥倭는 기치의 특색이었다"고 하였다.[66] 또 1922년 1월에는 모스크바에서 개최된 '극동민족대회'에 파견되었던 조선 대표 김규식이 조선 측 보고서, 「朝鮮의 革命運動」에서 "동학당의 난"을 "만민평등(萬民平等) 인내천(人乃天)"과 "양반계급 타도"를 목표로 한 "혁명적 농민들의 최초의 봉기", 혹은 "조선 혁명 역사의 출발점"으로 평가하면서 양반이라고 하는 세습적 특권 계급의 황금기를 종식시켰다는 점 등을 강조하였

---

64 박찬승, 앞의 책, p. 314.

65 1940년대 유물사가들에 의해 "농민전쟁"상이 형성되어 가는 모습에 대해서는 오영섭, 「1940년대 후반 唯物史家들의 동학농민운동 인식—소위 농민전쟁설의 원형을 찾아서」, 『동학학보』 10, 2005 참조.

66 고광규, 「東學黨과 甲午役」, 『學之光』 21, 1921.1, pp. 56-57.

다.[67] 『개벽』에 실린 황의돈의 글과 비슷한 시기에 '혁명적 운동'으로 자리매김하고 있었음을 알 수 있다.

그러나 이 시기의 사회주의 계열의 잡지에는 동학농민전쟁을 본격적으로 다룬 기사가 거의 없다. 필자가 확인한 바로는 1930년대에 들어 『신계단』 제4호(1933)에 실린 「東學黨과 東學亂」이[68] 유일하며 천도교 문제를 다루는 일부 기사에서 동학농민전쟁을 간접적으로 다룬 글이 몇 편 보일 뿐이다.

한편 1930년대에 들어 동학과 농민전쟁에 대한 인식에도 변화가 초래되었다. 이것은 무엇보다 천도교 측이 조선의 사회(정치)운동에 대한 주도권을 주장하고 나오자, 그에 대해 사회주의 세력이 반발하는 논쟁 속에서 가시화하였다. 우선 논쟁이 본격적으로 전개되기 이전인 1932년 5월 남철은 『동광』에 다음과 같은 글을 써서 천도교를 비판하였다.

이리하야 1869년 정월에 李弼이 東學의 徒라고 자칭하고 慶尚道 聞慶에서 苛政에 抗하고 惡吏를 懲한다고 亂을 作하얏다. 이것은 흔히 역사가들이 그 본질을 무시하여 버리는 것이나 당시의 사회경제적 형편을 살필 때 훌늉히 農民一揆이다. 諸外國에 잇어서의 자본주의 발전의 초기적 단계에 잇어서 흔히 볼 수 잇는 階級鬪爭의 초보를 형성한다고 볼 수 잇다고 생각한다. 東學亂 역시 대규모의 농민전쟁이라고 볼 수 없을가. 그러나 그것이 종교적 운동을 표피로 하고 나섯다. 이곳에 그 특수성이 잇다.

---

67 이 보고서는 ①조선혁명운동의 양상 ②강한 민족주의적 경향과 애국심의 성장 ③강제적 합병과 독립운동 ④삼월운동(三月運動)—그 성격과 규모 ⑤일본의 억압과 조선의 저항 혁명사상에 따른 대중의 각성 ⑥결어 등으로 목차가 구성되었다[コミンテルン 編, 『極東勤勞者大會─日本共産黨成立の原點』: 合同出版(東京), 1970, pp. 116~117(지수걸, 앞의 글, p. 275에서 재인용)].

68 朴日馨, 「東學黨과 東學亂─天道敎의 歷史的 考察 第一部」, 『신계단』 4, 1933년 1월.

그러나 이 특수성은 朝鮮에 잇어서만의 그것이 아니다. 歐洲의 宗敎改革運動도 그것의 본질은 封建遺制에 대한 시민의 반항이엇든 것과 같이 이 東學亂도 그 固陋한 封建的 搾取에 대한 民主的 반항의 表象이엇다. 日淸戰爭의 발발은 朝鮮의 신흥하는 민중의 민주주의적 운동에 대한 舊 지배의 相互相의 갈등과 日本의 해외전개의 자본주의적 욕망에 淵源하는 것이엇다.

崔時亨의 이 機會主義的 태도로 말미암아 일 것 破竹의 勢로 杼領난 민중운동이 龍頭蛇尾에 끄치고 그리하야 無辜한 3만 수천의 교도를 죽이게 하얏함을뿐이엇다는 것임을 말함에 끄치려 한다. 三一運動이 전에 잇어서는 反帝國主義的 색채가 天道敎의 일반적 성질이엇든 것이 三一運動 이후에 와서는 그 反帝的 革命性을 상실하고 崔時享의 機會主義로 역전하얏다는 것을 附言하고 말려한다.[69]

동학농민전쟁은 반봉건 반제국주의 투쟁으로서의 의미를 가지지만, 최시형은 오히려 기회주의적인 태도를 취하여 농민군의 승리를 방해하였으며, 천도교가 되면서 반제적 혁명성은 사라지고 기회주의로 바뀌었다는 것이다. 이후 양자 간의 논쟁은 천도교를 비판한 『신계단』 1932년 11월호의 「종교시평」이 문제가 되어, 천도교 청우당의 인물 등이 '신계단(新階段)'사에 찾아가 항의하다가 편집자를 폭행한 사건으로 비화되면서[70] 더욱 치열하게 전개되었다. 이에 대해 사회주의 계열의 인사들은 "발작적 난동"으로 규정하면서 천도교에 대해 근본적으로 비판하기 시

---

69 南哲, 「問題 중에 잇는 天道敎의 解剖와 展望, 그 出現과 生長」, 『동광』 33, 1932년 5월, pp. 58-61.

70 一記者, 「천도교청우당의 신계단사 습격사건과 천도교 正體 폭로비판회 조직경과」, 『비판』 20, 1933. 1, pp. 47-52.

작했다. 이 과정에서 양자 간에는 동학농민전쟁에 대한 기억 투쟁이 전개되었다. 이는 곧 사회운동의 주도권 장악, 곧 대중 혹은 민중에 대한 헤게모니를 누가 잡을 것인가를 둘러싼 투쟁이었다.

본격적인 논쟁은 남철수가 『비판』에 천도교 측의 조기간이 쓴 「조선문제와 영도권문제」에 대하여 비판하는 글을 실으면서 시작되었다. 남철수는 천도교의 인내천주의에 대해 "새로운 사상이라고 자랑하던 천도교의 인내천주의란 결국 18세기 유럽에서 떠들던 계몽주의적 사상의 단편에 불과"하고, "인내천주의는 결국 비무산계급적 철학적 영역에서의 자기 존립을 성명(聲明)하는 외에 아무것도 아닌 것이다"고 폄하하였다. 이어서 그는 농민층 위주의 천도교 조직이 가지는 한계를 다음과 같이 '법칙적' 논리에 입각하여 비판하였다.

천도교는 언제나 조선 제일 가는 대집단이오 그 구성요소의 절대다수가 농민이라고 하는 것이 저들 유일의 자랑거리이다. 그러나 여기에 잊어서는 아니 될 중요한 문제가 하나 있으니, 봉건사회에 있어서 2대계급 중의 하나이던 농민사회는 자본주의사회에 있어 기본적 계급으로서는 존속되지 못한다는 것이다. 그러므로 저들 농민사회는 새로운 사회구성과정에 있어서는 노동자 계급에 의한 종속적 동맹자로서만 그 역사적 임무를 다할 수 있다는 것이다.[71]

그러면서도 "천도교가 가장 자랑거리로 하는 과거의 모든 역사를 우리는 무조건하고 부정, 말살시켜버리고자 하는 것은 아니다.", "마치 1860년경 러시아에 있어서 농노해방과 함께 나로드니키의 자유주의적

---

[71] 南哲水, 「조선운동과 領導權문제의 비판」, 『비판』 18, 1932. 11, pp. 24-25 참조.

활동에 비기어 어느 정도까지의 공통성을 발견할 수 있을뿐더러 그 봉건적 ××에 대한 반봉건적인 ××(혁명)성도 시인하기를 또한 주저하지 않는다.”라고 하여 동학농민전쟁이 가지는 혁명성에 대해서는 인정하였다. 그러나 다른 한편 다음과 같은 단서를 달았다.

> 1926년 이래 노동자 계급의 계급운동이 전면적 정치적 무대에 등장하게 되자 민족부르조아지 及 그 영향하에 있는 대중은 부단의 동요와 분산과 전락을 거듭하여 드디어 저들의 세력은 고립화 무력화하게 된 것만은 숨길 수 없는 사실이오, 이로써 프롤레타리아는 조선운동에 있어서 헤게모니의 확립을 위한 활동에 대하여 모든 기회를 엿보아 부르조아지의 민족개량주의에 대하여 과감한 ××을 마지아니하였나니 이에 대한 그 사회적 존재성 발전성은 천도교인인 조씨의 시각에 조금도 머무르지 아니하는가? (중략) 그 경이적 사실의 일부를 나날이 부르조아지의 신문보도만으로써도 능히 추측할 수 있는 일이다”라고 하였다.[72]

동학농민전쟁이 가지는 의미도 그만큼 상대화되면서 농민군들의 생각과 행동도 사회구성의 발전단계라는 틀 속으로 구겨넣어지고 있었다.

또 다른 사회주의 논객인 박일형도 논쟁에 뛰어들었다. 그는 1933년 1월『신계단』에 쓴 논고를 통해 동학의 발생 원인을 최제우 개인의 능력이 아니라 지배계급에 반대하는 민중의 ××(혁명)성이 새로운 귀의처를 요구하고 있었다는 점, 중국 태평천국운동을 일으킨 홍수전의 영향 등을 지적하였다. 또 최시형이 농민전쟁 당시 전봉준의 거의에 반대한 사실을 지적하였고, 최시형의 설교가 “민중에게 끼친 바 영향은 결코 적지

---

72 남철수, 위와 같음.

않았을 것이고", 이 영향은 "갑오혁명의 진군에 확실히 추진력이 되었을 것"이라는 점을 인정하면서도 동학과 농민전쟁의 관계에 대해서도 "동학란"은 동학의 정신에 의해 일어난 것이 아니고, 역사적으로 일어난 농민반란에 동학당 가운데 ××(혁명)적인 일부가 가담한 데 지나지 않는다고 하였다. 따라서 명칭도 "동학란"이 아니라 "갑오××(혁명)"으로 불러야 한다며 본문에서는 "갑오혁명"으로 쓰고 있다. 또 "최시형, 손병희를 중심으로 한 동학당의 직계는 갑오혁명에 있어서 지배계급의 충실한 대리인이 되었다"고 하여 동학과 농민전쟁의 관계를 사실상 부정하였다. "중세로부터 근세에 이르는 동안의 모든 농민반란은 대개 종교로서 분장되어 왔다"고 하여 엥겔스의 종교적 외피론을 수용하고 있었기 때문이다.

박일형은 또 "당시 조선의 생산제관계에 제약되어 조금도 자본주의적 성질을 가지지 못하고 완전히 중세기적 농민폭동의 형태를 띠었을 뿐이다"고 하여 민족주의자들이 근대적 '혁명'으로 인식하는 점과 다른 견해를 보였으며, 농민전쟁의 실패와 관련하여서는 "봉건적 구각을 벗지 못한 청제국에 의해 교살"된 점을 지적하였다. 또 최시형을 비롯한 동학교도들에 대해서는 동학당으로, 농민군에 대해서는 반란 혹은, 폭동으로 명명하고 있다. 그러나 생산관계에 제약되어 중세적 폭동에서 벗어나지 못했다거나, "갑오혁명 당시의 조선 농민은 그 의식 수준이 중세적 이데올로기로부터 일보도 전진하지 못하였다"는 지적에서도 알 수 있듯이[73] 목적론적 역사발전 단계론을 설정한 위에 농민전쟁의 위치를 부여하고 있었다. 이 역시 민중의 주체적 역사를 억압하는 또 다른 접근방법이라

---

73 朴日馨,「東學黨과 東學亂―天道敎의 歷史的 考察 第一部」,『신계단』 제4호, 1933년 1월, pp. 66-74.

고 볼 수 있다.

같은 달 『비판』에도 유해송이 천도교를 비판하는 글이 실렸다. "현하(現下) 기독교와 천도교 같은 종교단체들이 노동운동을 표방하고 민족주의 표현단체들이 이 노동문제를 입에 담고 있으나, 이것은 일본의 카가와(賀川豊彦)와 서장(西藏)의 라마 같이 결코 민중을 위한 것이 아니오, 다만 그들의 명예심과 이기욕을 채우기 위한 수단에 지나지 못하는 것이다", "종교는 언제든지 가상신을 중심으로 하고 현사회의 생활을 부인함으로써 민중의 사회적 동작을 말살하고 민중으로 하여금 피아를 동경케 하는 가장 미신된 것", "조선의 토착자본벌(土着資本閥)들을 옹호하는 천도교 일파가 간디의 가는 길을 추종함은 우리들은 날마다 보고 있는 바이며, 또 외국 자본을 옹호함을 본질로 삼는 예수교가 조선 대중을 구미 자본가들의 노예로 만들려고 무한한 노력을 다하고 있다"라고 하면서 종교는 "많은 금전을 민중으로부터 착취하고 민중의 의식을 빼앗는" 존재로 철저히 "소탕"되어야 할 존재라고 하였다.[74]

남철수는 또 다른 글에서 "무의식한 대중에게 「인내천주의」란 아편의 주사를 하여 그들의 ××성을 마비시킴으로써 이 행동을 지적하여 일찍이 지배계급에 대한 매춘부적 행동을 감행한다고 주장한 것이다"고 인내천 주의를 거듭 비판하였으며, "조선의 현실은 노동자계급이 기본계급이 되어 있지 못하였다. 기본계급이 농민층으로부터 노동자에게로 옮아가는 도중에 있을 뿐이오"라고 주장하였다.[75]

이러한 과정에서 농민전쟁이 발발하는 데 결정적 의미를 가졌을 뿐만 아니라 논쟁이 벌어지던 당시에도 천도교 측이 민중을 자신의 진영으로

---

74 柳海松, 「1933년과 조선운동」, 『비판』 20, 1933. 1, pp. 30-32.

75 南哲水, 「천도교의 조선운동관 검토」, 『비판』 21 · 22, 1933. 3, pp. 26-30.

끌어들이는 데 중요한 수단으로 활용되고 있던 인내천주의는 그 지위가 위태로워졌다. 또한 농민전쟁은 사회발전단계론을 전제로 한 논쟁 속에서 역시 상대적 지위를 차지하는 것으로 그 지위가 분명해지면서 왜소화하였다. 농민전쟁과 30년대 노농운동 간의 직접적인 연관이 사라진 것이다.

4. 맺음말

1920~1930년대는 이돈화의 지적처럼 "과도적 혼돈기", "신구(新舊) 혼돈기"였다.[76] 이돈화는 이에 대해 "일반민중"은 아직도 "혼돈(混沌), 몽롱(朦朧), 방황(彷徨)의 기분을 벗지 못하고 의구와 방황으로써 자각이라 하는 권외(圈外)를 탈출코저 하는 노력중에 잇다"고 하였으나,[77] 이러한 사정은 지식인들도 마찬가지였다. 식민지로 전락하였고 신분제나 사회체제, 질서 구조에는 일대 전환이 일어났다. 조선시대의 공인된 가치체계인 유교적 명분론과 그것을 지탱해주던 역사관은 기본적으로는 부정되었지만, 그것을 대체할 만한 새로운 가치체계가 일원적으로 제시된 것도 아니었다. 식민지배 당국은 일면 유교적 가치를 다시 불러내어 지배의 도구로 활용하고자 기도하기도 하는 등 사회사상이나 역사관 면

76　李敦化, 「혼돈(混沌)으로부터 통일(統一)에」, 『개벽』 제13호, 1921년 7월. 이돈화에 따르면 "음과 양 두 설을 다—지여버리지 못함과 가티 신(新)과 구(舊), 우(又) 신(新)의 신(新), 구(舊)의 구(舊), 모든 사상의 모순충착(矛盾撞着) 그대로를 아울러 가지고 그 중간에서 우물우물하고 잇는 중이다. 새 것은 세계 대세(大勢)라 하야 이것에 쪼츨수밧게 업시 되엇고 낡은 것은 즉 위정(爲情)든 것이니까 기왕 버린 물건인 줄 알면서도 졸연간(猝然間) 그를 떨어버릴 용기가 나지 못"한 상태였다.

77　李敦化, 「混沌으로부터 統一에」, 『개벽』 제13호, 1921년 7월, p. 3.

에서 뚜렷한 헤게모니를 가진 사조가 존재하지 않는 사상적 격동기, 혼란기였다. 세밀히 살펴보면 매우 다양한 조류들이 존재했으며, 특히 일시적으로 개조론이 득세하면서 사상적으로 다양한 분화의 조짐이 없지 않았다. 그러나 동학농민전쟁에 대한 인식 면에서는 크게 보아 문명개화를 추구한 민족주의 계열과 사회주의를 받아들인 계열로 나눌 수 있을 것이다. 이들 가운데는 역사학이라고 하기 어려운 경우도 적지 않지만, 한편으로는 식민사학자들과[78] 경쟁하면서도 다른 한편 당파적 측면도 가지면서 서로 간에도 경합 대립하면서 한국의 역사상을 구성해 나갔다. 그 가운데는 지금 보기에 지나치게 극단적인 인식도 보인다. 예컨대 사회주의 계열 인물인 유해송은 천도교 측과 논쟁하는 가운데 다음과 같이 주장하였다.

최제우가 天聖山에서 기도를 다하고 天命을 받아서 후천오만년의 開闢之運을 가지고 민중을 廣濟한다고 表揚하였으나, 천명이나 오만년이나의 말은 봉건사회에서 민중을 선동시키기 위한 영웅주의의 宣傳的 거짓말이고 실상은 신흥 부르주아 계급의 인권평등과 사유재산보장을 근본으로 삼은 민족주의 관념이니 이것은 제우가 자기 종을 수양딸로 만들고 양반 상놈 구별을 없이 한 것과 사유재산을 無理로 빼앗는 봉건제도에 사력으로 반항한 것으로 보아 가히 알 것이다. (중략) 그뿐 아니라 동학은 당시 조선을 경략하려 한 영미불독 제국들이 보낸 기독교를 적극적으로 반대한 것으

로 보아도 민족주의인 것을 명확히 알 수 있다.[79]

이 글은 천도교를 비판하는 과정에서 나온 것이기는 하지만, 내셔널리즘에 대한 당시 사회주의자들의 전형적인 인식을 보여준다. 1920년대는 1910년부터 부분적으로 이루어져 오던 동학농민전쟁을 역사화해 나가는 시기였다. 그것은 사회주의 민족주의 각 계열 간의 경합과 투쟁을 통해 이루어지고 있었다. 특히 천도교와 사회주의 세력 간의 논쟁은 과거에 대한 기억투쟁이 결국은 현재와 미래를 장악하기 위한 투쟁에 다름 아님을 잘 보여준다.

그 결과 농민전쟁 당시의 역사상과는 전혀 다른, 현재의 역사상(歷史像)과 매우 흡사한 이미지가 형성되어 갔다. 1930년대 들어서는 천도교와 논쟁하던 사회주의자들에 의해 엥겔스가 독일 농민전쟁을 통해 제기한 "종교적 외피론"이 본격적으로 등장하는 등 그 이후로 매우 큰 영향을 미친 농민전쟁상이 구성되고 있었다. 이는 한편으로 토비(土匪)나 동비(東匪)로 규정하던 동학농민전쟁과 농민군에 대한 이전 시기 지배층의 인식이 전면적으로 뒤집히는 과정이었음에 분명하다. 그러나 다른 한편으로는 좌·우파 엘리트가 민중의 자율적 세계와 의식을 전유하고, 민중의 경험과 의식을 그들이 만들어놓은 서사의 틀 속으로 끌어들여 가는 과정이었다. 이는 또 민중의 주체성이 억압되고 배제되어가는 과정에 다름 아니었다.

---

79 柳解頌, 「천도교 일파의 내용검토 비판」, 『비판』 21·22, 1933. 3, pp. 37-38.

한우근의 동학농민전쟁 연구-내용과 의의

1. 머리말

최근 들어 동학농민전쟁에 대한 연구가 매우 부진한 실정이다. 여기에는 1894년 동학농민전쟁 100주년을 맞아 새로운 자료가 많이 발굴·정리되었고, 그를 통해 많은 연구가 축적되었다는 점, 또 국내외적 환경의 변화와 새로운 학문조류의 유입으로 기왕의 민중운동사 연구에 회의적인 시각이 대두되고 있다는 점 등이 영향을 미친 것으로 이해된다. 그러나 많은 연구가 축적되었음에도 불구하고 아직까지 해명되지 않은 문제들이 많다. 더욱이 민중(운동)사 연구에 대한 회의적인 시각을 넘어서기 위해서는 새로운 연구시각이나 방법론의 확보가 절실하다. 이를 위해 우선 필요한 작업 가운데 하나는 지난 연구들에 대한 꼼꼼한 검토와 정리일 것이다. 이 점에서 해방 후 동학농민전쟁 연구의 '제1세대'를 대표하는 연구자로서 다수의 논저를 남겼고, 이후 연구에도 큰 영향을 미친 한우근의 논저를 검토해보는 것은 매우 의미 있는 일이라 생각된다.

그에 앞서 한국인으로서 동학농민전쟁에 대한 최초의 본격적인 연구를 남긴 연구자는 1931년 「동아일보」에 연재된 「동학과 동학란」을 쓴 김상기일 것이다.[1] 해방 이후 한국인 연구자가 쓴 동학이나 동학농민전쟁과 관련한 논저가 조금씩 나오기는 했지만, 해방 직후 전석담이 쓴 「이조봉건사회의 총결로서의 동학농민란」,[2] 1950년대에 김용섭이 쓴 2편의 논문과[3] 『한국사상』 1·2집에 나란히 글을 개제한 김상기와 이광순을[4] 제외하고는 1960년 이전에 동학농민전쟁과 관련한 논저를 발표한 연구자가 거의 없다. 동학농민전쟁에 대한 연구는 4.19 이후 민족주의에 대한 관심이 고조된 1960년대에 들어 이병도, 이상백, 이선근, 김의환, 한우근, 김용덕 등 동학과 동학농민전쟁에 관해 글을 쓰는 연구자가 늘어나면서 보다 확대되었다.[5] 1970년대에 들어서는 연구자의 수와 논저가 더욱 늘어나고 동학이나 동학농민전쟁에 대한 연구성과가 본격적으로 쏟아져 나오기 시작했다.

그러나 1970년 이전에는 「동아일보」에 연재되었던 글을 엮어서 1947년에 단행본을 출간한 김상기를 제외하면,[6] 동학농민전쟁을 주제로 한

---

1 이글은 1931년 8월 21일부터 10월 9일까지 36회에 걸쳐 '동학과 동학란'을 「동아일보」에 연재되었다.

2 전석담, 『조선경제사』, 박문출판사, 1949.

3 김용섭, 「동학란연구론」, 『역사교육』 3, 1958; 김용섭, 「전봉준공초의 분석」, 『사학연구』 2, 1958.

4 김상기, 「甲午東學運動의 歷史的 意義」, 『한국사상』 1·2, 1959; 이광순, 「崔海月과 非暴力運動—先生의 殉敎와 道德觀—」, 『한국사상』 1·2, 1959.

5 이병도, 「동학교문과 그 발생의 제 도인」, 국사편찬위원회, 『국사상의 제문제』(6), 1960; 이상백, 「東學黨과 大院君」, 『역사학보』 17·18합집, 1962; 이선근, 「東學運動과 韓國의 近代化過程—問題視되는 一部 見解에 對하여」, 『한국사상』 4, 1962; 김의환, 「東學思想의 社會的 基盤과 思想的 背景—一九世紀 六○年代의 李朝의 社會와 思想—(1)(2)」, 『한국사상』 6, 7, 1963; 김용덕, 「민족의 파랑새 全琫準」, 人物韓國史編纂會 편, 『人物韓國史 5: 開化의 先驅』, 博友社.

6 김상기, 『동학과 동학란』, 대성출판사, 1947. 이 책은 1975년 같은 제목으로 일부 수정하여 재간행되었다[김상기, 『동학과 동학란』(서울, 한국일보사, 1975)]. 『동학과 동학란』의 연구사적 의의에 대해서는 이영호, 「동학과 농민전쟁 연구의 원형—東學과 東學亂(김상기, 「동아일보」, 1931)」, 『역사와 현실』 11, 1994 참조.

단행본을 출간한 연구자가 없었다. 이 점에서 1970년대에 들어 동학농민전쟁 관련 단행본을 3권이나 출간한 한우근의 연구는 동학농민전쟁 연구사에서 중요한 의미를 가진다. 그는 1970년대에『동학란 기인에 관한 연구』(1971)을 비롯하여『동학농민봉기』(敎養國史叢書 19)(世宗大王紀念事業會, 1976)을 출간하였으며, 그 이전인 1970년에 발간된『開港期 商業構造의 變遷』(韓國文化硏究叢書 3)(韓國文化硏究所, 1970)도 동학농민전쟁의 배경을 해명하기 위한 의도에서 준비된 저서이다.

1970년대에만 3권의 저서를 출간한 한우근은 동학농민전쟁에 대한 연구를 매우 장기적인 계획 속에서, 또 대내적·대외적·경제적·사상적 부분 등 조선사회 안팎의 다양한 사정들을 연계하여 종합적으로 이해하고자 하였다. 이 점에서도 그의 연구와 학문적 유산에 대한 면밀한 검토와 올바른 자리매김이 요청된다.[7] 여기서는 먼저 동학농민전쟁에 관한 한우근의 연구과정과 내용을 일별한 다음, 그의 연구가 가진 연구사적 의의 그리고 현재 요청되고 있는 동학농민연구의 새로운 연구방향 모색과 관련하여 시사하는 점들을 살펴보고자 한다.

2. 동학농민전쟁 연구과정과 주요 논저

1950년대까지 조선시대 사회와 사상에 관한 연구에 주력하던 한우근

---

7 그는 스스로 평생 동안 중점을 두고 연구한 분야로 실학, 조선관료제도, 동학란을 거론하였다. 그러면서 "서로의 연계성을 찾는 것도 중요한 일"이기 때문에, "구체적인 하나의 부분보다는 여러 면의 개괄적 검토"를 추구하였음을 밝힌 바 있으며, 굳이 "『프랑스혁명사』는 르페브르(Georges Lefebvre)의 20년 작업의 결정"이었다는 점을 지적하고 있다[한우근·이성무, 〈진리탐구의 자세-師弟對談〉(『경향신문』 1981년 9월 5일); 한우근, 『민족사의 전망』, 1996, p. 429].

은 1960년대에 들어 근대사(최근세사) 분야로 관심을 넓혀나갔다. 그는 1962년에 당시 발간되던 학술지에 게재된 한국 관계 논문 167편을 시대별, 주제별로 분류하여 검토한 후 연구성과가 시대별로 불균형하다고 평가하면서, 특히 "가장 정력이 기울어져야 할 최근세사연구"가 활발하지 못한 점, "다른 것은 고사하고 먼저 시대별로 최근세사가 그렇듯 영성해서는 될 수가 없다"는 점을 거듭하여 강조하고 있다.[8] 근대사 가운데서도 동학과 동학농민전쟁에 관심을 가지게 된 것은 1961년 9월부터 미국 하버드 대학에 가서 약 1년간 체류하던 무렵부터였던 것으로 보인다. 이에 대해 1969년에 있었던 한 대담자리에서 다음과 같이 회고하고 있다.

청일전쟁이 우리나라에서 일어나게 된 경제적 배경이 무엇인가를 확실히 알아야 되겠다는 생각을 하다가 얼핏 떠오른 것이 이 문제가 우리 국내 경제문제와 어떤 관련이 있느냐 하는 것을 먼저 캐내야지, 청일전쟁이 일어난 원인을 먼저 캘 필요가 어디에 있느냐, 이것은 주객이 거꾸로 된 것이라고 느끼게 되었습니다. 그래서 그것에 관한 자료를 보는 동안에 동학란하고 관련이 되었다는 것을 알게 되어 동학란을 하게 되었습니다.[9]

청일전쟁의 경제적 배경에 대해 관심을 가지다가 그것이 동학농민전쟁과 관련이 있음을 알게 되어 동학농민전쟁 연구를 하게 되었다는 것이다. 물론 그가 미국으로 간 시기가 4.19 직후인 1961년 9월이라는 점

---

8 한우근, 「한국사학계의 현황」(『知性』 창간호, 1962), 『민족사의 전망』, 1996, 일조각, pp. 346-348.

9 이병도 · 한우근, 「역사의 전진─師弟放談」(『월간중앙』 1969), 한우근, 같은 책, 1996, p. 420.

은 역시 4.19 이후 민족주의에 대한 한국 사회의 관심이 고조되고 있었다는 점과 무관하지는 않을 것이다. 어쨌든 그는 이후부터 동학과 동학농민전쟁에 대해 관심을 가지고 연구성과들을 발표하기 시작했다. 그가 남긴 동학농민전쟁에 관한 주요 논저는 다음과 같다.

〈논문〉

「東學軍의 弊政改革案 檢討」, 『역사학보』 23, 1964

「동학란 기인에 관한 연구(상)―특히 일본의 경제적 침투와 관련하여」, 『亞細亞研究』 7-3, 1964

「동학란 기인에 관한 연구(하)―특히 일본의 경제적 침투와 관련하여」, 『亞細亞研究』 7-4, 1964

「東學軍에 대한 日人의 幇助說檢討」, 『동방학지』 8, 1967

「東學思想의 本質」, 『동방학지』 10, 1969

「東學의 리더쉽」, 『白山學報』 8, 1970

「동학농민봉기」, 국사편찬위원회, 『한국사 17 근대: 동학농민봉기와 갑오개혁』, 1973

「東學農民軍의 峰起와 戰鬪―江原·黃海道의 경우」, 『韓國史論』 4(서울대학교 인문대학 국사학과), 1978

「東學과 東學亂」, 學術院 편, 『韓國學入門』, 學術院, 1983

「東學唱道의 時代的 背景」, 『斗溪李丙燾博士九旬紀念 韓國史學論叢』, 지식산업사, 1987

「東學農民蜂起의 意義」, 韓㳓劤, 『民族史의 展望』, 一潮閣, 1997

〈저서〉

『開港期 商業構造의 變遷』(韓國文化硏究叢書 3), 서울大學校 韓國文化硏

究所, 1970

『한국 개항기의 상업연구』, 1970, 일조각

『東學亂 起因에 관한 研究』(韓國文化研究叢書 7), 서울大學校 한국문화연
    구소, 1971

『동학농민봉기』(教養國史叢書 19), 世宗大王紀念事業會, 1976

『東學과 農民蜂起』, 一潮閣, 1983

또한 한우근은 인터뷰에서 "한결같이 어려운 건 자료수집"이라고 하
여 연구과정에서 가장 어려웠던 점이 자료수집이었음을 밝히고 있는
데,[10] 이는 상기한 연구성과 이외에도 동학농민전쟁 관련 자료의 수집이
나 발굴·정리에도 많은 노력을 기울인 개인적 경험에서 나온 발언으로
보인다. 우선 그는 『동학농민전쟁사료총서』(전 30권, 사운연구소, 1996)가
발간될 때까지 동학농민전쟁 연구에서 가장 중요한 자료였던 『동학란기
록』(상·하, 국사편찬위원회, 1959)의 정리와 편찬에도 깊이 관여하였던 것으
로 알려져 있다. 또한 그의 연구에는 『일본공사관기록』이나 개항기 당시
일본에서 발간되었던 신문류를 비롯한 일본 측 자료는 물론, 「오하기문
(梧下記聞)」, 「동비토론(東匪討論)」, 「임영토비소록(臨瀛討匪小錄)」 등 처음으
로 활용한 자료들이 많이 보인다. 그 가운데 상당수는 직접 조사 발굴한
자료였을 것으로 추측된다.

자료 발굴 노력은 정년퇴임 이후에도 꾸준히 이어졌다. 1983년 2월
15일자 「경남신문」에는 당시 신문사를 방문한 한우근과의 인터뷰 내용
이 실려 있다. 이에 따르면 당시 그는 전남 구례군 광의면에 있는 매천

---

10 한우근·이성무, 「진리탐구의 자세—師弟對談」(「경향신문」 1981년 9월 5일), 한우근, 같은 책,
    1996, p. 430.

(梅泉) 황현(黃玹)의 사당에 다녀오는 길이라고 했다. 『매천집』에 빠져 있
는 자료들을 다시 조사하고 집대성하기 위해서였다. 이때 한우근은 매
천 사당에 유문(遺文) 등 많은 자료가 소재하고 있음을 확인하였으며,
"특히 『동비기략(東匪紀略)』의 소재에 관한 여러 가지 후문을 들을 수 있
었고, 이를 하루 빨리 수소문하여 찾아야 한다는 점을 절실히 느꼈다.
그리고 『매천야록(梅泉野錄)』의 바탕글이 된 「오하기문(梧下記聞)」의 친필
체를 확인할 수 있었던 것도 큰 수확이었다"고 하여 동학농민전쟁 연구
에서 가장 중요한 자료 가운데 하나인 「오하기문」에 대해 언급하고 있
다.[11] 물론 그는 이미 1973년에 쓴 글에서도 「오하기문」을 활용하고 있
다.[12] 1983년에는 「오하기문」을 비롯하여 매천이 남긴 글을 직접 확인하
고 추가로 조사하기 위해 매천사당을 찾았던 것으로 보인다.

한편 한우근은 1971년에 나온 『동학란기인에 관한 연구』까지는 주
로 '동학란', '동학군'이라는 용어를 사용하였다.[13] 그러나 김용덕에 의해
"『동학란』이란 용어도 왕조위정자의 견지(見地)에서의 용어이지 민중적
인 시각에서 논한다면 「동학혁명운동」이란 용어가 보다 타당하다고 생각
한다"는 지적을 받은 이후[14] '동학란' 대신 '동학농민봉기' 혹은 '동학란'
등으로 표현하였고, '동학군' 대신 '동학농민군'이란 용어를 주로 사용하
게 된다. 물론 '동학란'이라는 용어를 사용할 때도 동학농민전쟁을 부정

---

11 한우근, 「사회발전 위해 가치관정립 시급」(『경남신문』, 1983년 2월 15일), 한우근, 같은 책,
1996, p. 457.

12 한우근, 「동학농민봉기」, 국사편찬위원회, 『한국사 17 근대: 동학농민봉기와 갑오개혁』, 1973, p.
100.

13 1970년에 쓴 「동학의 리더쉽」에서는 "1894년의 농민봉기(동학란)"라고 하여 두 가지 용어를 병기하
기도 했다(「동학의 리더쉽」, 『백산학보』 8, 1970, p. 500).

14 김용덕, 「서평: 동학난기인에 관한 연구」, 『한국사연구』 7, 1972, p. 233.

적으로 본 것은 아니었다. '동학란'이라는 용어를 썼을 때도 그는 동학
농민전쟁에 대해 "반봉건적이고 반제국주의적인 농민봉기",[15] "관료의
부패·토호의 무단에 거항(拒抗)하는 일대농민봉기", "국토를 유린하는
일본군에 직접 대항하는 민족적 투쟁으로 끝마친 민중의 거항(拒抗)"으
로 이해하였으며,[16] 1970년대에는 동학농민전쟁이 "혁명적 성격"을 지
닌 것으로 파악하였다.[17] 이는 당시 한국 학계의 일반적 이해이기도 하
였다.

3. 동학농민전쟁의 배경

동학농민전쟁에 대한 한우근의 연구는 동학농민군의 〈폐정개혁안〉을
분석하는 데서 시작되었다.[18] 이는 당시 그가 "폐정개혁요구조항"에 대
한 연구를 먼저 검토·정리하는 것이 "동학란연구의 올바른 절차"인 것
으로 판단하고 있었기 때문이다. 이러한 판단은 "요구조항은 동학란이
봉기하게 된 기인(起因) 내지 목적을 의미하는 것이며, 나아가서는 동학
란의 성격까지도 여기에 내포되어 있기 때문이다"는 이해에서 나온 것

---

15 한우근, 「동학란 기인에 관한 연구(하)-특히 일본의 경제적 침투와 관련하여」, 『亞細亞硏究』 7-4,
1964, p. 26.

16 한우근, 「東學軍의 弊政改革案 檢討」, 『역사학보』 23, 1964, p. 55.

17 "동학농민군의 폐정개혁요구는 왕조의 봉건적인 수렴정치를 전면적으로 거부하는 성질의 것으로, 만
일에라도 이들 요구조건이 모두 실시된다면 몇백 년 동안 지속되어 온 왕조 원래의 지배체제는 그 근
저에서부터 붕괴되지 않을 수 없는 그런 추향의 것이었다. 그러한 점에서 동학농민봉기는 혁명적인
성격을 지닌 것이라고 할 수 있다"[한우근, 「동학농민봉기의 의의」(『서울대 대학신문』, 1976년 5월
17일), 앞 책, 1996, p. 211)].

18 한우근, 「東學軍의 弊政改革案 檢討」, 『역사학보』 23, 1964.

이다.[19] 이글에서 그는 농민군이 제시한 〈폐정개혁안〉의 내용이 크게 ① 대내적으로 삼정의 문란에 관계되는 탐관오리와 봉건적인 침학(수취관계)에 따르는 제조항, ②대외적으로 개항 이후 침투하여 온 외국 상인[日商]과 이에 화응하는 국내 특권 독점상인에 대한 제조항 등 두 가지로 구성되어 있는 것으로 파악하였다.

동학농민군이 제시한 〈폐정개혁안〉에 대한 분석을 토대로 그는 동학농민전쟁의 핵심적 성격을 다음과 같이 이해하였다.

단적으로 말하여 동학란은, 그러한 점에 관련하여서는, 개항 이래로 조선의 전근대적인 경제체제를 무너뜨리며 침투하여 온 일본의 자본주의세력, 재정곤란으로 허덕이던 당시 조선정부의 이에 대한 대처, 즉 구래의 전근대적인 경제체제를 더욱 硬化시켜 가려던 그 趣向, 그리고 이 같은 외래세력과 조선정부와의 二重的인 침학 밑에 허덕이던 농민, 이 三者의 利害相反의 대립 속에서 일어나게 된 농민의 拒抗이었던 것이다.[20]

이러한 이해에 따라 그의 연구 관심은 대내외적 문제가 농민들의 생활과 관련하여 구체적으로 어떤 영향을 미쳤는가 하는 점을 파악하는 쪽으로 나아갔다. 더구나 그는 당시까지의 연구에서는 농민군의 〈폐정개혁안〉이 나오게 된 대내외적 원인에 대한 연구가 미흡한 것으로 받아들이고 있었다.[21] 따라서 이후 그는 〈폐정개혁안〉의 내용을 바탕으로 동학

19 한우근, 같은 논문, pp. 55-56.

20 한우근, 「동학란 기인에 관한 연구(하)—특히 일본의 경제적 침투와 관련하여」, 『亞細亞研究』 7-4, 1964, pp. 26-27.

21 이는 다음과 같은 글에서도 확인할 수 있다. "가령 일본의 경제적 침투에 관하여 논급될 때에도 지금까지 흔히는 동난전(動亂前)의 대청일무역(수입)액 누년표(累年表)로서 막연히 그 상황을 설명하고

농민전쟁이 발발하게 된 대내외적 원인을 구체적으로 해명하는 데 진력하게 되며, 그에 따른 연구결과는 그의 동학농민전쟁 관련 연구 업적 가운데서 가장 두드러진 성과이기도 하다.

그가 농민전쟁의 대외적 원인 파악과 관련하여 가장 먼저 착수한 연구가 동학농민전쟁의 대외적 원인과 관련한 「동학란 기인에 관한 연구—특히 일본의 경제적 침투와 관련하여」(1964)라는 데서도 알 수 있듯이[22] 그는 특히 동학농민전쟁과 외세, 그중에서도 일본과의 관계에 대해 커다란 관심을 보이고 있었다. 그는 진작부터 "개항 이래 외국의 경제적 침투가 우리나라의 경제와 국민생활 위에 어떠한 영향을 미쳤는가 하는 문제는 그것이 동학란이 일어나게 된 직접적인 원인이 되어졌"으며, "동학교도가 그들의 교조신원운동 끝에 '척왜양'창의를 표방하였던 것은 우연이 아니었고", "동학군이 그 기세를 처음으로 올렸을 때 '축멸왜이(逐滅倭夷)'를 표방하게 된 것에도, 어떠한 근거가 있어야 하리라고 생각하여 왔다."[23]

이러한 평소의 '생각'을 확인하기 위해 쓴 이 글에서도 그는 방대한 자료를 활용하여 외국 상인의 경제적 침투와 그에 호응한 국내 특권 독점

있으나, 보다 더 구체적으로 일본의 경제적 침투가 한국 농민에 과연 어떠한 손실과 위협을 가져왔는가 하는 문제에 대하여서는 그 철저한 구명을 보지 못한 것 같다"(한우근, 「東學軍의 弊政改革案 檢討」, 『역사학보』 23, 1964, p. 55). "동학란은 반봉건적, 반제국주의적인 농민봉기라고 규정되어 왔다. 실제에 있어서 동학군이 난을 일으킨 당초부터 표방, 제시한 폐정개혁요구조목 중에는 개항 이래 외국 상인 특히 일본 상인들의 세력침투와 직접, 간접으로 관련된 제조항(諸條項)이 들어 있으나, 그 문제를 구체지으로 거론, 구명한 바 없었다"(한우근, 「동학란 기인에 관한 연구(하)—특히 일본의 경제적 침투와 관련하여」, 『亞細亞硏究』 7-4, 1964, p. 26).

22 한우근, 「동학란 기인에 관한 연구(상)—특히 일본의 경제적 침투와 관련하여」, 『亞細亞硏究』 7-3, 1964; 「동학란 기인에 관한 연구(하)—특히 일본의 경제적 침투와 관련하여」, 『亞細亞硏究』 7-4, 1964.

23 한우근, 같은 논문, 『亞細亞硏究』 7-3, 1964, p. 19.

상인들의 행태를 구체적으로 밝히고 있다. 이를 통해 개항 이후 외국 상인, 특히 일본 상인의 침투가 동학교도들이 "척왜양창의"을 제기하고, 동학농민군이 "축멸왜이(逐滅倭夷)"를 표방하게 된 원인이 되었고, 동학농민군이 독점적 특권 상인들을 반대하는 요구조건을 내건 원인이 되었음을 분명히 하고자 한 것이다.[24] 또한 이러한 생각은 동학농민전쟁의 전개과정에서 보이는 일본 낭인(浪人)들의 농민군 방조(幇助)와 일본군의 농민군 진압작전이 가지는 의미를 이해하는 데도 연결되고 있다.

조선의 정치적 혼란과 독점상업체제의 붕괴는 일본이 바라는 바로서 일본인이 동학란을 측면에서 사주하였을 여지도 여기에 있었으며, 또 외세를 배격하고 나온 동학군의 운동은 乃終에는 필연 일본군과의 대결로 전진되게 마련이었다. 또한 이로써만이 동학군이 再起하여 일본군에 사투로 拒抗하고 또 일본군이 계획적인 전략으로 도리어 동학군을 전국적으로 搜

---

24 그는 이와 관련한 연구들을 망라하여 발간한 책에서도 "본 논고가 한국의 자본성립과정과 관련되는 결정적인 중요한 문제점에 대하여 구체적으로 해명해내지는 못하였다"고 하면서도 "그러나 본 논고의 보다 더 적극적인 의의를 찾는다면 다름 아닌 동학농민봉기의 기인(起因)의 주요한 일면, 즉 '척왜양창의' '외상(外商)의 배격'의 사회경제적 배경을 천명한 셈이 될 것"이라는 점을 강조하여 이 책의 의의가 동학농민전쟁이 일어난 주요한 원인의 하나인 반외세의 사회경제적 배경을 구명하는 데 있음을 밝히고 있다(한우근, 『한국 개항기의 상업연구』, 일조각, 1970, p. 238). 한우근, 앞 논문, 『亞細亞研究』 7-4, 1964에서 살펴보았던 부보상(負褓商), 도고(都賈)·객주(客主)·여각(旅閣) 등 독점 특권상인에 대한 내용은 한우근, 『開港期 商業構造의 變遷』(韓國文化研究叢書 3), 韓國文化研究所, 1970에 재정리·서술되었으며, 여기에 앞 논문, 『亞細亞研究』 7-3, 1964에서 살핀 船業과 轉運使 문제, 그리고 「개항 후 금의 국외유출에 대하여」(『역사학보』 22, 1964)와 「개항 당시의 위기의식과 개화사상」(『한국사연구』 2, 1968) 등을 증보하여 발간한 것이 『한국 개항기의 상업연구』(1970, 일조각)이다(『東學亂 起因에 관한 研究』, 1971, p. 8 각주 3) 참조). 그러나 원래 이 책의 제목에도 '상업연구'가 아니라 '동학란'을 붙이려 했으나, 그러나 대외적·대내적·경제적·사상적인 측면을 함께 살피다 보니까 힘에 벅차고, 시간도 많이 필요하다는 것을 절감하게 되면서, 처음의 의도를 바꾸어 동학란의 대내적 요인은 『동학란 기인에 관한 연구』로 묶고, 대외적·경제적 문제는 『한국개항기의 상업연구』로 묶게 되었다고 하였다(『한국개항기의 상업연구』─한국출판문화상 저작상 수상 인터뷰」(『독서신문』, 1971년 12월 12일), 한우근, 앞 책, 1996, p. 447].

索虐殺한 이유가 천명되는 것이라 할 것이다.[25]

이러한 생각을 바탕으로 쓰인 글이 「東學軍에 대한 日人의 幇助說檢
討」(『동방학지』 8, 1967)이다. 이에 대해서는 뒤에 다시 언급하기로 한다.

그는 동학농민전쟁이 발발한 대외적 배경에 이어 대내적 배경, 곧 삼
정의 문란 및 그와 관계되는 탐관오리의 침학상에 대해 천착하였으며,
그 결과가 『東學亂 起因에 관한 硏究』(韓國文化硏究叢書 7)(서울대학교 한국
문화연구소, 1971)이다. 이 책은 제1장 〈사회적 배경〉과 제2장 〈동학란의
起因―주로 三政의 문란과 관련하여〉로 구성되어 있다. 김용덕은 이 책
에 대한 서평에서 "폐정개혁요구 조항의 각 조항이 요구될 수밖에 없었
던 상황과 경위를 방대한 사료 속에서 박수추출(博搜抽出)하여, 요구조항
의 배경과 정당성을 부각시키고" 있으며, 이 점에서 이 책은 "동학군의
폐정개혁요구조항 연구"라고도 할 수 있다고 평가하였다.[26]

이상과 같이 동학농민전쟁 원인에 대한 한우근의 연구는 〈폐정개혁
안〉에 대한 분석, 그와 관련하여 동학농민전쟁이 발발하게 된 대내외적
원인에 대한 구명에서 시작되고 있다. 동학농민전쟁의 발발 원인을 〈폐
정개혁안〉의 각 조항에 의거하여 거꾸로 추적해 들어간 접근 방식은 한
편으로는 구조적 요인, 그리고 동학농민전쟁을 일으키게 된 민중의식의
성장과정에 대한 파악을 소홀히 할 우려가 없지 않다. 물론 그가 구조
적 요인이나 민중의식에 대해 의식하지 않은 것은 아니다. 동학사상을
민중 의식과 연결하여 파악하고자 하였고, 삼정문란이나 일본의 경제적

---

25 한우근, 「동학란 기인에 관한 연구(하)―특히 일본의 경제적 침투와 관련하여」, 『亞細亞硏究』 7-4,
1964, p. 30.

26 김용덕, 「서평: 동학란 기인에 관한 연구」, 『한국사연구』 7, 1972, p. 230.

침투 실상에 대해 매우 소상하게 밝혀내면서 그러한 모순들이 동학농민전쟁이 발발하는 데 중요한 구조적 요인으로 작용하였음을 지적하고 있다. 그러나 그는 그러한 대내외적 모순에 대해 민중이 어떤 식으로 대응하였고, 그 과정에서 민중의식 면에서는 어떤 변화가 일어났는지에 대해서는 거의 분석하지 않고 있으며, 동학농민군이 자신들의 행위를 정당화한 사상적 기반이 무엇이었는지를 그러한 민중의식과 연결하여 접근하지도 않았다. 따라서 그는 동학농민군의 의식을 주로 동학사상에 대한 분석을 통해 이해하거나, 동학농민전쟁을 내셔널리즘과 관련하여 이해하면서도 특히 반일적 측면을 강조하는 경향을 보이고 있다. '반외세'와 관련된 내용은 전혀 나타나지 않지만, 동학농민군의 의식 해명과 관련하여 어떤 점에서는 〈폐정개혁안〉보다 더 중요하다고 볼 수 있는 〈무장포고문〉에 대한 분석이 결여되어 있다는 점도 그러한 맥락에서 이해할 수 있을 것이다.

이와 같이 동학농민전쟁의 원인을 〈폐정개혁안〉의 각 조항에 의거하여 거꾸로 추적해 들어간 접근 방식은 민중의식의 성장과정이나 구조적 요인에 대한 이해를 소홀히 할 수도 있었지만, 다른 한편 동학농민전쟁의 발발 원인을 매우 구체적으로 이해하는 데는 크게 도움을 주었다.[27] 그렇기 때문에 방대한 자료를 동원하여 동학농민전쟁이 일어나게 된 대내외적 원인을 분석한 『한국 개항기의 상업연구』와 『東學亂 起因에 관한 硏究』는 그의 대표적 연구 업적으로 이후 많은 연구자들이 중요하게 참조하는 저작이 되었다. 특히 대외적 원인, 곧 일상(日商)의 침투와 그에

---

27 한우근 스스로도 "동학난기인(東學亂起因)으로서의 사회경제적 배경에 관해서는 대내적으로나 대외적으로 그 대체의 윤곽은 드러난 것으로 보이며, 동학농민군의 구체적인 요구조건의 내역에 관해서도 대체로 이해될 수 있게 되었다"고 자평하고 있다(한우근, 「東學과 東學亂」, 學術院 편, 『韓國學入門』, 1983, p. 174).

따른 상업체계의 변화에 대한 분석은 동학농민전쟁의 배경에 대해서 뿐만 아니라 개항 이후 조선 상업체계와 변화상에 대한 가장 중요한 연구 성과로 받아들여지고 있다.

4. 동학과 동학농민전쟁의 관계

한우근은 「東學思想의 本質」(『동방학지』 10, 1969)과 「東學의 리더쉽」(『白山學報』 8, 1970) 등을 통해 동학사상의 내용과 성격을 구명하는 동시에 동학과 동학농민전쟁의 관계에 대한 해명을 시도했다. 그는 동학교단이 몰락양반의 후예[殘班]와 일반 농민으로 구성되어 있다는 점을 전제로 동학사상의 본질을 이해하고자 하였다. 그가 파악한 동학사상은 동학지도층(잔반)의 비세속적인 종교윤리·운수관에 근거한 예언사상과 개인적·세속적 구제를 희구(希求)하는 민중의 주술신앙(샤머니즘)이라는 대립적 요소가 이기설(理氣說)이 뒷받침하는 귀신관을 매개로 결합된 것이라고 하였다. 이에 따라 "민중의 주술적인 '鬼'神(雜神)信仰은 고차원의 '鬼'神信仰에로, 곧 '한울님을 모시는' 일신교적 종교로 끌어올려졌다"고 하였으며, "민중 각자는 이제 누구나 본질적으로 [성인(神仙)] 즉 윤리적 초인(超人)이 될 수 있는 존재이며, 또한 그러기에 사람은 누구나 天이 될 수 있는 것이다"라고 하였다.[28] 이러한 점을 들어 그는 동학이 윤리적 평등사상을 가지고 있으며, 이는 전통적인 주자학적 윤리관과 신분적 규범을 거부하는 사상이라고 하였다. 결론적으로 그는 동학은 "퇴폐한 유교적이고 봉건적인 윤리와 사회질서에 저항하여 새로운 사회(태평성세,

---

28 한우근, 「동학사상의 본질」, 『동방학지』 10, 1969, p. 69.

후천개벽)의 도래를 예언하는, 현실 부정적인 예언의 종교로서 혁명적인 성격을 내포하고 있으며, 또 외세의 위협에 대하여 저항하는 '보국안민 (輔國安民)'의 종교로서 민족주의적인 성격을 지니게도 되었다"고 하였다.[29]

한우근은 동학사상에 대한 이상과 같은 이해를 전제로 동학과 동학 농민전쟁의 관계에 대해 '유기적 관련론'의 입장에서 접근하고자 하였다. 그는 해방 이후 한국 연구자 가운데 동학사상과 동학농민전쟁의 내면적·유기적 관련성을 본격적으로 제기한 최초의 연구자였다. 동학농민전쟁과 동학사상의 관계에 대한 기왕의 견해는 크게 네 가지 입장으로 나눌 수 있다. ①동학사상=지도이념론: 동학사상이 동학농민전쟁의 지도이념, 혹은 동학사상 그 자체가 동학농민전쟁의 사상적 기반이라는 이해, ②종교적 외피론: 엥겔스가 『독일 농민전쟁』에서 제기한 종교적 외피론을 수용한 견해로 동학사상과 동학농민전쟁의 관계에 대해서는 부정적이지만, 시대적 조건 속에서 동학농민전쟁이 동학사상과 조직을 외피로 삼아 일어날 수 있었다는 입장, ③유기적 관련론: 동학의 교리가 그대로 동학농민전쟁의 지도원리가 된 것은 아니지만, 새롭게 해석된 동학을 통해, 혹은 동학사상이 내포한 혁명성 내지 혁신적 성격으로 인해 동학과 동학농민전쟁이 내면적인 관련을 가진다는 견해, ④단절론: 동학사상과 동학농민전쟁은 서로 관련이 없고, 동학은 다만 조직을 제공했을 뿐이며, 동학농민전쟁은 성장해간 농민의식과 전봉준의 혁신사상, 혹은 유교적 사상을 기반으로 발발하였다는 입장이다.[30]

---

29 한우근, 같은 논문, 1969, p. 68.

30 동학사상과 동학농민전쟁의 관계에 대한 최근의 연구사 검토는 배항섭, 「동학농민전쟁의 사상적 기반에 대한 연구현황과 과제-동학(사상)과 농민전쟁의 관계를 중심으로」, 『사림』 45, 수선사학회, 2013 참조.

한우근은 "동학사상은 그 자체가 어떤 정치사상이거나 사회사상일 수는 없는 것임에도, 일종의 혁명적인 성격과 민족적인 성격을 내포하는 것"이라고 하였다.[31] 또 동학사상에는 "인간 존재의 본질을 절대선으로 추구하는 점에서 초현세적인 윤리에의 요구를 말하고, 또 새로운 질서의 도래[時運]를 믿는다는 점에서 예언사상을 내포하고" 있었으며, 이러한 "현실부정적인 예언사상과 외세의 위협에 대한 저항의식은 동학사상(동학교)으로 하여금 혁신성을 띨 수도 있게 하는「민족적」종교로서 성장될 수 있게 한 것이었다"고 하여[32] 동학사상과 동학농민전쟁의 유기적 관련성을 제시하였다.

따라서 그는 "동학교의 지도층은 처음에는 동학을 어디까지나 종교운동으로서 이끌어갔"으며, "그들이 종교적 입장을 고수할 때 그들의 활동은 종교적인 한계를 벗어나지 않았다(동학란 제1차봉기 당시의 제2세 교주 최시형의 입장)"고 하여 동학사상과 교문의 혁명성을 부정하였지만, "그들이 현실적인 면에 눈을 돌릴 때 그들의 운동은 정치적인 운동으로 전환될 수도 있었다"고 진단하였다.[33] 동학농민전쟁이 바로 그 사례이며, 동학농민전쟁은 "자신의 처우에 대한 항변이 바로 농민을 대변하는 것임을 자각"하고, 나아가 "침투해온 외세(일본 세력)에 대한 항거로 국가 운명을 보전해야 한다는 메시아적인 기능을 하기까지에 이른" 전봉준이 지도한 것으로 이해하였다.[34]

동학사상과 동학농민전쟁의 관계에 대한 이해는 동학농민전쟁의 성

---

31 한우근, 「동학사상의 본질」, 『동방학지』 10, 1969, p. 70.

32 한우근, 「동학의 리더쉽」, 『백산학보』 8, 1970, p. 496.

33 한우근, 같은 논문, p. 500.

34 한우근, 같은 논문, p. 501.

격과 직결되는 것인 만큼 오랫동안 논쟁이 되어 왔으며, 사정은 지금도 마찬가지이다. 양자의 관계를 해명하는 데서 가장 중요한 점은 무엇보다 양자의 관계를 동학농민전쟁 과정 속에서 설득력 있게 밝혀내는 일일 것이다. 한우근도 동학사상에 "혁명적인 성격과 민족적인 성격"이 내포되어 있다고 하였지만, 그러한 요소가 농민전쟁 과정이나 농민군의 행위와 어떤 관련이 있었는지를 보다 구체적으로 밝혀야 할 과제를 남기고 있는 것으로 생각된다.[35] 또한 한우근도 지적하였듯이 "동학사상과 '동학란'을 관련해서 볼 때 그것이 과소평가되거나 과대평가되어서는 온당하지 못하다는 논의가 대체적인 귀추(歸趨)인 듯 보이나, 논자에 따라 그 평가가 다기하여 판단의 혼란을 자아내고 있다"[36] 물론 여기서 말하는 "연관성을 인정하는 논의"에는 이른바 '종교적 외피론'도 포함되어 있다. 그러나 '종교적 외피론'에 입각한 연구가 더 이상 진전되지 않은 채 사실상 기각되었다고 볼 수 있다. 반면, 동학농민전쟁 100주년을 전후한 시기부터 유기적 관련론의 입장에 선 연구자들이 한층 진전된 논리를 펼치고 있지만,[37] 여전히 해명되어야 할 과제들이 많다. 논의를 한 걸음 더 발전시키기 위해서는 다양한 고민이 필요하겠지만, 한우근의 다음과 같은 지적은 시사하는 바가 크다.

---

35 이와 관련하여 정창렬은 "그 자체가 어떤 정치사상이거나 사회사상일 수는 없는" 동학과 "동학란의 지도이념이 되었다고 하는 '동학'"은 질을 달리하는 것으로 양자의 내면적 관계는 또 다른 문제로서 추적되어야 한다는 점을 지적하고 있다(정창렬, 「동학과 동학란」, 이가원 외 편, 『한국학연구입문』, 지식산업사, 1981, p. 387). 한우근이 동학이 동학농민전쟁의 지도이념이 되었음을 명시적으로 표명한 사실은 없다는 점에서 위의 비판은 과잉된 부분이 있는 것으로 보이지만, 양자의 유기적 관련을 구체적으로 드러내야 한다는 점은 여전히 과제로 남아 있다.

36 또 "한두 편씩의 논고를 제외하면, 대체로 동학사상과 '동학란'과의 연관성을 인정하는 논의가 우세하게 되어 있다"고 하였다(한우근, 「東學과 東學亂」, 學術院 편, 『韓國學入門』, 1983, p. 173).

37 김선경, 「농민전쟁 100년, 인식의 흐름」, 역사학연구소, 『농민전쟁 100년의 인식과 쟁점』, 거름, 1994, p. 101.

보다 면밀한 종교사회학적·사회심리학적인 논거로 뒷받침될 수 있는 논리적 전개가 요구되는 것으로 생각된다. 또한 동학사상이 종래의 것과 다른 하나의 새로운 종교사상이라면, 그것이 깨뜨리고 나온 舊殼(shell)이 무엇인가를 분명히 인식해야 할 것이며, 또한 그것이 여러 가지 아이디어로 구성되었다 하더라도 단순한 혼합으로서가 아니라, 그 핵심적인 아이디어, 즉 Key Importances 내지는 Key Concepts가 무엇인지 파악되어야 할 것이다.[38]

종교사회학·사회심리학을 활용한 새로운 접근방법을 요청하는 한편, 구각 곧 구래의 사상·종교사상과의 관련성, 동학사상을 구성하는 다양한 요소의 병렬적 나열이 아니라 핵심적 요소에 대한 정확한 파악을 주문하고 있다. 동학사상과 동학농민전쟁의 관계를 해명하기 위해서는 새로운 접근방법이 요청된다는 점을 일찍부터 자각하고 있었음을 보여준다. 물론 반드시 그의 요청이나 주문에 입각하여 연구되어야 하는 것은 아닐 것이지만, 동학사상과 동학농민전쟁에 대한 진전된 이해를 위해 경청할 만한 지적임은 분명하다.

한편 앞서도 언급하였듯이 한우근은 동학농민전쟁에 대해 대내적·대외적·경제적·사상적 부분 등 조선사회 안팎의 다양한 사정들을 연계하여 종합적으로 이해하려 하였다. 연구가 일단락된 뒤에 쓴 어떤 글에서 그는 민중의식이나 농민군 지도층의 사상에 대한 연구를 진전시키기 위해서는 다음과 같은 노력이 필요하다고 주장하였다.

동학란에 있어서의 「주체적 원인」 내지는 「변혁의 주체로서의 농민의 성

---

38 한우근, 「東學과 東學亂」, 學術院 편, 『韓國學入門』, 1983, p. 174.

장과정」에 대해서는 이제 겨우 논의의 단서가 열려진 단계에 있어서 앞으로 더욱 논의되어야 할 것이며, 어떠한 도식적인 해석을 止揚하고 민중의식의 성장이나 동학란지도층의 사상에 대해서도 보다 더 폭넓은 시야가 요구되어 여기에서도 의식 내지 사상과 행동(실천), 사실과 가치와의 관계 등에 관한 종합적인 파악이 요구되는 것이라 생각한다.[39]

막연한 감이 없지 않지만, 도식적인 접근보다는 사상과 실천, 사실과 가치를 서로 연결하여 종합적으로 이해하자는 것이다. 이는 그의 연구 분야가 실학과 조선관료제도 그리고 동학농민전쟁에까지 걸쳐 있고, 각 분야 간의 연계성을 찾고자 하였다는 연구 태도와 깊은 관련이 있을 것으로 생각된다. 특히 민중의식 내지 사상에 대해 사상과 실천(행동)을 종합적으로 파악할 것을 주문한 점은 앞서 언급하였듯이 그 스스로 민중의식에 대한 그의 연구가 미흡함을 인식하고 있기 때문이겠지만, 향후 논의를 진전시켜 나가는 데도 중요한 단서가 될 수 있다고 여겨진다.

한우근은 동학농민전쟁을 조선사회의 역사적 조건과 경험들, 그를 기반으로 형성된 대내외적 위기상황을 함께 연결하여 이해하고자 하였다. 또한 농민군이 제시한 〈폐정개혁안〉을 단서로 삼아 거꾸로 당시 처해 있던 대내외적 문제의 실상을 파악해 나가는 방법을 취하고 있다. 민중의식 역시 그것이 만들어진 사회적 기반하에서 구명될 때 한층 선명해질 수 있을 것이다.

---

[39] 위와 같음.

5. 동학농민전쟁의 전개과정

동학농민전쟁의 전개과정과 관련하여 한우근은 일찍이 "1894년의 농민봉기(동학란)는 전라도 고부 지방에서 발단된 「일반민란」에서 병란(兵亂)으로 확대된 것이었다"거나,[40] 동학란은 "잔반(殘班)계층이 주도한 병란(兵亂)과 일반민란이라는 두 가지 유형이 복합된 것이 동학란"이라는[41] 견해를 제시하여 동학농민전쟁을 조선후기 내지 19세기의 민란 및 병란의 연장선 속에서 파악하고자 하였다. 또한 동학농민전쟁의 "잔반주도설"을 제시하여 동학농민전쟁에 대한 이해를 한층 풍부하게 한 바 있다. 그러나 동학농민전쟁의 전개과정과 관련하여 그의 연구가 보여주는 두드러진 특징은 동학농민군의 반외세적 측면, 특히 일본과의 관계를 강조한 점이다. 이점은 발발 원인에 대한 그의 연구가 외세의 침투와 그에 대한 저항을 강조한 사실과도 연결되는 것으로 보인다.

우선 그는 동학농민전쟁에 대한 연구를 본격적으로 시작하기 이전인 1963년에 쓴 이선근의 『한국사: 현대편』에 대한 서평에서 동학농민전쟁의 반외세적 측면을 강조하였다. 모두 3개의 장으로 구성된 『한국사: 현대편』의 제1편 〈동학란과 청일전쟁〉의 제1장이 〈갑오동학란〉이라는 표제를 달고 있지만, '전주성 함락과 그 영향'까지만 다루고 제2차 기포에 대해서는 제2장 〈청일전쟁과 갑오경장〉의 제3절 〈일본군의 승승장구와 그 영향〉 가운데 3번째 소절에서 다루고 있는 점에 대해 다음과 같이 지적하고 있다.

---

[40] 한우근, 앞 논문, 1970, p. 500.

[41] 한우근, 「東學亂 起因에 관한 硏究」(韓國文化硏究叢書 7), 서울大學校 한국문화연구소, 1971, p. 81.

실제로 동학란은 제1차 봉기와 제2차 봉기를 아울러 동학란이라 일커르는 것임에 틀림없다면, 그리고 각기 그 의의가 중대한 것이라면 이를 취급하는 비중은 대체로 대등하여야 할 것이며, 또 이 양차의 봉기를 아우른 종합적 이해가 요구되어지는 것이겠다. 그럼에도 불구하고 제1차 봉기만으로 제1장 전부를 메꾸고 제1차 봉기에 관한 서술은 一小節로서 충당되게 된 것은 적어도 항목 설정의 형식으로라도 제2차 봉기의 의의가 과소평가된 혐의를 면치 못할 것이다.[42]

또한 앞서 언급한 「東學軍에 대한 日人의 幇助說檢討」(『동방학지』 8, 1967) 역시 농민전쟁의 전개과정을 일본의 침략이라는 면과 밀접하게 연결하여 이해한 대표적 연구이다. 그는 일본 낭인들이 농민군과 시종 접촉했던 것은 어느 정도 사실이지만, 그들의 목표는 크게 두 가지 면에서 고려되어야 한다고 하였다. 첫째, 농민군의 의도가 어디에 있었는지에 상관없이 "'내란', '혁명' 소란을 일으킴으로써" 일본의 철병 거부와 청일전쟁의 쟁단을 여는 정당성을 확보하자고 하였다는 점이다. 둘째, 농민군의 재기를 구실삼아 "일본군의 무역활동에 일대 지장이 되지 않을 수 없는" 농민군을 초멸하려는 의도였다는 점이다.[43] 주지하다시피 실제로 두 가지 의도는 모두 실현되었다. 한우근은 이 가운데 특히 두 번째 의도에 따라 "민중(농민과 동학접주)의 혁신과 반일을 위한 무장봉기가 좌절되었으며", 그것이 이후의 역사과정에 다음과 같은 악영향을 미친 것으로 파악하였다.

---

42 한우근, 「서평: 한국사 현대편(이선근 편)」, 『역사학보』 23, 1964, pp. 127-128.

43 한우근, 「東學軍에 대한 日人의 幇助說檢討」, 『동방학지』 8, 1967, pp. 115-116.

남접 동학접주의 '소멸'은 유교적인 바탕에서 유교를 배격하고 전근대적인 유교사회의 질곡에서 벗어나려는, 그리고 또 외세의 침투를 방위해가는 투쟁을 담당할 수 있는 계층의 대량 소멸을 의미한다. 그것은 또 남접이 북접과도 그 성격을 달리하는 사상적 기반도 되는 것이다. 그리하여 이 혁신적인 세력은 일본군에 의하여 거의 그 뿌리가 뽑히고 남은 것은 전통적인 유교의 테두리를 벗어나지 못한 유생들이었다. 그리하여 이들이 또 1907년의 의병활동의 담당자이기도 했다. 그리고 그것은 또 동학농민봉기와 1907년의 의병활동의 성격상의 차이를 말하여 주는 것으로도 여겨진다."[44]

　　이는 일본 낭인들의 농민군 방조와 일본군에 의한 농민군 진압의 목적이 "외세의 침투를 방위해가는 투쟁을 담당할 수 있는 계층의 대량 소멸"에 있었음을 지적한 견해로 역시 농민전쟁의 반외세적, 반일적 측면을 강조한 것이다. 또한 같은 반외세운동이라 하더라도 동학농민군과 의병은 유교에 대한 인식과 태도라는 면에서 차이가 있음을 지적한 점도 주목된다.

　　한편 한우근이 동학농민전쟁의 전체적인 전개과정을 서술한 최초의 연구는 1973년에 쓴 「동학농민봉기」(국사편찬위원회, 『한국사 17 근대: 동학농민봉기와 갑오개혁』)이다. 이 글은 이후 수정 보완되면서 단행본인 『동학농민봉기』(敎養國史叢書 19, 世宗大王紀念事業會, 1976), 『東學과 農民蜂起』(一潮閣, 1983)로 발간되었다. 동학농민전쟁의 전개과정에 관한 한우근의 연구가 가진 중요한 의미는 무엇보다 동학농민전쟁 발발 초기과정을 이전의 연구와는 다르게 해석했다는 점과 강원·함경도의 농민군 봉기를 최

---

44 한우근, 앞 논문, 1967, p. 116.

초로 정리한 데서 찾을 수 있다.

동학농민전쟁이 무장에서 시작된 사실을 처음으로 밝힌 연구는 신용하의 「甲午農民戰爭의 第1次農民戰爭」으로 알려져 왔다.[45] 그러나 한우근은 이미 1973년에 쓴 글에서 고부민란 이후 역졸들의 눈을 피해 도망·은신한 전봉준의 행적에 대해 다음과 같이 서술하고 있다.

그의 黨與인 김개남·손화중·최경선 등과 모의하여 일대 봉기를 감행할 결심을 하였다. 전봉준 등은 먼저 茂長縣에서 모여 민간에 포고하여 이번 거사는 보국안민을 위한 의거임을 천명했다는 것이다. 동학접주 전봉준의 창의에 의해서 근방 10여 읍이 이에 향응하여 일시에 봉기하게 되어 불과 10여 일간에 수만 명이 호응하게 된 것이다. 동학과 일반 농민과의 결합은 이때부터 시작된 셈이다. 전봉준은 동학농민군 총영수로 앞장을 서게 되었다.

(중략) 4월 17일(음력 3월 12일-필자) 동학교도 수천 명이 小杖을 들고 머리에 백건을 두르고 집결하여 吏家를 燒燬했고, 이에 뒤이어 고부·흥덕·고창·부안·금구·태인 등 각처에서 동학농민군이 들고 일어났다. 그리하여 전봉준은 동지 김개남 등과 모의하여 4월 말(음력 3월 하순)에 부근 일대의 동학농민군을 고부 백산에 집결시켰다.[46]

날짜 면에서 오류가 있지만, 농민군이 먼저 무장에 모여 민간에 "보국안민을 위한 의거임을 천명"하는 '포고'를 발포하였다는 사실, 거기

---

45 신용하, 「甲午農民戰爭의 第1次農民戰爭」, 『韓國學報』 40, 1985.

46 한우근, 「동학농민봉기」, 국사편찬위원회 편, 『한국사 17: 동학농민봉기와 갑오개혁』, 1973, pp. 99-101.

서 동학과 일반 농민과의 결합이 이루어지고 전봉준이 농민군의 총영수로 앞장을 서게 되었다는 사실, 4월 17일 무장에서 농민군 수천 명이 이서배의 집을 소훼(燒燬)하였다는 사실, 이후 고부와 흥덕 고창 등지에서 농민군이 일어난 사실을 시간 순서에 따라 정확히 밝히고 있다. 물론 한우근은 〈포고문〉이라고 쓰지 않았고, 〈포고문〉의 내용도 제시하지 않고 있다. 그러나 〈무장포고문〉의 내용은 이미 오지영의『동학사』나 김상기의『동학과 동학란』(1947)에도 전문이 번역되어 인용되고 있다.[47] 뿐만 아니라 한우근도 편찬에 관여한 것으로 알려진 바, 1959년에 국사편찬위원회에서 발간한『동학란기록』(상)에는 '무장동학배포고문(茂長東學輩布告文)'이라는 제목에 〈무장포고문〉의 전문이 실려 있었다.[48] 또 한우근이 참조한「오하기문」에도 "대회무장현포고민간기문왈(大會茂長縣布告民間其文曰)" 다음에 〈포고문〉 전문이 실려 있다고 한 점 등을 고려할 때 그 역시 〈포고문〉의 내용을 잘 알고 있었으리라 짐작할 수 있다.[49] 따라서 "김개남·손화중·최경선 등과 모의하여 일대 봉기를 감행할 결심을 하였다. 전봉준 등은 먼저 무장현(茂長縣)에서 모여 민간에 포고하여 이번 거사는 보국안민을 위한 의거임을 천명했다"는 구절은 동학농민전쟁이 사실상 무장에서 시작되었고, 거기서 〈무장포고문〉이 발포된 사실을 최초로 밝힌 연구자가 다름 아닌 한우근이었음을 의미한다.

그러나 이 글을 바탕으로 수정·보완하여 발간한『東學과 農民蜂起』

---

47 김상기,『동학과 동학란』, 춘추문고, 1975, pp. 117-118.

48 「聚語」,『동학란기록』(상), pp. 140-141;『동학농민전쟁자료총서』2, pp. 124-125.

49 이 글에서 그가 인용한 자료는『동학란기록』,『일성록』, 오지영의『동학사』, 황현의『오하기문』, 정교의『대한계년사』,『일본공사관기록』, 김상기의『동학과 동학란』등이다.

에서는 농민군의 동선 이해에 혼선을 보이고 있다. '중략' 앞부분의 내용은 그대로지만, 그 뒷부분은 다음과 같이 수정되어 있다.

그의 黨與인 김기범 · 손화중 · 최경선 등과 모의하여 일대 봉기를 감행할 결심을 하였다. 전봉준 등은 먼저 茂長驛에서 모여 민간에 포고하고 이번의 거사는 보국안민을 위한 의거임을 천명했다는 것이다. 동학접주 전봉준의 창의에 의해서 근방 10여 읍에서는 이에 호응하여 일시에 봉기하게 되자 불과 10여 일 만에 수만 명이 동원되었다. 동학교도와 일반 농민과의 결합은 이때부터 시작된 셈이다. 그리하여 전봉준은 동학농민군의 총영수로 일대 봉기의 앞장을 서게 되었다.

(중략) 4월 17일(음력 3월 12일—필자) 동학교도 수천 명이 전봉준 영도 하에 머리에 백건을 두르고 小杖을 들고 고부 郡底에 집결하여, 먼저 吏胥들의 집을 불태우는 데서부터 그들의 봉기가 시작되었다. 고부에 뒤이어 흥덕 · 고창 · 부안 · 금구 · 태인 등 각처에서 동학농민군이 들고 일어났다. 그리하여 전봉준은 동지 김개남 등과 모의하여 4월 말(음력 3월 하순)에 부근 일대의 동학농민군을 고부 백산에 집결시켰다.[50]

앞의 글에서는 이서배의 집에 대한 공격이 무장에서 먼저 일어났다고 했으나, 여기서는 고부로 바뀌어 있다. 또 무장에서 '포고'를 발포하였으며, 거기서 동학과 일반 농민과의 결합이 이루어지고 전봉준이 농민군의 총영수로 앞장을 서게 되었다고 해놓고, 또다시 "고부 郡底에 집결하여, 먼저 吏胥들의 집을 불태우는 데서부터 그들의 봉기가 시작되었다"라고 서술하고 있다. 동학농민전쟁 발발 초기과정에 대한 이해에 혼선

---

50 한우근, 『東學과 農民蜂起』, 一潮閣, 1983, pp. 101–102.

을 보이고 있음을 알 수 있다. 아직까지 자료의 미비나 충분한 분석이 부족한 탓으로 초기 봉기과정에 대한 면밀한 검토와 명확한 이해가 확립되지 않았기 때문일 것으로 보이지만, 그렇다 하여 1973년의 서술 내용이나, 1983년의 책에 기술된 "중략" 이전의 부분이 부정되는 것은 아닐 것이다. 이 점에서 한우근의 「동학농민봉기」(1973)는 동학농민전쟁이 무장에서 시작되었음을 밝힌 사실상 최초의 연구라고 볼 수 있을 것이다.[51]

한편 경기도와 강원도 일부, 황해도 등지에서도 농민군의 봉기가 일어난 사실은 이미 김상기의 『동학과 동학란』에서도 확인해주고 있지만, 한우근의 연구는 『동학란기록』뿐만 아니라 「동비토론(東匪討論)」, 「임영토비소록(臨瀛討匪小錄)」 등을 처음으로 활용하여 구체적인 실상을 실증적으로 밝힌 최초의 연구로서의 의미를 가진다. 1978년에 쓴 강원도와 황해도 지역 농민군의 활동에 대한 논문은[52] 1973년의 글을 수정·보완하고 각주를 충실히 달아 놓은 글이다.

6. 맺음말

이상에서 살펴본 바와 같이 한우근은 동학농민전쟁과 관련하여 중요

---

51 더구나 신용하는 〈무장포고문〉의 발포시기에 대해 "종래 학계에서는 무장창의문이 농민군이 고부에서의 제1차농민전쟁 기포 후에 전주를 향하여 흥덕→고창→무장→영광→함평→장성→전주로 가는 도중에 〈무장〉에 이르렀을 때 포고한 창의문으로 해석하고, 여기에 위치를 설해 왔다"고 하였으나(愼鏞廈, 「甲午農民戰爭의 第1次農民戰爭」, 『韓國學報』 40, 1985, p. 115) 이는 오류이다. 앞서 살펴보았듯이 한우근은 1973년의 글에서는 물론 1983년의 책에서도 〈포고문〉의 발포시기와 장소에 대해 정확히 밝히고 있다.

52 한우근, 「東學農民軍의 峰起와 戰鬪-江原·黃海道의 경우」, 『韓國史論』 4(서울대학교 인문대학 국사학과), 1978.

한 연구를 많이 남겼다. 그는 해방 후 동학농민전쟁 연구의 제1세대로서 동학농민전쟁과 동학사상에 대한 이해를 풍부하게 하고 연구 수준을 진전시키는 데 커다란 도움을 주었음은 물론이다. 물론 앞서 몇 차례 지적하였듯이, 지금의 시각으로 볼 때 그의 연구에는 이러저러한 문제가 없지 않다. 그러나 그가 남긴 학문적 유산은 앞으로도 동학농민전쟁에 대한 연구를 수행해 나가는 데 중요한 디딤돌이 될 것이다. 한편 한우근은 동학농민전쟁에 대한 연구방법과 시각이라는 면에서도, 향후의 연구에 중요한 시사점을 제공하고 있다. 마지막으로 그 점들에 대해 언급해두고자 한다.

한우근은 1971년 한 신문기자와의 인터뷰에서 국토는 아직 분단 상태에 있고, 국제정치의 소용돌이 속에 놓여 있다는 점에서 "한말부터 지금까지 자주독립이 완전히 성취된 것은 아닙니다"라고 하였다. 게다가 "한말에도 우리는 일본과 구미의 위협 아래 있었"지만, 현재가 그때와 다른 점으로 그때와 달리 "문화 주체가 없다"는 점을 들고 있다. 일제를 거치고 해방을 거치면서 "무엇이 무엇인지 잘 파악하지 못하는 서구적 사조와 질서 속에" 떠내려가고 있기 때문에 "뿌리를 내리지 못하고 있"다는 것이다. "뿌리 없는 나무가 힘을 가질 수 없는 것"임을 지적하면서 동학은 이런 여러 가지 문제를 굉장히 잘 집약하고 있으며, 동학이 지금과 같은 현실을 맞닥뜨린다면 "내부적 모순에 대해서는 혁신적인 성격을 지니고 외부의 침투에 대해서는 보수적인 태도를 취하고 말 것입니다"라고 단언하고 있다.[53]

이로 미루어볼 때 그의 동학농민전쟁 연구도 "민족 주체성의 확립"이

---

[53] 한우근, 「『한국개항기의 상업연구』-한국출판문화상 저작상 수상 인터뷰」(『독서신문』, 1971년 12월 12일), 앞 책, 1996, p. 451.

라는 가치 추구와 밀접한 관련이 있었던 것으로 보인다. 그가 외세문제를 특히 중시한 것이나, "내부적 모순에 대해서는 혁신", "외부의 침투에 대해서는 보수"라는 이분법적 인식을 하고 있는 점도 이와 관련이 있을 것으로 여겨진다. 그러나 다른 한편 그는 "지나친" 민족주의에 대해서도 경계하였다.

> 근대민주사회의 기반을 이루는 個我에 대한 인식이 심화됨이 없이 국가 운명과 직결됨으로써 민족의식이 개인의 인식보다 더 강렬하게 나타날 수 밖에 없었다는 것이죠. 바로 이러한 점이 자칫하면 그릇된 민족주의로 연결되기 쉬운 요소라고 할 수 있는 것입니다. 역사의식이 그릇된 민족주의로 연결되지 않기 위해서도 역사의 재정립은 필요한 것이라고 볼 수 있는 것입니다.[54]

이러한 견해는 내셔널리즘의 과잉을 둘러싼 작금의 논의와도 상통하는 바가 있다고 생각된다. 그가 한편으로는 서구적 방법론을 중시하거나, "동양사 속의 한국사"를 강조한 점,[55] 조급한 일반화나 체계화가 가지는 위험성을 지적하면서 "국사만 해서 될 것이 아니라 학문 자체가 서로 연결되어 종합적인 가설을 발견하는 기본 작업이 먼저 필요한 것"이라고 하여 사회과학 분야와의 협동연구를 강조한 것도[56] '지나친' 민족주의에 대한 경계와 맞닿아 있다고 생각된다. 또 그는 동학농민전쟁에 대

---

54 한우근, 「한국사 정립의 방향」(「대학신문」, 1973년 2월 12일), 앞 책, 1996, p. 434.

55 한우근, 「진리탐구의 자세」(「경향신문」, 1981년 9월 5일), 앞 책, 1996, p. 428, p. 430.

56 한우근·변태섭·이민호, 「한국사정립의 방향」(「대학신문」, 1973년 2월 12일), 앞 책, 1996, p. 441, p. 443, p. 446.

한 연구 방향에 대해서도 다음과 같이 언급하였다.

동학사상과 '동학란'은 여러 가지 의미에서 한국근대사에 있어서의 획기적인 사건이었던 만큼 이에 관한 연구 내지 평가 여하는 한국근대사를 올바로 이해하는 데 하나의 관건이 되는 것이다. 그것은 우리의 입장에서 주체적인 파악이 되어져야 할 것은 물론, 보다 넓은 시야에서 비교사적 연구까지도 아울러져서 그것이 동시에 「국민적인 것이 보편적인 것일 수 있다」는 이론적 전개가 가능한 연구와 해명으로 귀결되어야 할 것이다.[57]

이 글 역시 마찬가지 맥락에서 이해할 수 있을 것이지만, 특히 비교사적 접근에 대한 언급은 동학농민전쟁 연구방법의 새로운 모색이라는 현재의 연구과제와 관련하여 중요한 시사점을 내포하고 있는 것으로 여겨진다. 물론 동학농민전쟁은 당시 대내외적 위기에 처해 있던 조선사회의 문맥 속에서만 제대로 이해할 수 있다는 점을 부인하려는 것은 아니다. 그러나 그 고유성을 발견하기 위해서라도 비교사적 접근은 불가피하다.

한편 그의 동학농민전쟁 연구 역시 기본적으로는 '근대지향·내셔널리즘'이라는 관점에 기반하고 있다는 점에서 이 시기 다른 연구자들과 동일한 흐름을 보이고 있었다. 그러나 '근대화' 과정과 관련하여 그가 보인 전통과 근대의 관계에 대한 견해는 매우 주목된다. 그는 1981년 한 언론사와의 인터뷰에서 전통 내지 전근대와 근대의 관계에 대해 다음과 같은 견해를 밝힌 바 있다. 그는 우선 "전통사회와 근대사회는 서로 단절되어 연속성이 없는 이질적인 것으로 양분하여 생각되는 수가 많

---

[57] 한우근, 「東學과 東學亂」, 學術院 편, 『韓國學入門』, 1983, p. 174.

다"는 점을 경계하였다. 또 "많은 근대화론자들이 전통사회와 근대사회를 그렇듯 이질적인 것으로 양분하는 그릇된 전제에 서 있"음을 지적하였다. 이어서 그는 "근대화 과정에서 전통의 연속성과 그 재구성의 양상을 찾아볼 수 있다"는 아이젠슈타트(Shmuel Noah Eisenstadt)의 말을 인용하여, 전통과 근대를 연속성이라는 맥락에서 이해해야 함을 지적하고 있다. 이러한 생각이 '근대중심주의'에 대한 비판의식을 전제로 한 것인지의 여부는 불분명하지만, 그의 연구 분야가 조선시대와 근대 이후의 역사 전개과정을 아우르고 있다는 점과 관련이 있을 것으로 보인다. 서구·근대중심적 역사인식이 팽배해 있는 오늘날의 연구 상황을 성찰할 수 있는 중요한 시사점이라 생각된다.[58]

동학농민전쟁만이 아니라 민중운동 연구가 침체된 연구 상황은 사회주의 붕괴나 민주화의 진전 등 국내외적 정세의 변화나 새로운 학문 조류의 유입에 기인하는 바가 크다. 그러나 연구방법 면에서 새로운 돌파구가 필요한 것도 사실이다. 그 방안 가운데 중요한 것이 새로운 연구시각을 확보하는 것이다. 이 점에서 연구방법 내지 시각과 관련하여 한우근이 그 단초를 제시한 고민들은 현재에도 여전히 연구자들이 풀어야 할 숙제로 남겨져 있다.

---

58 한우근, 「전통의 올바른 재구성」(『조선일보』 1981년 8월 25일), 앞 책, 1996, pp. 296-297.

'등신대(等身大)'의 민중상으로 본 동학농민전쟁
– 趙景達, 『異端の民衆反亂; 東學と甲午農民戰爭』
(岩波書店, 東京, 1998), 서평

1. 머리말

1894년에 일어난 동학농민전쟁(이하 농민전쟁)은 한국 근대사뿐만 아니라 동아시아 근대사의 전개에 커다란 전환을 가져온 일대 사건이었다. 이에 대해서는 그동안 많은 연구가 축적되어 왔다. 특히 농민전쟁 100주년을 맞이하여 새로운 자료가 발굴·정리되고 새로운 자료에 입각한 연구도 활발하게 이루어졌다.

그중 조경달은 1980년대 초반에 농민전쟁에 관한 논문을 발표하여 한국 학계에도 적지 않은 반향을 일으킨 바 있다.[1] 〈후기〉에서도 밝히고 있듯이 그 이후 저자는 10여 년 동안 농민전쟁 연구로부터 떠나 있다가 1990년대에 들어 농민전쟁에 관한 연구를 다시 시작하여 그 결과를 방대한 저작으로 엮어 세상에 내놓았다. 이 책에 쏟은 저자의 열정은 일본에서 발간된 연구성과는 물론 최근 한국에서 발간된 농민전쟁 관련 자료와 한국학계에서 발표된 연구성과까지 꼼꼼히 검토한 데서도 알

---

1 趙景達, 「東學農民運動 甲午農民戰爭 歷史的 性格」, 『朝鮮史研究會論文集』 19, 1982; 「甲午農民戰爭指導者=全琫準研究」, 『朝鮮史叢』 7, 1983.

수 있다.

　모두 13개의 장으로 이루어진 이 책은 크게 5개의 부분으로 나눌 수 있다. 먼저 서장에서는 연구사 검토와 저자의 문제의식을 제시하였다. 제1장과 제2장에서는 동학이 정통과 이단으로 분기되는 과정 및 양자의 사상적 차이를 분석하였다. 제3장에서 제9장까지는 교조신원운동으로 부터 제2차 농민전쟁에 이르기까지 농민전쟁의 전개과정과 농민군의 활동 양상을 다루고 있다. 제10장은 서장에서 제시한 문제의식에 입각하여 농민군의 내셔널리즘을 검토하였다. 제11장과 종장은 보론적인 글로서 제11장에는 농민전쟁 이후 동학의 동향이 서술되어 있고, 종장에서는 농민군의 이상(理想)을 현재의 문제와 연결하여 조망하고 있다.

　여기서는 저작의 내용을 자세히 소개하기보다 농민전쟁을 이해하는 저자의 문제의식이나 논지에 대해 중점적으로 검토하고, 그에 대한 평자의 의견을 제기하는 방식을 취하고자 한다. 크게 농민전쟁을 보는 시각, 동학과 농민전쟁의 관계, 농민전쟁의 전개과정과 '집강소 시기'에 대한 이해, 농민군의 의식세계 등 농민전쟁 연구에서 중요한 논쟁점이 되고 있는 네 가지 주제에 대해 차례로 살펴보기로 한다.

2. 문제의식

　서장에서는 농민전쟁을 바라보는 저자의 문제의식과 시각을 보여주고 있다. 저자는 먼저 〈농민전쟁〉을 다음과 같이 규정하였다.

① 투쟁의 범위가 특정 영주나 지방관이 아니라 영주 전체나 국가권력에 대한 투쟁이라는 내란적 성격을 띤다.

② 농민계급뿐만 아니라 영주나 지방관과 모순관계에 있는 광범위한 계층이 참여한다.

③ 강약의 차이는 있지만, 중앙 지도부가 존재하고 통일적인 강령이나 요구조건을 가지고 있다.

④ 신분제(농노제)의 폐기=평등주의나 빈부의 해소=평균주의를 지향하는 농민적 논리를 기축으로 전개되며 민중구제적인 유토피아 사상을 가지고 있다.

⑤ 농촌지역에서도 상품화폐경제가 전개되는 것을 전제로 봉건적 할거성이나 폐쇄적인 지역경제가 이미 해체되어 가고 있지만, 아직 근대적인 관리에 의한 지배가 이루어지지 않은 단계에서 일어난다. 유럽에서는 14~15세기부터 17~18세기까지로 절대주의 전야로부터 절대주의 단계까지로 이해된다.

이러한 규정에 비추어볼 때 중국의 농민반란은 농민적 제요구가 제기되었을지라도 결국은 역성혁명으로 귀결되고 말았고, 일본의 경우에는 민중적 종교왕국의 관념(유토피아 사상)이 미숙하였기 때문에 농민전쟁의 경험이 없었다고 한다. 그러나 '갑오농민전쟁'은 기본적으로 이상의 조건을 갖추고 있으며, 이 점에서 동양 삼국 가운데 확실한 농민전쟁의 전통을 가진 나라는 한국뿐이라는 견해를 제시하였다.

저자가 특히 강조하는 것은 네 번째의 조건, 곧 평등·평균주의를 지향하는 농민적 논리와 민중적 유토피아 사상을 가진다는 점이며, 이는 이 책을 관통하는 가장 중요한 문제의식이기도 하다. 이것은 농민전쟁에 관한 기존의 연구를 검토하는 저자의 시각에서도 엿볼 수 있다.

저자는 농민전쟁에 대한 지금까지의 연구에서 가장 주요한 논쟁점을 ①동학과 농민전쟁과의 관계, ②농민전쟁의 지향(志向), ③농민전쟁의 주체와 내셔널리즘 등 세 가지 점으로 요약하였다. ①에 대해서는 농민전쟁에 미친 동학사상의 역할을 중시하는 동학주도론과 종교적 외피론(外皮論)이, ②에 대해서는 자본주의 근대화를 지향하였다는 견해와 반봉건·반자본·반식민주의를 동시에 추구하였다는 견해가 대립되고 있는 것으로 파악하였다.

③에 대해서는 천민을 포함한 빈농·반(半)프로가 주체 세력이었다는 것에 어느 정도 합의하고 있지만, 민중상(民衆像)을 풍부하게 그려내지는 못하고 있는 실정임을 지적하였다. 그 요인은 민중이 스스로를 기록한 자료가 적기 때문이기도 하지만, 무엇보다 방법론상의 문제 때문이라고 지적하였다.

저자에 따르면 농민전쟁에 대한 종래의 연구들은 민중을 "투쟁을 숙명처럼 떠안은 과감한 존재"로 그려냈다고 한다. 그러나 그러한 민중상은 선험적인 것으로, 근대지향의 역사인식을 전제로 한 것이며, 국민국가의 담당 주체로서의 민중을 발견하려는 지식인이 기대하는 민중상이지, 결코 '등신대(等身大)'의 민중상이 아니라고 비판하였다. 이러한 시각은 서구나 일본 학계의 연구경향과 궤를 같이 하는 것이고, "유토피아와 현실의 국가는 일치하는 것이 아니고, 현실의 국가는 민중의 유토피아 사상을 배신하여 온 것이 일반적이다. 그것은 근대국가의 수립에 실패하여 식민지로 전락한 한국의 과거, 그리고 현재에 있어서도 예외라고 할 수 없을 것이다. 그 때문에 민중에게 근대=국민국가라는 것은 어떠한 의미를 가지는 것인가 하는, 현재로부터의 엄중한 질문은 한국 근대사의 맥락에서도 당연히 제기될 필요가 있다"는 저자의 문제의식과 직결되는 접근방식이다.

이러한 문제의식에서 저자는 '등신대'의 민중상을 그려내지 못한 것은 선험적으로 역사발전이나 국민국가에 대해 의식하고 있었을 리가 없는 민중을 자율적 존재로 보지 못하였고, 그들의 일상성에 착목하는 시각이 희박하였기 때문이라고 지적하였다. 이어 근대이행기 민중이 근대지향적이었다는 견해는 세계사적인 차원에서 볼 때 실증적으로 견디기 어려운 역사인식임을 강조하였다. 예컨대 프랑스 혁명에서도 농민운동이 반(反)봉건주의임과 동시에 반(反)자본주의의 지향을 띤 평등주의적 · 자율적 운동으로 전개되었음이 죠르주 르페브르(George Lefevre)에 의해 명확해졌고, 지금은 상식으로 되어 있다는 것이다. 또한 일본에서도 문명개화 · 자유민권운동 시기의 민중운동과 그 사상은 독자적인 자율성을 가지고 전개되었다는 견해가 지배적임을 지적하였다.

이에 입각하여 저자는 민중을 자율적인 존재로 복권시키고자 하였으며, 위의 연구사 검토를 통해 제기한 세 가지의 주요 쟁점을 해명하고자 하였다. 이 점에서 '등신대(等身大)의 민중상'이라는 표현이야말로 농민전쟁을 바라보는 저자의 독자적인 시각을 가장 집약적으로 보여준다고 생각된다.

농민전쟁에 대한 저자의 이러한 접근방법은 한국 학계의 주류적 견해에 대한 본격적인 문제제기라고 할 수 있다. 한국학계에서도 농민전쟁의 지향이 단순히 근대적인 것이 아니라 '반봉건주의 · 반자본주의 · 반식민주의'를 동시에 충족시키는 '근대화',[2] 혹은 토지개혁 구상이 근대지향과는 거리가 먼 것이었다는 견해,[3] 유교적 이상국가(理想國家)의 재현 · 보존을 목표로 한 의거(義擧)였다는 주장 등이 제기되기도 했다.[4] 그

---

2 정창렬, 「동학농민전쟁과 프랑스혁명의 한 비교」, 『프랑스혁명과 한국』, 일월서각, 1991 ; 고석규, 「1894년 농민전쟁과 '반봉건 근대화'」, 『동학농민혁명과 사회변동』, 한울, 1993.

3 배항섭, 「1894년 동학농민전쟁에 나타난 토지개혁 구상」, 『사총』 43, 1994.

4 유영익, 「全琫準 義擧論」, 『李基白先生古稀紀念韓國史學論叢』 下, 1993.

러나 여전히 '근대지향의 역사인식'에 입각한 근대 민족운동이라는 큰 테두리 속에서만 평가하는 견해가 일반적이기 때문이다.

이 책의 키워드 가운데 하나가 민중운동의 자율성이다. 자율성이란 프랑스의 경우 프랑스 혁명 당시에 혁명과 함께 진행된, 농민운동이 부르주아 운동과는 배경, 지향, 전개양상 등의 면에서 구별되는 독자성을 가진다는 말이다. 좀 더 일반화한다면 근대이행기의 민중운동은 근대지향의 부르주아 운동과는 다른, 고유한 심성과 행동 논리를 가지고 있었다는 말이다.

3. 동학사상과 농민전쟁의 관계

저자는 제1장과 제2장 두 개의 장을 할애하여 동학사상의 성립, 그리고 정통과 이단의 분기과정 및 양자의 사상적 차이 등에 대해 집중적으로 분석하였다. 이를 통해 동학의 이단사상과 농민전쟁의 관계를 적극적으로 해석하고 양자 간의 사상적 연계성을 분명히 하였다. 저자에 따르면 농민군이 수용한 이단사상은 농민전쟁이 발발하게 된 사상적 동인이자 농민군의 행동과 지향을 결정적으로 규정하는 요소이다. 이 점은 이 책 전체의 내용을 지탱하고 풀어나가는 핵심적인 문제의식이기도 하다.

저자는 민중이 곤고(困苦)와 인종(忍從)의 나날을 보내면서도 그러한 일상적 세계로부터 투쟁이라는 비일상적 세계로 도약하기 위해서는 민중을 내면으로부터 충동하는 어떤 정신적 동기가 있어야 한다는 점을 강조하였다. 또 엥겔스의 '종교적 외피론'도 실제로는 종교적 이단사상이 독일 농민전쟁에서 지니는 결정적 역할을 강조하고 있다는 점을 지적하면서 동학의 이단사상에서 민중을 농민전쟁으로 끌어들인 논리를 탐색하고자 하였다.

저자는 동학사상과 농민전쟁 간의 연계성을 해명하기 위해 먼저 동학사상의 발전과정을 세 단계로 구분하였다. 동학을 창도한 최제우 단계를 원시동학으로, 제2대 교주인 최시형(崔時亨)에 와서 정통동학이 성립되었고 이단동학은 서장옥(徐璋玉)에 의해 형성되기 시작하여 1890년대에 들어와서는 전라도를 중심으로 확산되어 간 것으로 파악하였다.

또 최제우에 의해 성립된 동학사상은 가(家)→민중(民衆)→국가(國家)로 전이(轉移)·발전되어 갔음을 지적하였다. 또 가까운 장래에 도래할 후천(後天)의 시대에는 시천주(侍天主)→군자화(君子化)·신선화(神仙化)가 가능해지고 지상천국이 출현한다고 한 점에서 관념적이기는 하지만, 논리상 현실사회=조선사회를 철저히 부정하는 계기가 내포되어 있다고 하였다. 이 점에서 동학은 인간평등을 설파하는 변혁 사상적 성격을 띤다고 할 수 있지만, 동학이 진정으로 민중적 지평, 곧 개벽상황(開闢狀況)을 열어간 것은 아니라고 하였다.

저자에 따르면 개벽상황을 열어간 변혁 사상으로서의 동학사상의 성격 그리고 정통과 이단 간의 가장 큰 차이는 천관(天觀)에 있다고 하였다. 원시동학 단계인 최제우의 천관은 ①유의지적(有意志的)인 유일절대의 인격화한 천=상제(上帝, 天主)관, ②범신론적인 천관이라는 두 가지를 포괄하고 있었다고 한다. ①의 입장에 서면 변혁 주체=구제자(救濟者)는 상제뿐이고, 현실적으로는 상제의 명을 받은 최제우 자신뿐이며, ②의 입장에 서면 만인군자화(萬人君子化)가 가능하게 되어 변혁 주체도 그만큼 확대된다는 것이다. 그러나 최제우는 ②의 입장과 관련하여 천주가 되기 위한 〈수심정기(守心正氣)〉의 수양을 강조하는 내성주의(內省主義)를 취하였고, 우민관(愚民觀)을 가지고 있었기 때문에 민중을 변혁 주체로 파악할 수 없었다고 한다.

이후 최시형에 의해 성립된 정통동학은 교리를 합리화하는 과정에서 ①의 천관을 폐기하고 ②의 범신론적 천관만을 순화시켰다. 그 결과 모든 사람을 천주(天主)로 보게 되었고, 그것은 천주와의 일체화를 '성경(誠敬)' 여부에서 구한 최제우의 우민관을 극복하는 것이었다. 그러나 정통동학의 범신론적 천관은 필연적으로 다른 사람에 대한 비판을 부정하고 화순(和順)을 강조함으로써 체제 비판의 논리를 완전히 결여하였다고 하였다. 화순을 강조하는 최시형의 가족도덕관이 '분(分)'에의 안주를 강조하는 국가도덕관으로 연결되었기 때문이다. 또한 의뢰하기 어려운 무적(無的) 존재인 천(天)을 전제로 인간 그 자체가 곧 천이라는 명제에서 출발하여 오로지 끊임없는 자기성찰, 즉 '수심정기'하는 내성주의를 더욱 강화함으로써 내성주의에 철저하지 못한 민중에게는 어려운 '도(道)'였고, 그들을 변혁 주체로 파악하기도 어려웠다고 주장하였다.

이에 비해 이단 동학은 정통 동학과 마찬가지로 범신론적 입장이었지만, 동학사상의 '수심경천(守心敬天)' 혹은 '경천수심(敬天守心)'이 가진 뜻에 동감하였다는 전봉준(全琫準)의 말에 주목하여 양자의 천관에는 중요한 차이가 있는 것으로 파악하였다. 곧 이단 동학의 천관은 인격적인 천=상제의 존재가 원시동학 단계보다 더욱 명확하게 의식됨으로써 천(天)이 이전에 비해 훨씬 더 의뢰할 수 있는 유적(有的) 존재=구세주가 될 수 있었다고 한다. 그 때문에 신비주의적인 상제에 대한 강림기원(降臨祈願)이 우선되어 내성주의가 약화되고, 철저하게 '의뢰의 신앙'=타력(他力)을 설파함으로써 민중 스스로가 상제로 전환되는 것이 용이해졌기 때문에 진정한 민중적 지평을 열고 민중을 변혁 주체로 파악할 수 있었다는 것이다.

저자는 이러한 분석을 토대로 민중이 투쟁이라는 비일상적 세계로 도약할 수 있었던 내면적·정신적 동기를 이단동학, 곧 남접(南接) 계열에 의해 재해석된 동학의 이단사상에서 찾았다. 이러한 주장은 동학사상 자체를 농민전쟁의 지도이념으로까지 연결시키는 견해나 단순한 외피론은 물론, 전봉준의 변혁 사상을 이단으로 파악하기는 하지만 그 내용은 동학과 전혀 별개의 사상이라고 한 기존의 견해와 크게 다른 것으로, 이 책의 두드러진 독자성 가운데 하나이다.[5]

한편 저자는 동학사상의 역할을 매우 강조하는 입장임에도 불구하고 '동학'을 탈각시키고 '갑오농민전쟁'으로 지칭하고자 하였다. 그것은 동학농민전쟁이라는 용어가 동학의 종교적 역할을 일면적으로 강조한다는 혐의를 받을 수 있기 때문이다. 저자는 동학의 종교적 역할을 강조하기는 하지만, 결코 원래의 동학을 인정하는 것이 아니라, 동학에 대해 자의적으로 공명하여 온 민중의 창조적 이해에 착목(着目)하였기 때문이다. 그러나 농민전쟁이 동학에 대한 창조적 이해=이단동학을 기반으로 발발하였고, 남접 계열의 동학교도가 주체가 된 민중운동이었다는 저자의 견해를 그대로 표현한다면 '이단동학 농민전쟁'이라는 용어가 가장 적합할 것으로 보인다.

---

5 예컨대 정창렬은 동학사상 그 자체에는 아무런 정치·경제·사회적 실체가 없지만, 도덕적 근원에서 현실사회를 총체적으로 부정함으로써 오랜 세월 공순의 윤리에 매몰되어 있던 농민들이 고을의 지배 자집단이나 중앙정부를 맞상대할 수 있게 하였으나, 동학사상의 사회적 역할은 여기에서 그치며, 폐정개혁안을 제기하고 그것을 실현하기 위해 투쟁해 나간 사상과 행동은 동학에 의한 것이 아니라 농민들의 주체적 창조물이었다고 하여 농민전쟁 자체와 동학의 관계는 부정하는 입장이다(정창렬, 「갑오농민전쟁연구」, 연세대 박사학위논문, 1991, pp. 41-43). 다만 김영작의 경우 이단 동학이라는 개념을 사용하지 않았지만, "우리는 천의(天意)에 따라 행동하며, 축문(呪文)을 암송함으로써 활기를 낳게 하여 사지(死地)도 생지(生地)와 같음이라"고 한 전봉준의 표현 등을 근거로 "전봉준은 동학사상을 실천적으로 해석함으로써 동학조직을 종래의 농민봉기가 지녔던 지방적 분산성과 고립성을 극복하여 전국적 농민봉기로 끌어올리는 매체로서의 구실을 다할 수 있게 하였다"는 견해를 제시했다. 전봉준의 교리에 대한 본격적인 분석은 없지만, 새롭게 해석된 교리에 의해 농민전쟁이 추진되었음을 주장하고 있다(「한말 내셔널리즘 연구」, 청계연구소, 1989, pp. 227-228).

저자는 서구적 경험을 토대로 하여 농민전쟁이 '이단의 반란'이라는 관점을 제시하고 있으나, 이단의 내용 면에서 서구와 간과할 수 없는 차이점이 존재한다. 서구의 이단은 이미 민중의 일상 속에 내재화해 있던 종교사상에 민중의 염원을 투사하는 방식으로 재해석·재정립한 것이다. 이에 반해 조선의 지배 이데올로기는 유교였고, 민중의 일상생활도 많은 부분 그것을 수용하거나 거기에 침윤되어 있었기 때문에 동학 그 자체가 이미 이단이었다. 또한 이단인 동학이 농민 대중의 염원을 반영하고 있기는 하지만, 민중의 현실적 염원을 구체화하고 그들을 변혁 주체로 파악하는 데까지 나아가지는 못하였다. 따라서 저자는 이미 이단인 동학사상을 다시 한 번 비틀어서 이단의 이단인 남접계열의 이단동학을 발견함으로써 동학사상과 농민전쟁의 관련성을 해명하고자 한 것이다.

천관(天觀)에 주목하고, 그에 관한 자료가 거의 없음에도 불구하고 경탄할 만한 집요함으로 동학사상의 천관에 대해 치밀하게 분석한 점, 그를 통해 정통과 이단을 구분하고 이단사상과 농민전쟁의 사상적 연관성을 구체적으로 해명하고자 한 저자의 노력이 동학과 농민전쟁의 관계 해명에 중요한 진전을 가져왔음은 물론이다. 그러나 동학사상과 농민전쟁의 관련 여부를 파악하기 위해서는 동학경전의 자구(字句)에 대한 분석이나 동학교문의 사상만이 아니라, 민중이 그것을 수용하는 방법에 착목할 필요가 있을 것이다. 저자도 지적하고 있듯이 대부분의 교도들은 유무상자(有無相資)로 표현되는 상호구휼, 치병(治病)의 수단, 신분 차별이 없는 집단이라는 점 등에 매료되어 동학에 입도하였다.

따라서 피란(避亂)이나 기근을 면하기 위한 궁민(窮民)들이 급작스레 대거 입도하였던 '도소체제기(都所體制期)'는 말할 것도 없고, 그 이전에도 동학 경전에 대한 충분한 이해를 가지고 입도하는 교도들은 많지 않앗을 것이다. 더구나 정통 동학과 이단 동학이 서로 다른 천관을 가지고 있었다 하더라도 빈농·반프로·천민(賤民)이 많았던 남접 계통의 교도들이 정통과 이단 동학의 천관을 깊이 있게 이해하고, 그를 통해 변혁주체로 자각하였다는 이해는 수용하기 어렵다. 무엇보다 농민전쟁이 전개되는 동안 농민군 측에서 제시한 각종 격문에는 동학과 관련된 내용이거의 없다는 사실을 어떻게 설명할 수 있을 지 의문이다.

이런 점에 비추어볼 때 농민군이 부패한 관료나 일본군과 싸운 사상적 무기를 거의 전적으로 동학사상에 근거한 농민군의 생각과 신념—이를테면 상제와의 일체화에 의해 신선화·군자화할 수 있다는 생각, 스스로를 정의의 실체로 인식한 점과 조화력에 대한 확신, 자신을 불사신이라고 확신—에서 찾으려는 시각은 무리라고 생각된다. 또 일군(一君)에의해 인정(仁政)을 받는 만민(萬民)으로만 자신을 인식함으로써 스스로를정치적 주체로 생각할 수 없는 민중의 정치의식, 곧 일군만민(一君萬民)사상을 이단 동학의 천관과 연결시켜 이해하는 점도 선뜻 납득하기 어렵다.[6]

이러한 접근은 근대이행기 민중에 대한 세계사적 차원에서의 이해, 곧 지역을 넘어 국가적 모순 속에 자신을 위치시키고 개벽을 지향하기위해서는 세계관의 대전환이 필요하다고 한 저자의 시각에 비추어볼 때당연한 것일 수 있다. 그러나 개벽을 지향하기 위해 반드시 세계관의 대

---

6 사람이 상제(上帝)가 될 수 있는 가장 큰 근거는 외재화(外在化)한 인격적인 신=상제이기 때문이고, 자신 속에 있는 神靈=상제가 될 수 있는 조건은 2차적인 계기에 지나지 않는다. 오로지 상제에 대한 타력신령(他力祈願)만이 장려되는 것이다. 어느 정도 스스로가 상제와 대등한 존재라고 인식하면서도 다른 한편 스스로의 상위에 있는 존재로서의 유일절대의 인격적인 천=상제를 신앙하는 한, 현실세계를 그에 비추어 유추할 때 그들은 〈일군(一君)〉의 인정(仁政)을 받는 〈만민(萬民)〉으로서만 인식한다. (중략) 민중은 변력주체이지만, 정치객체에 머물며 국왕에 의해 통치되는 존재에 불과한 것이다(p. 246).

전환이 필요한 것인지, 국왕환상(國王幻想)에 사로잡혀 있었고, 개벽 상황과는 거리가 먼 농민군의 요구조건, 곧 〈폐정개혁안〉의 내용 등으로 미루어볼 때 농민군의 지향을 '개벽'이라고 할 수 있는지도 의문이다. 이 문제와 관련하여 평자는 우리의 농민전쟁이 체제나 지배 이데올로기, 종교생활의 성격 등과 관련한 민중의 존재양식이나 일상생활과 생각 등이 서구와 크게 다른 조건을 기반으로 배태된 것임을 지적하고 싶다.

예컨대 조선은 서구와 달리 정치적으로 중앙집권적 왕조체제하에서 일찍부터 관료제가 발달해 있었다. 국왕을 정점으로 하여 각 도와 군현은 중앙정부에서 파견된 '국왕의 대행자'인 지방관의 지배를 받고 있었으며, 면리(面里) 단위까지도 군현의 이서배(吏胥輩)와 면리임(面里任) 등을 통해 중앙집권적 지배체제의 연망(聯網)에 편입되어 있었다. 이 점은 농민의 일상생활 가운데 많은 부분이 국왕의 대행자인 수령 및 국왕, 국가 기구와 밀접한 관계 속에서 이루어지고 있었음을 의미한다. 이는 곧 조세수취제도의 문란한 운영이나 탐관오리의 행패 등으로 인한 농민의 불평불만이 서구와 같이 '봉건적 소우주'에 갇혀 있기보다는 쉽게 중앙권력과의 직접적인 갈등이나 마찰로 연결될 수 있었음을 말한다. 이 점은 분권적 체제하에서 강력한 공동체 규제를 가지고 있었기 때문에 명치유신 이후에도 어법(御法)보다 촌법(村法)을 우선시하였다거나,[7] 민중의 에너지가 가(家)나 촌락(村落) 정도의 소공동체 내부 문제의 해결에 집중되었다는 일본 민중운동의 경험과 비교할 때 보이는 큰 차이점이다.

이러한 특징들은 농민전쟁에서도 분명히 표현되고 있었다. 농민전쟁의 시작을 알리는 1894년 3월 20일의 〈무장포고문(茂長布告文)〉에서 농민군은 "백성은 나라의 근본으로 근본이 위축되면 나라가 멸망한다. (중

---

7 鶴卷孝雄, 「近代化と 傳統的 民衆世界」, 東京大出版會, 1991, p. 9.

략) 우리들은 비록 초야(草野)의 유민(遺民)이지만, '식군지사(食君之土)'하고 '복군지의(服君之衣)'하므로 (국가의) 위망을 좌시(坐視)할 수 없"어서 일어났음을 밝혔다.[8] 또 4월 4일 〈제중의소(濟衆義所)〉의 명의로 법성포 이향(吏鄕)에게 보낸 글에서는 "민폐(民弊)의 근본은 이포(吏逋)에서 말미암고, 이포(吏逋)의 근본은 탐관(貪官)에서 말미암으며, 탐관(貪官)이 범법(犯法)하는 것은 집권세력의 탐람(貪婪)에서 기인하는 것이다"고 하였다.[9] 이와 같은 창의문이나 통문의 내용은 농민군이 고을 단위의 부패와 모순을 해소하기 위해서는 결국 중앙권력을 타도하는 길밖에 없다는 점을 조선사회의 모순 구조 속에서 인식하고 있었고, 민유방본(民惟邦本)이나 왕토(王土)·왕신사상(王臣思想) 등 유교적 이데올로기에 기반하여 자신들의 행동을 정당화하고 있었음을 보여준다.

민중운동은 이러한 의식을 토대로 하여 조선후기부터 개항 이후로 이어지는 잦은 민란(民亂)으로부터 〈교조신원운동(敎祖伸冤運動)〉이나 〈척왜양운동(斥倭洋運動)〉 등 직접 국왕을 상대로 벌인 시위·농성 등으로 진전되어 나갈 수 있었을 것으로 생각된다. 그러나 저자는 동학창도 이후 정통의 성립과 이단의 분기 등 동학사상의 다이나믹에 대해서는 매우 강조하면서, 정작 민란 단계의 민중의식이 '교조신원운동'과 '척왜양운동', 농민전쟁의 전개과정이나, 그 과정에서 일어난 객관적 조건의 변화에 따라 변해 나간 면에 대한 동태적 분석에는 소홀히 하고 있는 것으로 보인다.

---

8 「東匪討錄」, pp. 320-321

9 「駐韓日本公使館記錄」 1, p. 20.

4. 도소체제(都所體制)와 '등신대'의 민중상

저자는 특히 저변민중(底邊民衆)이 단계적으로 자율성을 고조시켜 가는 가운데 어떠한 독자적인 논리를 가지고 주체적으로 투쟁을 전개해 나갔는가를 확인하고자 하였다. 이에 따라 농민전쟁 지도층에는 부농뿐만 아니라 지주도 포함되어 있었음을 밝히는 연구들이 적지 않게 축적되었음에도 불구하고, 저자는 농민전쟁의 주체가 빈농·반(半)프로뿐만 아니라 천민(賤民)까지 포함하는 저변민중으로 보아야 한다는 입장을 취하였다.

이러한 시각에서 농민자치기(집강소 시기) 농민군의 활동을 도소체제(都所體制)와 집강소체제(執綱所體制)로 나누어 이원적으로 파악하였다. 집강소는 5월 19일 김학진의 효유 이후 설치되기 시작하였는데, 관민상화(官民相和)의 원칙에 입각하여 민의(民意)를 관에 상달하여 폐정개혁에 참고가 될 기초 자료를 준비하거나, 농민군의 무장해제를 진행시켜 치안을 담당하는 기관이었다고 한다. 또 그것은 읍 단위에 설치되었지만, 농민군 측에서 집강에 대해 반드시 강력한 권한을 인정한 것은 아니었고 전라도 전역에 설치된 것도 아니었다고 이해하였다.

반면, 도소는 전주화약 직후부터 농민군 스스로의 힘으로 설치되기 시작하였다. 농민군 활동이나 민정 전반을 관장하는 농민군의 자치기구이자, 권력기관이었다고 하였다. 읍정(邑政)이나 면리정(面里政)에 관한 폐정개혁을 농민군이 독자적으로 추진한 주체는 바로 이 도소였다는 것이다. 따라서 집강소를 중심으로 접근할 경우 해방된 공간에서 표출된 민중 고유의 행동 논리나 심성에 대한 접근을 어렵게 하므로 민중이 스스로의 손으로 만들어낸 권력기관인 도소체제를 중심으로 이해하고자 하였다. 이러한 해석은 보수세력이 강하거나 농민군이 취약하여 집강소가 제 기능을 못하고 오히려 반농민군의 수중에 장악되어 있던 경우에는 도소가 중심이 되어 폐정개혁 활동을 수행하였다는 기존 연구의 논리를 일층 진전시킨 것이다.[10]

저자에 따르면 도소체제에서 탐관오리(貪官汚吏)에 대한 투쟁은 도소체제 초기에 종료되었다고 한다. 따라서 평균주의와 평등주의를 지향하는 투쟁이 농민군 자력에 의한 폐정개혁 활동 가운데 두드러진 것이었다고 한다. 민중은 공권력이 실천할 수 없는 정의를 대행한다는 논리로 자신들의 평균주의적 행동을 정당화하였으며, '제중의소(濟衆義所)'라는 인장(印章)은 그 상징이었다. 또한 농민군은 토지균분(土地均分) 사상을 가지고 있었으며, 신분해방 투쟁을 벌이기도 했다고 하였다.

한편 저자는 전봉준과 김학진 간의 제2차 회담(7월 6일) 이후 도소체제의 자치 기능이 오히려 강화되는 한편, 지도자의 난립 상태가 초래되었으며, 저변민중이 급진화하기 시작한 것으로 보았다. 빈농·반프롤레타리아·천민을 중심으로 한 저변민중은 농민군 간부를 구성하고 있던 향반층(鄕班層)의 지도로부터 이탈하여 급진화하였다. 그러나 이들의 행동은 단순히 반질서적인 도적 행위가 아니라 고유한 자율성을 가진 급진적 투쟁이었다고 하였다. 부민에 대한 토재(討財) 투쟁과 고리채 탈환 투쟁은 "부의 독점은 나쁘다"는 인식에 기초하여 부의 재분배를 통한 유토피아의 건설이라는 명분으로 정당화되었다. 굴총(掘冢) 투쟁은 모든 민중의 양반화를 지향하는 상승지향의 평등사상의 표현이었으며(천민의 경우는 양반말살, 폐절의 방향), 이러한 평등관의 만연은 덕망가적 질서관을 부정하는 데까지 나아갔다고 한다. 이는 평등주의와 평균주의가 관철되는 공동체로의 급진적 회귀를 지향하는 것이었다. 그러나 저변민중도 결코

---

10 김양식, 『근대한국의 사회변동과 농민전쟁』, 신서원, 1996 참조.

국왕을 부정하지는 못하였는데 이는 앞서 살펴보았듯이 이단사상에는 국왕을 부정할 수 있는 사상적 계기가 완전히 결여되어 있었기 때문이라고 하였다.

그러나 덕망가적 질서관으로 돌아가고자 하는 민중의 심성을 전제로 '일군만민'사상을 가지고 있던 전봉준은 급진적인 저변민중의 투쟁에 대해 도저히 용납할 수 없는 무질서로만 이해하였다는 것이다. 또한 민중이 국가적 위기가 진행되던 때에도 유토피아 실현 투쟁을 우선시한 것은 덕망가적 질서관조차 부정하던 심성 때문이기도 하지만, 기본적으로는 국가적 위기의식이 취약하였기 때문이라고 이해하였다. 그러나 민중도 '일군(一君)'에 의한 통치가 일본의 침략 행위로 위기에 처하자 이에 대한 대처를 우선시하여야 한다는 인식에 도달함으로써 결과적으로 '절망적' 반일투쟁에 나서게 되었다고 하였다.

저자는 '집강소 시기'를 '도소체제'로 이해함으로써 고유한 행동 논리나 심성을 가진 자율적 존재로서의 민중, 곧 '등신대'의 민중상을 구체적으로, 또 풍부하게 그려내고 있다. 그러나 집강소체제를 농민군 최고지도자인 전봉준과 김학진의 합의에 의해 만들어진 치안유지 기구라는 측면에서만 이해하는 것은 한국 근대사를 관통하며 민중운동의 전개와 민중의 행동 생각에도 중요한 영향을 미칠 수밖에 없었던 또 하나의 중요한 특징인 '반외세'의 문제를 소홀하게 취급할 수 있다.

저자도 농민전쟁은 세계사적 차원에서 보이는 근대이행기의 민중운동과 동일한 맥락만으로는 설명할 수 없는 또 하나의 성격을 가지고 있는데, 그것은 바로 반일 민족운동으로서의 일면을 가지고 있는 점임을 지적하였다. 척왜양(斥倭洋)이 상징하듯이 농민전쟁 이전부터 농민전쟁의 주체=이단동학교도 사이에는 '반외세' 사상이 깊이 자리 잡고 있었다. 또 농민전쟁의 전개과정은 외세의 노골적 개입과 가담이라는 변수에 크게 규정되고 있었다. 저자도 인정하고 있듯이 전주화약도 사실상 농민군이 패배를 눈앞에 둔 시점에서 청·일 양국 군대의 개입을 꺼린 왕조정부가 농민군을 토벌하기보다는 조기에 해산시키려는 의도에서 취한 조치였다는 성격이 강하다. 만약 외세의 개입이 없었다면 농민전쟁은 전혀 다른 양상으로 전개되었을 것이다. 또 이는 전주화약 이후 농민군 측의 활동이 외세의 개입이라는 변수에 크게 영향을 받을 수밖에 없었음을 의미한다.

그러나 운동의 전개과정, 특히 농민군의 행동이나 지향을 분석하는 데 외세와 관련된 영향에 대한 고려가 미흡하다. 특히 '집강소시기' 농민군의 활동 양상과 지향을 '반봉건' 투쟁에 경사된 '도소체제'와 빈농·반(半)프로를 중심으로 이해하고 있는 점에서 그러하다. 이는 무엇보다 고유한 문화를 가지고 자율적으로 운동을 전개해 나간 '등신대(等身大)'의 민중상을 그리려는 저자의 의도에서 비롯된 것으로 보인다.

기본적으로 외세의 개입이라는 변수가 크게 작용하여 성립된 관민상화와 그에 의한 집강소의 설치와 활동은 '반외세'와 '반봉건'의 과제를 동시에 수행해야 했던 민중이 적대적 세력이던 관측과 타협을 통해 극적으로 이끌어낸 성과였다. 따라서 집강소는 '반외세'와 '반봉건' 문제가 교차되는 시공간이었으며, 다른 나라에서 보기 어려운 근대이행기 민중운동의 존재 방식과 궤적을 가장 잘 보여주는 사례가 아닐까? 민중운동을 둘러싼 이러한 특징들이 조선사회의 독자성과 연결되어 고민될 때 '등신대'의 민중상도 한층 구체화될 것이다.

빈농·반프로는 부의 독점을 악한 것으로 인식하였고, 부의 재분배를 통하여 유토피아를 건설하기 위해서는 토재(討財) 투쟁이나 고리채 탈환 투쟁도 정당한 것이라고 생각하였지만, 이러한 인식과 생각이 내부적으로 태평천국군의 성고제도와 같은 제도화는 물론 강령화하지도 못한 점

또한 다른 나라의 농민전쟁이나 민중반란과 다른 점이다. 이러한 점을 설명하기 위해서도 집강소체제는 주목될 필요가 있다. 전주성에서 사실상 패배하여 물러난 사정도 중요한 요인이 되어 '집강소 시기' 농민군 내부에는 결속력이 취약하였다. 이에 더하여 외세의 개입이라는 엄청난 상황 변화에 따른 전봉준의 연합전선 구축 노력은 빈농 반프롤레타리아의 주체적 활동공간을 애초부터 매우 협소하게 하였다. 따라서 빈농·반프롤레타리아의 고유한 생활의식에서 나온 행동 논리도 더욱 승화된 형태로 체계화하지 못하고 일탈적으로만 표출되는 모습을 보였던 것이다. 민중의 행동 양태나 지향도 외세의 개입이나 간섭에 의해 왜곡·굴절될 수밖에 없었다는 점이야말로 근대이행기 한국 민중운동이나 민중사상의 주요한 특징 가운데 하나라고 생각된다.

5. 민중의 지향과 내셔널리즘

저자는 이단동학이 민중을 변혁 주체로 파악함으로써 민중을 농민전쟁에 끌어들이기는 하였으나, 민중을 정치의 주체로 파악하는 데―민중의 항상적 정치 참여를 전제로 국가가 운영되어야 한다는 정치사상―까지 도달하지는 못하였다고 하였다. 민중은 어디까지나 인정(仁政)을 향유하는 정치의 객체일 뿐이라는 유교의 정치사상을 타파하는 어떠한 언설이나 시사적 행동도 드러내지 않았고, 다만 위기상황에서 일시적으로 민중의 정치 참여를 인정하는 논리가 있었을 뿐이라고 하였다. 또 농민군이 지향한 평균주의·평등주의, 소농회귀와 소농보호의 입장에서 '농민적 토지 소유'를 추구한 소농·빈농·반프롤레타리아의 지향은 반(半)근대적이었으며, 이것은 본원적 축적 과정을 수반하는 근대가 농민들에게는 다른 한편 비참한 것이었음을 다시 한 번 상기시킨다고 하였다.

한편 대외인식의 면에서도 동학사상은 강렬한 자국=동국(東國)의식을 가지고 있어서 민중에게 대외적 위기의식을 고취하였다고 하였다. 뿐만 아니라 거기서 출발한 서학과 중국에 대한 대항의식은 전통적 중화사상으로부터 완전히 자유로운 것은 아니지만, 민족주의로의 가능성을 내포한 것이라고 이해하였다. 그러나 동학은 결코 탈중화적 조선 인식을 표상하는 것은 아니었고, 이 점에서 척사론과 공유하는 전통적 중화문명권의 자존감을 가진다고 하였다. 양자의 차이는 척사론이 현실의 소중화의 긍정을 전제로 그 유지를 주장한 반면, 동학은 현실의 소중화세계, 곧 조선사회의 타락과 부정을 전제로 그 재생을 주장하는 점이라는 것이다.

따라서 농민군이 용맹 과감하게 강대한 일본과 싸울 수 있었던 것도 내셔널리즘 때문이 아니라, 앞서 언급하였듯이 동학사상에 기반하여 민중 스스로가 정의의 실체라고 확신한 점과 조화력에 대한 확신 때문이었다고 하였다. 내셔널리즘으로 무장하지 못하였기 때문에 농민군의 시체가 쌓여가면서 이러한 확신이 동요하였다는 것이다.

이와 같이 민중의 내셔널리즘이 원시적이었던 데 비해 전봉준은 국가의 운명과 자기의 운명을 동일시하였다. 그는 세계가 서구자본주의에 편입되고 있으며, 조선도 그러한 국가적 위기에 처해 있음을 명확히 인식하였고, 청국과의 조공체제를 승인하면서도 독립국가를 추구하였다고 설명하였다. 그러나 전봉준에게도 정치는 어디까지나 도덕의 연장선일 뿐이었고, 제도적인 차원에서 관념하지 못하였으며, 우민관(愚民觀)을 떨치지 못함으로써 전기적(前期的) 내셔널리즘에 그치고 말았던 것으로 파악하였다.

이러한 분석을 거쳐 저자는 농민전쟁을 덕망가적 질서관이[11] 국왕과 왕부(王父)에 대한 환상으로 확대되어 온 가운데 중개 세력 배제의 필요 때문에 무력적 청원의 형식으로 평균주의와 평등주의를 실현하고자 한 민중운동인 것으로 이해하였다. 그 지향은 반봉건적임과 동시에 반근대 적이었고, 농민전쟁이야말로 구체제(=이조양반지배체제)에도 신체제(=개화파정권)에도 저항했다는 점에서 또 하나의 '근대'를 추구한 근대이행기의 일대 민중운동인 것으로 이해하였다. 이러한 성격을 지니고 있었기 때문에 농민전쟁은 근대국민국가의 형성에는 실패할 수밖에 없는 운명을 내포하고 있었다는 것이 저자의 결론이다.

한편 저자는 조선 민중운동에서 보이는 주요한 특징으로 아래로부터 일어난 '국왕환상(國王幻想)'과 '일군만민(一君萬民)'적 지향이 일본이나 중국에 비해 훨씬 강하였고, 이 점에서 오히려 유럽의 농민전쟁과 위상을 같이 한다고 하였다. 예컨대 러시아 농민전쟁의 경우 종교적 이단은 결부되지 않은 대신 신앙으로까지 고양된 짜르 환상이 그 역할을 담당하였다고 하였다. 그러나 러시아의 경우 1905년 '피의 일요일' 사건을 계기로 짜르 환상이 붕괴되었으나, 조선에서는 식민지로 전락한 이후에도 계속된 것으로 파악하였다. 나아가 해방 이후까지도 국왕환상 내지 덕망가적 질서관은 사라지지 않고 북한의 '수령체제'와 남한 이승만 정권의 권위주의체제로 이어졌지만, 이는 농민군이 꿈꾼 국왕환상이 실현된 것은 아니라고 지적하였다. 국왕환상에 대한 강조와 그것이 가진 부정적인 측면까지 지적한 점은 민중이 가진 지배구조로부터 자율적

---

11 저자가 강조하는 조선 특유의 在地秩序觀으로서 세계사적 차원에서 보편적으로 보이는 명망가적 지배와 유사하나 반드시 재력이나 권력, 명망 있는 가문을 배경으로 하는 것이 아니라 재력도 권력도 없는 재지지식인이 덕망만으로도 지도자가 될 수 있는 조선 특유의 질서관을 말한다.

인 측면뿐만 아니라 지배층과 국가 지배에 대한 취약성을 동시에 강조하는 서발턴(Sub-Altern) 연구 그룹의 연구 경향과 맥이 통하는 것이기도 하다.[12]

농민전쟁의 지향이나 역사적 성격을 근대지향적·부르주아적인 것으로 평가하는 연구경향에 대해서는 평자 역시 반대하는 입장이다. 그러나 '반근대적'이라는 견해에 대해서는 몇 가지 짚고 넘어갈 점이 있다. 근대이행기의 민중운동에 대한 서구 학계나 일본 학계의 연구들도 이러한 결론을 내리고 있으며, 저자도 근대이행기의 민중운동이 '근대적'이라는 역사인식은 세계사적인 차원에서 실증적으로 설명해내기 어렵다고 하였다. 예컨대 프랑스 혁명 시기의 농민반란이나 일본 근대의 곤민당(困民黨) 사건 등과 같은 민중운동의 지향은 분명히 '반자본주의적'이었다고 할 수 있다. 그것은 무엇보다 기존의 공동체적 질서·관행과는 다른 새로운 근대적·자본주의적 법질서나 경제원리가 자신들의 일상생활에 타격을 주고 생존을 위협하였으므로 그에 대해 반대한 것이기 때문이다.[13]

평자의 생각으로도 농민군 가운데 특히 하층민과 그들의 이해를 대변하는 지도부 가운데는 경제적 균산주의(均産主義)를 향한 열망이 분명히 존재했다고 생각한다.[14] 그러나 농민군이 지향한 평균주의·평등주의-토지평균분작 요구, 고리채탈환 투쟁 등-가 반자본주의 혹은 반근대

---

12 T. 후지타니, 「解說-오리엔탈리즘 비판으로서의 민중사와 安丸良夫」, 安丸良夫, 『日本の 近代化と 民衆思想』, 1999, 平凡社.

13 鶴卷孝雄, 「近代化と 傳統的 民衆世界」, 東京大出版會, 1991; 이세희, 「프랑스혁명기의 농민운동에 대한 연구사적 고찰」, 『부대사학』 10, 1986 참조.

14 배항섭, 「1894年 東學農民戰爭の 社會·土地改革論」, 『世界史なかの 民衆運動』 5, 靑木書店, 2000.

의 의미를 가진다는 것을 분명히 하기 위해서는 토지 소유와 그를 둘러 싼 제관계, 사채를 둘러싼 채권자와 채무자 간의 관계 등과 관련하여 이전 시기의 관행과 다른 새로운 법질서나 경제원리가 적용되었고, 그것이 민중의 생활과 생존에 장애로 대두되었으며, 또 농민군이 거기에 반대하고 있었음을 밝혀야 할 것이다. 그러나 이와 관련하여 1894년 당시에 농민군이 마주한 모순 가운데 그 이전과는 다른 어떤 새로운 법질서나 경제관행이라고 특기할 만한 사실은 없었다.

한편 저자는 농민군의 정치구상에 대해 또 다원적으로 분열된 봉건사회가 외세의 침략에 직면하여 그 무기력함을 드러낼 때 국가의 독립을 위해서는 국민적 통일이 요청되며, 그를 위한 대내적인 정책은 ①정치력의 국가적 응집(=집중화) ②국민적 침투(=확대화)로 표출된다는 마루야마 마사오(丸山眞男)의 논리를 인용하여 이해하고자 하였다. 이에 비추어볼 때 전봉준의 국가 구상은 전자의 측면에서 두드러지는데, 그것이 바로 중개 세력을 배제한 '일군만민' 사상에 입각한 체제 구상이라는 것이다. 그러나 '일군만민'이라는 규정과 그를 통한 정치력 집중화라는 이해는 봉건적 분권성과 할거성이 지배하던 일본이나 서구의 경험에 입각한 것이라 생각된다. 마루야마는 "중개 세력의 자립적 존재가 국가와 국민의 내면적 결합의 질곡으로 작용"하고 있던 에도시대 말기 일본의 역사적 조건을 전제로 설명하고 있으며, 다이묘(大名) 체제를 벗어난 중앙집권적 국가체제 구상을 '일군만민(一君萬民)'으로 표현하고 있다.[15]

그러나 조선의 정치체제는 '중개세력의 자립적 존재'를 상정하기 어려울 정도로 중앙집권적이고 '일군만민'적인 체제였기 때문에 서구의 영주

15　마루야마 마사오 저, 김석근 역, 「국민주의의 전기적 형태」, 『日本政治思想史研究』, 한길사, 1995 참조.

나 일본의 다이묘와 같이 일군과 만민의 대면과 결합을 방해할 만한 중개세력이 없었다. 따라서 농민군이 지향한 이상사회에 대해 중개세력을 배제하고 "하정(下情)이 상달하고, 상택(上澤)이 하급(下及)"하는 '일군만민' 체제 개념으로 설명하는 것은 조선의 정치체제에 비추어볼 때 설득력이 약하다고 생각된다.

6. 맺음말

이상으로 이 책의 주요 내용과 저자의 문제의식을 소개하고, 그에 대한 필자의 몇 가지 의문점을 지적하였다. 그러나 조경달의 저서는 농민전쟁에 대한 연구의 폭과 깊이를 더한 보기 드문 역작임에 틀림없다. 폭넓은 자료의 활용, 서구나 일본학계의 민중운동 연구성과를 수용한 새로운 접근방법만으로도 이 저서는 농민전쟁 연구의 수준을 한 단계 끌어올리고, 앞으로 농민전쟁 연구를 진전시키는 데도 중요한 디딤돌이 될 것이다.

이 책은 '등신대의 민중상'을 밝혀보려 한다는 저자의 의도에서도 알 수 있듯이 근대이행기 "민중운동의 자율성"이라는 관점에서 농민전쟁을 이해하고, 자율적 민중운동을 추진한 주체인 빈농·반(半)프롤레타리아층·천민층 등 저변민중의 고유한 심성과 투쟁 논리에 접근하였다. 이 점에서 한국 학계의 연구 방향과 큰 차이가 있고, 기존 연구에 대한 본격적인 문제제기이기도 하다. 또한 저자는 동서양 민중운동사 연구의 풍부한 성과를 바탕으로 근대이행기 민중상을 그려내고, 그것을 동아시아의 근대화라는 현재의 과제와 연결하여 고민하고자 하였다. 이러한 문제의식과 고민은 이 책 전체를 통하여 곳곳에 스며들어 있다.

저자는 책의 모두에서부터 그동안 한국 학계의 주류적 견해가 세계사적으로 통용되기 어렵다는 점을 지적하였다. 최근에는 한국 학계에서도 민중사 연구에 대해, 민족과 계급을 중심에 둔 시각에 근거하여 근대이 행기의 구조적 조건과 역사적 과제를 설정한 후 민중은 그러한 과제를 수행하도록 운명지어진 수동적 주체로 그리고 있다는 비판이 제기되고 있다.[16] 이러한 비판이 비단 농민전쟁에만 국한되는 것은 아니지만, 이 러한 문제제기에 답하기 위해서는 무엇보다 인류학적 방법이나 비교사 적 관점 등의 도입이 시급하다고 생각한다. 그와 아울러 민중의 일상생 활과 생각을 좀더 구체적으로 밝힐 수 있는 다양한 방법의 모색과 자료 의 발굴이 요청된다. 이 책은 우리에게 그러한 과제를 제기하는 것이기 도 하다.

---

16 민족과 계급을 중심으로 한 민중사 연구가 가진 문제점에 대해서는 이용기, 「미군정기의 새로운 이해 와 사회사적 접근의 모색」, 『역사와 현실』 35, 2000; 임지현, 「근대의 담 밖에서 역사 읽기」, 『한국 사론』 30, 국사편찬위원회, 2000 참조.

1990년대 이후 북한 학계의 동학농민전쟁 연구동향과 특징

1. 머리말

북한 학계의 동학농민전쟁 연구동향에 대해서는 1980년대 말부터 몇 차례에 걸쳐 정리된 바 있다. 이를 통해 1980년대까지 북한 학계에서 이루어진 동학농민전쟁에 관한 연구현황과 시기별 특징을 어느 정도 이해할 수 있게 되었다.[1] 동학농민전쟁에 대한 북한 학계의 관심은 일제시기 사회경제사학자들의 연구를 이어받아 일찍부터 시작되었다. 이후 1950년대 후반에 동학과 농민전쟁의 관계를 둘러싼 논쟁이 촉발되어 이에 대한 토론회가 개최되기도 했다. 이러한 과정을 거쳐 동학농민전쟁의 성격이나 동학과 농민전쟁의 관계 등에 대한 대략적인 합의가 이루어졌다. 1980년에 발간된 『조선전사』(제13권)는 논쟁이 일단락된 뒤 그동안 북한 학계의 농민전쟁 연구 성과를 집대성하여 서술한 것으로 농민전쟁에 대

1 　대표적인 성과로는 양상현, 「1894년 농민전쟁과 항일의병전쟁」, 『남북한역사인식비교강의(근현대편)』(일송정, 1989); 하원호, 「부르주아민족운동의 발생 발전」, 안병우, 도진순 편, 『북한의 한국사 인식(2)』(한길사, 1990); 조민, 「북한 학계의 동학농민혁명 평가」, 한국정치외교사학회 편, 『갑오동학농민혁명의 쟁점』(집문당, 1994); 김선경, 「농민전쟁 100년, 인식의 흐름」, 역사학연구소, 『농민전쟁 100년의 인식과 쟁점』(거름, 1994) 등이 있다.

한 북한 학계의 시각을 잘 보여주고 있다.

동학농민전쟁에 대한 북한학계의 시각은 크게 두 가지 측면에서 특징을 보인다. 첫째, 1894년을 포함하는 1860~1919년까지를 부르주아민족운동으로 시기로 보고, 동학농민전쟁을 포함한 이 시기 농민들의 반봉건반침략투쟁에 대해 역사 발전의 동력이라는 점에서 중요시하고 있는 점이다. 그러나 이 시기의 가장 핵심적인 운동의 흐름을 갑신정변에서 갑오개혁으로 이어지는 부르주아개혁운동으로 보고 있다. 그렇기 때문에 농민전쟁의 역사적 위상도 부르주아개혁운동의 본류가 아니라 어디까지나 부르주아개혁운동에 유리한 조건을 만들어주거나 그것을 고무하고 추동한 부차적인 흐름으로 이해되었다.[2] 이와 같이 농민전쟁을 민족부르주아운동의 틀 안에서 파악하고, 또 지도역량인 민족부르주아운동에 종속된 추진역량으로 이해함에 따라 농민전쟁이 가지는 고유한 역사적 의미에 대한 접근은 차단될 수밖에 없었다. 뿐만 아니라 남한 학계와 달리 개화파의 부르주아민족운동과 농민전쟁의 차별성도 고려될 여지가 없었다.[3]

둘째, 농민전쟁과 동학사상의 관련성을 부정적으로 이해한 점이다. 동학의 조직이 고립·분산적이던 농민들의 투쟁을 농민전쟁이라는 대규모 투쟁으로 발전시키는 데 역할을 하였고, 동학사상에도 농민 대중의 반봉건·반침략사상이 반영되어 있다는 점을 부정하지는 않았다.[4] 그러

---

2 『조선전사』 13, 1980, p. 290, 321, 353-354.

3 예컨대 농민전쟁이 '근대화'를 추구하였다는 점은 남한 학계에서도 대부분의 연구자들이 동의하지만, 남한 학계에서 갑신정변이나 갑오개혁 등 개화파의 움직임을 "위로부터의 길", 농민전쟁을 "아래로부터의 길"로 구분하여 파악하는 것과 달리 북한 학계에서는 양자 간의 특별한 차이를 두지 않았다(하원호, 앞의 글, p. 112).

4 『조선전사』 13, p. 52.

나 이미 1893년 보은집회 시기부터 동학과 농민들의 투쟁을 구별하고자 하였다. 또한 농민전쟁 시기의 동학에 대해서는 사람들의 사회적 의식 발전에 해독을 끼치는 환상적 · 미신적 요소 때문에 오히려 농민군의 '구국투쟁'에 해독을 끼쳤다고 하여 동학이 농민전쟁에 부정적 영향을 미쳤음을 강조하였다. 이에 따라 동학사상에 대해서는 체계적인 연구가 이루어지지 못했다. 뿐만 아니라, 농민전쟁의 발발 배경이나 전개과정을 설명하는 데도 동학에 대한 언급이 거의 없으며, 언급할 경우에도 그것이 가지는 부정적인 측면을 강조하는 서술 경향을 보였다.

그러나 북한 학계의 연구 동향은 동구 사회주의의 붕괴, 김일성의 사망과 핵문제를 둘러싼 위기의 고조 등 국내외적인 환경이 격변하는 1990년대에 들어 큰 변화를 보인다. 특히 위에 언급한 1980년대까지의 연구에서 보이는 특징 가운데 두 번째 측면에서 선명한 차이가 드러난다. 새로운 연구 경향을 보여주는 대표적인 연구성과가 바로 1994년 동학농민전쟁 100주년을 맞아 발간된『갑오농민전쟁 100돌기념논문집』(과학백과사전출판사, 이하『논문집』)과,[5] 최근에 발간된『동학의 애국애족사상』(이하『사상』)이다.[6] 앞의 책은 원종규 외 11인의 논문을 엮은 것으로 북한 학계의 동학농민전쟁 연구성과 가운데 지금까지 알려진 바로는 가장 많은 필자가 참여한 논문집이다. 이『논문집』은『조선전사』에서는 전혀 인용하지 않았던『천도교서』나『천도교리독본』등 교단 측 자료와 교리해설서를 적극 인용하고 있으며, 이전 시기에는 문서 제목만으로 밝히던「선유방문병동도상서소지등서」,「선봉진정보첩」,「갑오약력」,「전봉준공

5 『갑오농민전쟁 100돌기념논문집』은 1995년 재일예술인연합회의 도움을 받아 본문 가운데 김일성 김정일의 교시를 삭제하고 집문당에서 재간행되었다.

6 량만석,『동학의 애국애족사상』, 사회과학출판사, 2004.

초」등의 전거를 국사편찬위원회에서 간행된 『동학란기록』(상, 하)을 인용하여 밝히고 있으며, 일부의 연구에서는 페이지까지 기록하여 밝히고 있는 점도 매우 주목된다.[7]

『사상』은 앞의 책에도 「동학의 철학적 기초와 정치적 리념」이라는 논문을 실은 바 있는 량만석이 집필한 책이다. 이 책은 『논문집』에 실린 연구성과들을 토대로 하면서도 동학사상에 대해 집중적으로 분석하고 있다는 점에서 동학사상이 농민전쟁에 미친 영향을 부정적으로 이해하고, 그에 대한 관심도 소홀하던 이전 시기에는 볼 수 없던 저작이다.

이 점에서 두 저작은 1990년대 이후 북한 학계의 연구 동향을 살피는 데 매우 중요한 의미를 가지는 것으로 보이지만, 아직까지 이에 대한 본격적인 검토는 없었다. 이런 사정을 고려하여 이글에서는 상기한 두 저작의 내용 가운데 1990년대 이후 북한 학계의 연구 동향 중 이전 시기와 두드러진 변화를 보이는 부분을 중심으로 검토함으로써 동학농민전쟁에 대한 북한 학계의 최근 연구 경향과 그 특징을 살펴보고자 한다.

본론에 들어가기에 앞서 두 저작의 목차를 살펴보면 다음과 같다.

『갑오농민전쟁 100돌기념논문집』

1. 갑오농민전쟁 발생의 사회경제적 요인과 력사적 필연성(원종규, p. 4)

---

7 『논문집』의 모든 필자가 그런 것은 아니지만, 「전봉준과 갑오농민전쟁」을 쓴 김길신(준박사)과 「갑오농민군의 거족적항쟁호소와 정부의 대응」을 쓴 김은주(준박사)의 경우 일부 전거에 '《동학란기록》하 p. 535', 혹은 '《선봉진정보첩》 갑오 11월 12일, 《동학란기록》 하권, p. 185-186' 등으로 명확하게 밝히고 있으며, 「갑오농민전쟁의 성격과 특징」을 쓴 허종호(후보원사 교수)의 경우 페이지는 밝히지 않고 '《동학란기록》(하) 《선봉진정보첩》', '《갑오략력》 《동학란기록》(상)' 등의 형태로 『동학란기록』을 전거로 인용하고 있다.

『동학의 애국애족사상』

2. 동학사상에 대한 상향평가

　1990년 이후 북한 학계의 동학농민전쟁 연구 동향에서 보이는 가장 두드러진 변화는 동학사상에 대한 긍정적 평가이다. 『논문집』과 『사상』의 목차 구성에서도 알 수 있듯이 동학사상 자체에 대한 관심이 크게 고조되었다. 이전 시기와 달리 『동경대전』이나 『용담유사』는 물론 『천도교창건사』와 『천도교리독본』 등 교단 측 자료를 적극적으로 활용하여 동학의 교리를 상세히 분석하고 있다.

　이전 시기의 연구에서도 동학교리에 농민들의 반봉건적·반침략적 지향이 일정하게 반영되어 있다는 점은 인정하고 있었다. 우선 동학교리에는 "유·불·선 및 민간신앙의 여러 요소들이 섭취되어 있었지만, 이러한 요소들을 기계적으로 종합한 것이 아니라", 그 모든 요소들을 섭취하여 반봉건 반침략적인 새로운 종교를 탄생시켰다고 하였다.[8] 또한 동학이라는 말 자체가 "서학에 대립하여 붙인 이름으로 여기에는 우리 인민의 민족적 각성 정도가 어느 정도 반영되어 있었"기 때문에[9] 농민대중의 정치사상을 대변해줄 세력이 없던 역사적 조건에서 농민들의 반봉건·반침략 투쟁을 추동하는 데 일정한 역할을 할 수 있었다고 하였다.[10]

그러나 동학사상에 대한 평가의 기조는 부정적이었다. 그 근거는 주로 동학교리를 만든 최제우가 몰락하였지만, 양반 출신이라는 점에서 찾고 있다. 곧 동학사상에는 "최제우가 처해 있던 몰락한 양반들의 계급적 제한성이 일관되게 반영되어 있었"다는 것이다.[11] 때문에 「도덕가」 등에는 "문벌가문"에 대한 반항이 절정에 이르고 있으나, "계급적 제한성으로 하여 일정한 계선을 넘어서지는 못"한 것으로 이해하였다. 구체적으로는 동학교리가 사회적 모순을 윤리도덕으로 극복하자고 하였음을 지적하면서, 이는 곧 동학사상이 "농민봉기에 호흡을 같이하지 못하고 있었으며, 계급투쟁을 통한 현실부정에 미치지 못하고 있었"음을 의미한다고 하였다.[12]

동학사상에 대한 부정적 평가는 동학의 발생 배경을 설명하는 데서도 보인다. 『전사』에서는 동학의 발생 배경에 대해 "농민들의 반봉건적 진

---

8 「조선전사」 13, p. 50.

9 앞의 책, p. 49.

10 앞의 책, p. 54.

11 앞의 책, p. 52.

12 앞의 책, p. 53.

출, 외래자본주의 침략으로 말미암아 조성된 민족적 위기를 막기 위한 투쟁에 편승하여 반침략·반봉건적인 성격을 가진 새로운 종교로서 동학이 발생하였다"[13]고 이해하였다. 어디까지나 농민들의 투쟁이 먼저였고 동학은 그러한 분위기에 편승하여 발생하였다는 입장이었다.

1990년대에 들어와서는 동학사상에 대한 보다 구체적인 분석이 가해졌고, 그것이 가지는 역사적 의미에 대한 평가도 크게 달라진다. 물론 동학사상이 가진 한계에 대해서도 몇 가지 점을 지적하고 있다. 한계는 대체로 관념적 측면, 동학사상이 '도덕'을 이해하는 방식, 도덕 수양을 강조한 점에서 찾고 있다. 우선 동학이 물질적인 '기'에 관한 이전의 유물론적 사상을 신비화하고 이에 신적 속성을 부여하였으며, 사회의 부패와 폐쇄의 원인을 도덕적 타락에서 찾는 관념론적 사회력사관을 주장한 점은 본질적 결함이라고 하였다.[14]

우선 '도덕'과 관련하여 동학에서는 "사람이 우주만물 가운데서도 가장 뛰어나고 영특한 존재"라고 하였는데, 그 근거를 "사람이 '마음'과 '도덕'을 가지고 있기 때문"이라고 해석하였으며, 이는 "사람의 마음이나 도덕이 하느님의 의지나 조화에 의하여 만들어진 것으로 보는 유교나 가톨릭의 견해에 대한 단호한 부정으로서 당시로서는 긍정적 의의가 있는 것이다"고 하였다. 그러나 "동학에서는 도덕을 '천'과 결부하여 '천덕(天德)'으로 리해하여 우주진화과정에 자연적으로 형성되었다고 봄으로써 사회적 속성으로 리해하지 못하였다"라고 하여 그 한계도 분명히 밝히고 있다.[15] 이는 동학의 '무위이화(無爲而化)'에 대해 "사물발전의 자연생장만을 강

---

13 앞의 책, p. 50.
14 「논문집」, p. 39.
15 「사상」, p. 37.

조함으로써 사회적 인간의 주체적 운동인 사회적 운동에서도 자연필연성을 주장하는 제한성을 벗어나지 못하였다"는 지적과도 상통하는 것이다.[16]

또 하나의 한계점으로 동학사상이 도덕수양, 곧 내성주의(內省主義)를 강조한 점을 들었다. "동학은 '후천개벽'을 중요한 사명으로 간주하고, 사람들에게 동학사상을 심어주어 도덕군자로 만드는 '정신개벽', 외세의 침략과 예속에서 벗어나 민족자주권을 확립하고 민족문화와 생활 수준을 향상시키기 위해 인내천 사상으로 조선이라는 큰 신체에 조선혼을 넣어주어 조선민족의 존엄을 지켜내는 '민족개벽', 썩고 병든 것, 불공평한 것을 철폐하고 평등한 사회제도를 수립하는 것을 기본으로 하면서 경제 발전과 인민생활의 향상, 사람들의 도덕적 품격을 완성하는, 곧 낡은 사회제도를 뒤집어엎고 새로운 사회를 세우기 위한 '사회개벽'이라는 '3대 개벽'의 실천운동을 전개하였고 이 가운데 '정신개벽', 곧 도덕 수양을 선차적인 과제로 제기하였다"라고 이해하였다.[17] 그러나 '정신개벽'을 선차적인 과제로 제기한 점은 동학이 "주관적 '심'의 자아수양만 잘 하면 극락세계에 갈 수 있다고 하는 불교의 학문적 영향을 그대로 답습하고 있다"고 하여 비판하였다.

이와 같이 1990년대 이후에도 동학사상의 한계점을 지적하고 있다. 그러나 한계점이 이전 시기에 비해 덜 강조되고 있으며, 나아가 이전 시기와 달리 동학사상을 매우 긍정적으로 상향하여 평가하였다. 우선 동학의 신관(神觀)에 대한 분석을 통해 동학사상에서 유교나 서학, 도교 등과 구별되는 반봉건적 사상의 원천을 찾고자 하였다. 동학에서는 "'주문'

---

16 「논문집」, p. 51.

17 「사상」, p. 48.

을 '상제'나 '한울님'으로부터 계시받은 것처럼 하였고, 세계의 근본시원으로서의 '지기'도 신령스러운 속성을 가지고 있는 것으로 보고, 그러므로 '지기'에 의하여 이루어진 천지만물이 곧 '신'이며 사람도 역시 '지기'의 산물이므로 '신'이라고 인정하였다"라고 하며 이것을 범신론이라고 하였다. 그러나 동학의 범신론은 "사람이나 세계 밖에 존재하면서 세계의 창조자, 지배자로 되는 목적과 의미를 가진 신적 존재가 아니며, 인간에 의하여 소외된 종교적 외피를 쓴 신적 존재도 아니었다"라고 하였다.[18] 결국 최제우는 "사람과 '하느님'의 호상관계 문제를 철학의 기본문제로 제기하고 종래의 철학에서 신성화되었던 '하느님'의 지위를 땅바닥으로 끌어내리우고 사람의 지위를 '하느님'의 지위에까지 끌어올렸다"라는 점을 강조하였다.[19] 곧 초자연적인 '귀신'이나 '사람 우에 군림하는' 신을 인정하지 않았으며 이 점이야말로 "봉건유교나 가톨릭교, 도교에 대한 단호한 부정으로서 동학의 반봉건적 성격을 근거짓는 중요한 사상리론적 원천"이라는 것이다.[20]

이러한 사상 이론적 원리를 근거로 동학사상의 역사적 의미를 높이 평가하였다. 우선 동학의 철학적 기초로 "세계에 대한 견해를 밝히는 '지기설(至氣說)'과 사람과 '한울님'과의 관계를 밝히는 '인내천(人乃天)'에 관한 사상, 불합리한 세계는 반드시 교체되어야 한다는 '개벽(開闢)'에 관한 사상"을 적시하였다.[21] 각 사상에 대해서는 이전 시기와 마찬가지로 한계를 언급하면서도 이전 시기에 비해 그것이 가지는 조선민족 고유의 성

---

18 앞의 책, p. 40.

19 「논문집」, p. 61.

20 「사상」, p. 42.

21 앞의 책, p. 27.

격, 애국애족의 성격을 강조하는 경향이 뚜렷하다.

이 가운데 동학사상의 전 체계를 관통하고 있는 기본사상이라고 평가한 '인내천' 사상에 대해서는 "종교적인 관념에서 크게 벗어나지 못하고 사람 자체를 신적 존재로 보는 것으로 하여 리론적 불합리를 면치 못하였고", "한마디로 동학의 '인내천' 사상은 유물론에 기초하지 못하고 유신론에 기초한 사상이었다"라고 하여 여전히 그 한계를 확인하고 있다.[22] 그러나 "유교나 가톨릭교 등 종래의 철학서는 '하느님'을 최고의 지위에 올려놓고 사람을 포함한 세계가 그에 의하여 창조되고 지배되고, 사람은 바로 그 '하느님'의 명령이나 계시에 무조건 복종하고 순종할 의무만 지니고 있는 예속적 존재로 보았으나, 동학은 기왕의 낡은 관념을 타파하고 '하느님'이나 '하늘'신이 사람이나 자연 밖에 있으면서 명령하고 지배하는 것이 아니라 사람 자체가 곧 '한울'이며 신이라고 선언한 점에서 동학이 서학과 대치되는 근본적인 차이점이 있으며 조선민족 고유의 종교철학으로서의 본질적 특징이 있다"라고 하여 외래 사상과 구별되는 조선민족의 고유성을 강조하였다.[23]

또한 '개벽'사상은 동학의 사회력사발전관을 반영하고 있는 중요한 사상으로,[24] "사회력사도 자연세계에서와 마찬가지로 일정한 합법칙성에 따라 변화·발전하며 낡은 사회는 반드시 새로운 사회로 교체되어야 한다는 사회력사적 견해에 기초하고 있으며",[25] "동학의 이러한 견해는 민생이 도탄에 빠져 지옥의 나락에서 살길을 찾아 헤매고 있는 낡고 썩어

---

22 앞의 책, p. 42.

23 앞의 책, p. 35.

24 앞의 책, p. 43.

25 앞의 책, p. 44.

빠진 봉건사회는 멸망하고 모든 사람이 락을 누리는 새로운 사회가 합법칙적으로 도래한다는 력사적 필연성이 밝혀져 있다"라고 하여 그 의미를 평가하였다.[26]

그러나 역시 "사회력사발전을 자연필연적인 것으로 리해함으로써 유교의 '천명'과 같이 숙명론을 고취하며 또한 사계절이 변하듯이 부단히 반복되는 것처럼 순환론적으로 리해하는 제한성에서 벗어나는 것은 아니었다"라고 하여[27] 그 한계를 지적하였다. 이는 무엇보다 "주체사상이 밝히는 바와 같이 인류력사는 력사의 주체인 근로인민 대중의 자주적이며 창조적인 투쟁에 의하여 발전하는 것"이기 때문이라는 것이다.[28]

이러한 한계에도 불구하고 '개벽'사상은 "새로운 시대가 '하느님'이나 '상제'에 의해서가 아니라 '무위이화'의 법칙에 의해 자연필연적으로 도래한다는 것을 깨우쳐줌으로써 빈·천자 대중을 반침략·반봉건투쟁에로 고무·충동하는 데서 일정한 역할을 하였으며, 여기에 '개벽'사상의 애국애족성이 있으며 외래종교와 구별되는 본질적 특성이 있다"라고 적극적으로 이해하였다.[29]

한편 동학의 정치적 이념으로는 '보국안민(保國安民)' '광제창생(廣濟蒼生)' '지상천국(地上天國)'을 들고, 이러한 이념은 "동학사상의 애국·애족·애민성을 규제하는 본질적 징표"라고 하였다. 각각의 이념이 가지는 의미에 대해서는 "'보국안민'은 주로 외세로 인한 민족적 위기를 타개함으로써 나라와 백성을 보전하는 것이고, '광제창생' '지상천국'은 봉건

---

26 앞의 책, p. 45.
27 앞의 책, p. 47.
28 앞의 책, p. 47.
29 앞의 책, p. 50.

통치의 부패로 인한 대내적 위기로부터 나라와 백성을 구원하여 모든 사람이 안락한 생활을 누리는 '리상적인 사회'를 건설하자는 것"이라고 하였다.[30]

이 가운데 가장 중요한 이념으로 들고 있는 '보국안민'의 경우 그것을 실현하는 방법 면에서 물질적 생산을 장려하여 국력 배양에 힘써야 한다고 주장한 점에서 외세와의 투쟁에서 무저항주의와 타협, 평화적 공존을 전제로 한 일종의 민족개량주의에 불과하다고 비판하면서도[31] "전체계와 내용이 반침략·반봉건사상으로 일관되어 있고 반침략·반봉건사상의 기저에는 애국·애족·애민의 숭고한 리념이 맥맥히 흐르고 있음으로 하여 당시 빈·천자 대중의 요구와 리해관계에 부합되였으며 그들의 심금을 틀어잡을 수 있었다"라고 하여 높이 평가하였다.[32]

'광제창생' '지상천국' 이념 역시 구체적인 내용과 방법을 제시하지 못하였고, 중세기적 한계를 벗어나지 못하였지만, 현세에 지상천국을 세울 수 있다고 하여 "미래에 대한 기약 없이 하루하루를 간신히 연명하여 가던 빈·천자 대중에게 용기와 희망·신심을 안겨주어 봉건통치배들에게 반대하는 투쟁에 떨쳐나도록 고무·추동하였다"라고 하여 긍정적으로 평가하였다.[33]

한편 동학에 대한 긍정적 평가는 동학 창시자인 최제우와 제2세 교주 최시형의 사상과 인물됨을 높이 평가하는 데서도 확인된다. 이를 위해 이전 시기의 연구에서는 거의 언급하지 않았던 '천도교서'나 '천도교리

---

30 앞의 책, p. 51-52.
31 앞의 책, p. 62.
32 앞의 책, p. 63.
33 앞의 책, p. 64-75.

독본' 등 교단 측 기록을 적극적으로 활용하고 있는 점도 눈에 띈다. 우선 최제우가 동학을 창도하게 되는 배경과 과정을 비교적 소상하게 서술하면서 최제우의 방랑생활을 교리를 창조해 나가는 활동 과정이라고 하여 적극적으로 평가하였다.[34] 나아가 부르주아 민족운동에서 가장 중요한 인물로 평가받고 있는 김옥균과 최제우를 같은 반열에서 평가하기도 했다.

일부 봉건 선비들과 하층의 량반들 속에서는 나라와 민족의 자주성을 위해 한사람같이 떨쳐나선 근로인민대중의 투쟁에서 고무적 힘을 얻고 나라와 민족 앞에 닥쳐온 위기를 타개할 새로운 출로를 탐색하여 자리를 털고 일떠선 선각자들이 출현하였다.
이 시기 김옥균을 비롯한 중앙관청의 량반관료들 속에서는 봉건통치체제를 전복하고 부르죠아개혁을 단행할 목적 밑에 개화사상을 내놓고 자기의 조직을 확대하여 나갔고, 최제우는 '인내천'과 '보국안민'의 리념 밑에 동학사상을 창시하고 그 교리를 널리 전파하기 위하여 정력적인 포교활동에 달라붙었다.[35]

최제우가 김옥균과 같은 반열에서 "나라와 민족 앞에 닥쳐온 위기를 타개할 새로운 출로를 탐색하여 자리를 털고 일떠선 시대의 선각자"로 상향 평가되고 있음을 알 수 있다.[36] 이는 최제우의 선각자적 측면을 지적하면서도 동학의 발생 배경을 집안의 몰락에 대한 불안과 초조, 원망

---

34 「논문집」, p. 26.
35 「사상」, pp. 19-20.
36 앞의 책, p. 19.

의 감정 등 최제우 개인의 심리적 갈등을 강조하거나,[37] 동학이 농민들의 투쟁에 편승하여 발생하였다고 이해하던 이전 시기의 서술기조와는 크게 다른 것이다.[38]

나아가 최제우뿐만 아니라 동학의 제2세 교주 최시형에 대해서도 긍정적으로 서술하였다. 이전 시기에는 최시형에 대해 간단히 언급하였고, 그나마 이필제의 투쟁에 반대하거나,[39] 보은집회 당시에는 농민들의 불만을 이용하여 동학을 합법화하고 자신들의 사회적 지위를 개선하려 하다가[40] 끝내 투항배신하였으며, 결국 아무런 성과도 내지 못하고 실패하게 만들었다고 하는 등[41] 부정적으로만 묘사되었다. 그러나 1990년대 이후에는 최시형의 사상에 대해서도 본격적으로 검토하였고,[42] 특히 최시형이 "봉건적 신분제도는 물론 빈부귀천의 차이, 남녀로소의 차이를 부정하고 누구나 평등하게 대하여야 한다"라고 한 '인내천' 사상을 진보적이고 긍정적인 사상으로 평가하였다.[43] 또한 최시형의 활동에 대해서도 최제우의 사상을 더욱 폭넓게 전개하고, 실천에서도 근대적 요구에 맞게 발전시켜 나간 것으로 평가하였다.[44]

---

37 『조선전사』, pp. 52-53.

38 앞의 책, p. 50. 이러한 서술 기조는 후술하는 바와 같이 농민전쟁을 부르주아민족운동 속의 부차적인 흐름으로 이해하던 이전 시기와 달리 농민전쟁의 독자성을 강조하게 되는 점과 같은 맥락에서 이해할 수 있을 것이다.

39 앞의 책, p. 54.

40 앞의 책, p 282.

41 앞의 책, p. 285.

42 최시형에 대한 본격적인 검토는 량만석이 집필한 『사상』과 역시 그가 쓴 『동학의 철학적 기초와 정치적 리념』, 『논문집』에서 이루어지고 있다.

43 『논문집』, p. 53.

44 『사상』, p. 25.

3. 동학농민전쟁에서 동학의 역할 강조

1980년까지 동학과 동학농민전쟁의 관계에 대한 북한 학계의 견해는 크게 세 가지로 나누어볼 수 있다. 1950년대 말까지는 동학과 농민전쟁이 일정한 관계가 있다는 점을 긍정하는 견해가 지배적이었다. 대표적인 연구자는 이청원이었다. 그는 엥겔스(Friedrich Engels)의 논리를 받아들인 논문에서[45] 농민전쟁의 주체는 농민이지만, "모든 개혁적 운동이 종교적 외피를 입는다"라는 '종교외피론'에 의거하여 동학농민전쟁의 조직화와 집단화에 동학이 일정한 역할을 한 것으로 이해하였다. 또한 농민전쟁의 주체는 반이조적인 몰락양반으로 보면서 전봉준에 대해서도 '동학의 하급간부인 이속(吏屬)'이라고 하여 그가 동학교도임을 분명히 하였다.[46]

또 다른 견해는 1959년 오길보가 내놓은 것이다. 그는 "동학사상을 지나치게 과대평가하면서 마치 동학사상이 농민봉기의 사상적 기치와 같이 되었다는 견해와 동학의 조직이 갑오농민전쟁을 확대함에 있어서 핵심적인 조직체가 되었다는 견해"들을 비판하였다.[47] 또한 농민전쟁과 동학과의 관계를 부정하였고, 전봉준도 동학교도가 아니었으며, 종교적 외피론도 거부하였다.

이를 둘러싼 논쟁은 동학농민전쟁이 종교적 외피를 쓴 것은 아니라는 점을 인정하면서도 농민전쟁 발발 과정에서 동학도들과 동학 조직망의

---

45 이청원, 「갑오농민전쟁의 성격과 그 역사적 의의」, 조선력사편찬위원회 편, 『역사제문제』 3, 1948.

46 이청원을 포함한 1940년대 후반 유물사가들의 동학농민운동 인식에 대해서는 오영섭, 「1940년대 후반 유물사가들의 동학농민운동 인식」, 『동학학보』 통권 10호 참조.

47 오길보, 「토론: 갑오농민전쟁과 동학」, 『력사과학』 3, 1959; 「토론: 갑오농민전쟁과 동학에 대하여」, 『력사과학』 5, 1959. 『력사과학』 제5호의 글은 제3호의 글을 요약하여 정리한 것이다.

역할을 도외시하거나 과대평가해서는 안 되며, 전봉준이 동학교도였는가 여부는 문제가 되지 않는다는 것으로 마무리되었다.[48]

그러나 주체사상이 정립된 이후인 1980년대에는 동학과 농민전쟁의 관계를 부정적으로 이해하는 논조가 강하였다. 물론 동학교리에는 농민들의 반봉건적, 반침략적 지향이 포함되어 있기 때문에 동학이 농민들의 반봉건·반침략투쟁을 추동하는 데 일정한 역할을 할 수 있었다는 점을 인정한다.[49] 또 고부민란 단계에서도 적지 않은 농민들이 동학의 지방조직에 망라되어 있었기 때문에 그 조직을 이용하여 단기간에 많은 농민들을 투쟁에 궐기시킬 수 있었으며,[50] 이 점에서 고부민란은 동학의 조직을 이용한다면 농민 대중을 효과적으로 동원할 수 있다는 점을 보여준다고 하였다.[51] 전봉준 역시 농민들을 대규모적으로 투쟁에 동원하기 위해 동학을 이용하였다고 하였다.[52]

그러나 동학과 농민전쟁의 관계에 대해서는 역시 부정적이었다. 농민전쟁에서는 물론이고 우선 보은집회 시기부터 양자의 관계를 부정적으로 파악하였다. 그것은 무엇보다 "동학과 그 교리의 본질적 약점은 그것이 사람들의 사회적 의식 발전에 해독적 후과를 미치게 되는 환상적인 종교미신적 형태를 띠고 나온 것"이기 때문이었다.[53] 보은집회의 전개과정을 동학교도 상층과 하층 세력으로 분명히 구분하여 접근하면서 상층

---

48 하원호, 앞의 글, p. 110: 양상현, 앞의 글, pp. 126-130: 조민, 앞의 글, pp. 215-216.

49 『조선전사』 13, pp. 50-54.

50 앞의 책, p. 293.

51 앞의 책, p. 294.

52 앞의 책, p. 297.

53 앞의 책, p. 53.

에 대해서는 타협적이고 투항적이라 하여 비판한 반면, 반침략·반봉건 투쟁을 전개한 주체는 하층 교도들이었다고 하였다.[54] 이에 따라 "동학은 비록 민족적인 종교로서 1860년대 이후 농민들의 지향을 일정하게 반영해왔으나, 그것은 중세기적인 종교적 형태를 띠고 있는 자체의 본질적인 제약성으로 하여 근대적 부르죠아적 계몽사상이 대중 속에 전반적으로 보급됨에 따라 농민운동을 추동하는 데서 더는 긍정적인 역할을 할 수 없었다"라고 하였다.[55]

농민전쟁 단계에서는 양자의 관계를 부정적으로 서술하였다. 이는 전봉준이 동학을 이용하여 대중을 동원했다고 하면서도 〈무장포고문〉에 대해 "첫 시작에서부터 그 성격에 있어서 동학교도의 종교운동이 아니라 농민 자신의 이해관계를 반영한 투쟁이었다"라고 한 데서도 드러난다. 동학농민전쟁의 전개과정을 서술하는 과정에서도 동학에 관한 내용은 거의 나타나지 않으며, 오히려 "종교적 교리와 파벌적 야욕 밑에 동학 상층들이 농민군의 정의의 구국투쟁"에 해독을 끼쳤다고 하여 동학이 농민전쟁에 부정적 영향을 미쳤음을 강조하였다.[56]

그러나 1994년에 출간된 『논문집』과 2004년에 발간한 『사상』에서는 이러한 서술기조에 일정한 변화가 일어나고 있음을 확인할 수 있다. 『논문집』에 수록된 총 12편의 논문 가운데 두 편이 동학과 동학사상을 다루

---

54 앞의 책, pp. 281-286. 『조선전사』보다 4년 후에 발표된 정창규의 글에서도 "농민을 비롯한 광범한 동학 하층은 동학에 대한 종교적 환상에서 벗어나 직접적인 반침략 반봉건투쟁에 나섰다"고 이해하였다(정창규, 「1893년 보은집회투쟁의 성격에 대하여」, 『력사과학』, 1984년 3호).

55 앞의 책, p. 285. 『조선전사』 근대편을 축약해 놓은 『근대조선력사』에서는 "중세기적인 종교적 형태를 띠고 있는 자체의 본질적인 제약성으로 하여 농민운동을 추동하는 데서 더는 긍정적 역할을 할 수 없었다. 1893년부터 다시 앙양되기 시작한 대중의 반침략 반봉건투쟁은 나라의 위기를 구원하려는 대중의 애국적이며 진취적인 지향의 반영이었다"라고[이종현, 『조선근대혁명운동사』, 1984(일송정 재간행본, 1989), p. 132], 이미 보은집회부터 동학과 운동의 관련성을 부정하였다.

56 앞의 책, p. 329.

고 있으며, 마지막 논문은 동학의 후신인 천도교에 대해서 다루고 있다. 『사상』에서는 동학사상을 중심으로 동학농민전쟁에 접근하고 있을 뿐만 아니라 동학과 동학사상을 3.1운동은 물론 일제하 '항일무장투쟁'과 해방 이후의 국가 건설 과정, 한국전쟁 시기까지 연결하여 이해하고 있다.

우선 교조신원운동 시기 동학의 역할에 대해서도 그 이전에 비해 적극적으로 평가하였다.[57] 동학은 "자체의 진보적이고 애국애민적인 성격으로 하여 광범한 군중 속에 전파되었고, 인민들의 반침략·반봉건투쟁에서 일정하게 긍정적 역할을 놀았다"라고 하였다.[58] 동학 상층에 대해서도 이전과 달리 "포교활동과 함께 교도들을 조직적으로 묶어 세우기 위한 활동을 벌였다"라고 하여 긍정적으로 평가하면서,[59] "이러한 모든 사실은 삼례집회가 동학도인들의 교조신원운동과 반침략·반봉건투쟁이 밀접히 결합된 투쟁이었다는 것을 뚜렷이 보여준다"라고 하여 동학과 보은집회가 밀접한 관련이 있었다고 주장하였다.[60]

이러한 변화는 농민전쟁에 대해 "동학의 사회정치리념인 '광제창생' '보국안민' '척양척왜'의 구호 밑에서 전개되었다. 농민전쟁이 '동학농민전쟁'이라 불리웠으며 농민군이 '동학군'이라고 불리게 된 것은 결코 우연한 일이 아니다"라고 서술한 데서[61] 더욱 분명히 드러난다. 비록 하나의 사례로서 든 것이지만, 동학농민전쟁을 부르는 용어에까지도 '동학'

---

57 교조신원운동에 대해서는 리택권, 「동학운동과 삼례, 보은집회투쟁」, 『논문집』 참조. 또한 교조신원운동 시기에 가장 먼저 개최된 공주집회에 대해서는 『조선전사』와 마찬가지로 『논문집』에서도 언급하고 있지 않다는 점을 지적해둔다.

58 『논문집』, p. 63.

59 앞의 책, p. 65.

60 앞의 책, p. 71.

61 앞의 책, 22, p. 176.

을 붙여서 언급한 점 역시 중요한 변화로 주목된다.

물론 농민군의 다수는 동학도가 아니었다는 점, 농민전쟁은 종교전쟁이 아니라 농민들의 사회정치운동이었다는 점 등을 원론적으로 지적하고 있는 점은 이전과 마찬가지이다.[62] 그러나 그 이전 시기의 연구 경향과 비교해볼 때 동학의 긍정적 측면을 획기적이라고 할 만큼 강조하고 있다. 구체적으로 살펴보면 동학사상이 가진 반침략·반봉건적 성격, 애국애족적 성격을 강조하는 동시에 동학농민전쟁 전개과정에서도 동학사상이 반봉건·반침략적 정치이념으로 중요하게 기능하였음을 인정하고 있다.

동학의 '광제창생' '지상천국' '보국안민' '척양척왜'의 반봉건 반침략적 정치리념은 그 후 일명 '동학란'으로 불리운 갑오농민전쟁에서 뚜렷이 표현되었다. 농민봉기군의 반봉건적인 '광제창생'의 구호를 들고 봉건통치배들을 반대하는 투쟁을 줄기차게 벌였고, (중략) 반침략적인 '보국안민', '척양척왜'의 기치 아래 외국침략자들을 반대하는 데로 투쟁의 예봉을 돌려 침략자들에게 심대한 타격을 주었다.[63]

동학은 발생 후 우리나라 반제반침략투쟁의 막을 빛나게 장식한 갑오농민전쟁을 비롯하여 19세기 말 봉건통치배들과 외래침략세력을 반대하는 우리 인민들의 투쟁에 커다란 영향을 주었다.[64]

---

62 앞의 책, p. 177.

63 앞의 책, 60, p. 178.

64 「사상」, p. 3.

이는 1959년에 오길보가 "총괄적으로 1894년 농민전쟁에서 동학의 역할을 평가한다면 긍정적인 측면보다 파괴적이며 반동적인 행위가 더 크다"라고 비판한 점과 비교해볼 때 현격한 차이를 보여줄 뿐만 아니라, 1980년대의 논조와도 크게 다른 것이다.

한편 농민군 지도자와 동학과의 관계에 대해서도 "전봉준은 전쟁발발 10년 전인 30살 때에 동학교에 입교한 독실한 교도였음"을 분명히 하였고, 손화중, 김개남뿐만 아니라,[65] "갑오농민전쟁의 지휘자는 전봉준 이하 거의 모두 동학도로 알려지고 있으며, 지휘 성원들의 명색은 법헌의 최시형이 임명한 접주, 접사, 교장, 교수, 집강, 도집, 대정, 중정 등이었다"라는 점을 강조하였다.[66] 또한 "농민을 비롯한 각계 각층의 투쟁이 전봉준에 의하여 동학의 지도와 결합됨으로써 1890년대 초까지 각지에서 치열하게 벌어지고 있던 인민들의 투쟁은 마침내 1894년에 대규모적인 농민전쟁으로 발전하게 되었다"고 하였다.[67] 나아가 농민군의 명령체계가 엄격한 것도 "동학의 엄한 내부 규율과 종교적 질서와 관련이 있다"고 하였다.[68] 결국 농민군 지도자들은 "자신이 속해 있는 동학 조직을 리용하여 각지 동학포 조직들과 련계를 맺으면서 농민전쟁을 확대시켜나갔다"[69]라고 하여 전봉준을 비롯한 농민군 지도자들이 동학교도였으며, 동학이 조직면에서도 농민전쟁의 발발과 전개에 중요한 역할을 하였다

---

65 『논문집』, p. 22.

66 앞의 책, p. 176.

67 앞의 책, p. 21.

68 앞의 책, p. 178.

69 앞의 책, p. 176.

는 점을 분명히 밝히고 있다.[70]

나아가 천도교로 바뀐 다음에도 식민지 시기는 물론 해방 이후, 심지어 오늘날 남한에서까지 '반민 · 반파쇼투쟁'에서 중요한 역할을 하고 있음을 지적하였다.[71]

동학은 그 후 종교화되여 천도교로 변신하였다. 천도교인들은 동학의 정치적 리념을 고수하여 영광스러운 항일혁명투쟁을 적극적으로 지지하고 자기의 대표를 조선인민혁명군 사령부에 파견하여 항일무장투쟁에 합세하였고 조선인민혁명군과 긴밀한 련계하에 전국적인 무장봉기를 준비하였다. 오늘 남반부의 천도교인들도 반미반파쑈투쟁에 적극 떨쳐나서고 있다.[72]

우리나라 근세 반침략 · 반봉건투쟁에서 특기할 사변들인 갑오농민전쟁과 3.1인민봉기에는 동학의 자취가 뚜렷이 새겨져 있으며, 특히 영광스러운 항일무장투쟁에서와 준엄한 조국해방전쟁에서도 동학의 자취는 어려 있다.[73]

그 후 3.1운동의 발발과 그 확대에 커다란 역할을 하였다. (중략) 절대다수의 교도들과 청년당원들은 동학 본래의 애국애족적 리념을 고수하여 일

---

70 『사상』에서는 동학사상과 조직, 교조신원운동이 농민전쟁에 미친 영향에 대해 한층 적극적이고 집약적으로 정리하고 있다(『사상』, pp. 103-107).

71 『논문집』에 실린 최태진의 「일제의 천도교 분렬와해 책동과 그 후과」, 『사상』의 제5장 제2절, 「3 · 1 인민봉기와 동학」, 제3절, 「항일무장투쟁시기 천도교인들의 활동」, 제4절, 「조국광복후 평화적 건설시기와 조국해방전쟁시기 천도교인들의 활동」 등이 여기에 해당한다.

72 『논문집』, p. 61.

73 『사상』, p. 162.

제식민지통치를 반대하는 여러 갈래의 투쟁을 벌여왔다. (중략) 영광스러운 항일투쟁을 물심양면으로 지지성원하는 데서도 많은 역할을 하였으며, 조국 광복 후 공화국 북반부에서의 혁명적 민주기지 강화와 조국 통일을 위한 투쟁, 준엄한 조국해방전쟁에서도 일정한 작용을 하였다.[74]

물론 여기에는 "영광스러운 항일무장투쟁에서 천도교인들이 조국광복회에 망라되어 일제를 반대하여 잘 싸울 수 있은 것은 전적으로 위대한 수령님께서 한없이 넓은 도량으로 위대한 포용력을 지니시고 천도교인들을 포섭하신 데 있다"라고 하는[75] 부연설명이 따랐다. 또한 동학의 애국애족적 이념을 현재 남한의 '반미·반파쇼투쟁'까지 연결한 점에서 황당한 면도 있지만, 역시 1980년대에는 볼 수 없던 서술기조인 것은 분명하다. 1980년대만 하여도 천도교에 대해서는 "종교적 신비주의의 요소들은 뒤에 더욱 '세련'되어 천도교로 개편되었으며, 그 상층부는 나중에 인민을 배반하는 길로 나가면서 농민전쟁을 파탄시키는 반역 행위까지 감행하였다 특히 일제강점 시기 천도교는 점차 타락하여 그 상층부는 일제침략세력과 타협하여 인민을 몽매화하는 데 복무하였다"라고 하여[76] 부정적으로 평가하였기 때문이다.

---

74 앞의 책, p. 3.

75 앞의 책, p. 135.

76 「조선전사」 13, p. 403.

4. 동학과 농민전쟁의 애국애족적 성격 강조

1990년대의 연구 동향에서 보이는 또 하나의 특징은 동학농민전쟁의 반침략적 성격과 애국애족적 성격을 강조한 점이다. 이는『논문집』에 수록된 12편의 논문 가운데 4편이 일제의 침략과 그에 대한 거족적 항거 투쟁을 다루고 있다는 데서도 잘 드러난다. 1980년대까지는 동학농민전쟁의 성격으로 반봉건 투쟁과 반침략 투쟁을 함께 설정하는 방식이었으나 1990년대에는 반침략적 애국애족적 성격을 강조하는 한편 외세의 침략에 대한 거족적 투쟁을 높이 평가하고 있다.

예컨대 1980년대에는 '갑오농민전쟁'을 서술하는 첫머리에 "1894년에 악정을 일삼던 봉건통치자들과 외래침략자를 반대하는 농민전쟁이 치열하게 벌어졌다"라고 서술하였으나[77] 1994년의『논문집』에서는 "1894년 갑오농민전쟁은 근대시기에 이르러 외래자본주의침략으로부터 나라와 민족의 자주권을 지키며 부패한 봉건통치질서를 변화하기 위하여 우리 인민이 자발적으로 벌인 가장 큰 규모의 농민전쟁이었다"라고 하여[78] 반침략적 성격을 앞에 내세우고 있다.

애국애족적 성격에 대한 강조는 먼저 최제우가 동학을 창도한 것을 종교를 위한 종교가 아니라 사회 변혁을 위한 학설로서, 또 기울어가는 나라의 운명을 구원하고 도탄에 빠진 민생을 구제하려는 '애국애족적' 입장에서 창조한 것이라고 파악한 데서부터 확인된다.[79] 또 동학이라는 명칭에 대해서도 "최제우가 자기의 학문을 서학에 대치시켜 동학이라

---

77 앞의 책, p. 289.

78 『논문집』, p. 4.

79 앞의 책, p. 32.

고 명명한 것만 보아도 동학이 그 발생 동기는 물론 그 명칭에 애국애족성과 민족성이 진하게 내포되어 있음을 알 수 있다"라고 하였다.[80] 이는 동학의 명칭에 "우리 인민의 민족적 각성 정도가 어느 정도 반영되어 있다"고[81] 한 이전 시기의 평가와 크게 대조된다. 동학이라는 명칭 해석에서부터 최제우와 동학사상이 가진 애국애족성과 민족성을 '진하게' 강조하고 있기 때문이다.

또한 『사상』에서는 동학사상의 '애국애족정치리념'을 크게 '보국안민', '광제창생', '지상천국'으로 구분하면서, 그 가운데서도 "외래 침략에 대처하여 나라를 지키고 봉건적 학정을 없앰으로써 백성들을 편안하게 한다"라는 의미를 지닌 '보국안민'을 가장 주요한 "선차적" 과업으로 파악하고 있다. '보국안민' 사상에서 기본 내용을 이루는 것은 외래침략을 반대하는 사상, 그 가운데서도 '척양척왜(斥洋斥倭)'를 근본핵이라고 하였다. 그것은 "'광제창생'하고 '지상천국'을 건설하는 데서 '보국안민' '척양척왜'는 필수적이고 선차적인 초미의 문제"였다는 논리에서 나온 것이다.[82] 이 역시 동학의 애국애족적이고 반침략적 이념을 강조한 것이며, 이러한 "숭고한 애국, 애족적 리념이 갑오농민전쟁에 작용하였다는 것은 갑오농민전쟁의 성격과 투쟁구호, 격문, 항의문, 통문, 공시문들에서 여실히 나타났다"라고 하여 동학사상의 애국애족적 이념이 농민전쟁을 추진한 중요한 사상적 원천이었음을 강조하였다.[83]

애국애족적 측면에 대한 강조는 농민전쟁 당시 농민군이 계급적 이해

---

80 앞의 책, p. 32.

81 『사상』, p. 22.

82 『논문집』, p. 57.

83 앞의 책, p. 103.

를 넘어서 전개한 거족적 투쟁과 반일투쟁이 전국에서 전개되었다는 점을 강조한 서술로 이어졌다. 애국애족적 성격과 농민군의 전국적 봉기에 대해서는 이전 시기의 서술에서도 강조되어 왔다.[84] 그러나 1990년대에는 농민전쟁의 역사적 의의로 민족적 단결과 희생심을 강조하면서,[85] 농민군이 계급적 이익보다 오히려 민족적 이익을 앞세웠다는 점을 강조하고 있는데, 이 점은 이전 시기의 서술에서는 보이지 않던 내용이다.

예컨대 『논문집』에서도 이전 시기와 마찬가지로 공주전투에서 패한 농민군이 논산으로 후퇴한 11월 12일 '동도창의소'의 명의로 경군(京軍)과 영병(營兵) 및 이교(吏校)와 시민[상인]들에게 호소하는 글의 애국적 성격을 강조하고 있다.[86] 그러나 이 호소문이 "민족적 리익을 계급적 리익 우에 올려놓고 전 민족의 단결된 힘으로 조선이 일본의 식민지로 되는 것을 막자는 애국애족의 웨침"이라는 것이다.[87] 계급적 이해보다는 민족적 이해의 중요성을 우위에 두고 강조하고 있음을 알 수 있다. 이에 대해서는 다음의 결론 부분에서 잘 드러난다.

농민군은 민족이 있고서야 계급도 있을 수 있으며, 민족의 리익이 보장되어야 계급의 리익도 보장될 수 있다는 데로부터 전체 인민들과 정부군

---

84 앞의 책, pp. 325-326, 352.

85 앞의 책, p. 178, 182, 186.

86 이 호소문은 한글로 되어 있으며, 『동학란기록』에 실린 호소문 말미에 그것이 발표된 일자를 "갑오 십일월 십이일"이라고 적어놓았다. 그러나 『조선전사』에서는 이 호소문이 발표된 시점을 호소문 내용 가운데 10월 9일 이전에 있었던 한밭 전투에 대해 후회하는 대목이 들어 있다는 점을 단서로 심아 이 글이 10월 12일의 오기인 것으로 판단하였다(『조선전사』 13, p. 334). 『논문집』에서도 김은주는 『조선전사』의 판단을 따르고 있으나(p. 115), 김경수(p. 134)와 허종호(p. 166)는 11월 12일로 받아들이고 있다.

87 『논문집』, p. 116.

에게, 그리고 봉건통치배들에게까지 호소문을 보내어 모든 계급과 계층은 민족의 리익에 복종할 것을 요구하였으며, 민족의 단결된 힘으로 가족적인 반일국구투쟁을 벌릴 것을 호소하였다.[88]

농민군 측의 이러한 호소에 따라 "농민을 비롯한 '천민', 상인, 수공업자 등 각 계층의 인민은 물론 지배계급에 속하는 일부 량반들까지 반일국국항쟁에 합류하여 가족적인 투쟁을 진행하였다"라고 하여[89] '거족적 투쟁이라는 면을 부각시키고자 하였다. 특히 일부 유생과 관리들의 농민군 합류 사실을 여러 군데에서 강조하였으며, 공주유생 이유상, 여산 부사 김원식의 합류와 그들의 생각과 행동에 대해서도 이전에 비해 상세히 서술하여 강조하였다.[90]

『논문집』에서 농민전쟁의 교훈으로 세 가지 점을 들면서 첫 번째와 두 번째 교훈으로 '민족적 원쑤'에 대해서는 '견결히' 투쟁해야만 민족적 독립을 수호할 수 있다는 점, 외세 의존은 매국배족의 길임을 가르쳐준다는 점을 든 것도 농민전쟁의 애국애족적, 반침략적 측면, 거족적 단결과 투쟁을 강조한 것이다.[91]

나아가 『사상』에서는 동학사상이 가지는 역사적 의미에 대해 "우리나

---

88 앞의 책, p. 123.

89 앞의 책, p. 114, 118, 122, 172.

90 앞의 책, p. 114, 117-118, 122, 127, 167.

91 앞의 책, pp. 183-191. 한편 최시형을 비롯한 동학 상층부에 대한 비판은 약화된 것으로 보인다. 이전 시기에는 최시형이 "종교적 교리에 매달려 농민들의 폭력적 진출을 극력반대하면서 무저항주의를 설교"하였다고 지적하고('논문집』, p. 327), 이에 대해 "종교적 교리와 파벌적 야욕 밑에 동학상 층들이 농민군의 정의의 구국투쟁에 끼친 큰 해독"이라고 비판하였다('논문집』, p. 329). 『사상』의 경우에도 동학 사상과 조직 등이 미친 긍정적 영향을 서술한 말미에 부정적 작용에 대해서도 서술하고 있다('사상』, pp. 108-112). 그러나 『논문집』의 경우 최시형을 비롯한 동학 상층부에 대한 비판은 전혀 나타나지 않는다.

라 근세 반침략·반봉건투쟁에서 특기할 사변들인 갑오농민전쟁과 3.1 인민봉기에는 동학의 자취가 뚜렷이 새겨져 있으며, 특히 영광스러운 항일무장투쟁에서와 준엄한 조국해방전쟁에서도 동학의 자취는 어려 있다"라고 주장하였다. 결국 "애국·애족·애민의 사상만 있으면 정견과 신앙, 당파와 소속에는 관계없이 나라와 민족을 위한 유익한 일을 할 수 있으며, 사회와 집단의 기억 속에 영생하여 력사의 기록에 떳떳이 남아 있게 된다는 것을 동학은 뚜렷이 시사해"준다고 결론지었다.[92]

이는 이전 시기의 동학사상에 대한 평가와 비교해볼 때 큰 차이를 보이는 것이며, 특히 일제하와 해방 이후까지를 연결하여 동학의 애국애족사상을 높이 평가한 것은 이 시기 동학에 대한 북한 학계의 연구가 보여주는 가장 큰 특징이자 획기적인 변화라고 할 수 있다.

동학과 농민전쟁이 가지는 애국애족적 성격을 강조하는 가운데서 또 하나의 변화는 이전 시기와 달리 동학사상을 실학사상이나 위정척사사상은 물론 개화사상과도 구별하면서 오히려 동학사상을 더 높이 평가하고 있다는 점이다.

우선 실학사상은 "봉건통치제도를 부정하지 못하고 봉건통치제도의 울타리 안에서 무능한 봉건통치배를 교체하고 불합리한 통치질서를 바로 잡으려 한" 양반 지배계급의 이해를 대변하는 것이었지만, 동학사상은 "비록 불철저하고 종교관념적 색채를 띤 것"이긴 하지만, "봉건유교사상을 부정봉건통치제도를 개벽의 방법으로 근대적인 지상천국으로 교체하려고 한" 농민을 비롯한 "빈·천자 대중의 이해관계를 반영한 것"이

---

92 「사상」, pp. 162-163. 이와 관련하여 동학농민전쟁의 의의를 "아시아반제민족해방투쟁의 새벽종을 울린 력사적 사변"이며, "중국의 태평천국농민전쟁, 인디아의 시파이폭동과 더불어 아시아 3대항전"으로 높이 평가한 점도 이전과 다른 차이점으로 주목된다(「논문집」, p. 179; 「사상」, p. 97).

라는 점에서 "근본적으로 구별"된다고 하였다.[93]

개화사상과는 "봉건통치제도를 전복하고 근대사회를 건설"하려는 근대사상이라는 점에서 공통적이지만, 개화사상은 "정연한 철학적 체계와 내용을 갖추지 못"하였고, "광범한 근로 대중의 지지와 공감을 불러일으키지 못한 것"이었으며, 특히 반침략적 측면에서 동학사상과 대비할 수 없는 것이라는 점을 강조하였다.[94] 이에 비해 동학사상은 "정연한 철학적 체계와 내용을 갖춘 철학사상으로서 근대사회를 정변의 방법으로가 아니라 도덕교화의 방법으로 광범한 빈·천자 대중을 교화함으로써 개량주의적으로 성취하려 하였고, 외세의 자그마한 요소도 용납하지 않는 철저한 반침략사상이었다"라고 평가하였다.[95] 여기서 주목되는 점은 두 가지이다. 하나는 동학이 도덕을 강조한 데 대한 평가이다. 동학이 도덕적 방법으로 민중을 교화하여 대중을 교화하여 근대사회를 성취하려고 했다는 점은 동학의 도덕성 강조에 대해 동학사상이 "농민 봉기에 호흡을 같이 못하고 있었으며, 계급투쟁을 통한 현실 부정에 미치지 못하고 있었"음을 의미한다거나,[96] 관념론적 사회력사관을 주장한 본질적 결함이라고 하였던 이전 시기의 이해와 크게 대비된다.[97] 두 번째는 개화상과 동학사상의 관계이다. 이전 시기에는 이 시기를 부르주아 민족운동 시기로 설정하면서 개화사상과 부르주아 민족운동을 지도역량으로, 농민전쟁을 추진역량으로 이해하여 왔다. 농민들이 "김옥균을 비롯한 개

---

93 앞의 책, p. 160.

94 앞의 책, p. 161.

95 앞의 책, p. 162.

96 『조선전사』 13, p. 53.

97 『논문집』, p. 39.

화파의 사상적 영향을 받았다"라는[98] 이해도 그러한 파악 방식을 잘 보여준다. 이 점에서 동학사상이 개화사상에 비해 "정연한 철학적 체계와 내용을 갖추"었고, "외세의 자그마한 요소도 용납하지 않는 철저한 반침략사상이었다"라고 평가하였다. 이처럼 1990년대 이후 농민전쟁연구에서 애국애족적 측면을 강조하고 있는 흐름은 부르주아 민족운동=지도역량, 농민전쟁=추진역량이라는 이해에 일정한 변화가 나타나고 있음을 보여준다.

5. 맺음말

1990년대 이후 북한 학계의 동학농민전쟁 연구에서 보이는 두드러진 특징은 동학사상에 대한 관심 고조, 동학농민전쟁의 발발과 전개에서 수행한 동학의 역할 강조, 동학농민전쟁의 애국애족적 성격과 거족적 투쟁 강조 등으로 요약할 수 있다. 특히 동학과 동학교도들의 활동을 동학농민전쟁에서뿐만 아니라 일제하의 '항일무장투쟁'과 해방 후의 '조국건설', 나아가 남한에서의 '반미·반파쇼투쟁'으로까지 연결하여 높이 평가하고 있는 점은 이전 시기에 볼 수 없던 중요한 차이점이다. 또한 최근 북한 학계에서는 역사 분야에서만이 아니라 철학 분야에서도 동학과 천도교에 대한 관심이 고조되고 있다. 예컨대 이돈화의 〈신인철학〉에 대해 "우리 민족을 도덕적으로 완성시켜 새로운 인간을 만들고 '지상천국' 건설과 그 실현방도를 사상이론적으로 체계화하여 내놓은 우리나

---

98 「조선전사」 13, p. 321.

라 근대철학사상의 한 조류"라고 높이 평가하고 있다.[99]

이와 같이 최근 북한 학계가 동학을 높이 평가하는 배경으로 두 가지 점을 생각해볼 수 있다. 하나는 김일성이 동학과 관련하여 남긴 유훈이다. 일제시기에 김일성은 정의부에서 설치하였던 화성의숙에서 천도교인이던 숙장 최동오와 숙감 강제하의 영향을 받아 동학과 천도교에 대해 깊이 인식할 수 있는 기회를 가졌다. 이후 김일성은 동학의 기본 사상과 이념에 대해 애국적이고 진보적인 것으로 인식하고 있었다. 이는 무엇보다 앞서 동학교리에 대한 설명에서 언급하였듯이 '인내천' 등에서 보이는 동학의 교리가 하늘을 맹목적으로 숭배하는 것이 아니라 사람 자체를 믿어야 한다고 주장한 점과 봉건적 사회제도를 반대하였다는 점에서 인간 존중과 평등을 주장한다고 받아들였기 때문이다.[100] 그럼에도 불구하고 1980년대까지의 연구에서 동학사상에 대해 부정적으로 묘사된 점은 김일성이 민족해방운동 과정에서는 동학이 비폭력적인 면과 범신론적인 점, 유물론이 아니라 유신론에 기초한 점, 계급적 제한성과 이론적 실천적 미숙성을 가진 탓으로 반일 민족 해방운동에 주도적 역할을 수행하지 못하였고, 민중을 하나로 끌어내지 못한 점을 비판하였기 때문이다.

---

99 한분희, 「도덕의 본질에 대한 「신인철학」의 견해」, 『철학연구』 71, 1997[정혜정, 「동학과 주체사상의 비교를 통한 탈분단시대의 교육이념 연구」, 『정신문화연구』 2004년 봄호(통권 94호)에서 재인용].

100 『사상』의 저자 량만석이 동학이 "사람에 관한 견해에 많은 주목을 돌리었다"는 점을 강조하면서 〈인내천〉이나 동학이 가지고 있는 사람 중심의 신관(神觀)에 많은 지면을 할애하여 분석한 것도 이러한 사정과 관련이 있을 것으로 보인다(『사상』 및 량만석, 앞의 글, 『논문집』 참조. 또 주체사상의 근본원리가 사람을 위주로 사람이 세계와 역사발전의 주인이고 사회적 역사적 운동이나 혁명투쟁에서 인민대중의 자주적 사상의식이 결정적 역할을 한다는 데 기초하고 있다는 점에서 동학 혹은 천도교에서 말하는 〈인내천〉은 주체사상과 상통하는 점이 있으며, 주체사상이 "동학과 사회주의의 결합"이라고까지 주장하는 시각도 있다(조동일, 『우리학문의 길』, 1993, p. 183).

이런 사정에 비추어볼 때 김일성이 사망 직전 "공산주의자들이 민족을 위해 한 생을 바쳐 싸운 그 목적과 이상이 실현되고 7천만 겨레가 통일된 조국 강토에서 세세년년 복락한다면 그것이 바로 동학열사들이 바라던 그런 세상, 그런 지상천국이 아니겠는가"라고 하여 동학에 대해 긍정적으로 언급한 사실은 최근 북한 학계가 동학에 대해 상향 평가하게 된 중요한 이유 중의 하나라고 생각된다.[101]

또 하나의 중요한 배경은 1990년대 이후 북한이 처한 국내외적 환경과 위기의식을 지적할 수 있을 것이다. 북한의 역사 연구가 사실에 토대를 둔 해석이라기보다는 체제 목적에 부합하고 거기에 복무하는 도구로 변질된 지 오래라는 점을 고려할 때 동학과 동학농민전쟁 연구 경향의 변화도 1990년대 이후 북한이 처한 나라 안팎의 사정과 밀접한 관련이 있을 것으로 보인다.

이 시기에는 구소련을 비롯한 동구권 사회주의가 붕괴되었고, 김일성이 사망하였으며(1994), 핵문제를 둘러싼 대외적 긴장감이 고조되어 왔다. 이러한 변화에 따라 '우리식 사회주의'와 '조선민족제일주의'가 제기되었고, 2000년대에 들어와서는 '강성대국'이라는 슬로건이 전면에 제기되기도 했다.

동학의 애국애족사상과 동학농민전쟁의 거족적 단결 및 투쟁에 대한 강조는 이러한 상황에서 국내외적 위기를 극복하기 위해 국내의 정치사회적 통합은 물론 전 세계 차원에서 '민족적 단결'을 도모하려는 의도에서 나온 것으로 보인다. 이점은 『논문집』과 『사상』에서 결론적으로 말하고 있는 다음과 같은 서술 내용에서 잘 드러나 있다.

---

101 김일성이 평생의 좌우명으로 삼았다는 "이민위천(以民爲天)"도 천도교의 인내천(人乃天)과 관련이 있는 듯한 인상을 주기도 한다(정혜정, 앞의 글 참조).

반외세, 애국애족을 절대적인 리념으로 간주하는 동학, 천도교가 외래 침략세력을 몰아내고 분렬로 인하여 빚어진 민족적 수난 끝장내기 위하여 투쟁하는 것은 너무나도 응당한 것이며, 분렬된 조국을 통일조국으로 만드는 것은 천도교의 절대종지로, 리상으로 된다. 하기에 지금 조선의 북과 남, 해외에 있는 애국적인 천도교인들은 그리스도교도, 불교도들과 함께 민주, 통일, 평화를 위한 3대 전선에서 맹활약을 하고 있으며, 외세에 의한 분렬의 비극을 끝장내고 통일조국의 새날을 앞당겨오기 위하여 헌신분투하고 있다.[102]

민족적 리익을 계급적 리익 우에 올려놓고 전 민족이 애국애족의 사상 밑에 일치단결하여 외래침략자들을 반대하는 구국항쟁을 힘차게 벌릴 것을 호소한 갑오농민군의 반침략적인 애국사상은 오늘에 있어서도 의의를 가진다. 오늘 우리 앞에는 북과 남, 해외 각계각층 동포들이 민족적 대단결을 이룩함으로써 자주적인 평화통일을 이룩하여야 할 숭고한 민족적 과업이 나서고 있다.[103]

또한 개화사상과 부르주아 민족운동을 지도역량으로 놓고 농민전쟁은 그에 부차적인 추진역량으로 이해하던 이전 시기와 달리 동학사상을 개화사상과 구별하여 평가하면서 동학사상의 반침략적 성격을 강조한 것도 같은 맥락에서 이해할 수 있을 것이다.

---

102 『사상』, p. 165.
103 『논문집』, p. 123.

제 2 부

새로운 방법의 모색

근대를 상대화하는 방법:
민중사에서 바라보는 근대
-『이단의 민중반란』과『민중과 유토피아』를 읽고

1. 들어가는 말

1980년대와 1990년대 중반까지 성황을 이루던 민중(운동)사 연구가 최근 들어 매우 침체된 모습을 보이고 있다. 여기에는 사회주의권의 몰락이나 한국 사회의 민주화 진전, 포스트모더니즘의 영향에 따른 주체 개념의 변질 등 국내외적 정세나 지적 환경의 지각변동 등이 영향을 미쳤을 것이다. 이런 연구 분위기 속에서 최근 재일한국인 사학자 조경달의 노작 두 권이 번역된 것은 매우 반가운 일이 아닐 수 없다. 『이단의 민중반란—동학과 갑오농민전쟁, 그리고 조선민중의 내셔널리즘』(역사비평, 2008, 이하 『이단』)과 『민중과 유토피아—한국근대민중운동사』(역사비평, 2009, 이하 『민중』)가 그것이다.[1] 전자는 동학농민전쟁을 다룬 저작이고, 후자는 19세기 후반부터 식민지 시기에 걸친 민중사를 다룬 저작이다.

『이단』과 『민중』은 일본과 서구의 민중사 관련 연구와 이론들을 참조하는 한편, 한국에서 발간된 자료와 한국 학계의 최근 연구성과까지 망

---

1 이 책의 원서는 각각 『異端の民衆反亂―東學と甲午農民戰爭』(岩波書店, 1998), 『朝鮮民衆運動の展開―士の論理と救濟思想』(岩波書店, 2002)이다.

라하여 검토한 데서도 알 수 있듯이, 민중사에 대한 저자의 진지한 자세와 열정을 고스란히 담고 있다. 내용면에서도 열거하기 어려울 정도로 많은 새로운 접근방법과 문제제기가 이루어졌다. 특히 민중의 고유한 문화나 민중운동의 자율성과 민중의식을 설명하는 사(士)의식과 덕망가적 질서관, 국왕환상 등 몇 가지 개념적 장치들은 저자의 논리와 생각을 일관성 있게 구성해내는 데 매우 적절한 역할을 하고 있다.

우선 저자의 논지 전개에서 민중운동의 '자율성'과 함께 핵심을 이루는 개념 가운데 하나는 민중의 사(士)의식이다. 사(士)의식은 조선이 유교 사회였다는 점과 조선 특유의 신분계층인 양반의 존재에 의해 규정되면서 민중에게 수용된 것으로, 저자는 근대 민중운동의 전개과정을 이 사(士)의식의 고양과 쇠퇴라는 점에 착안해 살펴보았다(『민중』, p. 24). 그 외에도 향촌사회의 위기 속에서 덕망에 대한 자각이 고조되고 그것이 사족층에 의한 향촌질서의 조화로운 재생을 기대하는 소민층의 심성과 결합하여 형성된 덕망가적 질서관(『민중』, p. 61), 그 논리가 국가 범위로 퍼져나가 당시 가장 촉망받는 덕망가였던 국왕에 대한 기대로 이어지면서 형성된 국왕환상(『민중』, p. 118) 등은 민중의 고유한 문화와 심성을 풍부하게 설명해내는 훌륭한 개념 장치이다. 또 식민지 시기의 신흥 종교가 곤고함으로 가득 찬 민중의 생활 과정에 밀착되어 있었다는 점을 중시하여 그를 통한 일상의 민중의식이나 원망을 파악한 시도 등은 종래의 한국 사학계에서 시도된 바 없는 민중사에 대한 새로운 접근방법이다.

이런 개념과 시도들은 참신할 뿐만 아니라 논지 전개에도 커다란 의미를 지니는 만큼 중요한 논쟁점이 될 수 있지만, 여기서는 검토하지 않기로 한다. 무엇보다 범상치 않은 무게가 실린 두 권의 저작을 동시에 서평의 대상으로 삼는다는 것 자체가 평자의 능력으로는 무리이고, 지면도 제한되어 있기 때문이다. 따라서 여기서는 주로 『민중』을 중심으로, 또 평자가 보기에 저자의 문제의식 가운데 가장 중요한 논쟁점이 될 수 있다고 생각하는 '근대를 바라보는 시각'을 중심으로 그 내용을 소개하고 그에 대한 평자의 생각을 밝히고자 한다. 평자는 저자의 책이 번역되어 출판되기 전에 이미 다른 지면을 통해 『이단』에 대한 소개와 평자의 소회를 피력한 바 있으며,[2] 『민중』은 『이단』에서 제시한 문제의식을 한층 진전시키면서 연구의 대상 시기를 확장한 저작이고, 내용 소개보다는 최대한 비판적·논쟁적으로 접근해달라는 편집진의 요청이 있었기 때문이다.

2. 민중운동의 자율성과 '반근대' 지향성

1) 민중운동의 자율성

두 저작을 일관하는 가장 중심적인 문제의식은 민중을 고유한 문화를 가진 자율적 존재로 복권시킨다는 것이다(『이단』, p. 26). 저자는 자율성이 무엇보다도 고유의 민속문화에 의해 규정되고, 생활과 생산활동을 관통해 있었으며, 특히 공동체의 전통적인 규율과 문화는 민중이 봉기를 자율적으로 계획 실행하는 데 필수적인 전제조건이라고 하였다(『민중』, p. 27-28, 67). 그리고 민중은 민족도 자율적인 회로를 통해서 발견한다고 보았다(『민중』, p. 212).

민중운동이 자율성을 가지며 평등주의적이고 반근대적이라는 주장은

---

2 배항섭, 「'等身大'의 민중상으로 본 동학농민전쟁」, 『해외한국학평론』 4, 연세대학교 현대한국학연구소, 2006.

'세계사적' 차원의 연구 경향을 근거로 한 것이다. 저자에 따르면, 프랑스 혁명 연구에서 이른바 복합운동론을 주장한 르페브르(Georges Lefebvre)는 혁명 당시 농민운동이 부르주아 운동에 포섭되지 않았고, 그와는 다른 발생 · 진행 · 위기 · 경향을 가지고 진행되었으며, 반(反)봉건주의임과 동시에 반(反)자본주의의 지향을 지닌 평등주의적이고 자율적인 운동이었음을 강조했다(『이단』, p. 26). 일본에서도 야스마루 요시오(安丸良夫)의 선구적 연구 이래 민중운동이 부르주아운동과는 다른 자율성을 가지고 있었다는 이해가 널리 수용되고 있다고 하였다. 이러한 연구 경향을 근거로(『이단』, p. 26; 『민중』, p. 21) 근대이행기의 민중운동이 '근대지향적'이었다는 논의는 실증 면에서 세계사적인 차원에서도 견디기 어렵다고 주장했다(『이단』, p. 26). 평자 역시 여기에는 기본적으로 동의한다. 최근에는 인도 출신 연구자들이 주축이 된 서발턴(subaltern) 연구 그룹에서도 농민을 자율적인 역사 주체로 복원시키는 문제를 중요한 목표로 삼고 있다.[3]

하지만 자율성에 대한 저자의 개념 규정은 서술 과정에서 적지 않은 혼란을 보이고 있다. 평자가 판단하기에는 저자 역시 민중의 생각과 행동이 규율화된 주체나 호명된 주체 등과는 다르다는 맥락, 곧 지배이념이나 엘리트 문화에 쉽사리 포섭되거나 회수되지 않는 민중문화의 고유성을 강조하기 위해서 자율성 개념을 사용하고 있는 것으로 보인다. 그러나 저자는 민중의 자율성을 대체로 '반근대' 지향과 겹쳐서 설명하고 있으며, 그 과정에서 자율성을 근대에 대한 철저한 배타성으로 묘사하기도 하고, 때로는 근대적 지식인에 의해 쉽게 포섭되거나 사라져버리

---

3 이에 대해서는 라나지트 구하 지음, 김택현 옮김, 『서발턴과 봉기』, 박종철출판사, 2008, 제1장 서론 참고. 서발턴 연구에 대한 자세한 소개는 김택현, 『서발턴과 역사학비판』, 박종철출판사, 2003 참고.

는 것으로 묘사하기도 한다. 예컨대 저자는 재지유력자나 지식인의 지도·영향 아래 펼쳐지는 일반 농민운동이나 적색농민조합운동·노동운동에서는 신흥종교운동과 달리 민중 고유의 자율성이 사라지는 것처럼 이해했다(『민중』, p. 305).

그러나 이러한 이해는 근대 혹은 근대적 지식인의 힘을 지나치게 과장하는 반면 민중의 자율성에 대해서는 유리컵처럼 쉽게 깨지거나 엘리트에 의해 간단하게 회수되어버리는 것으로 그리고 있다는 혐의를 받을 수 있다. 이는 민중의 자율성이 '전근대'에만 작동할 수 있다고 파악하는 저자의 입장에서도 알 수 있듯이, 자율성과 근대의 관계를 지나치게 대립적으로 보는 데서 초래된 것으로 판단된다. 근대 이후 민중이 근대의 세례를 받고 근대적 지식인에게 '계몽'되면서 변화해간 것은 사실일 것이다. 그러나 조선시대의 농민이 스스로의 자율적 세계에서 사(士)의식을 전유함으로써 재지사족이나 지방권력에 강력하게 이의를 제기했듯이(『민중』, p. 27), 근대 이후의 민중도 근대에 순순히 '계몽'되거나 '포섭'되지만은 않았을 것으로 보인다. 이 점에 대해서는 뒤에서 좀 더 다루기로 한다.

한편 생활인으로서의 민중은 어려운 생활조건과 타협하며 독자적인 삶의 방식을 억세게 유지해 나가는 존재이고, 그런 점에서 고유한 문화와 자율성을 가진 존재임에 틀림없다. 그러나 민중의 자율성이 지배이념이나 시스템 일체로부터의 절대적인 자율성을 의미하는 것은 아닐 것이다. 톰슨(E. P. Thompson)이나[4] 제임스 스콧(James C. Scott)이[5] 근대이행

---

4 E. P. Thompson, "The Moral Economy of the English Crowd in the Eighteenth Century", *Past and Present*, No. 50, Feb., 1971.

5 제임스 스콧 지음, 김춘동 옮김, 『농민의 도덕경제』, 아카넷, 2004.

기의 민중의식과 관련하여 말하는 '모럴 이코노미(moral economy)'나 '샤리바리(charivari)'도 민중의 공동체적 생활에서 비롯된 고유한 문화와 의식의 '자율성'을 보여주는 것이지만, 이것이 작동되기 위해서는 당국이나 지배권력 측의 '양해'도 필요했다. 이 점에서 모럴 이코노미는 민중문화를 벗어나 당시의 모든 사람들이 받아들일 수밖에 없는, 말하자면 민중과 엘리트층의 교섭에 의해 설립된 하나의 정치문화였다.[6] 조지 뤼데(George Rudé) 역시 민중의 저항의식은 민중의 직접 체험으로부터 형성된 전통적 요소에서 출발하지만, 외부로부터 배워서 알게 된 이념이 더해져서 발생한다고 했다.[7]

또 피터 버크(Peter Burke)는 민중문화의 자율성을 인정하면서도 엘리트문화와 민중문화의 상호작용 및 엄밀한 구분의 어려움을 지적하며[8] 양자는 상호침투하고 유동적인 경계를 가진 대항관계에 있다고 했다. 톰슨 역시 민중문화가 새로운 사회적 경험에 의해서 굴절하여 의식의 변모가 초래되며, 반대로 새로운 경험은 민중문화의 작용을 받기도 한다고 했다.[9] 저자 역시 의도 여부와는 무관하게 양자의 상호침투성에 대해 말하고 있다. 농민이 스스로 사(士)의식을 끌어들이고, 민본주의와 근왕주의를 토대로 권력의 부당함에 이의를 제기하자, 사상가와 향촌 지식인은 물론 근대적 지식인도 새삼 사(士)가 무엇인지 되묻지 않을 수 없게 되었다는(『민중』, pp. 27~30) 지적이 바로 그것이다. 또 민중의 투쟁국면만이 아니라 일상성을 함께 살펴보아야 "그들이 일상적으로 어떻게 지

6 近藤和彦, 「モラル・エコノミーと シャリヴァリ」, 『民衆文化』, 岩波書店, 1990.

7 조오지 뤼데 지음, 박영신·황창순 옮김, 『이데올로기와 민중의 저항』, 현상과인식, pp. 46~71, 134.

8 피터 버크 지음, 조한욱 옮김, 『문화사란 무엇인가』, 도서출판 길, 2005, pp. 56~58.

9 近藤和彦, 앞의 글, pp. 18~19.

배논리에 동의하고 있었는가라는 문제의식도 생겨난다"라고 하여(『민중』, pp. 18-19), 민중이 지배논리에 동의하는 부분도 있었음을 전제하고 있다. 이 점은 민중운동을 통해 근대를 상대화하고자 하는 저자의 전략과 관련하여 중요한 의미를 가지기 때문에 미리 확인해두고자 한다.

2) 민중운동의 '반근대' 지향성

민중의 지향이 '반(反)자본주의'였을 뿐만 아니라 '반근대적'이라는 견해에 대해서도 적지 않은 의문이 든다. 저자는 농민운동에서 보이는 규율이나 덕망가적 질서관, 국왕숭배 등을 통해 자율성이 발현되는 모습을 그려내고 있으나, 민중의식의 자율성과 관련하여 저자가 강조하는 요체는 '반근대성'과 '평등주의'이다. 이는 동학농민전쟁이 "국왕환상에 의거하면서 평균주의와 평등주의를 실현해가고자 하는 것"이었으며, "반근대적으로 '일군만민(一君萬民)'의 유교적 유토피아의 방향을 지향하고 있다"(『민중』, pp. 118-119)거나 "자율적인 민중 내셔널리즘은 자연히 평균주의도 또한 지향했다"라고 지적한 데서(『민중』, pp. 373-374) 잘 드러난다.

민중운동의 지향이 근대가 아니라 오히려 '반근대적'이었다는 주장은 근대지향성을 강조하는 한국 학계의 주류적 견해에 비추어볼 때 도발적이기까지 하다. 한국 학계에서도 일부 연구자들이 저자의 견해를 수용하여 농민전쟁이 "반(反)봉건주의·반(反)자본주의·반(反)식민주의를 동시에 충족시키는 근대화"를 지향했다는 견해를 제시하기도 했으나,[10] 역시 근대지향성을 강조하는 연구가 압도적인 실정이기 때문이다.

---

10 정창렬, 「동학농민전쟁과 프랑스혁명의 한 비교」, 『프랑스혁명과 한국』, 일월서각, 1991 ; 고석규, 「1894년 농민전쟁과 '반봉건 근대화'」, 『동학농민혁명과 사회변동』, 한울, 1993.

저자는 신분제 반대나 부자들의 독점적 치부 반대 등 민중의 사회적 · 경제적 평등지향에 대해 곳곳에서 묘사하고 있다. 그러나 반근대적 · 반자본주의적 지향에 대한 근거가 충분한 것 같지는 않다. 저자가 제시한 몇 가지 중요한 사례는 다음과 같다. 우선 근대적인 배타적 토지 사유제를 추구했던 개화파와 달리 "농민적 토지 소유를 요구했기 때문에 반근대적 지향을 드러낼 수밖에 없었"고, 이것은 "본원적 축적과정을 수반하는 근대가 농민들에게는 다른 한편 비참한 것이라는 점을 상기시킨다"라고 했다(『이단』, p. 338; 『민중』, p. 196). 또 농민군의 〈폐정개혁안 27조〉에 나타난 전보국 폐지 요구에 대해서도 "일순간에 문서를 전송한다고 하는 정체를 알 수 없는 존재에 대한 반발=반근대적인 소박한 논리도 작용하고 있었던 것"으로 이해했다(『이단』, p. 221; 『민중』, p. 196). 국왕 (황제)환상 또는 숭배, 그에 입각한 '일군만민'적 체제 구상 등도 "반근대적" 혹은 "반근대적 사유를 바탕"으로 한 의식이라고 했다(『민중』, p. 118, 210–214).

근대이행기 민중의 지향이 부르주아적 · 자본주의적 근대가 아니었다고 하는 데 대해서는 평자 역시 동의하는 바이다. 평자가 분석한 바에 따르면, 1894년 동학농민군의 토지개혁 구상은 매매를 비롯한 자유로운 처분권을 부정하거나 극단적으로 억제했기 때문에 부농의 성장도 농민층의 분해도 저지하는 사상이었다는 점에서 서구적 의미의 농업근대화와는 거리가 멀었다.[11] 르페브르가 농민혁명의 독자성 또는 자율성과 관련하여 강조한 것도 농민혁명의 반자본주의적 성향이었고, 이는 일본 자유민권운동 시기의 민중운동에 관한 연구에서도 마찬가지였다. 자본

---

11 배항섭, 「동학농민전쟁에 나타난 토지개혁구상」, 『사총』 44, 1994; 「1894年 東學農民戰爭の社會 · 土地改革論」, 『世界史なかの民衆運動』 5, 靑木書店, 2000.

주의적 법과 질서나 경제원리가 농민들의 생존조건을 악화시키고 있었기 때문에 농민들은 관습, 특히 공동체적 권리와 규제에 근거하여 맞서 싸웠고, 이 점에서 확실히 '반자본주의'였다.[12]

동학농민군들도 토지평균분작 요구, 고리채 탈환 투쟁 등 경제적 평등주의를 향한 열망을 드러냈고, 그것은 자본주의적 지향과 거리가 먼 것임에 틀림이 없다. 그러나 1894년 당시에는 아직 "근대가 농민들에게 비참한 것이라는 점을 상기할 만한 본원적 축적과정"은 진행되지 않았으며, 자본주의적인 새로운 법이나 제도라고 특기할 만한 것도 없었다. 앞서 언급한 한국의 연구자들이 부르주아적 기반을 가진 개화파에 대한 반대, 혹은 세계자본주의 질서로의 편입에 따른 양반 토호경영의 강화와 그에 대한 반대라는 우회로를 통해 농민군의 반자본주의적 지향에 접근한 것도 이 때문이라고 생각된다. 예컨대 지주제에 반대하여 토지의 평균분작을 주장한 것을 반자본주의적인 것으로 보아서는 곤란하다. 지주제는 새로운 '자본주의적' 질서가 아니라 기왕의 관행이었다는 점에서 '비자본주의'라는 표현 정도가 적절할 것이다. 토지균분은 특히 소민들의 염원이었고, 전대미문의 거대한 반란이 전개되고 있었음에도 불구하고, 저자가 지적했듯이 토지균분 요구가 전면적으로 제기되지 못하고 농민의 뇌리에 "이상으로만 감추어져 있었"던 것도(『이단』, p. 234). 지주제가 농민들에게 오랜 관행으로 인식되고 있었다는 점과 관련이 있을 것이다.

설사 일부 근대적 제도나 현상에 대한 반대가 분명히 있었다 하더라

---

12 시바따 미찌오 지음, 이광주 외 옮김, 『근대세계와 민주운동』, 도서출판 한벗, 1884; 鶴卷孝雄, 『近代化と 傳統的 民衆世界』, 東京大出版會, 1991; 이세희, 「프랑스혁명기의 농민운동에 대한 연구사적 고찰」, 『부대사학』 10, 1986 참고.

도, 그것을 곧장 '반근대 지향'으로 연결시키는 것은 곤란하다. 저자가 지적했듯이 기본적으로 생활인의 속성을 가지고 있던 민중은 민족주의자와 생활인 사이의 선택을 강요받게 될 때 고민하면서도 후자를 택할 수밖에 없었다(『민중』, p. 249). 더구나 민중은 일상적이고 전통적인 관습을 포기하거나 거부하는 것을 보통 두려운 것, 불운을 불러오거나 재앙을 가져올 수 있는 위험한 행동으로 여겼다. 그러나 특히 구두전승 과정에서는 새로운 기술적 진보, 새로운 용어·관습 등 이 낡은 것을 내쫓고, 오랜 공존 기간을 거치지만 결국 그것을 대체했다. 또 민중문화 가운데 어떤 것은 오랫동안 살아남았고 어떤 것은 소멸되었다. 오랫동안 살아남는 것은 무엇보다 실용적인 이용 가능성, 곧 공동체 생활에 주는 중요성과 만족 때문이다. 그리고 구성원들의 경제적·기술적·사회적·감정적인 필요 면에서 다른 것과 경쟁하지 않을수록 오래 살아남았다.[13] 이러한 민중문화의 속성은 근대적 제도나 법, 현상이라 할지라도 그것이 생활인으로서의 민중의 삶에 방해가 되지 않거나 특히 도움을 줄 경우 수용했을 가능성을 열어둔 것이다.

이 점에서 평자는 앞서 소개한 프랑스나 일본의 농민들이 기존의 공동체적 질서나 관행을 근거로 자본주의적 질서나 제도가 자신들의 생존 조건을 악화시키는 데 반대하여 투쟁했다고 한 사실을 주목하고 싶다. 생활인으로서의 민중이 저항한 것은 자본주의나 근대 그 자체가 아니었다. 새로운 것이 관습과 다르게 자신들의 삶을 침해하고 혼란을 가져왔을 때 저항했다. 여기에는 '새로운 것=자본주의적인 것'이라 하더라도

---

13 Kazimierz Dobrowolski, "Peasant Traditional Culture", Teodor Shanin edt., *Peasant and Peasant Societies: selected readings*, *Penguin Education*, 1971, pp. 281–289.

관습을 거스르지 않는 것이라면, 또는 자신들의 생존조건을 악화시키지 않는다면 그에 대한 태도도 달라졌을 가능성이 내포되어 있다. 또한 관습이나 관행의 내용이 어떠했는지에 따라 나라나 지역마다 자본주의나 근대에 대한 민중의 입장이 일률적이지 않았으며, 정치·경제·사회 각 분야별로도 지향의 내용이나 방향이 균질적이지 않고, 근대와 비근대, 그리고 반근대적 요소가 중첩될 수 있었음을 시사한다.

현재까지 확인되는 경험적 사실도 민중이 근대적인 것이면 모두 반대만 한 것은 아니었음을 보여준다. 민중적 요구에 부합할 경우 그것이 "서양 것이든 일본 것이든 불문하고 손뼉을 치며 좋아했"고,[14] 1893년 보은집회에서는 자신들의 집회가 서구의 민회와 같은 것이라고 주장하기도 했다.[15] 또 저자의 주장대로라면 민중은 명백히 근대적 가치라고 할 수 있는 평등주의를 추구했음은 물론, 평등주의투쟁은 여성해방까지 지향하기도 했다(『이단』, p. 235). 민중이 근대적인 것에 대해 반드시 대립적이지는 않았으며, 경우에 따라서는 적극적으로 수용하기도 했음을 보여준다.

나아가 민중의 지향을 '반근대'로 규정하는 것은 민중의 의식을 고정적인 것으로 보고, 전근대적인 틀 안에 가두는 결과를 초래할 수 있다. 그것은 결국 근대성이나 국민국가의 형성 과정에서 민중이 자율적으로 개입할 수 있는 여지를 사라지게 만들며, 그에 따라서 민중은 일방적으로 강요만 받거나, 포섭되고 동원되는 수동적 존재로 전락하고 말게 된다. 그러나 앞서도 지적했듯이 민중은 부르주아와 동일한 방식, 동일한 내용은 아니었지만, 근대에 반대만 한 것이 아니라 민중의 '생활감각'에

---

14 황현 지음, 김준 옮김, 『梅泉野錄』, p. 331.

15 「聚語」, 『東學亂記錄 (上)』, p. 23.

적합할 경우 자발적으로 수용해 나가기도 했다. 조선시대 민중이 지배층의 이념이나 문화를 전유한 것과 마찬가지로 '근대적인 것'도 전유 과정을 거쳐 저항의 자원이 될 수도 있다. 또 그러한 과정 속에서 민중은 자신들의 고유한 문화를 새롭게 만들어갔다. 한국의 '근대문화'나 '근대성'은 민중문화와 관습이 전통적 엘리트 문화, 근대적 엘리트 문화, 그리고 근대적 사회 시스템과 갈등하고 경합하거나 상호침투해가는 과정에서 성립하였다고 보는 쪽이 타당할 것이다.

3. 근대의 상대화

1) 민중운동과 근대

19세기부터 식민지 시기에 걸치는 민중사를 서술하면서 저자가 제기한 문제의식들의 근저에는 근대를 상대화하고 근대주의적 역사서술을 비판하려는 좀 더 깊은 의도가 깔려 있다. 저자는 1980년대를 풍미한 한국 사학계의 '민중사학'이 근대주의를 벗어나지 못했다고 비판했다. 민중사학은 비자본주의적 발전의 길을 모색하면서도 민중을 근대를 개척하는 주체로 설정하고 이상적인 국민국가를 추구한다는 점에서 근대주의적 성격을 벗어나지 못했고, 통일전선적 관점도 자율적인 민중의 실천을 외면하고 근대주의적 입장에서 역사를 조망하는 것이라고 했다(『민중』, p. 21).

근대를 상대화한다는 생각은 매우 중요하고, 필자 역시 동의한다. 이 점에서 전통적 세계관을 풍부하게 담고 있는 근대이행기 민중운동은 근대가 폭력적·배타적으로 스스로를 '특권화'하는 과정을 드러낼 뿐만 아니라, 엘리트 문화나 지배이념에 쉽사리 포획되지 않는 고유문화와 자율성에 근거하여 근대와 대결해 나가는 민중의 시선으로 근대를 바라볼 수 있는 계기를 마련해준다는 점에서 중요한 의미를 지닌다. 문제는 상대화하는 전략이다. 저자는 자신의 문제의식이 "어디까지나 근대와는 구별되는 민중문화의 자율성 안에서 민중의 심성과 사상을 파악"하는 데 있다고 하였다. 또 민중의 시원적 내셔널리즘도 "근대와 대항"하는 성격이 강하다고 했듯이(『민중』, p. 258), 민중운동의 '반근대성'을 강조하고 그것을 근대와 대립적·단절적인 시각에서 바라보는 방식을 취하고 있다.

저자는 근대적 지식인에 대해서도 "오만하게 근대문명을 내세우며 민중을 공격"하고, "민중 내셔널리즘을 부정"하는 존재(『민중』, pp. 283–284), 민중의 자율성을 억제하는 존재(『민중』, pp. 256–257, 275)로 규정하여 민중과의 관계를 단절적·대립적인 것으로 보았다. 나아가 "식민지 시기 민중 내셔널리즘과 그 실천이 적어도 도시·지식인사회의 계몽이 미치지 않는 범위에서는 여전히 자율적으로 전개되고 있었다"(『민중』, p. 373, 256–257)라고 하여, 근대성이나 '계몽'과의 만남을 곧 민중운동의 자율성이 소멸되는 과정으로 보고 있다. 민중의 자율성을 기층 민중 가운데서도 특히 농민에게서 찾고 있으며(『민중』, p. 21), 3.1운동과 관련해서 지식인과 학생 등의 지도를 받지 않은 산간벽지일수록 민란의 전통을 기반으로 한 민중의 자율성이 강했다고 파악한 것도 같은 맥락으로 이해된다 (『민중』, p. 242). 그에 따라 민중의 자율성은 근대와 계몽으로부터 멀리 떨어진 궁벽한 곳으로 숨어드는 것으로 보고 있다.[16] 확실히 민중의 자율

---

16 이 점은 저자의 또 다른 글에서 현대 일본에서 민중은 농촌에만 일부 남아 있을 뿐이라고 이해한 데서 거듭 확인된다. 「グローバリゼーション時代の思想と歴史教育—朝鮮史と民衆史の立場から」,

성을 '전근대성' 속에서만 찾고, 근대와는 단절되는 것으로 파악하고 있다. 그러나 이러한 이해는 전근대-비근대의 민중의 삶을 지나치게 이분화시켜 보는 것이다.

또 내재적 발전론에 대해 "서구적인 발전법칙이 내재적으로 관철된다는 관점에 입각한 역사관"으로서, "근대적인 계기나 논리를 찾아내는 것은 중시되지만 전근대적인 것이 역사적으로 차지하는 적극적 의미를 묻는 것은 소홀해질 수밖에 없었다"라고 하여 비판한 점(『민중』, p. 29), 또 다른 글에서 "전통적 정치문화나 정치사상, 사유방식 등은 식민지기에도 어떤 형태로든 살아남으며, 현재까지도 규정하는 측면이 있다고 보아야 한다"라고 주장한 점에[17] 비추어볼 때도 근대와 전근대, 근대와 민중에 대한 이해가 비균형적이다. 전근대는 근현대에 대해 규정력을 가지지만, 반대로 근대가 전근대적 요소에 대해 가지는 규정력에 대해서는 외면하고 있다는 생각이 들기 때문이다. 또 앞서 언급했듯이 민중의 자율성은 지배이념이나 시스템 일체로부터의 절대적인 자율성을 의미하는 것이 아니고, 민중문화와 엘리트 문화는 상호침투적이고 그 경계도 유동적이다는 점을 고려할 때 이러한 이해는 납득하기 어렵다.

저자가 그리는 식민지 시기 민중상에서 '근대적인 것'을 수용·전유해 나가거나 근대와 맞닥뜨려 싸우는 인상보다는 복고적이고 도피적인 인상을 받는 것도 그 때문인 것으로 보인다. 『민중』이 민란과 동학농민전쟁, 활빈당, 3.1운동 등 투쟁하는 민중을 중심적으로 다룬 전반부와 달리, 후반부에서는 식민지 시기 민중운동의 중요한 한 흐름인 농민운동이나 노동운동 등 투쟁하는 민중의 모습을 제외하고 신흥종교운동을 통

『東京の歴史教育』36, 2007.

17 『植民地期朝鮮の知識人と民衆救濟思想』, 有志舍, 2008, p. 25.

해 '근대로부터의 도피'에 가까운 민중상을 다루고 있는 것도 이러한 인식과 관련이 있다고 생각한다.

나아가 저자의 주장대로라면 근대 이후의 민중사는 존재할 수 없게 된다. 그러나 민중이 근대에 의해 세례 받고 계몽된다 하더라도 곧바로 근대나 근대적 지식인이 요구하는 모습 그대로 변화하는 것은 아니었다.[18] 물론 그 과정에서 '전근대적 민중성'은 점차 상실되었을 것이지만, 다른 한편 그를 통해, 전근대의 민중이 그랬던 것처럼 독자적인 생활 감각에 의거해 근대를 일면 수용하고 또 그것을 전유하기도 하면서 새로운 고유한 문화를 형성해 나갔던 것은 아닐까? 근대와 전근대의 연속적 파악이나 근대 이후 민중사의 가능성도 바로 여기에 있다고 생각한다. 민중의 전근대적 고유성과 자율성은 결국 크게 변했겠지만, 그 과정은 엘리트 문화와 교섭하고 경합하며 새로운 정치문화를 형성해 나가는 과정이었고, 새로운 정치문화에 전근대적 민중문화의 흔적이 새겨지는 과정이었기 때문이다. 이 점에서 인도 출신의 서발턴 연구자 차크라바르티 (Dipesh Chakrabarty)가 제안하는 새로운 '농민' 개념은 시사하는 바가 크다. 그가 제안하는 농민은 인도 자본주의와 근대성에서 유럽적 의미에서 부르주아적이지 않은 모든 것을 대표하는 개념이며, 거기에는 인도의 정부, 제도 및 엘리트의 삶에까지 지속적으로 그 흔적을 남기는 비근대적 · 농촌적 · 비세속적 관계와 삶의 실천들로 보이는 모든 것이 포함

---

18 이와 관련하여 허수는 식민지에서 행사되는 서구문화의 헤게모니 능력이 상대적으로 제한되었음을 지적하며, "'국민'으로 길들여지지 않는 '민중'의 존재가 식민지 조선에서 부각되어 검토될 필요가 있다"고 하였으며(「새로운 식민지 연구의 현주소」, 『역사문제연구』16, 2006, p. 15), 김성보도 농민이 추구한 세계가 일부 자본주의체제에 흡수되지만, 한편으로는 체제를 변혁하는 에너지로서 농민 내부에 존속하였음을 지적하고 있다(「탈중심의 세계사 인식과 한국근현대사 성찰」, 『역사비평』 80(2007 가을호), p. 2, 50.

된다.[19]

2) 근대를 상대화하는 방법

근대는 한편으로 '서구'가 구성되는 과정이기도 했고, 다른 종류의 시간을 봉합해버리는 단일하고 세속적인 시간 개념이 형성되는 과정이기도 했다.[20] 그 과정은 비서구와 전근대라는 두 가지의 타자를 만들어가는 과정이었다. 양자는 서로 유기적으로 연결되어 있지만, 전자는 비서구를 타자화하여 서구와 비서구의 비대칭적 관계를, 후자는 전근대를 타자화하여 근대와 전근대의 비대칭적 관계를 만들어냈다. 이 가운데 후자는 근대에 특권적 지위를 부여하고 근대-전근대를 이항대립적으로 편성함으로써 "지난 시대"를 오늘날과는 완전히 다른 것으로 창조했다. 이에 따라 근대는 새로운 체제 · 가속 · 파열 · 혁명을, '과거'는 그와 반대로 낡아빠지고 정적인 것을 지칭하게 되었으며, 비가역적으로 지나가버리는 과거 전체를 처음부터 무화시키는 시간관이 성립된 것이다.[21]

사이드(Edward W. Said)가 지적했듯이 오리엔탈리즘이란 "동양을 지배하고 재구성하며 억압하기 위한 서양의 방식"이며,[22] "동양에 관한 지식 체계"로서 "서양인의 의식 속에 동양을 여과하여 주입하기 위한 필터"

---

19 차크라바르티, 「인도 역사의 한 문제로서 유럽」, 『흔적』 1, 2001, pp. 78-79.

20 차크라바르티, 앞의 글, p. 85.

21 브뤼노 라투르 지음, 홍철기 옮김, 『우리는 결코 근대인이었던 적이 없다』, 갈무리, 2009, p. 40, 100, 130.

22 Edward W. Said 지음, 박홍규 옮김, 『오리엔탈리즘』, 교보문고, 2007, p. 18.

역할을 하기 위해 만들어진 것이다.[23] 그동안 한국사 연구도 오리엔탈리즘과 근대주의에 크게 규정되면서 진행되어왔음을 부인하기 어렵다. 서구의 근대가 구성해 놓은 서구 역사의 전개과정과 도정을 '정상적'인 것으로 수용하는 단선적 발전론은 서구와 달랐던 한국사의 경험이나 현상을 '한계'나 '미흡', '결함'이나 '비정상적'으로 간주하거나 아예 배제하기도 하고 서구와 비슷한 것으로 왜곡하기도 했다.

서구-비서구의 비대칭성에 대해서와 달리 근대-전근대의 비대칭성에 대한 자각은 아직 거의 제기되지 않고 있다. 근대주의에 따른 발전론적 인식과 그에 내재된 근대의 특권성 역시 전근대에 대해 오리엔탈리즘과 유사한 효과를 가져왔다. 근대적이라는 것은 '완전히 다른 것'으로 '과거보다 뛰어난 것'을 의미했다. 또 식민지 침략이 구축한 지정학적 차이를 시간화함으로써 근대와 전근대의 차이는 '진보', '근대화', '발전'이라는 단일한 직선적 시간도식 내부의 차이로 규정되었다.[24] 그것은 과거로부터 끊임없이 탈피하고 새로운 형태를 만들어내는 궤적이며, 그런 한에서 현재와 과거가 분리되면서도 결합되는 역사의식이다. 따라서 진보하고 발달해온 역사적 시간 안에서 현재가 과거로부터 얼마나 많이 달라졌는가의 변화를 인지하는 것이 인식의 기본적인 틀이 되는 것이다.[25] 오만한 근대의 시선으로 전근대를 내려다보는 모습으로 이미지화할 수 있는 이런 역사인식은 앞서 인용한 사이드의 글에서 '동양'을 '전근대'로 '서양'을 '근대'로 치환해보면 한층 분명해진다. 이를테면 근대주의는 "전

---

23 앞의 글, pp. 25-35.

24 Peter Osborne, 「別の時間」, 『近代世界の形成: 19世紀世界 1』, 岩波書店, 2002, p. 118, 122, 132.

25 酒井直樹, 「總說─近代と世界の構想」, 앞의 글, p. 14.

근대를 지배하고 재구성하며 억압하기 위한 근대의 방식"이며, "전근대에 관한 지식체계로서의 근대주의는 근대인의 의식 속에 전근대를 여과하여 주입하기 위한 필터로 만들어"진 것이다.

근대와 근대주의의 특징을 이렇게 인식할 때, 그에 대한 상대화 전략은 근대와 전근대의 이항대립적 인식에 대한 문제제기에서 출발해야 한다고 생각한다. 그런 점에서 민중의식을 근대와 대립시키고 민중의 삶과 생각을 전근대—근대로 단절시키는 방식으로 '근대의 상대화'를 의도하는 저자의 방법에는 문제가 있다고 생각한다. 그것은 저자의 의도와달리, 또 서로 다른 입지에서 출발한다는 것을 감안해도, 저자가 비판하는 근대주의적 역사인식과 동일한 지평에 서게 하기 때문이다. 저자는 엘리트에 의해 쉽사리 회수되지 않는 민중의 자율성이 식민지 시기에도 이어지고 있음을 보여주고 있다는 점에서 근대의 특권적 지위에 대해시비를 거는 자세를 취하고 있다. 그러나 민중운동의 자율성을 근대와의 대립 차원에서만 바라보는 시각에 지나치게 힘이 들어가면서 민중의자율성이 근대적인 것과 교섭·경합할 수 있는 가능성조차 거부되고 있다. 그것은 민중운동에 근대적인 것이 개입하면 민중의 자율성은 사라지는 것으로 이해하는 데서 분명히 확인된다. 이는 또 다른 '근대만능론'이라고 할 만할 것으로, 최근에 논의되고 있는 '국민국가론'이나 '근대성론'과도 상통하는 바가 있다.

저자는 근래 '국민국가론'이 성황리에 제창되는 가운데 진전되고 있는근대의 상대화 작업에 대해 민중을 주체적으로 파악하려는 시각이 약화되고 있음을 지적했지만(『민중』, p. 22)[26] 평자가 보기에 문제의 핵심은 오

---

26 이와 관련하여 저자는 "植民地近代性論批判"이라는 부제가 앞의 책(2008)에서 본격적으로 다루고 있다.

히려 근대와 전근대에 대한 이분법적 이해를 탈피하지 못하였다는 데서 찾을 수 있다고 생각한다.[27] 저자가 지적한 '국민국가론'은 물론, '근대성론'도 근대의 폭력성이나 배타성을 드러내고 비판하려는 입장이지만, 그를 위해 민중의 자율성과 모든 전근대적인 것들을 간단히 포섭·회수해버리는—민중이든 전근대든 근대를 만나는 순간 근대의 뱃속으로 일방적으로 빨려들어가는—강력 무비한 포식자로서의 이미지를 강조하는 접근방법을 취하고 있다.[28] 그에 따라 근대 비판의 입지를 스스로 축소하거나 소거해버릴 뿐만 아니라, 입론이나 성격의 차이에도 불구하고 근대와 전근대를 연속이 아니라 단절적·대립적인 것으로 바라보고, 결과적으로 근대를 특권화한다는 점에서 근대주의의 인식을 여전히 벗어나지 못하고 있는 것으로 보인다.

이러한 이분법적 인식은 민중의 삶과 의식을 과도하게 전근대−근대의 이분법으로 절단해버리는 것이다. 또 전근대적 요소에 대한 고려가 외면됨으로써, 특히 비서구사회인 조선의 경우 '근대라는 것'이 서구에서 들어온 근대적 요소와 전통적인 전근대·비근대적 요소 간의 다면적·중층적인 얽힘과 상호교섭·경합·대립 과정을 거치며 형성되어간

---

27 도면회는 신기욱과 마이클 로빈슨이 엮은 『한국의 식민지 근대성』(삼인, 2006)을 번역, 소개하면서 이 책의 식민지 역사 분석이 전통−근대의 이분법을 그대로 사용하고 있음을 지적하였다(p. 19).

28 이 점은 특히 일본 학계에서 제기된 '국민국가론'에서 매우 강하게 보이지만, 한국학계의 '근대주체형성론'(김진균·정근식, 『근대주체와 식민지 규율권력』, 문화과학사, 1997)은 물론, '(식민지)근대성론'의 기저에도 이러한 경향이 보인다. 예컨대 윤해동은 식민지 시기 촌락사회의 급속한 분화와 위로부터의 방식에 의해 정비되어 간 촌락단위의 조직에는 '비근대적', '전통적' 요소가 자리잡고 있었음을 지적하였지만, 식민지 근대성이 형성되어 가는 과정과 '전통적', '비근대'적 요소의 '작용'을 연결하여 파악하지는 않고 있다. 이것은 그의 문제의식이 기본적으로 근대성 비판에 있기 때문이기도 하지만, "합리성의 무의식적 내면화", 산간벽지에까지 관통되는 '근대적 에토스', "규율권력화된 근대인"을 강조하는 데서 알 수 있듯이 근대성의 압도적 관철 과정을 강조하는 과정에서 전통적, 비근대적 요소에 대한 고려는 자연히 배제될 수밖에 없었기 때문인 것으로 보인다(윤해동, 『식민지 근대의 패러독스』, 휴머니스트, 2007, p. 62, 78-79, 81).

다는 점을 간과하거나, 그 과정의 다이내믹스와 복잡성을 지나치게 단순화할 위험도 있다. 근대와 전근대의 이분법적 이해를 극복하기 위해서는, 특권화된 근대의 시선에 의해 '발전'이라는 단일한 직선적 시간도식 안으로 구겨넣어지고 열등과 부족의 위치를 강요당함으로써 '발전'된 근대를 위한 장식품 정도로만 인식되고 있는 전근대를 탈출시켜야 한다. 그를 통해 근대의 특권적 지위를 해체 내지 전복시켜야 한다. 그리하여 억압되고 배제되고 사라졌던 다양한 "미발(未發)의 가능성"들을 새롭게 발견하고 새로운 의미를 부여해 나가야 한다.

이를 위해서는 많은 고민이 필요하겠지만, 우선 근대와 전근대를 단절하여 이분법적으로 대립시키는 인식에서 벗어나 서로 다른 '시간들'의 겹침과 가역성을 열어두어야 한다. 근대는 자신의 특권성을 유지하기 위해 전근대와 단절된 것으로 끊임없이 새로워지는 모습으로 자신을 구성하고자 하지만, 전근대는 근대의 오만함이나 의지와는 관계없이 근대의 형성 과정에 깊숙이 개입하고 작용했으며 오늘날까지도 적지 않은 자취를 이어오고 있다. 또 브뤼노 라투르(Bruno Latour)의 지적처럼 "고대인과 근대인 사이의 수많은 싸움에서 고대인은 이제 근대인만큼이나 자주 승자가 되고, 우리는 혁명이 구체제를 끝내버렸다거나 혹은 구체제의 결론을 맺게 했다고 말할 수 있는 근거를 상실"하고 있다.[29]

사회에 묻혀 있던(embedded) 시장이 사회로부터 벗어나 오히려 사회를 지배하게 된 것은 근대의 '특수'한 현상이라는 점을 지적한 칼 폴라니(Karl. Polanyi)의 경제통합형태론에 대한 접근방법에서도 시사받을 점이 있을 것이다.[30] 특히 차크라바르티가 유럽을 지방화하는 문제의식과 전

---

29 브뤼노 라투르, 앞의 책, p. 40-41.
30 칼 폴라니 지음, 박현수 옮김, 「거대한 변환: 우리 시대의 정치적·경제적 기원」, 민음사, 1991.

략은 주목할 만하다. 그는 비서구 국가들의 정치적 근대성의 경험을 사고하는 데는 유럽 사상이 '불가결하면서도 부적절한 것'이라고 하였다. 그러면서 유럽을 지방화하는 것, 곧 비서구를 '특수한 서구'의 역사에 의해 점유된 공간으로부터 해방시켜나가는 것은 이제 모든 사람의 유산이며, 우리 모두에게 영향을 주는 유럽 사상이 주변으로부터, 그리고 주변을 위해 어떻게 새로워질 수 있는지를 탐구하는 작업이 될 것이라고 했다.[31] 특권화된 근대를 '특수'한 지위로 전복하여 사고하는 것, 곧 전근대를 '특수한 근대'의 역사에 의해 점유된 시공간으로부터 해방시키는 것은 전근대로부터 혹은 전근대에 의해 근대가 어떻게 새로워질 수 있는지를 탐구하는 작업이 될 것이다. 이는 근대주의의 너머에 있는 삶의 자취와 저항의 역사를 되살려내는 과정이기도 하다. 이 작업이야말로 민중사 연구, 특히 근대이행기 민중사 연구에 요청되는 핵심적 과제 가운데 하나이며, 현실 사회로부터 설득력을 상실해가고 있는 역사학이 새로운 출구를 열어가는 계기가 될 수도 있을 것이다.

4. 나오는 말

1980년대와 1990년대를 통해 민중사 연구가 넘칠 정도로 연구되었다는 견해도 있는 것으로 안다. 그러나 1980~1990년대의 민중사는 민중 그 자체의 삶과 심성을 민중의 일상이나 운동에 대한 내재적 분석이 아니라, 사회경제적 모순이 드러나는 현상 혹은 변혁 주체론의 맥락에서 접근한 것이다. 따라서 민중의 삶의 모습이나 생각을 민중운동의 내부

---

31 차크라바르티, 앞의 글, p. 86.

로부터 발견해 나가는 노력은 거의 없었다. 근대의 상대화를 위해서는 물론 인간 삶의 누적인 역사를 '전체적으로' 접근하기 위해서도 '아래로부터의 시각'에 입각한 민중사 연구는 반드시 필요할 것이다. 저자는 민중운동사가 단순히 변혁 주체의 움직임만을 주목하는 것이 아니라 오히려 운동과 투쟁이라는 비일상적 세계를 통해 거꾸로 민중의 일상적 세계를 투시하고, 나아가 역사의 전환과 방향을 통찰하는 영역이라고 했다 (『민중』, p. 20). 타당한 지적이다. 평자는 민중운동이나 민중의식은 지배 이데올로기나 사회의 구조, 지배체제의 영향 아래 형성되는 것이지만, 거꾸로 당시 사회를 역투사하여 조명할 수 있는 계기가 되기도 한다는 점을 강조하고 싶다. 민중운동이 전개되는 시공간에서는 일상적인 삶에서 잘 보이지 않던 민중의 행동과 생각이 집중적으로 드러난다. 그러므로 민중운동의 요구조건이나 투쟁 양상에 배어 있는 민중의 행동이나 생각을 역투사할 때, 관찬기록이나 지식인들의 기록에서는 잘 볼 수 없는 당시 사회의 이면이나 밑바닥, 혹은 은폐되어 있는 구조나 의식 등을 확인할 수도 있을 것이다.

글머리에서 언급한 것처럼, 민중사 연구가 신기루처럼 사라지기 시작한 시기는 이른바 'IMF사태'를 계기로 신자유주의의 파괴적 영향력이 한국 사회에 본격적으로 미치기 시작하는 시점과 중첩된다. 최근 들어 더욱 기세를 올리는 신자유주의 찬가는 빈부의 양극화와 고착화, 개인의 원자화와 경쟁지상주의의 팽배, '시장근본주의'에 의한 민중생존권의 위기심화와 민주주의의 후퇴 등 그동안 민중사 연구의 문제의식에 바탕을 이루어왔던 사회적 모순을 더욱 심화시키고 있다. 그럼에도 불구하고 민중사가 추구해왔던 가치나 방법론 등에 대한 평가나 반성의 과정도 생략한 채 민중사의 '폐기'까지 선언되고 있는 현실은 진지한 고민이 결여되었다는 느낌을 넘어 기이하기까지 하다. 그동안 민중사 언저리를 기웃거리던 평자와 민중사 연구자들이야말로 이러한 현실에 대해 일차적인 책임이 있겠지만, 평자만의 생각은 아닐 것이다.

다행히 최근 들어 민중사에 대한 관심이 다시 살아나고 있다.[32] 이 점에서 이번에 번역된 조경달 교수의 저서 두 권은 매우 시의적절하다. 필자는 그동안 조경달 교수의 연구로부터 많은 것을 배우고 또 자극을 받아왔다. 『이단』과 『민중』도 마찬가지이다. 이에 대해 필자 나름의 몇 가지 소감을 밝혀보았지만, 오해와 오독도 없지 않을 것이다. 또 쓰다 보니 지나치게 비판적인 논조로 흘러가버렸다는 생각도 든다. 그러나 민중사와 관련된 다양한 이론을 참조하면서도 방대한 자료를 구사하고 있는 조경달 교수의 저작은 그것만으로도 말 그대로 '역작'이다. 여기에 제시된 새로운 접근방법이나 중요한 개념적 장치들은 한국 학계에도 커다란 자극을 줄 것으로 생각된다. 두 권의 저작이 제기하고 있는 문제의식이나 방법론이 민중사 연구에 대한 관심을 환기하고 활발한 논쟁으로 이어지기를 기대해본다.

---

32 여기에 대해서는 이용기, 「미군정기의 새로운 이해와 '사회사'적 접근의 모색」, 『역사와 현실』 35, 2000; 허영란, 「민중운동사 이후의 민중사」, 『역사문제연구』 15, 2005; 허수, 앞의 글, 2006; 이용기, 「민중사학을 넘어선 민중사를 생각한다」, 『내일을 여는 역사』, 2007 겨울호; 배항섭, 「조선 후기 민중운동 연구의 몇 가지 문제」, 『역사문제연구』 19, 2008; 허수, 「일제시기 농민운동 연구의 동향과 모색」, 『역사문제연구』 20, 2008; 허영란, 「일제시기 생활사를 보는 관점과 민중」, 『역사문제연구』 20, 2008 참고. 또 최근 동학농민혁명기념재단은 '동학농민혁명 전후 국내외 민중운동사 연구동향과 과제'를 주제로 학술대회를 개최한 바 있고(2007. 11), 역사학연구소는 창립 20주년 기념으로 '위기에 선 역사학: 민중사의 새로운 모색'을 주제로 심포지엄을 개최한 뒤(2008. 11), 그 결과를 『역사학연구』 18호(2008)에 특집으로 실었다. 역사문제연구소 민중사반에서도 새로운 민중사를 모색하는 세미나를 진행 중이며, 일본의 아시아민중사연구회와 정기적인 교류활동을 진행하고 있다.

임술민란의 민중상에 대한 재검토
-근대지향성에 대한 반성과 동아시아적 시각의 모색

1. 머리말

민중운동사 연구는 사회현실이나 그와 밀접한 관련을 가지며 변화해 온 역사인식과 연동하면서 다양한 민중상을 그려왔다. 특히 1980년대에는 민중운동사가 역사학의 중요한 분야 가운데 하나로 자리 잡으면서 많은 연구성과를 축적하였고, 한국의 역사상을 한층 풍부하게 하는 데 크게 기여하였다. 그러나 민중운동사 연구는 1990년대에 들어서면서 크게 퇴조하게 된다.

〈표1〉에서 확인되듯이 임술민란를 비롯한 19세기 민중운동사 연구는 1980년대 후반을 정점으로 뚜렷이 하락하고 있다. 특히 1990년대 초반에는 1980년대 후반에 비해 논문편수가 절반 이하로 줄어들었다. 다만 2000년대에 들어 단행본이 상대적으로 증가하고 논문 편수도 1990년대에 비해 거의 줄어들지 않은 것을 알 수 있다. 이런 현상은 2000년 이후 민중운동사에 대한 관심이 크게 저하된 최근의 연구 분위기에 비추어볼 때 의외의 결과이다.

〈표 1〉 19세기 민중운동사 연구 상황[1]

	일반	홍경래란	1800~1861	1862년 농민항쟁	변란	1863~1893	1895~1910	계
1970년 이전		논문 2		논문 4 학위논문 1				논문 6 학위논문 1
1970년대 (1971~1980)	논문 2	논문 2		학위논문 1		논문 1		논문 5 학위논문 1
1980년대 전반 (1981~1985)	논문 4	논문 4	논문 1	논문 5 학위논문 2	논문 1 학위논문 1		논문 4 학위논문 1	논문 19 학위논문 4
1980년대 후반 (1986~1990)	단행본 1 논문 7		논문 1	단행본 1 논문 12 학위논문 4	논문 3	논문 3	논문 8 학위논문 1	단행본 2 논문 34 학위논문 5
1990년대 전반 (1991~1995)	단행본 2 논문 4 학위논문 2	논문 2	논문 1	논문 4 학위논문 2	학위논문 1	논문 2	논문 1	단행본 2 논문 14 학위논문 5
1990년대 후반 (1996~2000)	단행본 1 논문 3 학위논문 1			논문 1	논문 2	논문 1	논문 4	단행본 1 논문 11 학위논문 1
2000년대 전반 (2001~2005)	단행본 1 논문 1	논문 2		단행본 2 논문 3	논문 2	단행본 1 학위논문 1	논문 2	단행본 4 논문 10 학위논문 1
2000년대 후반 (2006~2010)	논문 3			논문 6		논문 3	논문 2	논문 14
계	단행본 5 논문 24 학위논문 3	논문 12						

　　그러나 그 내용을 들여다보면 단행본의 경우 이미 1980년대부터 민중운동사를 연구해오던 연구자들이 그동안의 연구결과를 묶어서 발간한 경우가 대부분임을 알 수 있다. 논문의 경우에도 대체로 이전부터 연구해오던 연구자들이 발표한 것이 대부분이다. 1980년대에 민중운동사

1　국사편찬위원회 홈페이지에 올려놓은 〈한국사연구휘보〉(2012년 6월까지)에 게재된 논저 목록을 '민란, 1862년, 농민항쟁, 농민운동, 민중운동, 반란, 亂, 홍경래란, 평안도농민전쟁, 변란, 이필제란' 등으로 검색한 수치이다. 동학농민전쟁 연구는 제외했다. 학위논문은 석사, 박사 모두 포함하였고, 교육대학원의 학위논문은 대상에 포함시키지 않았다.

연구를 주도하던 연구자들 가운데 일부가 2000년대에 들어서도 꾸준히 민중운동사 관련 논문을 발표하고 있는 것이다. 특히 주목되는 부분은 1990년대 후반부터 민중운동사를 주제로 한 학위논문이 전무한 데서 알 수 있듯이 민중운동사 연구는 신진 연구자들로부터 기피되고 있다는 점 이다.

민중운동사에 대한 연구 관심이 크게 떨어진 것은 중국이나 일본에서 도 마찬가지이다. 우선 중국의 경우 그동안 중국 근대의 '3대혁명' 가운 데 하나로 평가되면서 중국 근대사 연구에서 가장 중요한 연구주제 가 운데 하나였던 태평천국에 대한 관심이 2000년대에 들어 크게 위축되고 있다.

〈표 2〉 1980년 이래 태평천국 연구상황[2]

시기	논문수	연평균	연구서 (자료집포함)	연평균
1980~1989년	1,157*	115.7	74	7.4
주요 학술지 合 『역사연구』 『근대사연구』	38 17 21			
1990~2001년	1,216*	101.3	137	11.4
주요 학술지 合 『역사연구』 『근대사연구』	47 16 31			
2002~2011	850*	85	54	5.4
주요 학술지 合 『역사연구』 『근대사연구』	8 1 7			

*는 주요학술시(『억사언구』, 『근대사 연구』)를 포힘한 진체 힉술지에 게재된 논문 수임.

---

2 陈亚玲 · 肖自力, 「최근 10년 간의 태평천국사 연구」, 배항섭 · 손병규 편, 『임술민란과 동아시아 민중운동』, 성균관대출판부, 2013, p. 76.

1990년대에 들어 연구논저의 편수가 1980년대에 비해 거의 절반 혹은 그 이하로 급감한 한국이나 일본과 비교해볼 때 변화하는 시기가 상대적으로 뒤지고 변동 폭도 덜하지만, 2000년대에 들어 뚜렷한 하향세를 보이고 있다. 특히 주요 학술지인 『역사연구』와 『근대사연구』에 발표된 논문편수는 1990년대에 47편에서 2000년대에 들어 8편으로 대폭 감소하고 있어서 그 변화가 더욱 실감난다. 또 저서의 경우 전체 연구성과에 비해 감소 정도가 더욱 심한데, 그나마 2002년 이후 연구서 54권 가운데는 기왕에 발간되었던 저작을 수정하여 다시 낸 것이 적지 않다. 이러한 변화와 관련하여 중국사회과학원 근대사연구소장 부핑(步平)은 개혁ㆍ개방 이후 수십 년 동안의 중국 근대사 연구동향이 민족해방을 목표로 혁명을 추구하였던 혁명사 패러다임에서 경제건설을 중심으로 하는 현대화 노력으로 대체되었음을 지적하고 있다.[3] 연구 관심이 과거 신민주주의혁명사관에 기초한 '혁명사담론'에서 '현대화담론'으로 이동하였다는 것이다.[4]

최근 들어 민중운동사 연구가 급격히 퇴조한 것은 일본에서도 마찬가지이다. 그동안 19세기 일본 민중운동사를 정력적으로 연구해온 스다 쓰토무(須田努)가 1950년대부터 1990년대까지를 10년 단위로 나누어 각 시기별로 발표된 민중운동사 관련 논문편수를 조사한 결과는 〈표 3〉과 같다. 여기서는 1970년대의 급증과 1990년대의 급감이 두드러지는데 이러한 변화 역시 동구권 사회주의의 붕괴와 일본의 경제성장, 신자

---

3 김형종, 「청대후기 정치사연구동향과 쟁점」, 『중국의 청사편찬과 청사연구』, 동북아역사재단, 2010, pp. 170-171.

4 최근 한국에서 나온 2000년대 중국학계의 태평천국 연구동향에 대해 쓴 김성찬도 유사한 진단을 하고 있다[김성찬, 「新世紀 初頭(2000-2012年) 中國 太平天國史學界의 苦惱와 實驗的 挑戰」, 『중국근현대사연구』55, 2012].

유주의의 대두 등 국내외적 정세의 변화와 밀접한 관련을 가진다고 진단하였다.[5]

<표 3> 전후 일본 근세 민중운동사 논문 게재 수[6]

시기	1950년대	1960년대	1970년대	1980년대	1990년대
건수	637	682	1,499	1,538	662

앞서 살펴보았듯이 한국에서 최근 들어 민중운동사가 급격히 줄어든 것은 국내외적 환경 변화와 밀접한 관련이 있다.[7] 1989년 이후 일어난 구소련의 붕괴와 동구 사회주의의 붕괴, 남북관계의 진전과 민주화의 성취 등 국내외 정세의 격변에 따라 사회 변혁에 대한 기왕의 논리나 전망이 설득력을 잃었다는 점, 한국 변혁 운동의 현실과 추이 등에서 찾을 수 있을 것이다. 다른 한편 민중운동사의 퇴조는 민중운동사 연구의 역사의식이나 접근 방법 등의 면에서 간과할 수 없는 문제가 자리 잡고 있었기 때문이라고 생각된다. 국내외적 정세 변동은 역사발전 단계론에 입각하여 생산력과 생산관계의 변화를 파악하고, 그에 조응하여 투쟁하는 민중상을 기축으로 역사를 이해하는 방식과 그것이 가지는 현재성에 대해 회의하게 만들었으며, 변혁(주체)으로서의 민중이라

---

5 1980년대까지 일본 민중운동사 연구동향과 시기별 특징에 대해서는 須田努, 「イコンの崩壊まで」, 青木書店, 2008 참조. 1980년대 이후에 대해서는 須田努, 「'전후 역사학'에서 이야기된 민중이미지를 지양한다」, 배항섭·손병규 편, 앞의 책 참조.

6 須田努, 「運動史研究 "原体験"」, 「歴史學研究」 816, 2006, p. 33. 전후의 근세 운동사는 계급투쟁사→인민투쟁사→민중운동사를 총칭한다.

7 19세기 민중운동사연구에 대한 최근의 연구사 정리로는 송찬섭, 「중세해체기 농민항쟁 연구와 서술 방향」, 「역사학연구」 18, 2008; 배항섭, 「조선후기의 민중운동」, 「새로운 한국사 길잡이」, 지식산업사, 2008a; 배항섭, 「조선후기 민중운동 연구의 몇 가지 문제-임술민란을 중심으로」, 「역사문제연구」 19, 2008b 등이 있다.

는 말 자체가 적지 않은 연구자들과 시민들로부터 외면되고 있는 실정
이다.

최근 들어 투쟁하는 민중상만이 아니라 일상적인 삶 속에서 형성된
그들의 문화에 대한 이해, 인류학, 사회학 등 관련 학문 분과의 참조, '지
역史'에 대한 관심의 제고 등이 제기되고 있다. 근대사 분야에서는 포스
트모더니즘 등의 영향 속에서 단일한 정체성을 가진 통일적 집합체로 이
해된 기왕의 민중상을 비판하면서 다양성·중층성에 입각한 새로운 민
중상이 모색되고 있다.[8] 임술민란 연구에서도 최근 들어 임술민란를 비
롯한 조선후기 민중운동 연구에 진력해온 재일사학자 조경달의 책이 번
역 소개된 바 있다.[9] 국내에서도 지배층의 민란에 대한 대응 등 그동안
접근되지 않았던 주제에 대한 천착이 이루어지거나,[10] 민란이라는 "농민
저항의 정치"가 만들어낸 새로운 '법 담론'을 살펴본 연구,[11] 정치문화의
면에서 민란의 민중의식에 접근한 글 등[12] 새로운 연구들이 축적되고 있
다.[13] 그러나 여전히 임술민란에 대한 연구는 크게 위축되어 있으며, 새

---

8 한국 근대의 민중사 연구의 새로운 경향과 고민에 대해서는 이용기, 「미군정기의 새로운 이해와 '사
회사'적 접근의 모색」, 『역사와 현실』 35, 2000; 허영란, 「민중운동사 이후의 민중사」, 『역사문제
연구』 15, 2005; 허수, 앞의 글, 2006; 이용기, 「민중사학을 넘어선 민중사를 생각한다」, 『내일
을 여는 역사』, 2007 겨울호; 허수, 「일제시기 농민운동 연구의 동향과 모색」, 『역사문제연구』 20,
2008; 허영란, 「일제시기 생활사를 보는 관점과 민중」, 『역사문제연구』 20, 2008 등 참고.

9 조경달 지음, 허영란 옮김, 『민중과 유토피아』, 역사비평사, 2009.

10 송찬섭, 「1862년 농민항쟁기 파견관리 李參鉉(1807-1872)의 활동」, 『역사교육』 109, 2009.

11 김선경, 「19세기 농민 저항의 정치: 1862년 농민항쟁, 官民 관계 위기와 법 담론」, 『역사학연구』
16, 2006.

12 趙景達, 2009, 「政治文化の變容と民衆運動-朝鮮民衆運動史の立場から」, 『歷史學研究』
859(增刊號); 배항섭, 「19세기 지배질서의 변화와 정치문화의 변용 -仁政 願望의 향방을 중심으
로」, 『한국사학보』 39, 2010a 참조.

13 최근에는 임술민란 150주년을 맞아 『한국사학보』에 〈임술민란기 三政의 문제와 정국동향〉이라는 특
집으로 4편의 논문이 실리기도 했다. 논문의 제목과 필자는 「임술민란기 부세문제 인식과 三政改革

로운 시각을 둘러싼 활발한 논쟁도 거의 없는 실정이다.

역사연구 가운데 민중운동사는 특히 현재성·실천성의 측면이 강하다. 그러나 변화된 정세에 따라 민중운동사 연구의 현재성·실천성을 재조정하거나 새로운 시각을 확보하는 것은 간단한 일이 아니었다. 이를 극복하기 위해서는 지금 왜 민중운동사 연구가 필요하며 무엇을 할수 있는가? 민중운동사 연구를 어떻게 진행할 것인가? 등에 대한 고민과 노력이 요청되는 시점이다. 이 글에서는 주로 1980년대 임술민란 연구가 그려낸 민중상을 특히 근대지향성과 토대반영론이라는 두 가지 점에 초점을 맞추어 반성적으로 검토하고 새로운 민중상을 구성하기 위해 동아시아 비교사적 시각의 필요성에 대해 몇 가지 생각을 제시해보고자한다.

2. 근대지향이라는 시각

일제시대 식민사학자들은 민란의 원인을 조선왕조 말기의 부패와 가렴주구에서 찾았기 때문에 민란의 성격도 그에 대한 반발로 일어난 자연발생적인 폭동으로 이해하였다. 일제시대 사회경제사학자들은 마르크스주의의 역사이론을 수용하여 민란을 봉건적 통치계급과 농노적 농민, 혹은 봉건지배계급 대 농민대중 간의 계급투쟁이라는 시각에서 이해하였다. 그러나 계급투쟁으로 규정하면서도 민란을 조선사회의 체제적 특성이나 변화와 적극적으로 연결하여 접근하지 못하였다. 때문에

의 방향」(송양섭), 「1862년 三政釐整廳의 구성과 삼정이정책」(송찬섭), 「임술민란 전후 全羅道의 軍政운영과 殖利문제」(김경란), 「철종대 정국과 권력 집중 양상」(임혜련) 등이다.

민란의 발발 원인으로도 대체로 관리의 탐학을 강조하는 데 그치고 있으며, 사회경제적 변화나 민중의식의 성장 등에 대해서는 주목하지 못하였다.[14]

민란을 바라보는 시각은 1956년 김용섭에 의해 중요한 전기를 맞게 된다. 김용섭은 19세기 후반의 민란, 특히 민란의 발생 배경은 한국사의 발전과정에서 봉건적 관료체제가 붕괴하고 근대적 사회가 태동되어 가는지의 여부를 가늠할 수 있는 중대한 위치를 차지한다고 하여 새로운 시각에서 바라보고자 하였다. 그래서 그는 종래의 연구들이 민란 발생의 원인을 삼정의 문란과 지배층의 주구, 그에 따른 피지배층의 빈곤화에서만 파악하여 온 점을 비판하고 내면적인 사회경제상의 발전과정에서 성장되어 온 민중의식에 주목할 필요가 있다는 점을 강조하였다.[15] 여기에는 사회발전과정과 민중의식에서 '근대지향성'을 찾아보려는 의도가 개재되어 있었다고 생각한다.

민중운동사가 활발하게 연구되는 1980년대에 들어오면 역사발전단계론에 입각하여 임술민란을 근대지향성이라는 맥락에서 본격적으로 이해하기 시작한다. 예컨대 1950년대에 제시한 문제의식의 연장선에서 농업사를 중심으로 조선후기의 사회경제상의 발전과정을 정력적으로 연구해 온 김용섭은 임술민란에 대해 "지주제를 부정하는 토지개혁의 구호를 정면으로 내세우"지 못하였고, 이에 따라 "반봉건운동으로서는 아직 본궤도에 진입하지 못하고 있었"다고 평가하였다.[16] 이러한 이해는 조선

---

14 이에 대해서는 배항섭 앞의 글, 2008b 참조.

15 金容燮, 「哲宗朝 民亂發生에 對한 試考」, 『歷史教育』 1, 1956.

16 金容燮, 「朝鮮王朝 最末期의 農民運動과 그 指向」, 『韓國近現代農業史研究』, 一潮閣, 1992, pp. 362-363.

사회가 봉건사회이고 그 물적 토대를 이루는 기본적 생산관계는 지주-소작관계였다는 점에서 '제대로 된 반봉건투쟁', 곧 근대 자본주의사회를 전망할 수 있는 투쟁이 되기 위해서는 지주제에 대한 전면적 공격이 전제가 되어야 한다는 당위적 인식이 투영되어 있다. 역사발전단계론을 선험적으로 전제하고 그에 조응하는 '온전한' 발전단계를 지향하지 않는 점을 '미달'이나 '한계'로 지적한 것이다.

또한 조선후기 민중운동사 연구를 주도해온 정창렬은 임술민란에 대해 국가 · 국왕에게 민본 이데올로기에 명실상부한 내용과 실체를 담아줄 것을 요구한 운동이었다고 지적함으로써 민중의식을 새로운 시각에서 파악하고자 하였다. 이는 민중의식을 계급=계급의식이라는 맥락, 곧 토대반영론적 시각이나 수탈에 대한 저항이라는 논리 속에서 파악하던 기왕의 연구와 전혀 다른 접근으로 연구사적으로 중요한 의미를 가진다고 생각한다. 그러나 그 역시 농민들이 "소극적, 잠재적으로나마 농민자치제를 지향하는 방향에서 삼정을 개혁함으로써 그 내용, 실체를 삼으려고 하였다는 사실은, 그 민본 이데올로기가 근대적인 방향으로 성장, 발전해갈 수 있는 가능성을 스스로 간직하고 있었음을 드러낸다"[17]고 하였다. 또 민중은 자기 고유의 계급적 이익을 가지고 있는 사회경제적 계급이기보다는 봉건적인 여러 구속과 제약에 저항하는 주체로서의 연합체였다고도 하였다. 그러면서도 민중은 스스로를 새로운 문화, 사회적 담당 주체로 의식하지 못하였고, 인간해방에 대한 지향이 지배적인 반면, 사회적 해방에 대한 지향은 부차적이었고 민족으로서의 자기 인식도 매우 낮

---

17 鄭昌烈, 「조선후기 농민 봉기의 정치의식」, 『韓國人의 生活意識과 民衆藝術』, 성균관대 출판부, 1984.

은 수준이었다고 이해하였다.[18] 근대지향적 민중상을 전제로 하고 있음을 알 수 있다.

1986년에 발간된 『한국민중사』에서도 임술민란은 "19세기 말의 자주적 근대화를 예비하는 민족운동의 주체세력이 형성되는 과정"으로[19] 이해되었다. 같은 무렵 이영호도 임술민란에 대해 개항 이전 단계에서 국내의 계급적 모순을 해결을 중심으로 한 반봉건투쟁의 최고단계에 이른, 근대사회로의 변혁을 요구하는 아래로부터의 농민운동이었다고 하여[20] 근대사회를 지향하며 투쟁하는 민중상을 그리고 있다.

이상과 같이 조선후기를 봉건사회 해체기로 파악하는 기왕의 민중운동사 연구에서는 주로 민중이 근대를 지향하였고, 그를 위해 투쟁하는 존재 혹은 그럴 가능성이 있는 모습을 부각시키는 방향에서 접근되었다. 근대지향과 무관하거나 오히려 근대에 반대한 요소들은 아직까지 농민운동이 본 궤도에 오르지 못했기 때문에 나타난 한계인 것으로 해석되거나, 아니면 아예 외면되거나, 나아가 근대를 지향하는 것으로 왜곡된 역사상이 구축된다. 이러한 역사인식은 서구적 경험을 준거로 한 역사발전단계론이라는 '외부적 시선'을 전제함으로써 오히려 민중운동이나 민중의식에 대한 내재적 접근, 곧 민중운동과 민중의식을 운동의 발발 배경이나 전개과정, 투쟁 양상, 요구조건 등 내부로부터 접근하지 않는 결과를 초래해왔다. 이에 따라 형성된 민중상 역시 선험적으로 규정된 역사발전 과정이나 그에 따라 주어진 '역사적' 임무를 충실히 따라가거나 수행해야 하는 규범적 존재로만 그려질 뿐이다. 민중이 일상생활 속

---

18 정창렬, 「백성의식, 평민의식, 민중의식」, 한국신학연구소 편, 『한국민중론』, 1984.

19 『韓國民衆史』 2, 풀빛, 1986, pp. 38-40.

20 이영호, 「1862년 진주농민항쟁의 연구」, 『韓國史論』 19, 서울대 국사학과, 1988.

에서 한편으로는 체제와 지배이념에 규정되면서도 광범위한 생활 현장을 살아가면서 쌓아온 경험 속에서 체득한 고유한 의식세계나 행동 양식에 대한 천착을 어렵게 한다. 그러나 근대이행기 민중의 의식에는 오히려 근대에 대한 반대와 저항의 성격을 가지는 측면이 한편으로는 강하게 표현되고 있었음을 상기할 필요가 있다.[21] 근대이행기의 민중운동은 부르주아의 운동과는 다른 독자적 측면을 가지고 있었으며, 이 점에서 민중은 국가 권력이나 지배층에 온전히 포섭될 수 없는, 전근대적 혹은 근대적 가치관으로 환원하기 어렵고 또 거기에 쉽사리 포섭되지 않는 자율성과 독자성을 가진 존재였다. 그 바탕에는 근대 혹은 전근대라는 개념 속으로 수렴되지 않는, 그들이 살아가는 방식과 그 속에서 형성된 문화가 있었기 때문이다.[22]

이러한 이해는 '근대이행기' 민중운동의 경험이나 의식이 근대를 상대화하는 전략적 자원으로 활용될 수 있음을 의미한다. 근대는 신분제나 인신적 예속, 공동체적 질곡으로부터 '해방'과 '자유'를 가져다주었지만,

---

[21] 예컨대 임술민란을 겪은 지 30여 년이 지난 뒤에 발발한 동학농민전쟁 당시에도 농민군은 근대가 아니라 반근대를 지향했다는 주장이 제기된 지 오래이다. 동학농민군의 '반근대' 지향을 처음으로 제기한 연구자는 조경달이다. 조경달은 이미 1983년에 농민군의 지향을 반자본주의 · 반식민주의(반침략)를 동시에 지향하는 반근대를 내포하는 변혁운동이라고 하였다(조경달, 「갑오농민전쟁의 지도자= 전봉준의 연구」, 『조선사총』 7, 1983). 이러한 견해는 최근의 연구에서도 이어지고 있다(조경달 지음, 박맹수 옮김, 『이단의 민중반란』, 역사비평사, 2008). 이러한 견해는 민중운동의 자율성과 민중문화의 독자성을 강조하는 입장에서 동학농민군의 지향을 이해하고자 한 것으로 동학농민전쟁상에 대한 새로운 이해를 촉구하는 중요한 의미를 가진다. 다만 민중의식을 '전근대'의 울타리 안에서 있는 것으로, '근대적인 것'과는 대립적인 것이라는 측면에서만 파악하는 것은 문제이다. 중요한 것은 민중의 고유한 문화는 지배체제나 이념은 물론, 관습 등 민중의 삶을 규정한 다양한 요소들에 영향을 받고 있었으며, 그 지배체제나 이념, 관습이 어떠했느냐에 따라 '서구적 근대'에 대한 태도에도 차이가 있었다는 점, 또한 민중의식이나 문화가 근대와 조우하면서 어떻게 대응하며, 스스로를 어떤 방향으로 변용해 나갔는가 하는 점을 확인하는 데 있다고 생각한다(여기에 대해서는 배항섭, 「근대를 상대화하는 방법: 민중사에서 바라보는 근대」, 『역사비평』 88, 2009 참조).

[22] 배항섭, 「'근대이행기'의 민중의식: '근대'와 '반근대'의 너머」, 『역사문제연구』 23, 2010b.

그 대가는 공동성의 해체에 따른 생존 기반의 붕괴와 개인에 대한 무한 책임의 귀속을 가져왔다. 공공성의 파괴, 개개인 간의 치열한 생존경쟁을 효율성이라는 이름으로 모든 사회 구성원에게 강요하는 신자유주의는 그러한 근대가 현재 내밀고 있는 초상이기도 하다. 이 점에서 향촌의 일상적 삶 속에서 획득되어 있었거나, 민중운동 과정에서 나타난 민중의 공동성 내지 연대 등 근대에 의해 억압된 가치나 민중의 세계관 등에 대한 재발견은 자본주의 근대의 현재 얼굴인 신자유주의를 비판하는 중요한 계기가 될 수도 있다. 그렇기때문에 민중의식과 행동을 근대 혹은 전근대라는 선험적 개념에 맞추어 규정해버리는 태도는 문제가 있다. 농민들의 고유한 의식세계에 대한 새로운 접근은 민중상을 재구성하고 민란의 성격을 재해석하는 데도 관건이 되리라 생각한다.

3. 토대반영론적 시각

앞서 언급했듯이 일제시대 식민사학자들의 연구나 식민지 시기 사회경제사학자들은 민란을 조선사회의 체제적 특성이나 사회경제적 변화와 적극적으로 연결하여 접근하지 못하였다. 사회경제적 변화와 민중의식을 적극적으로 연결하여 파악하고자 한 것 역시 김용섭의 연구가 최초였다. 이후 그가 민란의 사회경제적 배경을 제시하기 위해 조선후기 농업 변동과 모순 구조에 대한 연구에 진력하여 해방 후 한국사 연구의 수준을 크게 진전시킨 획기적인 연구성과를 제출해온 사실은 잘 알려져 있다. 이러한 연구들은 민중운동사와 관련하여서도 민란 발생의 원인을 삼정의 문란과 지배층의 주구, 그에 따른 피지배층의 빈곤화에서만 파악하여 오던 기왕의 연구와는 다른 새로운 접근방법을 제시했다는 점에서 중요한 의미를 가지는 것은 물론이다.

그는 최근 그동안 축적해온 자신의 연구와 임술민란 관련 연구성과를 종합적으로 정리하여 임술민란의 발생 배경과 성격에 대해 구명한 논문을 발표하였다. 이 글에서 그는 민란의 발발 배경으로 농촌사회의 변동과 그에 따른 계급대립의 심화, 신분제의 동요와 사회평등의식의 성장, 부세제도상의 변화, 새로운 사상의 대두, 향촌사회의 질서 변화, 몰락농민의 사란의식(思亂意識)의 형성 등을 망라하여 지적하고 있다. 그러나 삼정을 비롯한 수탈은 민란 발생의 계기적 원인에 불과할 뿐 심층 원인은 농촌사회의 분해와 모순의 심화 등 체제적·구조적 모순에 있었으며, 그들은 결국 농업개혁·토지개혁을 바랐다고 하였다. 농민들은 농업개혁·토지개혁을 주장하지는 않았지만, 요호부민이나 양반사족, 향리층에 대한 보복으로 그들의 농업개혁·토지개혁의 욕구를 표출하였다고 하였다. 또한 운동 주체인 농민들의 그러한 욕구를 보다 분명히 파악하고 변호한 것은 진보적 지식인들이었으며, 그들에 의해 농민개혁·토지개혁이 주장되었다고 하였다.[23]

그러나 이것은 서구적 경험에 근거한 "보편적 발전법칙"에 입각한 접근이자 전형적인 토대반영론적인 시각이라고 볼 수 있다. 앞서 언급했듯이 그는 조선사회가 봉건사회이고 그 물적 토대를 이루는 기본적 생산관계는 지주-소작관계였다는 점에서 '제대로 된 반봉건투쟁'이 되기 위해서는 지주제에 대한 전면적 반대가 제시되어야 했다는 인식을 선험적으로 전제하고 있었다.[24] 이러한 시각에서는 민중운동의 원인이 주로 경

---

23 金容燮, 「哲宗朝의 民亂發生과 그 指向-晋州民亂 按覈文件의 分析」, 『東方學志』 94, 1996, pp. 106-109 참조.

24 이러한 이해는 서구의 경험을 기준으로 조선사회에서 봉건성을 찾으려는 노력의 결과이다. 그것이 피식민지의 경험과 식민사학을 극복하려는 과정에서 나온 고뇌의 결과이기도 하다는 점에 사학사적

제적 구조 분석을 통해 접근되며, 투쟁과정에서 보이는 요구조건이나 지향도 단순히 발생원인에 반대하는 것으로 그려진다. 민중의식도 다만 토대에 조응하는 것으로 이해되기 때문에 모순의 심화에 따라 성장해 나가는 것으로 이해한다.

사회경제적 모순의 심화→민중의 사회의식과 정치의식의 성장→반봉건운동이라는 도식으로 접근하는 이러한 연구들은 "농촌사회 구성의 변화는 조선에서의 근대를 향한 변혁 주체의 성격을 규정하"고,[25] 민중운동이 "궁극적으로 지향하는 새로운 사회건설의 방향을 사회경제적 측면에서 해명하는 것을 과제로 삼는다"는 데서도 알 수 있듯이 전형적인 토대반영론의 시각을 보여준다. 특정 시기의 민중운동을 역사가 한 걸음 발전된 단계로 나아가고 있음을 증명해주는 현상으로 이해하는 시각이다. 이러한 시각에서 민중은 다만 역사의 단계적 발전을 증언하는 증인으로 호출되는 수동적 존재에 불과하다. "자기 고유의 계급적 이익을 가지고 있는 사회경제적 계급이기보다는 봉건적인 여러 구속과 제약에 저항하는 주체로서의 연합체였으며, 스스로를 새로운 문화, 사회적 담당주체로 의식하지 못하였"다는 정창렬의 지적에서 알 수 있듯이,[26] 선험적으로 주어진 역사발전의 궤적을 향해 달려가지 않는 한 민중의 능동적

으로 중요한 의미를 가지는 것도 사실이다. 그러나 프랑스나 영국 등에서는 근대시민혁명 이후 혹은 근대적 정치 변혁 과정을 거치는 속에서 나타나는 토지 소유 구조의 배타성이나, '시장친화적' 매매관습을 일찍부터 가지고 있던 조선후기의 지주-작인 관계가 어떤 점에서 '봉건적'인지에 대해서는 회의적이다. 또 설사 그것이 '봉건적'이라고 하더라도, 그에 대한 본격적인 반대가 제기되어야 '한계'를 가지거나 '미숙한' 민중운동이 아니라 '온전한' 민중운동이라는 논리는 서구적 경험과 조선사회의 경험을 비대칭적으로 비교하고 서구적 경험에 비추어 조선사회를 재단한다는 점에서 서구 중심적이다. 조선후기의 토지 소유 구조와 매매관습에 대한 비교사적 검토는 배항섭, 「조선후기 토지 소유 및 매매관습에 대한 비교사적 검토」, 『한국사연구』 149, 2010c 참조.

25 『韓國民衆史』 2, 풀빛, 1986, pp. 78-79.

26 鄭昌烈, 「百姓意識, 平民意識, 民衆意識」, 韓國神學硏究所 編, 『韓國民衆論』, 1984.

행위자로서의 가능성은 압살된다. 개별행위자는 어떤 상황에 의해 규정되기만 하는 것이 아니라 동시에 그 상황의 생산에도 참여한다는 점에서 초개인적 구조를 중시하는 사회결정론의 시각은 민중운동뿐만 아니라 한 사회에 대한 인식에도 불충분하고 위험하다.[27]

이와 관련하여 일본 민중운동사 연구자인 후카야 카츠미(深谷克己)의 견해가 주목된다. 그는 민중운동사의 의의에 대해 운동 그 자체에 대한 이해만이 아니라 "운동과 투쟁을 만들어내고 있는 각 사회의 각 시대 고유의 깊은 지반과 의식 구조에 관심을 기울이고자 하는" 것이며, "운동을 시대와 사회의 전체성을 표상하는 것으로서 인식하려는" 것임을 지적하였다.[28] 운동은 각 사회, 각 시대 고유의 깊은 지반과 의식 구조에 규정되지만, 거꾸로 그것을 규명하는 창이 될 수도 있다는 것이다. 토대반영론적인 시각으로는 민중운동 연구가 가진 이러한 의미를 제대로 살리기 어려울 것임은 물론이다.

민중은 경제적인 요소뿐만 아니라 다양한 사회적 요인을 포함한 생활감각 속에서 고유한 문화를 형성해 나간 존재이다. 또한 민중은 지배이념이나 체제로부터 자유로울 수 없었지만,[29] 다른 한편 지배 엘리트와는 구분되는 독자적인 문화 영역이나 의식세계를 가지고 있다. 그것은 사람들이 행동하는 맥락을 제공하는 관습과도 밀접한 관련을 가진다.[30] 실

---

27 알랭 투렌 지음, 조형 옮김, 『脫産業社會의 社會理論: 행위자의 복귀』, 이화여대출판부, 1994, p. 13.

28 深谷克己, 「民衆運動史研究の今後」, 深谷克己 編, 『民衆運動史−近世から近代へ』五, 青木書店, 2000, p. 12.

29 E. P. Thompson, *Customs in common*(Penguin Books, 1993), pp. 6–7.

30 에릭 홉스봄, 金東澤 외 옮김, 『抵抗과 叛逆 그리고 재즈』, 영림카디널, 2003, pp. 232–236; E. P. Thompson, "The Moral Economy of the English Crowd in the Eighteenth Century", *Past and Present*, No. 50(Feb. 1971). pp. 78–79; 조오지 뤼데, 박영신 · 황

제로 세계사적 경험에 비추어볼 때도 '근대이행기'의 민중이 관습에 호소하는 방식으로 자신들의 요구를 정당화하는 것이 일반적이었고, '구법'에 근거한 요구는 저항을 철저하게 급진적인 형태로 이끌기도 하였다.[31] 이러한 사실은 생산관계나 사회체제가 유사하다 하더라도 그들의 삶을 지탱해온 관습이나 구법에 따라 민중의식은 다양할 수 있었음을 시사하는 것이기도 하다.[32]

따라서 민중운동에서 드러나는 민중상도 그들의 일상을 둘러싼 관습이나 사회적 환경과 관련하여 내재적으로 접근해가야 할 것이다. 그것은 민중의 삶의 공간이자 민중운동이 일어난 현장이기도 한 향촌사회 지배질서의 변화에 대한 연구가 경제환원론적인 시각을 극복하고 전개 양상, 요구조건 등에 대한 한층 풍부한 이해에 크게 도움을 줬다는 데서도 확인된다.[33] 민중운동에 가담한 '소민'들은 대체로 생계를 잇기 위해서라도 경제적으로 좀 더 많은 것을 확보하기 위해 다양하게 애를 쓴 생산자이자, 수탈당한 사람들이다. 그러나 그들은 다양한 정체성을 가진 사람들이고, 시대나 지역, 사회적 조건에 따라 한결같을 수는 없다. 이러한 '소민'들의 생각과 행동, 그리고 그들의 세계관을 더욱 잘 이해하기 위해서는 무엇보다 특정한 시간과 장소에서 그들이 보여준 정치적·경제적 행위와 사회구조 및 향촌질서와 그들의 문화, 그것들 간의 관계 등에 대

창순 역, 『이데올로기와 民衆의 抵抗』, 現象과 認識, 1993, pp. 46-57, p. 71 참조.

31 Paul H. Freedman, Images of the medieval peasant, Stanford University Press, 1999, p. 298.

32 민중운동의 이러한 측면에 대한 보다 상세한 내용은 배항섭, 앞의 글, 2010b 참조.

33 대표적인 연구성과로 安秉旭, 1986 「19세기 壬戌民亂에 있어서의 '鄕會'와 '饒戶'」 『韓國史論』 14; 金仁杰, 1989 「朝鮮後期 村落組織의 變貌와 1862年 農民抗爭의 組織基盤」 『震檀學報』 67; 고석규, 1999 『19세기 조선의 향촌사회연구』, 서울대학교 출판부 참조.

해 엄밀히 파악해야 한다.

예컨대 제임스 스코트를 참고하여 말하자면 동남아시아의 농민반란에서 농민들은 토지의 재분배 요구나 조세의 납부 자체를 반대한 것이 아니라 약속된, 혹은 합의된 액수를 넘어선 지대나 조세 수탈에 반대한 것이었다.[34] 19세기 중국 양쯔강 하류지역의 항조운동에 대해 분석한 베른하르트 역시 흥미로운 연구결과를 내놓고 있다. 그에 따르면 소작인들이 집단적으로 항조운동을 벌일 때 구체적 이유가 무엇이든 관계없이 그들은 지주층(상층 신사지주, 하층신사지주, 평민지주)를 공격하였다고 한다. 그러나 소작인들은 맹목적으로 지주를 공격한 것은 아니었고 '공정'이라고 할 있는 기준으로 공격 대상을 선택했다는 것이다. 대표적인 것이 수흉조(收冈租), 곧 현지의 일반적 기준을 넘는 정액세(定額稅)를 쟁취하는 행위, 시가보다 더 높은 기준으로 지대를 절가(折價)하는 행위, 흉년 때 감세를 거절하는 행위, 자신들은 국가로부터 감세를 받았으면서도 그 혜택을 소작인들에게 나누어주지 않는 행위 등을 한 지주가 주요 공격 대상이었다. 또한 지주가 공정한지 아닌지는 징세액뿐만 아니라 징수할 때의 태도도 마찬가지로 중요하였다. 만약 지주가 밀린 지대를 눈감아준다면 높은 지대를 받더라도 그다지 무겁게 여기지 않지만, 지주가 경작인의 경제 상태를 고려하지 않고 밀린 지대의 납부를 재촉한다면 아무리 낮은 지대라도 큰 부담으로 여긴다는 것이다. 농민의 생계유지 활동에 대한 지주의 참여 정도 역시 지주에 대한 소작인들의 평가에 중요한

---

34 이에 대해서는 제임스 스코트, 『농민의 도덕경제: 동남아시아의 반란과 생계』, 아카넷, 2004 참조. 또한 E. P. Thompson의 고전적 연구에 의하면 18세기 영국에서 일어난 식량폭동의 핵심은 식량과 밀가루를 강탈하는 데 있었던 것이 아니라 민중이 판단하기에 상인들이 가격을 지나치게 비싸게 정하여 폭리를 취한다는 데 있었다[E. P. Thompson, op cit "The Moral Economy of the English Crowd in the Eighteenth Century", *Past and Present*, No. 50(Feb. 1971)]. 이 역시 같은 맥락에서 이해할 수 있을 것이다.

요소로 작용했다고 한다.[35]

그렇다고 해서 이상과 같은 연구성과들의 입론을 그대로 따르자는 것은 아니다. 민중의 삶을 둘러싸고 있던 관습이나 지주제에 대한 농민들의 인식에 대한 세밀한 분석이 요구된다는 것이다. 물론 지주제가 농민항쟁의 발발에 어떤 식으로든 영향을 미쳤을 것이다. 나아가 지주의 부당한 수탈이 직접적인 원인을 제공한 경우가 있었을 수도 있다. 그러나 그것이 곧바로 지주제에 대한 반대로 연결된다는 것은 아니다. 현재까지의 연구에서는 대체로 조선사회가 봉건사회이고 그 물적 토대를 이루는 기본적 생산관계는 지주−소작관계였다는 점을 전제하고, '제대로 된 반봉건투쟁'이기 위해서는 그 모순의 담지자인 농민들이 당연히 그에 반대하였을 것이라는 생각이 선험적으로 전제되었다는 혐의를 버릴 수 없다. 여기서는 농민들의 삶이나 생산활동과 가장 밀접한 관련을 가지던 토지 소유 구조나 매매관습 면에서 조선의 경우 서구나 일본(관동, 동북)과는 물론 중국(강남)과도 커다란 차이가 있었음을 지적해둔다.[36]

---

35 Katheyn Bernhardt, *Rents, Taxes, and Peasant Resistance: The Lower Yangzi River, 1840-1950*(Stanford University Press, 1992), pp. 75-76. 최근 중국의 한 연구에서도 항조운동에서 보이는 농민들의 요구를 베른하르트와 유사하게 이해하였다. "지주와 소작농민 간의 기본적인 규칙은 '田主出田, 佃户出力, 田主纳税, 佃户输租'이었다. 이 규칙은 지주와 소작농민 양자 관계가 존재하는 기본전제이다. 소작농민이 지배납부를 거부하는 이유는 지주가 '相資之義'를 어기고 농민들한테서 부가세를 받기 때문이다. 다시 말해서 소작농민이 지대납부에 저항하는 근본적인 목적은 지주와 자신 간의 관계인 '百世不易之常經'을 바꾸려는 게 아니라 지주가 이런 '常經'을 위반한 데 대해 타격을 가하기 위해서였다."는 것이다(刘永华, 「17 至18 世纪闽西佃农的抗租−农村社会与乡民文化」, 『中国经济史研究』, 1998年 第3期).

36 배항섭, 앞의 글, 2010c 참조.

4. 동아시아 비교사적 시각

또 하나 조선시대 민중운동과 민중상에 대한 진전된 이해를 위해서는 비교사적 시각, 특히 서구가 아니라 역사적 경험이라는 면에서 오랫 동안 관계를 가져왔을 뿐만 아니라 유사한 점도 많은 동아시아 각국 간의 비교는 비단 민중사에 대한 진전된 이해를 위해서만이 아니라 서구 중심적 역사인식에서 그려진 동아시아상과는 다른 동아시아 역사상을 새롭게 구성하기 위해서도 반드시 요청되는 과제라 생각한다. 더구나 앞서 언급했듯이 민중운동의 의의는 운동 그 자체에 대한 이해에만 있는 것이 아니라, 거꾸로 운동이 발생한 각 사회의 각 시대 고유의 깊은 지반과 의식 구조를 규명하는 창이 될 수도 있다는 점을 고려할 때 민중운동에 대한 비교사적 접근은 더욱 절실하다.

예컨대 지배체제의 작동 원리나 강도, 지배이념의 통합과 지배력, 향촌사회의 편성 원리나 국가 권력과의 관계, 엘리트의 존재 양태, 국가 권력이나 엘리트와 민중의 관계 등은 민중운동의 구성 원리나 사상적 기반 등의 면과 밀접한 관련을 가지는 것이다. 이러한 점과 관련된 조선의 특징으로는 조선사회가 일본은 물론 중국보다 더 밀도 높은 "유교의 나라"였다는 사실이다. 최근 알렉산더 우드사이드가 지적한 바에 따르면 18세기 무렵 인구가 700만~800만 명이었던 조선은 600개가 넘는 서원을 가지고 있었다. 이는 같은 시기 중국이 가진 서원의 1/3에 불과하였지만, 조선의 인구가 중국의 1/30에 불과하였다는 점을 고려하면 인구 대비 서원의 밀도는 조선이 오히려 10배 정도 많은 것이었다.[37] 유교이념의 지배력은 국토면적의 차이나 총인구에서 유교 엘리트가 차지하

---

37 Alexander Woodside 지음, 민병희 옮김, 『잃어버린 근대성들』, 너머북스, 2012, p. 66.

는 비중을 보더라도 조선과 중국은 매우 대조적이다. 엘리트의 범위 설정이 애매하다는 점, 엘리트의 정치적·사회적 역할이 같은 것이 아니었다는 점 등의 면에서 난제가 있지만, 중국 신사의 경우 태평천국 이전에는 110만 명 정도였고, 가족 구성원을 모두 포함할 경우 거의 550만 명에 달했는데, 이는 총인구의 1.3%에 달하는 규모였다. 신사층이 급증하는 태평천국 이후에도 신사층의 총인구 대비 비중은 1.9%에 그치고 있다.[38] 이에 비해 조선의 양반은 호적으로만 파악할 때는 19세기에 들어 60~70%까지 비중이 올라간다. 물론 19세기의 호적에 나오는 직역은 신뢰하기 어렵고, 직역란에 유학(幼學) 등으로 표기된 사람도 양반으로 보기 어렵다는 점은 최근의 연구들에 의해 밝혀지고 있다. 그러나 호적상의 신분 표기가 비교적 현실을 그대로 반영하였던 것으로 여겨지는 18세기 초반에도 양반의 비중은 이미 10%를 상회하였다.[39] 이러한 차이는 민중운동의 사상적 기반과 관련하여 커다란 차이를 보일 수 있는 객관적 조건으로 작용했다고 생각된다.

미야지마 히로시는 한국과 중국, 일본의 촌락사회가 개폐성의 정도 등에서 중요한 차이를 보인다고 하였다.[40] 이는 민중의 일상적 삶의 공간이 향촌사회 내부의 관습 면에서도 중요한 차이가 있었음을 의미한다. 그러한 차이가 민중의식의 형성에 어떤 관련이 있었는지에 대한 내부로부터의 분석이 필요할 것이다. 예컨대 명청시대 휘주지방의 가규가

---

38 Chang, Chung-Li, *The Chinese Gentry: Studies on Their Role in Nineteenth-Century Chinese Society*(Seatle: University of Washington Press, 1955), pp. 139–141.

39 이준구, 「18·19세기 신분제 변동 추세와 신분 지속성의 경향」, 『한국문화』 19, 서울대학교 한국문화연구소, 1997 참조.

40 宮嶋博史, 1994, 「東アジア小農社會の形成」 『長期社會變動－アジアから考える(6)』, 東京大學出版會; 2003, 「동아시아 소농사회론의 사상사 연구」 『한국실학연구』 5.

법을 비롯한 촌규민약(村規民約)에서 가장 심한 처벌조항은 향촌이나 종족 밖으로 몰아내는 것이다.[41] 일본에도 〈촌추방(村追放)〉이라는 촌정(村椌)이 있었다.[42] 조선의 경우 그러한 규약이 거의 보이지 않으며, 그러한 규약이 있다 하더라도 얼마나 실현되었는지에 대해서는 회의적이다. 조선의 경우 향약은 가입이 자유의사에 따랐던 만큼 향규를 범한 자에 대한 최고 수준의 처벌도 출약(出約)에 그쳤고, 심할 경우 관에 고발하여 징치할 따름이었다.[43] 중국과 일본의 경우 추방이라는 조항이 있었지만, 그것이 가지는 의미는 향촌사회의 조직이 혈연적이었는지, 지연적이었는지, 조직과 소속 농민과의 관계, 곧 토지 소유나 생산활동, 일상적 삶과 관련하여 어떤 권리나 이점을 가졌는가 등에 따라 달라진다. 향촌사회의 공동체적 일체감이나 결합도가 긴밀할수록 배타성은 더욱 강해지고, 그에 따라 민중운동 전개과정에서도 "동원강제"가 더욱 강하게 나타날 개연성이 크다.

한편 필자가 확인한 바에 따르면 농민들의 삶이나 생산활동과 가장 밀접한 관련을 가지던 토지 소유 구조나 매매관습 면에서 조선은 일본과는 물론 중국과도 커다란 차이가 있었다. 이에 따라 19세기 혹은 '근대이행기' 민중운동에서 보이는 요구조건이나 지향과 관련하여 적지 않은 차이를 보이고 있었다.[44] 또한 19세기 후반 베트남과 조선의 민중운동에서 보이는 토지 관련 요구들은 토지의 공전제(公田制) 유무와도 밀접한 관

---

41 卞利, 「明清徽州村規民約和国家法之间的冲突与整合」, 『期华中师范大学学报(人文社会科学版)』第45卷 第1期, 2006.

42 渡辺尚志, 1987, 「近世村落共同体に関する一考察 – 公同体の土地関与への仕方 を中心に」, 『歴史評論』451.

43 「鄕約節目」, 『호서문화연구』 6, 1987.

44 배항섭, 앞의 글, 2010b; 앞의 글, 2010c.

련을 가지고 있었다.[45] 베트남(북베트남)의 경우 공전제의 경험은 향촌사회가 국가 권력으로부터 매우 큰 자율성을 획득하고 있었다는 제도적·관습적 특징과 아울러 베트남 농민들의 문화와 가치규범에 '균등주의'를 강하게 각인시켜 놓았다.[46] 때문에 토지개혁에 대한 요구가 조선에 비해 훨씬 강력하게 제기되었다.

같은 지주제라 하더라도 그를 둘러싼 사회적 환경이나 조건은 민중의식에도 중요한 영향을 미친다. 예컨대 중국 푸젠성(福建)의 경우 종족 조직의 발달과 종족 간 토지 소유의 불균등은 항조투쟁의 성격이나 대립구도 등의 면에 중요한 영향을 미쳤다. 1950년 푸젠성 농민 협회의 조사에 따라 민시에서 약 50% 이상의 토지가 종족 조직 등 향촌사회의 다양한 조직의 공유지로 편입되었다. 이런 토지 공유화의 과정은 대체로 16세기 이래 4세기에 걸쳐 이루어졌다. 이 과정에서 각종 지방 단위의 조직 간에는 불균형이 초래되었다. 크고 부유한 종족(예컨대 현성에서 부유한 종족과 큰 읍 주변에 명문거족 등)은 보통 더 많은 토지를 장악할 수 있지만 외지고 먼 산촌이나 현성 교외의 작은 종족은 토지를 잃고 소작농민이 될 가능성이 컸다. 이러한 불균형은 대규모의 부재지주를 대두시키면서 항조투쟁, 종족 간 갈등과 투쟁을 야기했다.[47] 조선의 경우 중국과는 부재지주의 비중이나 종족 조직의 존재 양태,[48] 종족 간 갈등 등의 면에서 차

45 배항섭, 「19세기 조선과 베트남의 토지개혁론에 대한 비교사적 검토−토지 소유를 둘러싼 제도와 관습의 차이를 중심으로」, 『역사학보』, 206, 2010d.

46 吉田恒, 「農民の價値規範と土地所有−ドイモイ後の北部ベトナムにおける土地使用權集積の事例−」, 東京大學 新領域創成科學研究科 國際協力學專攻 修士論文, 2008.

47 刘永华, 「17 至18 世纪闽西佃农的抗租−农村社会与乡民文化」, 『中国经济史研究』, 1998年 第3期.

48 예컨대 명, 청 시기의 휘주 종족들은 거의 대부분이 방대한 공공재산을 가지고 있었다. 여기에는 종족의 祀堂, 族田, 祀田, 学田, 墳山 등이 있었는데 이는 종족제도의 존재와 발전의 물질적 기초였

이가 있었으며, 이 역시 민중운동의 양상이나 성격에도 영향을 미쳤을 것으로 보인다.

또 임술민란과 직접 관련이 있는 것은 아니지만, 그동안 동학농민전쟁 연구에서는 비교사의 중요성을 시사하는 몇 가지 문제제기가 있었다. 정창렬은 동학농민전쟁은 "봉건 말기 반봉건운동으로서만 전개된 것이 아니라, 선진 자본주의의 침략으로 인한 민족적 위기 속에서 반침략 운동으로서도 전개되었다. 따라서 고전적 형태로 근대사회·근대민족을 형성한 서유럽의 농민봉기·농민전쟁과는 그 구체적 조건을 달리하는 속에서 동학·농민전쟁이 일어났다"는 점을 지적하며 동학농민전쟁을 봉건적·민족적 위기극복과 민족형성 과정이라는 맥락에서 살펴볼 것을 제안했다.[49] 오길보도 동학사상과 농민전쟁의 관계를 둘러싼 논쟁 가운데, 엥겔스의 『독일농민전쟁』에 대한 이해에 기반을 둔 '종교적 외피론'에 대해 몇 가지 점을 들어 비판하였다. 곧 조선은 종교가 민중의 생활과 관련하여 가지는 의미 면에서 서구와 달랐고, 정치체제 면에서도 서구와 달리 중앙집권적 정치체제였으며, 독일 농민전쟁 당시의 독일에 비해 상품화폐경제가 상당히 발달해 있었고, "1811~1812년 평안도 농민전쟁"도 종교적 외피를 쓰지 않았다는 점 등이다.[50] 안병욱 역시 중앙집권적 통제하에서 행해진 수취제도가 전국에 걸쳐 동질적인 성격을 지니고 있었다는 점, 지방의 5일장을 중심으로 형성된 전국 규모의 유통경

고 종족이 세사를 지내고 교육·문화 활동과 취약한 종족 구성원을 구제히어 경제적으로 지탱하게 해주는 기반이었다. 때문에 종족 공공재산을 보호하기 위한 공약은 종족의 구성원들에게 상당한 규제력을 가지고 있었다(卞利, 「明淸時期徽州的宗族公約研究」, 『中国农史』 2009년 3월.

49 鄭昌烈, 「東學과 農民戰爭」, 韓國史研究會 編, 『韓國史研究入門』, 知識産業社, 1981, p. 449.

50 오길보, 「갑오농민전쟁과 동학」, 『역사과학』 3, 1959.

제권이 형성되어 있었던 점 등을 지적하며 종교적 외피론에 대해 오길보와 같은 맥락에서 비판적 입장을 취하였다.[51] 위 세 사람의 견해는 그에 대한 동의 여부를 떠나 민중운동 발발 당시 조선과 서구가 처해 있던 객관적 조건이나 역사적 경험 면에서의 차이에 주목하고 있다는 점에서, 비교사적 연구의 필요성을 시사하는 제안이라는 점에서 주목된다.

한편 앞서 언급했듯이 민중은 지배이념이나 체제로부터 자유로울 수 없었다. 오히려 민중의 삶과 생각은 기본적으로 체제나 지배이념이 크게 규정되었다. 그렇다 하여 민중의식이 지배층의 의도대로 주조된 것은 아니다. 한편으로는 지배체제나 이념에 규정되면서도 어긋남이 있는 존재 혹은 규정됨으로써 새로운 가능성을 그 안에서 발견해 나가는 존재가 민중이었다고 생각한다. 이러한 점을 고려할 때 지배이념 강고함, 피지배층을 포섭하는 사회 정치 문화적 조건의 차이, 엘리트의 존재 양태의 차이, 그에 따른 포섭 정도의 차이 등에 대한 비교도 조선시대 민중의 지향과 민중상을 새롭게 이해하는 데 도움을 줄 것이다.

5. 맺음말

현실 사회주의 체제가 붕괴되고 포스트 담론이 유행하면서 일국사적, 서구 중심적, 발전론적 역사인식에 대한 회의와 비판이 제기되어 왔다. 근대사 분야에서는 이와 관련하여 활발한 논쟁도 일어났다. 역사문제연구소 민중사반이나 역사학연구소의 새로운 민중사 심포지엄이 있었으나, 대체로 근대사 연구자들이 중심이었다. 그러나 전근대 19세기 연구

---

51 안병욱, 「갑오농민전쟁의 성격과 연구현황」, 『한국근현대연구입문』, 역사비평사, 1988, p. 44.

에는 상대적으로 그러한 충격이 즉각적이지 않았고, 기왕의 역사인식틀에 대한 비판도 활발하게 일어나지 않았다. 민중운동사연구도 마찬가지였다. 일부 새로운 접근이 시작되고 있으나, 그를 둘러싼 논쟁이 일어나지는 않았다.

기왕의 민중상에 대한 핵심적 비판 가운데 하나는 단일한, 집합적 통일체로서의 민중상을 전제함으로써 민중 내부의 다양성이나 마이너리티를 억압하는 기제로 작동된다는 것이다. 민중 구성의 다양성에 대한 인식은 이전에도 없었던 것이 아니지만, 최근의 논의는 기왕의 민중상에 대한 본격적인 비판이라 할 수 있다. 새로운 모색의 과정이라 생각한다. 민중은 내부적으로 충돌까지 하는 다양한 정체성을 지닌 존재이다. 저항의 주체일 뿐만 아니라 상황에 따라서는 억압하는 쪽에 가담하기도 한다. 그러나 중요한 점은 그러한 다양성이 있기 때문에 특정한 체제나 이데올로기(국민국가)에 전일적으로 일방적으로 회수되기 어려운 존재라는 것이다. 따라서 다만 다양성을 나열하는 데서 그쳐서는 안 되고, 그러한 다양성을 무기로 하여 어떤 새로운 가능성이 드러나든가, 내포되어 있었는가를 적극적으로 확인할 필요가 있으며, 다양성을 묶어서 전체적으로 파악할 수 있는 고민이 필요하다. 이것은 서두에서 언급했듯이 민중운동사 연구가 필요하며 무엇을 할 수 있는가? 민중운동사 연구를 어떻게 진행할 것인가?라는 질문에 대한 대답과 따로 떼어서 생각할 수 있는 것은 아니라고 본다.

한편 반드시 민중사에 국한될 것은 아니지만, 동아시아라는 범주는 일국사적 인식에서 벗어나 새로운 역사 이해를 가능하게 한다는 점에서 최근 관심을 받고 있다. 필자는 동아시아라는 시각이 서구 중심의 근대 중심적 · 발전론적 역사인식에 대한 근원적 성찰을 위한 하나의 방법이 될 수 있다는 점에 주목하고 싶다. 물론 동아시아 각국 간에도 적지 않은 차이가 있다. 차이는 차이대로 분명히 해야 할 것이다. 동아시아를 범주로 한 역사상을 의미 있는 것으로 만들어나가기 위해서도 요청되는 일이다. 차이를 외면한다거나 축소하면서 그려진 동아시아 역사상은 사상누각일 것이기 때문이다. 그를 위해서도 비교사적 시각은 반드시 요청된다.

그러나 분명한 것은 동아시아 각국 간의 차이는 동아시아와 서구 간의 차이에 비하면 작고, 공통성은 많다. 동아시아적인 시각, 동아시아 비교사적 시각은 서구적 경험을 토대로 서구의 시선으로 구성된 동아시아상이 아니라 동아시아 역사를 내재적으로 새롭게 파악해가기 위한 불가결한 전제라고 생각한다. 특히 근대를 추구한 엘리트와 다른 독자적인 내용을 가지고 있던 근대 이전 혹은 '근대 이행기'의 민중의 생각과 행동은 서구가 구성해 놓은 발전론적 역사인식을 극복하고 근대 중심주의를 넘어서 새로운 역사상을 구축하는 데 중요한 단서가 될 수 있다. 이 점에서도 발전론적 역사인식에 입각하여 구축된 근대지향의 민중상은 재고되어야 한다.

동학농민군의 지향: 근대인가? 반근대인가?

1. 들어가는 말

동학농민전쟁은 대체로 "반봉건"과 "반침략"을 지향한 운동이었고, "각종 제도를 개혁하고", "신분적 질서를 해체시키면서 기존 사회 질서를 부정하고 근대사회로 나아가려는", 곧 "근대개혁을 추진하려는" 민족운동, 내지는 "근대지향적인 성격을 가진 아래로부터의 혁명운동"으로 이해되고 있다. 이러한 이해는 학계에서나 일반인들에게서나 마찬가지이다. 동학농민전쟁에 대한 이와 같은 이해는 교조(教祖) 최제우가 "혹세무민(惑世誣民), 좌도난정(左道亂正)" 등의 죄목으로 처형된 사실이나, 동학농민전쟁 당시 조정이나 지배층이 농민군을 동비(東匪)나 비적(匪賊) 등으로 규정하였던 점과 극단적으로 대비된다.

이러한 대비는 "역사의 의미는 원래부터 과거에 내재해 있던 것이 아니라 외부에 의해 과거에 부여된 것"이라는 케이스 젠킨스의 주장을 실감나게도 한다.[1] 동학농민전쟁에 대한 현재의 역사상도 원래부터 그러했던 것이 아니라, 다양한 기억과 서술 주체들 간의 끊임없는 경합과 투

---

[1] 케이스 젠킨스 지음, 최용찬 옮김, 『누구를 위한 역사인가』, 혜안, 1999, p. 57.

쟁을 거쳐 형성된 것이며, 외부에 의해 부여된 것이다. 동학농민전쟁을 지칭하는 용어가 '갑오농민전쟁', '1894년 농민전쟁', '동학농민혁명', '동학농민운동', '동학혁명' 등 다양하다는 데서도 알 수 있듯이 젠킨스가 말한 "외부"는 지금도 새로운 의미를 부여하기 위해 경합 중이다.

동학농민전쟁이 끝난 뒤에는 보수적 지식인이든 문명개화론의 입장에 선 지식인이건 할 것 없이 동학농민전쟁에 대해 부정적으로 평가하였다. 그러다가 3.1운동을 기점으로 민중을 새롭게 '발견'하는 노력이 좌우파 지식인들에 의해 시도되면서 동학농민전쟁에 대해서도 긍정적이고 적극적인 평가가 이루어지기 시작했다. 박은식은 1920년에 쓴 『한국독립운동지혈사』에서[2] 동학농민전쟁을 "양반의 압제와 관리의 탐학에 대해 격분하여 나온 것으로, 우리나라의 '평민혁명'이었다"고 긍정적으로 평가하였다. 1920~1930년대에 동학농민전쟁에 대한 글을 가장 많이 실은 매체는 『개벽』이나 『신인간』 등 천도교 계통의 잡지였다. 이 가운데 동학농민전쟁에 대한 종래의 이미지를 가장 극적으로 변전시킨 대표적인 글은 황의돈이 『개벽』 22~23호(1922)에 걸쳐 연재한 「민중적 규호(叫號)의 제일성(第一聲)인 갑오의 혁신운동」이었다. 그는 이 글에서 동학당에 대해 "귀족계급의 감시하에서 자유의 정신과 평등의 주의로 비밀결사가 되었던 평민단체"로 규정하였다. 또 농민전쟁을 갑오혁신운동으로 명명하고, 농민군을 '민군'으로 불렀다. 조선역사상 유일하게 "전 민중의 자유적 권리, 평등적 행복을 요구키 위하야" 일어난 "민중적 혁신의 운동"이었음을 분명히 하고 있다. 사회주의 계통의 지식인들의 경우 천도교 계통의 지식인들과 달리 엥겔스가 독일농민전쟁을 통해 제기한 '종교적 외피론'을 수용하여 동학의 역사적 의미나 동학농민전쟁에서 동학

---

2 박은식 지음, 김도형 옮김, 『한국독립운동지혈사』, 소명출판, 2008.

이 차지하는 의미에 대해서는 부정적으로 평가하면서도 동학농민전쟁이 가지는 '반봉건적 혁명성'에 대해서는 인정하였다.[3]

이와 같이 1920~1930년대를 거치면서 그 이전 시기와는 전혀 다른 동학농민전쟁상이 형성되어 갔으며, 이러한 역사상은 해방 이후에도 이 어졌다. 최근까지도 동학농민전쟁에 대한 이해에서 주류적 위치를 차지 하고 있는 이러한 역사상은 기본적으로 서구중심적·근대중심적 역사 인식에 기반하고 있다. 서구 근대중심적 역사인식이 서구나 근대에 특 권적 지위를 부여하고 서구-비서구, 혹은 근대-전근대를 비대칭적인 이항대립의 관계로 편성하는 하나의 이데올로기로 작동하고 있음은 주 지하는 대로이다. 특히 이 글에서 다루는 문제, 곧 동학농민전쟁이 근 대 혹은 전근대를 지향했는가라는 물음과 밀접한 관련을 가지는 전근대 와 근대의 관계를 보면, 전근대는 근대를 향해 직선적으로 달려가야 할, 근대에 종속된 시간으로 식민화되어 있다. 때문에 전근대로부터 근대 를 질문할 수 있는 가능성은 봉쇄된다. 따라서 이러한 역사인식에서는 진보의 이념이자 발전의 약속으로 특권화된 근대, 그러나 지금은 기술 적·도덕적 딜레마에 빠진 근대를 상대화하기 어렵다.[4] 아래에서는 이 러한 문제의식 하에 동학농민전쟁이 근대를 지향했는가의 여부를 둘러 싼 최근의 논의를 살펴보고자 한다.[5]

---

3 배항섭, 「1920-30년대 새로운 동학농민전쟁상의 형성」, 「사림」 36, 2010 참조.

4 이에 대한 좀 더 자세한 논의는 배항섭, 「근대를 상대화하는 방법」, 「역사비평」 88, 2009 참조.

5 이하의 내용은 필자의 글 「근대이행기의 민중의식: '근대'와 '반근대'의 너머」(「역사문제연구」 23, 2010) 등의 일부 내용을 수정 보완한 것이다.

2. 근대지향론

1980~1990년대에는 민중운동사 연구가 비약적으로 이루어졌다. 이 시기 이루어진 '근대이행기' 민중운동 연구의 대체적인 경향은 민중이 '근대'를 지향한 것으로 이해되었다. 동학농민전쟁은 "조선민족의 자주와 자본주의적 발전의 길을 열고자 하였"고, "우리나라의 부르조아 민족운동을 심화 발전시키는 커다란 추진력"으로 이해되었다.[6] 또 "개화파는 농민의 동력에 의거하여 반봉건혁명을 추진하고, 민중과 연대하여 외세를 견제하면서 근대변혁을 추진했어야"하고, "농민전쟁은 중세사회를 극복하고 역사의 새로운 지향을 제시"함과 동시에 "봉건지배층을 대체하고 역사를 주도해 나갈 새로운 세력을 발견하여 이들을 뒷받침해주는 일을 담당하였어야 한다"고 하였다.[7] 이러한 입장은 북한 학계에서도 마찬가지였다. 1980년에 나온『조선전사』에서는 농민군이 더 철저하게 부르주아적 개혁을 하지 못한 점을 한계로 지적하였다.[8]

이 시기 변혁운동 연구는 대체로 이른바 '근대화 과정의 두 가지 길' 이론에 기대어 진행되었다. 이 이론은 '근대이행기' 변혁운동을 크게 두 갈래로 나누어 설명하고 있다. 하나는 토지의 사적 소유와 거기에 입각한 지주제를 인정하는 가운데 부세문제를 고치려는 방안이고, 다른 하나는 토지문제를 근본적으로 해결하려는 것으로 대체로 지주제의 철폐로 귀결되고 있었다.[9] 전자는 개화파 지식인들이 추구한 지주 입장의 개

---

6 망원한국사연구실 한국근대민중운동사서술분과,『한국근대민중운동사』, 돌베개, 1989, pp. 132-133.

7 한국역사연구회,『1894년 농민전쟁연구 5』, 역사비평사, 1997, p. 89.

8 『조선전사 13 : 근대편 1』, 과학·백과사전출판사, 1980(청년사 재간행본), pp. 320-321.

9 김용섭,「조선왕조 최말기의 농민운동과 그 지향」,『한국근현대농업사연구』, 일조각, 1992, pp.

혁론인 '지주적 코스의 농업근대화론', 후자는 농민 입장을 대변하는 개혁론인 '농민적 코스의 농업근대화론'을 말한다. 1894년의 두 개혁운동, 곧 갑오개혁과 동학농민전쟁에서 두 가지의 토지개혁방안은 그 대립의 절정을 이루었다고 하였다.[10] 경제적인 면에서 '봉건적 모순'의 핵심을 이루는 지주제를 둘러싼 지주–농민 관계에 입각하여 민중의식과 지향를 도출해내고 있다는 점에서 전형적인 경제결정론 또는 토대반영론적인 시각이다. 이러한 시각에서는 민중운동이 사회경제적 모순의 표출에 지나지 않고, 민중의식은 객관적 모순에 규정되거나 그 반영에 불과한 것으로 민중의식의 형성과정이나 자율성은 외면될 수밖에 없다. 또한 근대를 추구하는 방법만 다를 뿐, 민중 역시 문명개화론자들과 마찬가지로 '근대'를 추구했고, 또 추구해야 하는 규범적 존재임이 전제되고 있다는 점에서 '근대중심적' 시각을 보여준다.

'두 가지 길' 이론을 포함한 '근대이행기' 변혁운동에 관한 연구는 이른바 '내재적 발전론'의 연장선에서 이루어졌다. 내발론은 이념형으로서의 서구의 경험을 기준으로 한 단선적 발전론에 입각하여 '근대이행기'의 역사상과 민중상을 구축하고자 하였다. 따라서 내발론에는 서구의 근대를 따라잡아야 할 것, 반드시 거쳐야 할 것, 혹은 우리 역사 속에서 반드시 찾아내야 할 것으로 이해하는 근대중심적, 서구중심적 역사인식이 자리 잡고 있다. 이는 보편으로 특권화한 서구적 경험과 얼마나 유사했는지를 확인하려는 역사관이자, 세계관에 다름 아니다. 이에 따라 서구와 달랐던 경험이나 현상은 한계가 있거나 미흡하고, 결함이 있는 '비정상적'인 것으로 간주되거나, 아예 배제되기도 하고, 서구적인 것과 비슷

362-363.

10 김용섭, 「근대화과정에서의 농업개혁의 두 방향」, 앞의 책, pp. 10-34.

한 것으로 왜곡되기도 한다. 민중사학도 이 점에서는 마찬가지였다. '근대이행기'의 민중상이나 민중의식은 민중운동에 대한 조선사회와 관련한 다양한 요소들에 대한 경험적 연구에 기초하여 귀납적으로 형성된 것이 아니다. 이 시기 '민족사'의 과제를 '반봉건근대화'와 '반외세자주화'로 설정한 후 선험적으로 내세운 이미지라는 혐의가 짙다. 서구적 경험을 준거로 한 발전론적 역사인식이라는 '외부적 시선'이 전제됨으로써 오히려 민중운동에 대한 내재적 접근은 외면되어 왔다.

한편 근대는 '서구'가 구성되는 과정이기도 했고, 다른 종류의 시간을 봉합해버리는 단일하고 세속적인 시간 개념이 형성되는 과정이기도 했다.[11] 또한 그것은 서구와 근대에 의해 비서구와 전근대라는 두 종류의 타자가 만들어지는 과정이었다. 전자는 비서구를 타자화하여 서구와 비서구의 비대칭적 관계를, 후자는 전근대를 타자화하여 근대와 전근대의 비대칭적 관계를 만들어냈다. 따라서 서구를 준거로 비서구를 비교하는 것 자체가 서구중심주의를 강화할 수 있듯이, 근대를 척도로 비근대성과 전근대성을 비교하는 행위 자체가 근대역사권력을 작동시키는 것일 수 있다.[12]

서구중심적, 근대중심적 역사인식은 다음과 같은 파생적인 문제를 낳았다. 첫째, 발전론이 서구중심·근대중심적 이데올로기의 또 다른 형태임을 고려할 때, 발전론적 근대역사 인식은 서구중심주의와 근대중심주의에 대한 비판이나 상대화를 어렵게 한다. 둘째, 한국사의 전개과정을, 서구적 근대화의 경험을 준거로 하여 재단함으로써 서구와는 이질

11 차크라바르티, 「인도 역사의 한 문제로서 유럽」, 「흔적」 1, 2001, p. 85.

12 니콜라 밀러 스티븐 하트 편저, 서울대 라틴아메리카연구소 옮김, 「라틴아메리카의 근대를 말하다: 서구중심주의에 대한 성찰」, 그린비, 2008, p. 68.

적이었던 한국사의 독자성에 대한 구체적 이해를 외면하는 결과를 초래하였다. 그 결과 근대 이행과정의 전략이나 그 과정에서 형성되어간 근대성의 내용과 성격을 한국사의 독자적 측면과 연결하여 파악하는 시각이 들어설 여지를 좁혀버렸다.

특히 민중사와 관련해서는 다음과 같은 문제를 초래하였다. 첫째, 단선적 발전론은 사회경제 구조 면에서의 발전을 토대로 하는 입장이기 때문에 민중과 민중운동은 다만 사회경제 구성상의 모순의 담지자 혹은 모순의 발현형태라는 맥락에서 파악된다. 민중의식은 사회경제적 모순에 조응하여 저절로 형성되고, 민중은 그에 입각하여 모순해결이라는 과제를 수행하는 존재로 상정됨으로써 민중의 주체성은 박탈당하고 그들의 생각과 행동에 담긴 고유한 측면은 억압·배제된다. 둘째, 민중의식이나 민중의 정치문화가 근대지향 여부의 맥락에서만 파악되기 때문에 그것이 가진 독자적 성격에 대한 접근을 어렵게 하며, 민중상이나 민중운동도 다만 근대를 향해 돌진하는 역사상 속에 구겨 넣게 된다. 이는 민중이 형성해 나가고 있던 독자적 의식세계나 문화 그리고 그것이 지배문화나 지배적인 사회 시스템과 갈등, 경합, 상보하며 만들어가는 '근대 이행기'와 근대의 형성과정을 동태적으로 이해하기 어렵게 한다. 이러한 접근방법은 결과적으로 근대이행 과정과 근대를 다기적 다면적으로 바라볼 수 있는 시각을 차단함으로써 근대형성 과정에 대한 일원적 이해로 귀결시킨다. 셋째, 민중운동이나 민중의식을 근대 지향성 여부에서만 파악하는 태도는 민중사 연구의 의미를 살리는 데도 장애가 된다. 민중운동이나 민중의식은 사회 구조나 지배체제, 지배 이데올로기의 영향 아래서 형성되는 것이지만, 거꾸로 당시 사회를 역투사하여 조명할 수 있는 계기가 되기도 한다. 민중운동이 전개되는 시공간에서는 일상적인 삶 속에서 잘 보이지 않던 민중의 행동과 생각이 집중적으로 드러난다.

그러므로 민중운동의 요구조건이나 투쟁양상에 배어 있는 민중의 행동이나 생각을 역투사할 때 당국이나 지식인들의 기록에서는 잘 볼 수 없는 당시 사회의 이면이나 밑바닥, 혹은 은폐되어 있는 구조, 의식 등을 확인할 수도 있는 것이다. 이 점에서도 선험적으로 전제된 민중의 이미지는 결과적으로 "내재적 접근"이 외면되고 당시 사회를 역투사하여 조명할 수 있는 가능성을 배제하는 것이기도 하다.

3. 반근대지향론

동학농민전쟁이 근대가 아니라 '반근대'를 지향했음을 처음으로 제기한 연구자는 조경달이다. 조경달은 이미 1983년에 농민전쟁이 반자본주의·반식민주의(반침략)를 동시에 지향하는 반근대를 내포하는 변혁운동이라고 하였다.[13] 그 후에도 이러한 생각을 더욱 발전시켜 도소(都所) 혹은 집강소 체제하에서 급진화한 빈농·반프로·천민을 중심으로 한 농민군의 행동은 자율적인 것이었다고 하였다. 또 평균주의·평등주의, 소농회귀와 소농보호의 입장에서 '농민적 토지 소유'를 추구한 그들의 지향은 반(反)근대적이었으며, 이것은 본원적 축적과정을 수반하는 근대가 농민들에게는 다른 한편으로 비참한 것이었음을 다시 한 번 상기시킨다고 하였다.[14]

정창렬은 미약한 부르주아계급에 기반을 둔 개화당정권의 개화가 농민군에게는 자본주의화·왜국화·식민지화라고 인식되었으며, 농민군

---

13 조경달, 「갑오농민전쟁의 지도자=전봉준의 연구」, 『조선사총』 7, 1983.

14 조경달, 박맹수 옮김, 『이단의 민중반란』, 역사비평사, 2008.

은 식민지화 · 자본주의화가 아닌 반봉건주의 '근대화'를 지향하였다고 하였다. 결국 농민군의 지향에 대해 반봉건주의 · 반자본주의 · 반식민 지화를 동시에 총족시키는 '근대화'가 농민군의 목표였다고 하여 조경달 과 유사한 결론을 내렸다.[15] 고석규 역시 개항 이후 미곡수출에 따른 곡 가상승과 미곡시장의 확대가 양반지주의 토호경영을 강화하였기 때문에 양반토호에 대한 저항은 곧 그 이면에 자리 잡고 있는 종속적 자본주의 화와 지대자본주의에 대한 저항의 성격을 지닌다고 보았다. 이 점에서 농민군은 근대이행의 두 가지 길 가운데 아래로부터의 길과는 달리 식민 지화 자본주의화가 아닌 반봉건주의 반자본주의적 속성을 지니는 '농 민적 노선'에 의한 '근대화'를 추구한 것으로 이해하였다.[16]

이상의 '반근대론' 혹은 '반자본주의론'은 농민군의 경제적 지향이 부 르주아적 · 자본주의적 근대화가 아니었음을 분명히 하고 있다. 이는 전 근대에서 근대로의 발전이라는 도식에 전유된 민중을 구출해내고 주체 성에 입각한 민중상을 구축할 수 있는 단서를 제공한다는 점에서 의미가 크다. 조경달의 견해는 민중운동이 근대를 지향했다는 역사인식은 세계 사적인 경험에 비추어보더라도 설득력이 없다는 판단에 근거하고 있다. 이러한 판단은 주로 프랑스혁명이나 일본의 '근대이행기' 민중운동에 대 한 연구성과를 수용한 것이다.[17] 이에 따르면 프랑스혁명 시기의 농민 혁명이나 메이지유신 이후 일본의 민중운동이 기존의 질서 관행과는 다 른 새로운 근대적 · 자본주의적 법과 질서, 경제원리가 자신들의 일상생

---

15 정창렬, 「동학농민전쟁과 프랑스혁명의 한 비교」, 미셸 보벨, 민석홍 외, 『프랑스 혁명과 한국』, 일월 서각, 1991, pp. 253-254.

16 고석규, 「1894년 농민전쟁과 '반봉건 근대화'」, 동학농민혁명기념사업회 편, 『동학농민혁명과 사회 변동』, 한울, 1993, p. 20-21, 26.

17 조경달, 앞의 책, 26쪽.

활에 타격을 주고 생존을 위협하자, 이에 반대하였다는 점에서 '반자본주의적'이었다고 한다. 특히 르페브르는 혁명 당시 농민운동이 부르주아운동에 포섭되지 않았고, 그와는 다른 발생 · 진행 · 위기의 경향을 가지고 진행되었으며, 도시민중과 더불어 프랑스혁명에 개입함으로써 혁명의 진행이나 성격에 영향을 미친 독자적 · 자율적 사회운동이라고 하였다.[18]

또한 조경달은 민중의 자율성을 대체로 '반근대' 지향과 겹쳐서 설명하거나 근대에 대한 철저한 배타성으로 묘사하기도 하고, 때로는 근대적 지식인에 의해 쉽게 포섭되거나 사라져버리는 것으로 묘사하기도 한다. 이 경우 근대 속의 민중의식은 잔여로서만 존재하는, 다만 사라져갈 찌꺼기들에 불과한 것으로 왜소화될 수 있으며, 민중의 자율성이 근대적인 것과 교섭 · 경합할 수 있는 가능성을 닫아 놓을 수 있다. 또한 이러한 전제에서는 민중 스스로 근대를 수용하고 형성해 나갈 수 있는 가능성이 차단되며, 근대나 국민국가의 형성과정에서 민중은 일방적으로 강요만 받거나, 포섭되고 동원되는 수동적 존재로만 그려질 수 있다.[19] 그러나 민중의식이나 문화는 고정적 · 정태적인 것이 아니라, 외래의 요소와도 끊임없이 교섭하며, 그것을 자기 것으로 만들어가기도 하는 동

---

18 시바따 미찌오, 『근대세계와 민중운동』, 한벗, 1984; 稻田雅洋, 『日本近代社會成立期の民衆運動』, 筑摩書房, 1990; 鶴卷孝雄, 『近代化と 傳統的 民衆世界』, 東京大出版會, 1991; 이세희, 「프랑스혁명기의 농민운동에 대한 연구사적 고찰」, 『부대사학』 10, 1986; 최갑수, 「프랑스혁명과 농민운동 논쟁에 대한 소고」, 『역사비평』 17, 1992 여름; 알베르 소불, 「아나똘리 아도의 논문에 대하여」, 『역사비평』 17, 1992 여름.

19 이와 관련하여 차르테지의 다음과 같은 지적이 주목된다. 그는 근대시민사회 바깥 영역에 있는 나머지 사회를 현대/전통의 이분법을 사용하여 개념화하는 것은 '전통'을 탈역사화하고 본질화하는 함정을 회피하기 어려우며, 전통 쪽으로 내몰리는 영역이 근대적 시민사회의 원칙들에 부합하지 않는 방식으로 근대와 맞설 수 있는 가능성을 부정하는 것이라고 하였다(파르타 차르테지, 「탈식민지 민주국가들에서의 시민사회와 정치사회」, 『문화과학』 25, 2001, p. 143)

태적인 것이다.[20] 이러한 점에서 민중사 연구의 의의는 전통적인 민중문화가 권력에 의해서 단지 압살되어가는 측면만이 아니라 자발적으로 변용해가는 측면, 민중에 의해 아래로부터 새롭게 형성되어가는 문화나 의식을 찾아내고, 그것이 엘리트문화와 경합 · 소통 · 상호침투하는 모습을 찾아내는 데 있다고 생각한다.[21]

한편 근대지향론과 마찬가지로 '반근대지향론' 혹은 '반자본주의지향론' 역시 프랑스혁명 당시의 농민운동, 그를 수용한 일본 근대민중운동에 대한 연구성과에 의거하여 동학농민전쟁을 이해하고자 했다는 점에서 기본적으로는 서구중심적 역사인식의 자장에 갇혀 있다고 생각한다. 민중은 일상생활 세계에 토대를 둔 고유한 문화를 가지고 있기 때문에 '근대이행기'에도 엘리트와 구별되는 독자적 · 자율적 의식을 보이지만, 다른 한편으로는 지배체제나 이념 등으로부터 완전히 자유로울 수 없는 존재이다. 이는 민중의식이나 지향도 민중운동이 발발하던 당시 사회의 지배체제나 이념과 밀접한 관련을 가질 수밖에 없음을 시사한다. 따라서 동학농민전쟁의 지향도 당시 조선의 지배체제나 이념 등이 어떠했느냐에 따라 프랑스나 일본 등의 민중의식이나 지향과는 다른 모습을 보일 수도 있다는 가능성을 열어두어야 한다.

한편 동학농민전쟁의 근대지향성에 반대하고 그 보수성을 지적한 연구자도 있다. 유영익은 동학농민전쟁의 시작을 알리는 〈무장포고문〉을 분석하여 농민군이 근대를 지향하였다는 기왕의 연구들을 비판하고 있

---

20 조지 뤼데에 따르면, 민중은 기본적으로 자신의 '내재적', 전통적 관념들을 가지고 혁명에 참여했지만, 부르주아와 비슷한 어휘나 관념(자유, 사회계약론, 인민주권론)을 받아들이고 있었다(조오지 뤼데, 앞의 책, 134쪽).

21 민중운동의 자율성과 '반근대지향성'을 둘러싼 조경달의 논리에 대한 자세한 검토는 배항섭, 「근대를 상대화하는 방법」, 『역사비평』 88, 2009 참조.

다. 그는 〈포고문〉의 내용을 분석하여 전봉준이 유교적 윤리덕목을 철두철미하게 준수했던 모범적 선비이며 유교적 합리주의자였음을 강조하였다. 이어 그것을 핵심 논거로 하여 동학농민군은 어떠한 새로운 '근대적' 비전 내지 이상을 제시하지 못하였다고 하였으며, 오히려 농민군이 '봉건적' 차등적 사회신분질서를 이상화하고 있음을 특히 강조하였다.[22] 그러나 〈포고문〉만으로 농민군의 지향이나 의식세계를 규정하는 것에는 동의하기 어려우며, '봉건적' 신분질서를 이상화하였다는 주장은 〈포고문〉의 내용 어디에서도 보이지 않는다. 더구나 신분적 질서에 반대한 농민군의 행동에 비추어보더라도 유영익의 주장은 논리적 비약이 아닐 수 없다. 동학농민전쟁의 근대지향적 성격을 주장하는 연구자들이 〈포고문〉을 외면하고 농민군의 행동과 체포된 뒤의 전봉준의 진술을 주목하였다면, 유영익은 반대로 동학농민군의 행동이나 체포된 뒤 전봉준의 진술을 외면하고 〈포고문〉의 자구(字句)만으로 동학농민운동의 성격을 규정하였다.

그러나 세계사의 경험에 따르면 중세 말에 일어난 급진적 민중운동에서도 민중은 대체로 지배이념을 전유하는 방식으로, 혹은 지배층이 알아들을 수 있는 그들의 언어로 자신들의 불만을 요구하거나 행동을 정당화하는 것이 일반적이다.[23] 이러한 점은 자본주의 국가에서도 마찬가지였다.[24] 이런 점을 고려할 때 〈포고문〉의 내용이 지배이념인 유교사상과

22 유영익, 「전봉준 義擧論」, 『동학농민봉기와 갑오경장』, 일조각, 1998.

23 Paul Freedman, *Images of the Medieval Peasant*, Stanford University Press, 1999, pp.288–300; James W. White, *Ikki: Social Conflict and Political Protest in Early Modern Japan*, Cornell Univ. Press, 1995, pp.112–121; Mollat, Michel, Wolff, Philippe, 瀨原義生 譯, 『ヨーロッパ中世末期の民衆運動: 青い爪, ジャック, そしてチオンピ』, ミネルヴァ書房, 1996, pp. 317–319.

24 James C. Scott, *Weapons of the weak: everyday forms of peasant* resistance,

유교적 언어를 기초로 하고 있다는 사실을 중요한 근거로 삼아 농민군의 생각과 행동의 한계를 지적하거나 그것의 '보수성' 혹은 '복고성'을 주장하는 것은 설득력이 떨어진다.

톰슨(E. P. Thompson)이 말했듯이 민중은 지배이념이나 체제로부터 자유로울 수 없었지만,[25] 다른 한편 지배엘리트와는 구분되는 독자적인 문화영역이나 의식세계를 가지고 있었기 때문이다. 이런 점에서 민중의 생활과 의식은 지배이념에 규정되면서도 그와는 다른 차원을 구성하고 있으며, 그 점에서 민중문화에는 확실히 어떤 독자성이 존재하였다. 다른 한편으로는 뤼데(George Rudé)에 따르면 민중운동은 본래적 요인과 외래적 요인의 쌍방향으로부터 영향을 받아 일어나는 것이며, 민중의식이나 문화도 고정적·정태적인 것이 아니라, 외래의 요소와도 끊임없이 교섭하며, 그것을 자기 것으로 만들어가기도 하는 동태적인 것이다.[26] 민중은 일상생활을 영위하며 끊임없이 생존을 위해 노력하는 속에서, 또 새로운 외부로부터의 영향을 받으며 스스로 변화의 길을 모색해 나갈 수도 있다. 경험을 통해 형성해 나간 그 길은 복합적이고 다양한 방향으로 열려 있었다고 생각한다.

Yale University Press, 1987, p.339.

25 Thompson에 따르면 평민문화는 자기 정의적이거나 외부적 영향에 무관한 것이 아니라 귀족 통치자의 통제와 강제에 대항하여 수동적으로 형성된다고 하였다(E. P. Thompson, *Customs in common*, Penguin Books, 1993, pp. 6-7).

26 George Rudé에 따르면 프랑스혁명 당시 민중은 기본적으로 자신의 '내재적', 전통적 관념들을 가지고 혁명에 참여했지만, 부르주아와 비슷한 어휘나 관념(자유, 사회계약론, 인민주권론)을 받아들이고 있었다(George Rudé, 박영신·황창순 역, 『이데올로기와 민중의 저항』, 현상과인식, 1993, pp. 46-57, 71, 134).

4. 민중운동의 지향: '근대'와 '반근대'의 너머

세계사적 경험에 비추어볼 때도 '근대이행기'의 민중운동은 대체로 지배이념이나 관습 등에 기대어 자신들의 행동과 요구를 정당화하였다. 지배이념이나 관습은 나라마다 지역마다 달랐다. 또 정치, 경제, 사회적인 각 부문들도 서로 유기적인 관계 속에서 형성되어 있었을 것이지만, 적어도 '근대성'과의 관계에서는 균질적이지 않았다. 한 사회의 모든 부문을 균질적으로 변화시켜가는 '법칙' 같은 것은 존재하지 않기 때문이다. 이는 관습에 의거하여 정당화하는 민중의 요구와 지향이 나라별 지배이념이나 관습, 그와 밀접한 관련이 있는 지배체제 등 부문의 성격에 따라 다양할 수 있었음을 시사한다.

이 점에서 앞서 언급한 조경달의 주장, 곧 '농민적 토지 소유'를 추구한 그들의 지향은 반(反)근대적이었으며, 이것은 본원적 축적과정을 수반하는 근대가 농민들에게는 다른 한편으로 비참한 것이었다는 설명은 당시 조선의 현실과 거리가 멀다고 생각한다. 르페브르가 프랑스혁명 당시의 농민운동의 독자성 또는 자율성과 관련하여 강조한 것은 농민운동의 반자본주의적 성향이었고, 이는 일본 자유민권운동 시기의 민중운동에 관한 연구에서도 마찬가지였다. 자본주의적 법과 질서나 경제원리가 농민들의 생존조건을 악화시키고 있었기 때문에 농민들은 관습, 특히 공동체적 권리와 규제에 근거하여 맞서 싸웠고, 이 점에서 확실히 '반자본주의'였다.

그러나 1894년 당시 조선에서는 아직 '근대가 농민들에게 비참한 것'이라는 점을 상기할 만한 본원적 축적과정'은 진행되지 않았으며, 특별히 구래의 관습과 법을 침해하거나 파괴하는 새로운 법과 제도라고 할 만한 것도 없었다. 앞서 언급한 정창렬·고석규 등이 동학농민전쟁의

'반근대' 혹은 '반자본주의' 지향을 제기하면서 부르주아적 기반을 가진 개화파에 대한 반대, 혹은 세계자본주의 질서로의 편입에 따른 양반 토호경영의 강화와 그에 대한 반대라는 우회로를 통해 농민군의 반자본주의적 지향에 접근한 것도 이 때문이라고 생각된다. 설사 근대적 법과 제도가 들어왔다 하더라도 토지 소유나 매매와 관련하여 구래의 법이나 관습과 배치될 이유도 없었다. 이미 '근대'와 유사할 정도의 법과 관습이 시행되고 있었기 때문이다. 조선에는 세계사적으로 보기 드물게 오래전부터 법적·관습적으로 근대적인 것과 유사한 배타적 토지 소유 구조와 그에 근거한 지주제가 확립되어 있었고, 자유로운 매매관습이 존재해왔다.[27] 그 속에서 형성된 민중의식 역시 그러한 관습과 구법의 자장을 벗어날 수 없었다. 농민전쟁 당시 농민군 측이 제시한 토지 소유 관련 요구조건이 지주제에 대한 반대나 토지 소유의 불균등 해소와는 전혀 관련이 없고, 오히려 수령의 불법적 침탈 등으로부터 사적 소유권을 확고히 지키려는 목적에서 제시된 것으로 보이는 점도 그러한 관습과 구법의 반영이라고 생각한다.

물론 민중의식의 내면에는 토지제도에 대한 근본적 개혁 원망(願望)이 오래 전부터 흐르고 있었다. 또 농민전쟁이라는 전대미문의 대반란을 일으켰고, 특히 집강소 시기에는 소농과 천민층이 대거 입도하여 폐정개혁활동을 전개하며 전라도를 중심으로 사실상 '해방구'를 만들어갔다. 그럼에도 불구하고, 지주제 폐지 요구가 전면에 제시되지 못하고 다만 구상 단계에 머물렀던 것, 또 그 구상이 관습이나 구법이 아니라 '왕토사상'에 기댈 수밖에 없었던 것도 바로 그 때문이었다.

한편 1894년 동학농민군의 토지개혁구상은 '왕토사상'을 기반으로 한

---

27 배항섭, 「조선후기 토지 소유 및 매매관습에 대한 비교사적 검토」, 『한국사연구』 149, 2010

것이다. 따라서 매매를 비롯한 자유로운 처분권을 부정하거나 극단적으로 억제함으로써 부농의 성장도 농민층의 분해도 저지하는 사상이었다는 점에서 서구적 의미의 농업근대화와는 거리가 멀었다. 동학농민전쟁 과정에서도 농민군들은 토지평균분작 요구, 고리채 탈환투쟁 등 경제적 평등주의를 향한 열망을 드러내었다. 그것은 자본주의적 지향과 거리가 먼 것임에 틀림이 없다. 그렇다고 하여 지주제에 반대하여 토지의 평균분작을 주장한 것을 '반자본주의적'인 것으로 보아서는 곤란하다. 지주제는 새로운 '자본주의적' 질서가 아니라 기왕의 관행이었다는 점에서 '비자본주의'라는 표현 정도가 적절할 것이다.

이와 같이 동학농민전쟁에서 보이는 토지 소유 관련 폐정개혁안과 토지개혁구상의 지향은 매우 상반되는 것이었다. 전자는 이미 존재하던 소유관계와 관습에 규정되어 그것을 지키려는 것이었지만, 구래의 토지 소유관계나 관습이 이미 '근대적인 것'과 유사하다는 면에서 민중의 지향이 반드시 '반근대'로 귀결되지는 않을 수 있었음을 보여준다. 특히 신분차별에 대한 반대와 평등지향, 민법이나 형법 등 새로운 법 질서의 구현 등을 동시에 추구하였음을 고려할 때 받아들이기 더욱 곤란하다. 또한 토지 소유 문제의 경우, 비록 표면화한 것이 아니라 구상단계에 머물고 있었지만, 평등주의에 입각하여, '근대적인 것'과 유사하게 확립되어 있던 소유관계를 부정하는 것이었다. 나아가 '왕토사상'에 입각하여 구상된 토지의 '평균분작'은 결국 매매를 비롯한 자유로운 처분권을 부정하거나 극단적으로 억제하는 발상이었다는 점에서 농민군의 생각이 서구적 의미의 '근대'를 지향하는 쪽으로 치닫지도 않았음을 보여준다. 이는 '근대이행기' 민중운동의 의식세계가 '근대'로도 '반근대'로도 수렴될 수 없는 매우 독자적인 영역, 곧 '근대'와 '반근대' 너머에 있었음을 의미한다.

이와 같이 동학농민군의 지향은 '근대지향', 혹은 근대를 경험한 속에서 그에 반대한다는 의미에서의 '반근대지향'으로도 규정할 수 없는 매우 독자적인 영역을 가지고 있었다. 이러한 민중의식은 서구적 근대를 지향한 엘리트들의 그것과 다른 것이었고, 서구중심적 발전론적 시각으로는 포착할 수 없는, '근대'나 '반근대' 너머의 고유한 영역과 성격을 가지고 있었음을 의미한다. 그 영역은 민중이 일상생활의 경험 속에서 형성해 나간 독자성·자율성을 보여주는 것이고, 다른 한편 그와 밀접한 관련을 가지는 지배체제나 이념, 관습이나 구법과도 매우 깊은 관계를 가지는 것이다. 이점에서 동학농민전쟁의 근대지향성 여부도 서구의 경험이나 발전론적 역사인식을 덮어씌워 선험적으로 규정할 것이 아니라, 조선사회의 지배체제나 이념, 관습이나 법 등을 내재적으로 분석하는 과정 속에서 그것과 연동하여 이해해야 할 것이다.

현행 고등학교 근현대사 교과서 서술에서 보이는 민중상

1. 머리말

2002년 3월부터 시행된 제7차 교육과정의 역사교육 체계를 제6차 교육과정의 그것과 비교할 때 보이는 주요한 특징은 크게 다음의 세 가지로 집약된다. 첫째, 역사과목의 사회과 통합이 강화된 점, 둘째, 〈한국 근현대사〉와 〈세계사〉가 11 · 12학년의 선택과목으로 바뀐 점, 셋째, 전근대사를 다룬『국사』는 지금과 마찬가지로 국정제를 유지하였지만, 〈한국 근현대사〉 교과서는 제2종 도서로 발행함으로써 한국사 교과서에 제1종과 제2종이 병존하게 된 점 등이다.

이러한 교육과정의 변화는 역사과목을 사회과에 통합함으로써 역사교육의 정체성에 일대 위기를 가져왔다. 또 근현대사와 세계사 교육이 크게 위축되거나 사라질 위기에 처하게 되었다는 점에서 역사학계의 커다란 반발을 불러일으켰다. 이에 따라 중고등학교의 역사교육 문제를 둘러싸고 다양한 논의가 진행되었다. 역사과의 위상, 역사교육의 목표나 내용 체제를 중심으로 역사과의 교육과정에 대한 새로운 모색등이 시도되었다. 또 교과서의 준거안과 제7차 교육과정의 한국사 교과서에 대해 분석 · 검토하는 대규모 학술대회가 수차례나 개최되기도 했다.[1] 이 과정에서 제7차 교육과정의 역사교육 체계와 교과서 내용에서 보이는 다양한 문제점이 지적되었다. 또 그 대안으로 포스트모던 역사이론의 수용이 제기되었고 그를 둘러싼 활발한 논쟁이 전개되기도 했다.[2]

이러한 논의 과정에서 확인된 사실 가운데 하나는 교과서의 내용에 민족주의 혹은 국가주의적 요소가 과잉되어 있고, '민족'과 '근대화'라는 코드를 중심으로 서술되어 있다는 점이다.[3] 교과서 서술에서 보이는 이

---

1 자세한 내용은 안병우, 「바람직한 한국사 교육을 위하여」, 일본교과서바로잡기운동본부 · 역사문제연구소 · 전국역사교사모임 · 한국역사연구회 편, 『한국사 교과서의 희망을 찾아서』, 역사비평사, 2003, p. 15-16; 지수걸, 「21세기 '국사'교육의 방향과 제7차 교육과정―문제는 '소통(疏通)'이다」, 앞의 책, 참조. 또 제7차 교육과정의 역사교육과 관련하여 최근에 이루어진 대표적인 토론회와 그 결과에 대해서는 「역사교육 정상화를 위한 새로운 교육과정과 교과서 제도 모색」, 『역사교육』 79; 「7차 교육과정 교과서분석(기본교육과정)」, 『역사교육』 82; 일본교과서바로잡기운동본부 · 역사문제연구소 · 전국역사교사모임 · 한국역사연구회 편, 『한국사 교과서의 희망을 찾아서』(이하 『희망』으로 略記), 역사비평사, 2003 참조. 이외에도 2002월 11월 한국사연구회에서 〈제7차 교육과정 국사 교과서의 서술 내용과 개선 방안〉을 주제로한 심포지엄을 개최한 바 있기도 하다.

2 이영효, 「포스트모던 역사인식과 역사학습」, 『역사교육』 74, 2000; 지수걸, 「제7차 교육과정 '한국 근현대사' 준거안의 문제점」, 『역사교육』 79, 2001; 지수걸, 「'민족'과 '근대'의 이중주」, 『기억과 역사의 투쟁: 당대비평 2002년 특별호』, 2002; 지수걸, 「기억과 민족의 이중주」, 『기억과 역사의 투쟁』, 삼인, 2002; 지수걸, 앞의 글, 『희망』, 2003; 김기봉, 「포스트모던 역사이론: 무기의 비판인가 비판의 무기인가」, 『역사비평』 56, 2001년 가을호; 서의식, 「민족중심의 역사서술과 역사이론」, 앞의 책; 「집중토론: 한국역사학, 역사교육의 쟁점―민족 중심의 역사냐 포스트모던의 역사냐」, 앞의 책; 서의식, 「포스트모던 시대의 한국사 인식과 국사교육」, 『역사교육』 80, 2001; 김기봉 외, 『포스트모더니즘과 역사학』, 푸른역사, 2001; 양정현, 「포스트모던 역사이론의 '민족' 논의와 역사교육」, 『역사교육』 83, 2002; 고영진, 「포스트모던시대의 근대 전환기 인식과 근현대사 교과서의 역사서술」, 『희망』, 2003 등 참조.

3 예컨대, 지수걸은 〈근현대사 준거안〉의 근현대사 이해가 '우리 민족'과 '근대화'라는 두 개의 코드로 이루어지고 있음을 지직하였다. 우선 '역사적 실재로시의 민족(민족주의)'을 여러 가지 서사기법을 동원하여 초역사화한 뒤, 민족이야말로 역사 발전과 위기 극복의 주체로 설정함으로써 그 신성성과 무오류성을 강조하고 민족에 대한 무조건적인 충성과 복종을 정당화하고 있다는 것이다. 또 '근대화'는 민족사의 '당면목표'나 '궁극목표'를 규정하는 코드인데, 민족과 근대라는 두 가지 코드를 인과적으로 결합시키는 가운데 근현대사를 완성함으로써 "근현대사의 전개과정에서 긍정적인 것이든, 부정적인 것이든, 이 땅의 수많은 사람들이 일구어낸 삶의 경험과 흔적들을 '국사'라는 이름으로 억압적으로 포섭하고 배제하고 있다"고 하였다(지수걸, 앞의 글, 2001, pp. 179-188). 서중석은 1997년

러한 경향, 곧 '근대화'와 '민족'을 중심 코드로 한 서술은 근대사의 전개 과정에서 형성된 다양한 "근대주체", 특히 "역사로부터 소외된 민중"의 삶과 투쟁[戰線]을 실재와 다르게 묘사할 가능성이 크다.[4] 무엇보다 민중의 사상(생활 의식)은 생활자로서의 모순으로 가득 차 있고, 전통과 습속이 혼재되어 있기 때문에[5] 근대지향과 민족주의적 시각으로 그들을 이해하는 것은 불가능하기 때문이다.

서발턴(Subaltern) 연구 그룹의 표현을 빌리면 이러한 방식의 서술은 민중의식의 특수한 성격과 독자적인 정치적 공간을 무시하거나 배제하고, 민중의 일상과 투쟁의 역사를 근대화와 민족주의에 헌신하는 과정으로 담론화함으로써 엘리트주의적이고 목적론적인 이야기 구성으로 귀결될 수 있다.[6] 서발턴 연구 그룹의 대표적 인물인 라나지트 구하(Ranajit Guha)

판 『국사』 교과서의 현대사 서술을 분석하여 전반적으로 국가주의가 과잉 노출되고 있음을 지적하면서, "국가주의는 자신의 행위는 어떠한 수단 방법을 동원해서라도 성스러운 존재, 불가침의 영역으로 만들고, 상대방은 어떠한 경우에도 철저히 제거하고 섬멸해야 할 악의 화신으로 공격하도록 하였다"고 주장하였다. 또한 '민족'이라는 용어가 지나치게 많이 사용되고 있음을 지적하였다(서중석, 「현행 중 · 고교 국사교과서 현대사 부분 분석과 개선방향」, 『역사교육』 79, 2001, pp. 199-202). 민족주의의 과잉은 전근대사 서술에서도 마찬가지로 드러나고 있다. 강응천은 제7차 교육과정의 고등학교 『국사』 교과서 가운데 문화사 부분의 서술 내용이 우리 민족 지상주의에 경도되어 다양한 문화를 역사적 · 구체적으로 분석하지 못하고 있음을 지적하였다. 그에 따라 문화사 서술이 "7차 교과서는 우리 민족문화의 우수성을 보여주려는 데 급급한 나머지 주로 고려청자처럼 세계에 내놓아도 손색없는 고급문화만 서술하고 있다는 느낌을 준다", "그러다 보니 문화사의 중요한 축을 이루어온 서민문화나 지방문화에 대한 소개는 미미하기 짝이 없다"고 하였다(강응천, 「고등학교 국사교과서의 문화사 인식 및 서술방식 검토」, 『희망』, 2003, pp. 181-183 참조).

4　지수걸, 앞의 글, 『역사교육』 79, 2001, pp. 177-179 참조.

5　安丸良夫, 『〈方法〉として 思想史』, 校倉書房, 1996, p. 56.

6　서발턴(Subaltern) 연구 그룹은 식민주의적 역사 해석뿐만 아니라 민족주의적, 마르크스주의적 해석들이 민중의 행위와 의식을 전유(appropriation)했음을 고발하면서 역사를 피지배자들에게 돌려주기 위한 새로운 연구를 시도하였다. 민족주의 엘리트의 헤게모니에 결코 통합되지 않았던 서발턴의 특수한 의식과 자율적인 정치 그리고 그들만의 고유한 삶의 광범위한 영역이 존재하였으며 이를 복원해내는 것을 통해 엘리트주의적인 민족주의 혹은 마르크스주의 역사학에 대해 비판하고자 하였다. 서발턴 연구에 대해서는 김택현, 「인도의 식민지 근대사를 보는 시각과 서발턴 연구」, 『역사비평』

는 서발턴이 역사 속에서 독자적으로, 즉 엘리트들로부터 독립하여 행동해 왔고, 그들의 정치는 일종의 자율적 영역을 구성하였다고 하였다. 왜냐하면 그들은 엘리트의 정치에 기원을 두고 있지도 않고, 또한 그들의 실존이 엘리트 정치에 의존하고 있지도 않기 때문이라는 것이다.[7]

이러한 논의들은 '근대화'와 '민족'을 중심 코드로 한 근대사의 서술이 민중의 독자적인 삶이나 생각을 아예 배재하거나 모든 민중이 근대화를 추구하였다거나, 반외세 민족운동의 투사였던 것으로 파악할 개연성이 크다는 점을 시사하고 있다.

이 글에서는 이상과 같은 논의를 바탕으로 '민족'과 '근대화'를 중심 논리로 한 『한국근현대사』 교과서의 근대이행기 서술, 특히 개항 이후부터 1910년 식민지로 전락하기 이전 시기까지의 역사 서술이 이 시기의 민중을 어떤 모습으로 형상화하고 있으며, 그것이 가진 문제는 무엇인가 하는 점을 구체적으로 살펴보고자 한다.

2. 근현대사 교과서의 목차와 서술 내용

「한국 근·현대사 준거안」(이하 「준거안」으로 약기)의 내용체계가 제6차 교과서의 그것과 동일하게 두 개의 시기, 곧 〈근대사회의 전개〉와 〈민족

1998년 겨울호; 「서발턴의 역사'와 제3세계의 역사 주체로서의 서발턴」, 『역사교육』 72, 1999; 「서발턴 역사서술의 대표적 실례-식민지시대 인도의 농민봉기」, 『역사비평』, 2000년 겨울호; 「식민지 근대사의 새로운 인식: 서발턴 연구의 시각」, 『당대비평』 13, 2000년 겨울호; 강옥초, 「그람시와 '서발턴' 개념」, 『역사교육』 82, 2002 참조.

7 기얀 프라카쉬/정윤경·이찬행 옮김, 「포스트 식민주의적 비판으로서의 서발턴 연구」, 『역사연구 6, 식민지 경제구조와 사회주의운동』, 1998, pp. 274-275.

독립운동의 전개〉로 나누어져 있을 뿐만 아니라 서술 항목까지도 거의 같다는 점은 이미 지적된 바 있다.[8] 먼저 제6차 교육과정의 국사교과서와 현행 제1종 교과서, 그리고 네 종류의 제2종 교과서의 목차를 비교해 보면 〈표 1〉과 같다.[9]

〈표 1〉 교과서별 목차 비교

국사(하)(1996)	국사(1종)	근현대사
제1단원　근대사회의 태동 1. 근대사회로의 지향 2. 제도의 개편과 정치의 변화 3. 경제구조의 변화와 사회변동 4. 문화의 새 기운		제1단원　한국 근현대사의 이해 1. 근대사회의 태동 2. 근대사회의 특성 3. 현대사회의 이해
제2단원　근대사회의 전개 1. 근대사회로의 진전 2. 근대의식의 성장과 　 민족운동의 전개 3. 근대의 경제와 사회 4. 근대문화의 발달	제7단원　근현대사의 흐름 제1장　근현대의 정치변동 　1) 개화와 자주운동 　2) 주권수호운동의 전개 제2장　근현대의 경제변화 　1) 열강의 경제침탈과 경제적 　　구국운동 제3장　근현대의 사회변동 　1) 평등사회의 추구 제4장　근현대 문화의 흐름 　1) 근대문화의 발달	제2단원　근대사회의 전개 1. 외세의 침략적 접근과 개항 2. 개화운동과 근대적 개혁의 　추진 3. 구국 민족운동의 전개 4. 개항 이후의 경제와 사회 5. 근대문물의 수용과 　근대문화의 형성

8　지수걸, 앞의 글, 『역사교육』 79, 2001, pp. 177-179.

9　『국사』(하)는 국사편찬위원회 1종도서 연구개발위원회, 『고등학교 국사』(하), 1996, 〈국사(1종)〉은 국사편찬위원회 1종도서 편찬 위원회, 『고등학교 국사』, 2002(이하 『국사』로 약기), 〈근현대사〉는 김한종·홍순권·김태웅·이인석·낭궁원·남정란, 『한국 근현대사』, 금성출판사, 2003(이하 『금성』으로 약기); 한철호·강석민·김기승·김인기·조왕호·채헌철, 『한국 근현대사』, 대한교과서(주), 2003(이하 『대한』으로 약기); 김광남·유영렬·신재홍·김동운·최병도, 『한국 근현대사』, 2003(이하 『두산』으로 약기); 주진오·신영범·김인규·민병관·조동근, 『한국 근현대사』, 중앙교육진흥연구소, 2003(이하 『중앙』으로 약기)를 말한다.

이러한 목차편성은 무엇보다 「준거안」의 지침에 규정된 것이다. 「준거안」에는 "근대사회의 전개과정은 우리 민족이 제국주의 침략세력에 대항하면서 국권의 수호와 자주적인 근대화를 이루기 위한 노력이었음을 이해한다"고 명시되어 있다.[10] 이는 한국 근대사가 그것을 이끌어간 주체인 '우리 민족'이 제국주의 침략에 반대하면서 자주적인 근대화 운동을 전개해 나간 과정이었음을 가르치도록 주문하는 것이다.

이러한 지침은 현행 교과서에도 충실히 반영되어 있다. 제2종 교과서 『한국 근현대사』 제2단원 〈근대사회의 전개〉 모두에는 근대사회에 대한 서술 기조가 잘 드러나 있다.

개항 이후 조선사회는 새로운 시련을 맞았다. (중략) 이에 우리 민족은 외세의 침략을 막아내고, 시급히 사회를 개혁하여 근대화하지 않으면 안 되었다. 개화운동, 동학농민운동, 의병운동은 그러한 자주적 근대화를 이루기 위한 대표적인 민족운동이었다. 그러나 이러한 노력에도 불구하고 이 시기의 역사적 과제를 해결하지 못한 채 일제에게 나라를 빼앗겼다(『금성』 p. 18).

19세기 후반 우리 민족은 근대화를 이루어 제국주의 열강의 침략에서 벗어나 자주 독립의 근대 국가를 세워야 한다는 민족사적 과제를 해결하지 못하고 외세의 침략에 굴복한 쓰라린 경험을 가지고 있다(『대한』 p. 15).

조선후기 사회에서는 내부적으로 자본주의적 경제 요소가 싹트고 평등사회를 지향하는 움직임이 여러 면에서 나타나고 있었다. 이러한 시대 상

---

10 「사회과 교육과정」(제7차 교육과정 별책 7), 대한교과서주식회사, 1998, p. 116.

황을 토대로 19세기 후반 조선사회는 안으로 자주적 근대화를 이루고, 밖
으로는 제국주의 열강의 침략으로부터 국권을 수호해야 하는 이중의 과제
를 안고 있었다. 그러나 근대 사회로의 주체적 발전이 좌절되고 제국주의
열강의 침략으로 근대 국민국가의 수립에 실패하여 우리나라는 일제의 식
민지로 전락하였다(『두산』, p. 9).

19세기 중엽 이후 조선은 안팎으로 커다란 도전에 직면해 있었다. 나라
안에서는 정치 기강이 흔들리고 부정부패가 심하여 백성들의 생활이 매우
어려워지고, 이로 인하여 백성들은 크고 작은 농민 봉기를 일으켰다. 한편
나라 밖에서는 서양 제국주의 열강과 일본이 조선을 향해 침략적으로 접근
해왔다. 이러한 상황에 처하여 우리 민족은 어떻게 대응하였을까? (중략)
당시 조선은 안으로 자주적인 근대화를 이룩하고, 밖으로 제국주의 세력
의 침략을 막아 국권을 지켜야만 하였다. 이 단원에서는 우리 민족이 이와
같은 과제를 풀어나가기 위해 어떠한 노력을 전개하였는지 살펴보자(『중
앙』, p. 33).

단원 모두에 제시된 위의 내용은 '근대화'와 '민족'을 중심으로 한 근대사
의 서술 구조를 집약적으로 표현하고 있다. 우선 나라 안팎의 위기 상황이
라는 객관적 조건이 전제되고 그에 따라 근대화와 자주화라는 민족적 과
제가 설정되고 있다.[11] 따라서 근대사는 당연히 "국권의 수호와 자주적인

---

11 이용기는 미군정기의 민중운동사 연구 경향에 대해 "「구조적 배경 · 조건→운동의 전개양상→평가」의
   틀로 이루어지는데, 여기에서 구조적 배경과 조건은 주로 민족과 계급의 프리즘을 통해 분석되며, 이
   를 통해 '역사적 과제'가 설정되고 나면 민중은 그러한 과제를 수행하는 혹은 수행해야 할 규범적인
   행위자로 파악되곤 한다"고 비판하였다(이용기, 「미군정기의 새로운 이해와 '사회사'적 접근의 모색」,
   『역사와 현실』 35, 2000, p. 14). 이러한 비판은 개항 이후의 근대사에 적용해도 큰 무리는 없을 것
   이다.

근대화를 이루기 위한 노력"의 과정이어야 하고, 그 때문에 한국 근대사는 "제국주의로부터 독립을 지키려는 민족운동의 역사"와 등치될 수 있는 것이다(『금성』, p. 20).

이는 물론 내재적 발전론과 식민지 수탈론으로 이어지는 근대사 서술의 「준거안」을 충실히 따랐기 때문이다. 「준거안」은 장절의 구성에도 반영되어 있다. 이 글에서 다룬 1876~1910년 시기에 해당하는 내용 중 정치사에 속한 12개 소단원 가운데 3개가 침략과, 9개가 근대화 및 저항운동과 관련이 있다. 경제사에서도 〈경제적 구국운동〉이 소단원으로 설정되어 있으며, 문화사나 사회사도 근대화운동이나 구국운동과 관련된 내용이 적지 않다.[12] 또 「준거안」은 각 단원별 혹은 장별 학습목표에도 그대로 반영되어 있다. 예컨대 제1단원 제1장 제1절 〈근대사회의 태동〉 앞머리에 제시된 학습목표는 대체로 다음과 같다.

조선후기에는 양반 지배 체제가 동요하면서 신분질서가 해체되고, 상품 · 화폐 경제가 발달하고, 민중의식이 성장하고, 실학사상이 발달하는 등 근대사회를 향한 내적 움직임이 활발히 일어났음을 이해한다.

이러한 내재적 발전론은 일제시기의 식민지 수탈론으로 연결되고 있다. 제1단원 제1장 제2절 〈독립을 향한 줄기찬 노력〉의 학습목표의 다음과 같은 내용은 수탈론적 시각을 잘 보여준다.

일제의 식민 통치가 우리나라의 근대화를 저해하였음을 파악하며, 민족

---

12 고영진, 앞의 글, p. 200.

독립운동이 무장 독립 투쟁, 외교활동, 실력 양성 운동, 민족 문화 수호 운동 등으로 다양하고 꾸준하게 전개되었음을 이해한다(『대한』, p. 16).

그러나 이와 같은 「준거안」과 그에 따른 서술 기조, 곧 "근대사는 우리 민족이 제국주의 침략세력에 대항하면서 국권의 수호와 자주적인 근대화를 이루기 위한 노력"의 과정이었다는 이해는 반침략 민족운동과 근대화운동에 동참하지 않았거나 그에 반대한 사람들의 생각과 경험을 배제하거나 왜곡할 가능성을 내포하고 있다. 민중운동도 근대화와 자주적 민족국가 건설을 위한 투쟁으로 그려짐은 물론, 그러한 의미를 가질 때에만 역사발전의 주체인 민족의 구성원으로 인정될 수 있다는 점을 주문하고 있기 때문이다.

1876~1910년 시기의 교과서 서술은 크게 근대화운동과 구국운동으로 구성되어 있다. 그 가운데 근대적 개혁운동에는 갑신정변과 갑오개혁이, 구국민족운동에는 동학농민운동과 독립협회의 활동, 항일의병전쟁, 애국계몽운동이 포함되어 있다. 이하에서는 이러한 '민족운동'과 '개혁운동'으로 이어지는 근대사의 전개 속에서 민중은 어떤 모습으로 그려지고 있는가를 살펴보기로 한다.

3. 근대화운동과 민중상

근대사의 전개과정이 '근대화'와 '민족'을 중심 코드로 서술되고 있는 만큼, '백성'·'농민'·'민중'·'국민' 등으로 표현되는 민중도 주로 근대적 개혁운동이나 민족운동의 흐름과 관련하여 등장한다. 대원군 집권기에 경복궁 중건 등 토목공사에 동원되고, 원납전을 강제로 징수하자 거기에 원성을 보내거나(금성 p. 44; 대한 p. 33; 두산 p. 33; 중앙 p. 40), 호포제와 사창제의 실시, 서원 철폐 등에 따라 양반 유생들의 횡포로부터 보호를 받게 된 존재(두산 p. 33; 중앙 p. 41), 널리 확산되는 천주교를 수용한 존재(중앙 p. 43)로 그려졌다. 이처럼 민중이 근대사의 전개과정에서 적극적으로 자신들의 생각과 행동을 드러낸 주체로 등장하는 최초의 사건은 1882년에 일어난 임오군란이다.

임오군란 당시에 서울의 도시 하층민이 구식 군인과 합세하여 일본인과 집권층을 공격하였다는 사실은 모든 교과서에 서술되어 있다(금성 p. 64; 대한 p. 50; 두산 p. 52; 중앙 p. 59). 그러나 '임오군란'에 대한 내용이 제2단원 제2장 제2절 〈개화정책의 추진과 반발〉에 편성되어 있는 데서도 알 수 있듯이 이때 민중의 생각과 행동은 근대사 서술의 중심 코드인 '근대화'에 반대한 것으로 서술되어 있다. 그것은 하층민과 구식 군인이 개화정책에 반대하였다고 서술한 내용을 통해서 알 수 있다.

정부가 추진하는 개화정책에 대해 보수 유생뿐 아니라 구식 군인과 서울 하층민들 사이에도 갈수록 불만이 높아갔다. 쌀, 콩 등 곡물의 일부가 서울로 올라오지 않고 일본에 유출되어 곡물값이 올랐고, 신식 군대인 별기군만 우대하여 군인들에게는 월급도 제대로 지급하지 않았기 때문이다(금성 p. 64).

"개화정책과 외세의 침략에 대한 반발은 구식 군인과 도시 빈민층에서도 나타났다. (중략) 개화정책의 추진으로 국가 재정이 고갈되고 외국상품의 유입으로 사치풍조가 유행함에 따라, 백성들에 대한 지배층의 압제와 수탈은 더욱 심해졌다. 그리고 일본의 경제적 침탈에 의하여 곡물이 유출되어 쌀값이 폭등함으로써 서민들의 생활이 더욱 어려워졌다. 이에 외국

세력과 정부에 대한 도시 빈민층의 불만이 높아 갔다"(두산 p. 52).

　개화정책에 대한 반대 요인으로 도시 하층민의 경우 곡물 유출에 따른 곡가 상승과 개화정책에 따른 비용 증대로 수탈이 심해진 점, 구식 군인의 경우 개화정책의 일환으로 창설된 신식 군대에 대한 차별 대우가 지적되고 있다.

　근대사 서술 내용 가운데 개화정책, 곧 '근대화 운동'에 대한 반대는 척사 유생들의 반대운동과 임오군란 당시 구식 군인 및 도시 하층민의 움직임에 국한되어 있다. 그러나 민중의 반대는 정도(正道)를 지키려는 목적에서 일어난 척사 유생들의 반대운동과 전혀 다른 것이었다. 임오군란에 가담한 민중은 구식 군인이 주로 거주하던 이태원, 왕십리 등의 하층민이었고, 이들 가운데는 구식 군인들의 가족들이 많았다.[13] 신식 군대의 창설과 차별 대우는 구식 군인과 그들의 가족인 하층민에게는 자신들의 생활과 생존에 직결되는 문제였다. 또한 민중은 개항 이전부터 일본에 대해 문화적 우월감에 기초한 경멸감, 임진왜란의 경험을 기초로 전승되어 온 정서적 적대감 등을 가지고 있었다.[14]

　신식 군대는 바로 그러한 일본으로부터 도입되고 일본 교관에 의해 훈련되는 군대였다. 이미 신식 군대의 신설이라는 개화정책을 반대할 충분한 조건이 마련되어 있었다. 여기에 더하여 신식 군대보다 적게 받는 자신들의 봉미(俸米)조차 수개월분을 지급받지 못하다가 한 달분으로 받은 쌀에 태반이 모래와 겨가 섞여 있었다. 이 점은 집권 세력의 부패가 야기한 문제였으며, 결국 군란이 일어나 이회응, 김보현 등이 살

13　조성윤, 「임오군란」, 『한국사』 12, 한길사, 1984 참조.

14　배항섭, 「개항기 민중들의 일본에 대한 인식과 대응」, 『역사비평』 1994년 겨울호 참조.

해당하였다.

이와 같이 볼 때 임오군란은 '개화' 정책에 반대하였다기보다는 개화정책에 따라 시행된 새로운 군사제도가 구식 군인들의 생존을 위협하였다는 점, 거기에 더하여 새로운 군대가 정서적으로 싫어하는 일본군에 의해 훈련되고 있었다는 점, 그리고 집권층의 부패 때문에 일어났음을 알 수 있다. 이 점은 민중이 개화정책에 대해 특히 그들의 생활이나 생존과 관련하여 불이익을 줄 수 있는 정책, 일본이 개입된 정책에 대해서는 반대할 수 있는 개연성이 그만큼 크다는 점을 말해준다.

그러나 임오군란 이후의 교과서 서술에는 민중이 개화정책에 반대한 사실이 전혀 언급되지 않고 있다. 이때부터 민중은 개화의 필요성을 모르는 몽매한 존재로 그려지거나, 개화정책 자체를 반대한 것이 아니라 그 배후에 외세, 특히 일본이 있었기 때문에 반대한 것으로 기술되고 있다. '근대화'에 대한 민중의 생각, 자신들의 생활이나 생존 문제와 관련된 민중의 이해에 대해서는 거의 언급이 없을 뿐만 아니라 민중의 생각과 행동을 '근대화'운동의 대서사 구도 속에 용해시키고 있다.

먼저 갑신정변에 대해 일부의 교과서에서는 "조선후기 이래 백성들의 여망인 토지제도의 개혁을 외면하였"다거나(중앙 p. 63), "토지문제에 그다지 관심을 보이지 않는 등 농민들의 바람을 적극적으로 받아들이려고 하지 않았다"(금성 p. 67)고 하여 민중의 이해와 관련된 토지개혁을 제시하지 않았기 때문에 민중의 지지를 받지 못한 것으로 서술하였다. 토지제도의 개혁이 조선후기 이래 "백성들의 여망"이었다는 기술은 "농민들은 세도정권의 부패와 지주제의 모순에 저항하였다"는(중앙 p. 15) 임술민란에 대한 이해와 맥을 같이 한다.[15] 그러나 조선후기 이래 개항 이후

---

15 임술민란이 토지개혁을 지향하거나 지주제에 저항하였다는 서술은 제6차 교육과정의 고등학교 『국

로 이어지며 많게는 일 년에도 수십여 곳에서 민란이 일어났지만, 어느 민란에서도 토지제도의 개혁이나 지주제에 반대한 적이 없다. 1894년의 동학농민전쟁에서도 농민군이 토지제도의 개혁을 요구하였다는 사실은 오지영의 『동학사』에만 언급되어 있다. 또 농민군들이 토지개혁이나 지주제에 반대한 구체적인 행동도 거의 없었다. 이러한 점에 비추어볼 때 토지제도의 개혁은 백성들, 특히 자작 규모 이하의 토지를 소유한 백성들에게는 오랜 여망이었겠지만, 그 여망을 충족시키지 않았다 하여 정변을 지지하지 않았다는 이해에는 무리가 있다. 더구나 3일 천하로 끝난 정변의 정강은 물론 그것이 발발한 사실조차 얼마나 많은 '백성'들이 알고 있었는지도 의문이다.

갑신정변과 관련하여 민중상이 가장 자의적으로 그려지고 있는 부분은 정변의 실패 요인을 민중의 개화의식 미숙함에서 찾고 있는 점이다.

개화당이 정변의 수행에 필요한 독자적인 군사력과 민중의 지지 기반을 갖지 못한 데다가, (중략) 당시 민중의 개화의식이 성숙한 단계에 이르지 못한 상황에서, 위로부터 전개된 실패한 개혁운동이었다(두산 p. 56).

개화당은 개혁의 방향과 당위성을 계몽하는 노력을 기울이지 않고 위로부터의 개혁을 추진하여 일반 백성들의 지지를 확보하지 못하였다(중앙 p. 64).

사』(하)에서 "농민들이 지향하였던 사회 개혁의 방향은 농민들이 토지를 소유하는 것이었다"(『국사』 (하) p. 46)라고 기술되어 있었지만, 다른 현행 교과서에서는 임술민란 부분이 아예 누락되어 있거나, "농민들은 탐관오리와 탐호의 탐학에 저항하여"(『국사』, p. 235), 혹은 "농민들은 정부에 사회 경제적 생활의 개선과 안정을 위한 개혁을 요구하였다"(『금성 p. 14)고 하여 토지개혁이나 지주제에 대한 저항은 언급하지 않고 있다.

민중이 개화의식이 미숙하거나, 그들에게 개혁의 당위성에 대해 계몽하지 못했기 때문에 정변을 지지하지 않았고, 그것이 실패의 한 요인이었던 것처럼 서술하고 있다. 물론 이외에도 일본에 의지한 점, 청의 군사적 개입 등을 실패 요인으로 지적하고 있다. 그러나 이러한 시각은 다음과 같은 서재필의 회고담과 유사한 것으로 민중상을 크게 왜곡하고 있다.

　　하여간 그 계획은 뜻했던 대로 실현되어 3일간은 성공한 거와 같이 보이었으나 원세개의 간섭으로 독립당의 日夢은 깨어지고 말았는 바 그 독립당 계획에는 부실한 것도 많았지만 무엇보다도 제일 큰 패인은 그 계획에 까닭도 모르고 반대하는 일반 민중의 無知沒覺이었다.[16]

　　서재필은 여기서 정변이 실패한 요인으로 개화당의 계획 부실, 청나라 군대의 간섭을 거론하면서도 민중의 무지몰각이 가장 중요한 요인이었다고 하였다.

　　갑신정변을 위로부터의 개혁이라고 규정하면서 민중의 지지가 없었기 때문에 실패했다는 시각도 의문스럽지만, 소수의 개화파 관료가 중심이 되어 기도하였고, 그것도 3일 만에 끝난 궁정쿠데타에 가까웠던 정변의 성패를 민중의 지지와 연결시켜 이해하는 발상 자체에 근본적인 문제가 있다. 정변이 발발할 때까지 민중은 물론 정변 주체와 비교적 가까웠던 이른바 온건개화파도 정변 계획을 전혀 몰랐다. 이로 미루어 보더라도 정변의 발발 사실조차 얼마나 많은 민중이 알고 있었을지 의문이다.

　　따라서 민중이 정변에 개입할 여지는 전혀 없었다고 해도 과언이 아닐 것이다. 그럼에도 불구하고 교과서에서는 개화에 대한 민중의 몽매

16　서재필, 「회고갑신정변」.

함, 이로 인한 정변 반대가 정변의 성패에 중요한 요인이었던 것으로 서술하고 있다. 정변의 발발 사실조차 몰랐던 '무고한' 민중을 "그들의 근대화" 운동 과정에 자의적으로 끌어들이고, 또 민중에게 실패의 책임을 지우는 이러한 시각은 근대화를 추구한 정변 주체, 근대화 엘리트들의 생각을 대변하는 것이다.

이후 1894년 동학농민전쟁이 발발할 때까지 "청일상인들의 서울 및 내륙 도시 침투에 맞서 시전 상인을 비롯하여 영세 상인까지 포함된 수천 명의 상인들은 상권 수호의 시위 투쟁을 벌였"고(중앙 p. 115), "서울 상인들은 철시하고 외국 상점들의 서울 퇴거를 요구하였다"(금성 p. 108; 두산 p. 95)고 하여 서울 상인들은 외세에 맞서는 직접적인 투쟁을 전개한 사실이 언급되기도 했지만, 대다수의 민중은 외세의 경제적 침탈로 고통받는 존재로 그려지고 있다. 그것은 "곡물이 일본으로 유출되면서 국내 곡식 가격이 오르고, 민중은 물가고와 식량 부족에 허덕였다"(금성 p. 103; 대한 p. 77; 두산 p. 95), "일본 상인들은 농촌에까지 침투하여 곡물 수매에 주력하였다. (중략) 쌀의 수출 증가로 쌀값이 폭등하자 지주층은 토지를 늘릴 수 있었던 반면, 대다수 농민은 토지를 상실하고 소작농 또는 농업 노동자가 되거나 농촌을 떠날 수밖에 없었다"(중앙, p. 106)라는 서술에서 확인된다.

동학농민전쟁은 지배층의 수탈과 외세의 경제적 침탈(금성 p. 77; 대한 p. 64; 두산 p. 65; 중앙 p. 73)로 농촌경제가 파탄에 이르렀기 때문에 발발한 것으로 기술하고 있다.[17] 동학농민전쟁의 성격에 대해 '대한'에서는 "안으로는 봉건적인 지배체제에 반대하고, 밖으로는 외세의 침략에 적극적으로 대항한 우리 역사에서 가장 규모가 큰 농민 운동이었다"(대한 p.

---

17 동학농민전쟁의 발발 요인으로 정치·사회의식의 성장을 언급한 것은 『두산』밖에 없다(두산 p. 66).

67)고 하여 그 지향을 구체적으로 서술하지 않고 있다. '두산'에서는 "근대사회 건설을 위한 구체적인 방안을 제시하지 못한 한계를 지녔지만, 반봉건적 사회개혁운동, 반침략적 민족운동의 성격을 나타냈다"라고 하여(두산 p. 70) 동학농민전쟁이 반봉건·반침략적 민족운동이었다고 서술하였다.[18]

일부의 교과서에서는 농민군이 근대사회를 지향한 것임을 보다 명백히 밝히고 있다.

농민군은 지방 수령과 손을 잡고 각종 제도를 개혁하고 수탈에 앞장섰던 자주와 부호를 처벌하였다. 또한 신분적 질서를 해체시키면서 기존 사회질서를 부정하고 근대사회로 나아가려는 움직임을 보였다(금성 p. 80).

동학 농민운동은 일본군과 개화파 정권의 무력 진압으로 실패로 돌아갔다. 이는 농민이 주도가 되어 근대개혁을 추진하려는 시도가 좌절되었음

---

18 동학농민전쟁에 관한 서술 가운데 몇 군데에서 사실관계의 오류가 보인다. 1893년 2월의 복합상소를 3월에 일어난 것으로 서술하고 있고(중앙 p. 74), "사발통문이 돌려진 지 10여 일 만에 고부 주변 지역에서 8,000여 명에 이르는 동학농민군이 모였다"(대한 p. 64)고 하였으나, 사발통문은 1893년 11월에 고부민란을 준비하는 과정에서 돌려진 것이며, 농민전쟁이 발발하는 3월 20일경에 무장에 모인 농민군의 수도 처음에는 4,000여 명이었다. 또 전주화약 당시 요구한 폐정개혁의 주요 내용 가운데 신분제의 폐지(금성 p. 80; 중앙 p. 76)와 친일분자의 처벌 항목이(중앙 p. 76) 들어 있었던 것으로 서술하고 있으나, 정부 측에 제시한 〈폐정개혁안 27개조〉에는 이런 항목이 없다. 오지영의 『동학사』에만 나오는 바 집강소 시기에 농민군들이 스스로 내건 〈12개조 개혁강령〉에 이러한 조항이 나올 따름이다. 폐정개혁안의 각 항목은 그것의 실제 여부는 물론 그것이 제기된 시점도 농민군의 생각이나 지향과 관련하여 중요한 의미를 가지기 때문에 정확한 서술이 필요하다. 또 오지영의 『동학사』에 나오는 농민군의 폐정개혁안 12개조가 1894년 4월에 제시된 것으로 서술하고 있으나(대한 p. 67), 강령으로 제시되었는지의 여부도 의문이지만, 그것이 제시된 시기는 5월 8일의 전주화약 이후인 집강소 시기였다. 한편 제2차 농민전쟁이 1894년 10월에 시작된 것으로 서술하고 있으나(대한 p. 64; 중앙 p. 77), 제2차 기포는 9월에 일어났다. 동학이 천도교를 개편한 것은 1905년 12월이지만, 1906년이라고 서술한 곳도 있다(중앙 p. 145).

을 뜻하였다(금성 p. 82).

또 『중앙』에서도 "근대 국가 건설을 위한 구체적인 방안을 제시하는
데까지 이르지는 못하였지만"(중앙 p. 79), 반봉건적 · 반침략적 민족운동
의 성격을 가지며(중앙 p. 76), "근대지향적인 성격을 가진 아래로부터의
혁명운동이었다"(중앙 p. 79)고 하였다.

그러나 동학농민전쟁에 관한 학계의 연구에 따르면 농민전쟁의 지향
이 단순히 근대적인 것이 아니라 '반(反)봉건주의 · 반(反)자본주의 · 반
(反)식민주의'를 동시에 충족시키는 '근대화,[19] 혹은 유교적 이상국가의
재현 · 보존을 목표로 한 의거였다는 주장 등이 제기되기도 했다.[20] 또
한 농민군이 구상한 것으로 보이는 토지의 "평균분작(平均分作)" 방안도
왕토사상(王土思想)에 입각한 것으로 토지의 자유로운 매매와 처분를 근
본적으로 부정하고 있는 점 등에서 근대지향과는 매우 이질적인 것이었
다.[21]

최근 조경달은 농민전쟁이 자본주의적 근대화를 추구하였다는 문제
의식은 선험적으로 역사발전이나 국민국가에 대해 의식하고 있었을 리
가 없는 민중을 자율적 존재로 보지 못하였고, 그들의 일상성에 착목하
는 시각이 희박한 데서 오는 잘못이라는 견해를 제시했다. 예컨대 프랑
스혁명에서도 농민운동이 반봉건주의임과 동시에 반자본주의의 지향을

---

19 정창렬, 「동학농민전쟁과 프랑스혁명의 한 비교」, 『프랑스혁명과 한국』, 일월서각, 1991 ; 고석규,
「1894년 농민전쟁과 '반봉건 근대화'」 『동학농민혁명과 사회변동』, 한울, 1993.

20 유영익, 「全琫準 義擧論」, 『李基白先生古稀紀念韓國史學論叢』下, 1993.

21 배항섭, 「1894년 동학농민전쟁에 나타난 토지개혁 구상」, 『사총』 43, 1994 ; 「1894年 東學農民
軍の社會 · 土地改革論」, 『民衆運動史 5: 世界史のなかの民衆運動』, 靑木書店(東京), 2000
참조.

지닌 평등주의적 · 자율적 운동으로 전개되었고, 일본에서도 문명개화 · 자유민권운동 시기의 민중운동과 그 사상은 독자적인 자율성을 가지고 전개되었다는 견해가 지배적이라는 것이다. 따라서 근대이행기 민중이 근대지향적이었다는 견해는 세계사적인 차원에서 볼 때 실증적으로 견디기 어려운 역사인식임을 강조한 것이다.[22]

민중에게는 전통적 가치관이나 관습체계 등의 요소가 각인되어 있었으며, 이것은 고유한 의식을 형성하고 그들의 일상생활을 규정하는 가장 중요한 요소들이었다. 민중의 생각과 행동은 그만큼 복잡하였던 것이다. 따라서 농민군의 생각과 행동을 근대적 지향으로 규정하는 태도는 민중의 고유한 생각과 삶을 '근대화' 지향의 서사 구도 속에 해소함으로써 역사 서술에서 민중의 삶과 생각을 배제하는 엘리트주의적이고 목적론적인 시각과 역사서술을 보여주는 것은 아닐까?[23]

한편 갑오개혁과 관련한 민중상은 어떤 면에서 동학농민전쟁과 관련하여 그려낸 민중의 모습과 반대로 그려지고 있다. 갑오개혁과 관련한 주요 서술 내용을 보면 다음과 같다.

---

22 趙景達,「異端の民衆反亂-東學と甲午農民戰爭」, 岩波書店(東京), 1998, pp. 11-12. 다만, 프랑스혁명기와 명치유신 이후 일본의 민중의 경우 새로 만들어진 근대적 · 자본주의적 법과 질서에 대해 반대하였다는 점에서 반근대적, 반자본주의적 성격을 지닌다고 볼 수 있지만, 우리의 경우 반대할 만한 근대적 자본주의적 법과 질서가 아직 없었다는 점에서 농민군의 지향이 반근대적 혹은 반자본주의적이라고 하는 이해를 그대로 받아들이기는 어렵다.

23 서발턴 연구 그룹에 따르면 "농민의식의 이러한 특수한 성격과 독자적인 정치적 공간을 무시하거나 배제하면서 농민봉기의 역사를 단일하고 연속적인 세속의 역사과정으로, 즉 농민의식의 모든 특수한 계기들과 요소들이 사건의 맥락(혹은 원인이나 배경)에서 기원하여 사건 그 자체로 이어지고, 사건 이후의 역사적 전망으로 전개되는 단일한 역사적 계열 위에서 하나의 이상(민족주의와 민족의 해방 혹은 사회주의를 향한 투쟁)에 헌신하는 과정으로 의식의 모든 계기들이 연속적이고 궁극적인 하나의 순수한 계기에 동화되면서 해소되고 또한 통합되면서 배제되는 과정으로 담론화함으로써 엘리트주의적이고 목적론적인 역사 서술을 보여주고 있다"고 지적하였다(김택현, 앞의 글, pp. 107-108).

"제1차 개혁안은 갑신정변의 정강이나 농민군의 요구를 상당히 많이 받아들인 근대적 개혁안이었다"(금성 p. 71), "김홍집 내각이 단발령을 시행하자, 을미사변으로 격앙되어 있던 유생층과 농민들의 반일 반정부 감정은 폭발하고 말았다. 이들은 전국 각지에서 의병을 일으켜 친일 지방관을 처단하고 정부와 일본군을 공격하였다(금성 p. 72).

갑오개혁에는 동학농민군의 개혁안이 일부 수용되었지만, 토지제도의 개혁과 같은 민중적 열망을 반영하지 못하였으며, "일본 제국주의자에 의한 동학 농민군에 대한 무자비한 진압과 명성황후 시해 사건, 단발령 등으로 개혁은 백성들의 지지를 받지 못하였다"고 하였다(중앙 p. 70). 또 민중이 반발한 급진적 개혁의 내용으로는 단발령을 지적하고 있을 뿐이지만, 마치 개혁의 급진적 성격이 민중의 반발을 받은 것처럼 서술하고 있다.

동학농민운동에 참여한 농민들의 개혁의지가 반영되었지만, 개혁 주도 세력이 일본의 무력에 의지하였고 개혁 추진 과정에서 국민의 동의를 얻어내지 못한 한계가 있었으며, 을미사변 이후 개혁이 급진적으로 추진되면서 개혁에 대한 국민들의 반발도 커졌다(대한 p. 61).

갑오 · 을미개혁이 평등사회를 추구하고 민중의 권리를 보장하는 개혁이었음에도 불구하고 일반 대중이 개혁에 등을 돌리고 개혁관료들을 적대시한 것은 일본의 침략적 간섭과 만행, 개혁의 급진성 때문이었다(두산 p. 63).

그러나 민중은 오히려 자신들의 이해와 관계되는 개혁 가운데 신분제 폐지문제의 경우, 최초에 발표한 법령[議案]에 따라 민중의 신분제 폐지운동이 더욱 격렬해지자 오히려 그 수위를 낮추어 해석하는 〈훈령(訓令)〉을 내려보내기도 했다.[24] 또 황현은 갑오개혁에 따라 새로운 조세법이 발포된 후 보인 민중의 반응에 대해 다음과 같이 기록하였다.

새로 개정된 신법이 반포되자, 백성들은 모두 발을 구르고 손뼉을 치며 기뻐하여 서양법을 따르든 일본법을 따르든 그들은 다시 태어난 듯이 희색을 감추지 못했다.[25]

이와 같이 민중은 개혁에 반대하였던 것이 아니라 신분제 폐지나 조세제도의 개혁 등 그것이 자신들의 삶에 도움을 주는 개혁일 경우에 적극적으로 수용하고 있었음을 보여준다. 갑오개혁 당시에 주의령(周衣令)이 반포되었을 때 전통적 유학자들이 극렬하게 반대한 것과 달리 두루마기[周衣]가 간편한 것을 즐거워한 것도 그러한 민중의 이해와 행동의 상관성을 보여준다.[26]

따라서 일부 교과서의 기술은 1년 전인 동학농민전쟁에서는 근대 지향의 개혁을 추진하였던 민중이 1년 후에는 갑오개혁의 근대적 개혁에 반대한 듯한 인상을 준다. 더구나 후술하는 바와 같이 민중이 단발령에 반대하여 의병을 일으켰다는 내용은 최근의 연구 성과에 비추어 볼 때 그 신빙성이 크게 떨어지고 있다.

이후 근대사의 서술에서 민중은 주로 계몽의 대상으로 그려지고 있

24 신용하, 「1894년 사회신분제의 폐지」, 『규장각』 9, 1985 참조.

25 『梅泉野錄』, p. 331.

26 『梅泉野錄』, pp. 337-338.

다. 독립협회운동에서는 민중을 계몽하고 정치의식을 고양시켜(금성 p. 84; 대한 p. 69; 두산 p. 71; 중앙 p. 81), 그들을 끌어들임으로써 근대적 개혁에 큰 진전을 이루어 나간 것으로 서술하고 있다. 애국계몽운동 역시 대중의 지식을 계발하고 민족의 자각을 불러일으키거나(금성 p. 97; 중앙 p. 98), 애국심을 고취하고 근대의식을 일깨워 나갔다고 하였다(대한 p. 85). 민중은 민족운동·근대화운동의 추진 주체들에게 계몽의 대상이었고, 계몽된 이후 이들이 근대화운동과 민족운동에 동참하였다는 서사구도이다.

이런 맥락에서 제5장 〈근대문물의 수용과 근대문화의 형성〉에서는 근대적 문물과 문화의 수용이 긍정적으로 그려지고 있다.

청일전쟁에서 일본이 승리한 후 개화 관료들은 갑오개혁, 을미개혁을 추진하였다. 이로써 정치, 경제, 사회 등 여러 면에서 근대 국가의 면모가 갖추어져 갔다. 그러나 이러한 개혁은 일본의 침략을 수반하고 있어 척사 유생과 많은 백성들의 반발을 불러 일으켰다(금성 p. 56).

서양식 문물의 수용으로 일부 사람들의 사회 의식과 생활 방식에 변화가 나타나기 시작하였다. 그러나 다른 한편으로 새로운 문화의 급속한 유입은 전통 문화와 갈등을 빚고, 일제의 식민지 침략 정책과 연결되는 경우도 있어서 저항도 크게 일어났다. 특히 단발과 서양식 복제의 도입에 대하여 당시 유생과 보수적 관리들은 물론, 일반 민중에 이르기까지 저항이 만만치 않았다. 이들은 단발령에 대하여 오랜 전통과 유교 윤리에 입각하여 강렬히 저항하였다. 따라서 서양식 복제가 일반 민중에게 확산되는 데에는 많은 시간이 걸렸다(중앙 pp. 124-125).

통신 · 교통시설, 정부의 개화정책에 따라 박문국, 기기창, 전환국 등이 설립되어 신문을 발간하고, 무기를 제조하였으며, 화폐를 주조하였다. 또한 통신, 전기, 교통 분야에서 새로운 근대시설이 갖추어져 국민들의 생활 양식을 바꾸어 갔다. (중략) 그러나 외세의 이권 침탈 및 침략 목적과 연결되어 있었기 때문에 당시 민중과 의병들은 전신선이나 철도를 파괴하고, 우체국을 습격하기도 하였다(중앙 pp. 131-133).

개화운동이 추진되면서 통신, 교통, 의료시설 등 서양의 근대 문물이 수용되어 국민 생활이 편리해졌으나, 일부는 외세의 이권 침탈 및 침략 목적과 결부된 문제점도 있었음을 이해한다(대한 p. 109, 〈학습목표〉).

서양 과학 기술의 유입으로 국민 생활이 편해졌지만, 이것은 동시에 외세의 침략 기반이 되었음을 함께 파악한다(두산 p. 108, 〈학습목표〉).

철도는 교통 혁명을 가져온 근대 문명의 총아였다. 그러나 철도 주변의 주민들과 철도 부설 공사에 동원된 노동자들은 각지에서 공사 현장이나 철도를 공격하거나 열차 운행을 방해하였으며, 일본인과 부일배들을 습격하기까지 하였다 (중략) 철도는 한국인의 생명과 재산을 빼앗고 고통과 원성을 불러일으킨 폭력 그 자체였던 것이다(금성 p. 106, 〈역사의 현장〉).

근대적 개혁은 '민족적 과제'였기 때문에 당연히 추구해야 할 '좋은 것'이라는 인식에 기반하고 있다. 따라서 그에 대한 반발은 서술에서 제외되거나, 반발한 사실도 근대화 자체에 대한 반발이라기보다는 그것이 수반한 일본의 침략에 대한 반발로 해석되었다. 엘리트에 의한 민중사의 '전유'를 전형적으로 보여준다.

물론 외세에 대한 막연한 반대가 아니라, 강제 노동과 철도 부설에 따른 농토 약탈(금성 p. 106; 두산 p. 111)[27] 등을 제시하고 있다. 또 '금성'의 경우 〈서양 근대 문물의 수용, 겉과 속〉에서 "개항 이후 각 분야에 도입된 근대 문물 시설은 민중의 생활에 변화를 가져왔다. 이러한 변화가 실제로 민중을 위한 것이었는지 알아보자"고 하면서 〈연놀이 하지 마라, 전신선 다칠라〉라는 제목으로 관련 자료를 제시하고 있다.

전신선을 놓는 데 많은 조선인들이 강제 동원되었다. 그러면서도 품삯을 제대로 받지 못하였기 때문에, 전신 시설은 의병들에 의해 절단되고 파손되기도 했다. 이때 전신을 이용한 사람들은 주로 외국인들이었고 조선 사람들은 거의 없었다. 그런데 경무청은 아이들의 연놀이를 금지한다고 발표하였다. 이는 연줄이 전신용 전깃줄에 얽혀 전신이 잘 통하지 않는 사건이 자주 발생한 데 따른 것이다(금성 p. 123).

또 〈근대문물의 수용〉의 앞머리에서는 "서양 문화의 도입은 전통문화를 파괴하고 민중의 자주 의식을 약화시키기도 하였다"라고 하였다(금성 p. 120). 이러한 서술 내용은 근대적 문물이 민중의 삶에는 오히려 질곡이 되기도 했음을 보여주는 것이다. 때문에 근대화와 민족을 코드로 한 대서사의 틀 속에서는 예외적인 사례를 제시한 것이며, 민중의 입장에서 근대화라는 것이 어떤 의미를 가지는가 하는 점을 반추해볼 수 있게 하였다는 점에서 주목되는 서술이라고 생각된다.

그러나 앞의 인용문에서도 알 수 있듯이 대체적인 서술 기조는 근대

---

27 『두산』의 탐구과제에는 1904년에 경부선 철도노동자들이 일본인과 시흥 군수를 공격한 시흥 민중 항거가 제시되어 있다.

문물의 수용으로 국민생활이 편리해졌다는 것이다. 이러한 서술의 기조는 제1종 교과서『국사』제7단원 제4장 〈근현대 문화의 흐름〉의 다음과 같은 표현에 집약적으로 드러나 있다.

> 이러한 근대적 시설은 외세의 이권 침탈이나 침략 목적에 이용되기도 하였으나, 한편으로는 국민 생활의 편리와 생활개선에 이바지하였다(『국사』p. 379).

또한 다음과 같은 설명에서는 근대적 문물에 대한 민중의 반감이 '이해 부족'에 따른 것으로 묘사되고 있음을 알 수 있다.

> 개항 이후 정부는 양잠, 방직, 제지, 광산 등에 관한 기계를 도입하고 외국 기술자를 초빙하는 등 서양의 기술을 배우려고 하였다. 그러나 정부의 이러한 정책은 성리학을 지키려는 보수파의 반발을 초래하였고, 일반 백성들의 서양 과학 기술에 대한 이해 부족으로 많은 어려움이 뒤따랐다(금성 p. 121).

역시 민중은 당연히 추구해야 할 과제인 '근대화'를 지체시킨 '몽매한' 존재이고, 때문에 당연히 계몽이 되어야 할 대상임을 암시하고 있다. 근대화와 관련한 이러한 서술에는 민중의 생각이나 입장은 고려되지 않고 있다.

그러나 근대화는 그것이 외세의 침략과 결부되어 있었을 뿐만 아니라 민중의 일상생활이나 자신들의 생존까지 위협하는 것으로, 또 일상생활 속에서 체득된 고유한 심성이나 가치관에 배치되는 것으로도 받아들여지고 있었다.

전차는 근대화의 상징으로 많은 사람들의 환영을 받았지만, 크고 작은 사고들이 잇달았다. 개통식 날 전차의 송전선을 끊었다고 지목된 두 사람이 재판도 없이 처형되었다. 개통 1주일 만에 탑골공원 앞에서 5살짜리 어린이가 전차에 치여 죽었다. 성난 군중은 전차를 불태워 버렸다(금성 p. 122, 〈역사의 현장〉).

위의 사례는 '근대화'가 민중에게 다만 환영의 대상만은 아니었음을 구체적으로 보여준다. "근대화"는 자신들을 그 혜택으로부터 소외시킬 뿐만 아니라, 무고한 생명을 빼앗아 가고, 아이들의 놀이까지 박탈하는 적이었다. 그러한 민중의 심성은 '대한'의 제2단원 제5장 〈근대문물의 수용과 근대문화의 형성〉에 인용된 바 당시 민중이 불렀던 〈아리랑타령〉에 잘 묘사되어 있다.

아리랑 고개에다 정거장 짓고/ 전기차 오기를 기다린다./ 문전의 옥토는 어찌 되고/ 쪽박의 신세 웬 말인가./ 밭은 헐려서 신작로 되고/ 집은 헐려서 정거장 되네(대한 p. 110).

전차와 신작로의 개설 등 '근대화'가 민중에게는 문전옥토를 빼앗아 가는 생활과 생존의 적으로 인신되었음을 보여준다. 이와 같이 근대화가 자신들의 일상생활에 피해를 주는 것으로 받아들여지는 한, 그에 대한 민중의 반대는 오히려 당연한 것이었다. 그러한 사정은 세곡 운반을 위해 증기선이라는 문명의 이기를 도입한 데 대한 민중의 반응에서도 살필 수 있다. 1894년 4월 인천의 일본 영사관 이등영사 노세(能勢辰五郎)의 보고에는 다음과 같은 내용이 들어 있다.

종래에는 貢米를 가령 1섬씩 상납하여 오던 것이 근래에 와서는 1.5섬씩이 되었다. 이것은 필경 공미운반에도 증기선을 이용하고 또 여러 가지 기계를 구입하는 등 쓸데없는 비용이 많이 들어가서 반섬씩이나 더 부과하게 되었다 하여 기선사용, 기계구입 등에 대하여 크게 불만을 호소하고 있다고 한다.[28]

또 동학농민전쟁 당시 농민군은 전보국이 민간에 가장 큰 피해를 준다고 하여 그것을 혁파할 것을 요구하기도 했다.[29] 그에 앞서 개화의 필요성 등 국민계몽을 위해 설치한 박문국(금성 p. 125; 대한 p. 52; 중앙 p. 135)에 대해서도 민중은 환영하지 않았다. 계몽과 개화를 위해 설치한 박문국이 민중에게는 〈박문국 주보채〉라는 경제적 부담으로 연결되었기 때문이 그에 반발한 것이다.[30]

민중이 근대적 문물의 수용에 반대한 것은 단순히 경제적 이해관계 때문만은 아니었고, 보수 유생들처럼 유교적 가치를 지키려 했기 때문만도 아니었다. 서울에 전차가 놓인 후 철도 위에서 잠을 자다가 몇 사람이 역살(轢殺)되는 사건이 발생하자 민중은 폭동을 일으켰다. 재판에 회부된 주모자는 전차에 반대하는 이유를 다음과 같이 말하였다.

우리 조상들의 말씀에 의하면, 어떠한 이유로서도 성문 밖에서 잠자고 있는 돌거북의 잠을 방해하여서는 안 된다고 한다. 일단 그가 잠을 깨기라

28 『駐韓日本公使館記錄』1, p. 43.
29 『東匪討錄』, pp. 360-364; 金允植, 又原情列錄追到者, 『續陰晴史』上, pp. 323-325; 『南遊隨錄』5月 28日, pp. 215-216.
30 『各司謄錄』20권, 1888년 9월 20일, p. 222; 같은 책, 1889년 1월 13일, p. 224.

도 하는 날이면 우리나라에는 큰 난리가 일어난다고 한다. 이제 전차가 달리는 소리로 인하여 그 거북은 잠을 깨게 될 것인데, 우리는 이러한 사태를 보고만 있을 수가 없다. 전차의 운행은 중지되어야 한다.[31]

이는 민중이 다만 근대화 과정이 외세의 침략과 결부되었다는 이유만이 아니라 나름대로의 고유한 심성과 가치관을 가지고 있었으며, 그에 입각하여 서구적 근대화에 반발하였음을 보여준다.

4. 민족운동과 민중상

'근대화'와 '민족'을 중심으로 구성한 민족서사의 특징은 민족운동사 서술에서 더욱 두드러진다. "한국의 근대사는 제국주의로부터 독립을 지키려는 민족운동의 역사이기도 하다"는(금성 p. 20) 이해는 민중사가 '민족대서사'의 하위영역으로 통합되는 차원에서만 의미를 가질 뿐이라는 점을 암시한다. 그렇게 되면 민중의 생각과 행동은 민족 이야기, "상상된 공동체"의 이야기 속으로 함몰되고 만다.

구국민족운동의 첫 장을 장식하는 동학농민전쟁에 대해서도 "외세에 적극적으로 대항한 우리 역사상 가장 규모가 큰 농민운동"(대한 p. 67), "동학 농민군의 반침략적 투쟁정신은 의병운동에 투영되어 외세에 저항하는 구국 무장 투쟁으로 이어졌다"(두산 p. 70), "의병전쟁의 추진력이 되어 반침략 항일 투쟁의 역사적 기반이 되었다"(금성 p. 82), "일본의 침략을 물리치려는 반침략적 민족운동"으로, "농민군의 잔여 세력은 1895년

---

31 F. A. 맥켄지 原著, 신복룡 역주, 『대한제국의 비극』, 1981, pp. 125-126.

이후 전개되는 항일 의병 투쟁에 적극적으로 가담하여 일본 제국주의 침략자들을 상대로 구국항쟁을 전개하였다"(중앙 p. 79)라고 하여 반침략 구국투쟁이라는 맥락 속에서 그 의의가 강조되고 있다.

그러나 이러한 이해는 앞서 언급하였듯이 민중이 선험적으로 국민국가에 대해 의식하고 있었을 리가 없었음에도 불구하고, 모순의 집중적 체현자이기 때문에 적절한 계기만 주어지면 '필연적'으로 투쟁, 저항, 변혁에 뛰어들 존재로 파악한 데서 비롯된 것이다.[32]

농민전쟁 당시만 하여도 자신들의 일상생활 속에서 일본의 침략행위로 인한 피해를 통해 일본을 자신들의 생활을 파괴하고 생존을 위태롭게 하는 존재로 인식하였거나, 일본의 침략행위를 「만국공법」 체제에 입각한 근대적 민족의식과 관련시켜 반대한 경우는 많지 않았을 것으로 보인다. 그보다는 여전히 화이론적 세계관에 입각한 문화적 경멸감, 전승되어 온 임진왜란의 경험과 관련하여 증폭된 정치적 침략자라는 의식이 강하였던 것으로 생각된다.[33]

개항 이후 빈발한 민란에서 외세에 대한 직접적인 반대 구호가 거의 나타나지 않았다는 사실도 그 점을 잘 보여준다. 물론 개항 이전부터 특히 민중은 반왜정서를 강하게 가지고 있었다. 이는 일본의 구체적인 침략 행위와 결부될 때 광범위한 대중적 호응을 얻을 수 있고, 그에 따라 전면적 '반왜항쟁'으로 폭발할 수 있는 조건이 잠재해 있음을 의미한다. 일본에 의한 경복궁 침입 이후에 일어난 2차 전쟁은 그 대표적인 예가 될 것이다. 그러나 현실적으로 척왜양 구호를 내걸고 고을 단위를 벗어

---

32 이용기, 앞의 글, p. 16.; 조경달, 앞의 책 p. 11 참조.

33 배항섭, 「개항기 민중들의 일본에 대한 인식과 대응」, 『역사비평』, 1994 겨울호: 林雄介, 「19世紀末, 朝鮮民衆の對日認識について」, 『朝鮮史研究會論文集』 33, 1995 참조.

나는 항쟁을 일으키기는 어려웠다. 민중은 왜양에 대해 반감과 경멸감을 강하게 가지고 있었지만, '종사(宗社)를 위협하는' 구체적인 침략 행위나 여기에 준하는 사건이 매개되지 않고서는 '의병' 봉기 등 집단적인 행동으로 나서지 않았다.[34] 어윤중이 보은에 모인 동학교도들에게 말한 바와 같이 죽음으로써 의(義)를 지키는 것도 '때'가 있는 법인데, 1893년의 척왜양운동 시기까지만 하여도 목숨을 걸고 싸워야 할 적의 실체가 없었기 때문이다.[35]

물론 일본군의 경복궁 침범이라는 구체적 침략 행위가 일어난 다음에는 일변하였고, 제2차 농민전쟁은 기본적으로 반일투쟁의 성격을 가진다. 그러나 제2차 농민전쟁에 임한 전봉준이 "동학당 60만 가운데 진심으로 생사를 같이할 것을 맹세한 자는 겨우 4천 명뿐이다"라고[36] 표현하였듯이 반침략 구국운동에 목숨을 걸고 뛰어들 만한 농민군은 제한적이었다. 대부분의 농민군에게 '민족'은 아직 '상상'되지 않고 있었음을 보여준다.

민중의 생각과 행동이 민족대서사 속에 용해되는 모습은 동학농민전쟁과 의병전쟁을 연결시켜 이해하는 데서 노골적으로 드러난다. 먼저이 부분과 관련한 교과서의 서술 내용을 보면 다음과 같다.

김홍집 내각이 단발령을 시행하자, 을미사변으로 격앙되어 있던 유생층과 농민들의 반일 반정부 감정은 폭발하고 말았다(금성 p. 72, 90).

---

34 1893년에 전개된 척왜양운동의 의미와 성격에 대해서는 배항섭, 「朝鮮後期 民衆運動과 東學農民戰爭의 勃發」, 경인문화사, pp. 206-221 참조.

35 「日本外交文書」(韓國篇) 5, p. 478.

36 「東京朝日新聞」, 1895년 3月 6日.

유생과 농민들은 명성황후의 시해로 울분을 품고 있던 차에, 반발령이 내려지자 각지에서 의병을 일으켰다(두산 p. 63).

의병에 참여했던 민중은 대부분 농민층, 동학농민군의 잔여세력, 포수들이었고, 유생들은 민중들이 가지고 있는 반외세 정서를 항일운동으로 규합할 수 있었다(중앙 p. 91).

을미의병이 명성황후 시해사건과 단발령을 계기로 일어났고, 동학농민군의 잔여 세력이 주요 구성원이었던 것으로 서술하고 있다(금성 p. 90; 대한 p. 77; 두산 p. 78). '금성'의 경우 "유생 의병장들과 달리 일반 농민들은 반봉건을 지향하고 있었기 때문에 크고 작은 갈등을 빚었다. 유생 의병장들은 아관파천으로 친일 개화파 정권이 무너진 뒤 단발령이 철회되고 고종이 의병해산을 명령하자 스스로 부대를 해산하였다. 반면에 의병 운동에 가담한 농민군이나 행상, 유민, 노동자, 걸인 등은 활빈당 등의 농민 무장 조직을 만들어 반침략·반봉건 투쟁을 계속하였다"라고 하여(금성 p. 90) 민족 구국운동 내부 갈등을 지적하고 있다. '대한'의 경우에도 13도창의군 편성과정에서 평민 의병장들은 신분이 낮다는 이유로 제외된 점을 들어 유생 출신의 의병장이 가지는 한계와 대중적 기반의 미확보를 지적하였다(대한 p. 79). 그러나 반봉건·반침략 투쟁에 매진한 민중상을 그리고 있다는 점에서는 마찬가지이다.

1894년에 일본군은 경복궁을 강점하고 조선군대의 무장을 해제하였다. 또한 농민군 진압에 앞장서서 수많은 농민군을 살육하였다. 그에 따라 농민군과 그들로부터 직접적인 피해를 입은 민중에게는 반일감정이 심화되었고, 침략자로서의 일본이라는 생각이 깊이 각인되었을 것으로 보인다. 이어진 일본의 내정간섭과 을미사변도 일본에 대한 분노를 격화시킨 사건이었다. 또 민중은 저항 주체일 뿐만 아니라 지배되고 동화하기도 쉬운 존재였던 만큼 유교적 가치관에 동화된 부분도 있었을 것이며, 이에 따라 단발령에 대해서도 유교적 가치관에 입각하여 반발한 경우도 있었을 것이다. 물론 민중은 그렇게 균질적인 존재만은 아니었기 때문에 모든 민중이 그러하지는 않았을 것이다.

우선 동학농민전쟁이 반일의식을 심화시키기만 한 것은 아니었다. 재부산 총영사 무로다(室田義文)가 외무대신 무쯔(陸奥宗光)에게 보낸 보고서에는 다음과 같은 내용이 들어 있다.

지난번에 아군이 평양일전에서 승리하면 조선정부 및 지방관의 의향도 결국 一新할 것이라고 사람들은 상상하였지만, (중략) 여전히 청국을 외경하는 생각이 없어지지 않았습니다. 그래서 우리 해전의 첩보를 일일이 조선 각지에 공포하여 일반 인민이 일본을 공경하고 청국을 두려워할 것이 못됨을 알릴 것 (중략) 안으로는 빈민을 구제하고 밖으로는 斥日崇淸의 악감정을 제거하여 민란 再起의 걱정도 크게 감소할 것으로 생각합니다.[37]

일본 측의 이러한 의도는 적지 않은 효과를 가져온 것으로 보인다. 다음과 같은 『이륙신보(二六新報)』의 내용은 그 점을 집약적으로 보여준다.

실로 일청전쟁은 다행스럽게도 조선의 국토에서 일어났고, 그 때문에 조선정부가 일본의 위력을 인식한 것은 물론 그 인민이 병대, 기타 다수의 일본인을 접하는 기회를 얻음으로써 알게 모르게 日本化의 단서를 열었

---

37 『駐韓日本公使館記錄』2, p. 87.

다.[38]

　'일본화'의 단서를 열었다는 표현은 과장된 것일 수 있지만, 청일전쟁과 그 과정에서 양국 군대의 행동 양태를 보고 겪으면서 조선인들의 청일에 대한 인식에도 중요한 변화가 초래된 것은 분명한 듯하다.[39] 경복궁 강점과 농민군 진압 등에 따라 "북쪽 국경으로부터 남해에 이르기까지 모든 한국인들로부터 혐오를 받게" 되었다 할 정도로[40] 심각하였던 일본에 대한 적대감이 더욱 강화되었겠지만, 일각에서는 청일전쟁과 농민전쟁을 통해 직접 경험한 일본의 모습을 보면서 일본의 국력을 새롭게 인식하고 그들이 전쟁 수행 과정에서 보여준 우수한 측면 등을 객관적으로 인정하는 분위기가 싹트기 시작하였음을 시사해준다. 이러한 변화는 청 · 일 양국에 대한 인식에서 화이론적 세계관에 입각한 문화적 · 관념적 요소가 탈각하고 대청 · 대일 의식이 구체화, 객관화 해나가는 과정이었다.

　이러한 인식상의 변화는 나아가 일본 군대에게 계속 주둔해줄 것과 보호를 요청하는 상황으로까지 발전하기도 했다.

　도망간 중국군이나 점령자인 일본군이나 모두 절대 다수인 한국인들의 인심을 얻고자 필사적으로 노력했던 것이다. (중략) 왜놈들은 한국인을 죽이지 않는다는 것이 점차 알려져 많은 사람들이 되돌아왔다. (중략) 뒤이

---

38 「二六新報」, 雜報, 明治 27年 11月 28日.

39 일본인들에 대해 격렬한 분노를 표현하면서도 일본군의 엄정한 군기와 일본군 병참부의 정기적인 식량공급을 지켜보며 내키지는 않았지만, 인정할 수밖에 없었다는 사실도 그러한 변화의 한 표출이었다(이사벨라 버드 비숍 지음, 이인화 옮김, 「조선과 그 이웃 나라들」, p. 398).

40 해링톤 저, 이광린 역, 앞의 책.

은 점령기간 동안 일본군대는 정당하게 행동했고 마을과 이웃에서 거둬온 전리품들에 대해 꼼꼼하게 배상했다. 사람들은 일본군들을 아주 미워하고 있음에도 불구하고 일본군에 의해 평화로운 질서가 유지되고 있다는 사실을 인정하고 있었다. 평양 사람들은 근대적으로 훈련받은 이 일본군들이 떠나고 나면 시민들의 권리를 얕보고 시민들을 무수히 폭행하고 강탈하는 한국의 구제 군대가 그들을 괴롭힐까봐 매우 걱정했다.[41]

또한 경복궁 강점 뒤 갑오개혁에 따라 결세(結稅)와 호세(戶稅)를 금납화하고 일체의 잡세를 금지한다는 법령이 반포되었을 때 '시골 사람들'이 보여준 다음과 같은 태도는 민중의식이 민족대서사의 구도와는 많이 달랐다는 점을 시사한다.

갑오경장 이후 수년이 지나는 동안 비록 조정에서는 우려하는 기색이 역력하였지만, 먼 지방의 시골 사람들은 배부르고 따뜻한 생활을 하여 昇平時代처럼 즐기고 있었다. (중략) 이때는 우리나라가 일본의 견제를 받아 임금이 없는 나라 같았지만, 백성들은 도리어 즐겁게 생활하고 있었다.[42]

국왕의 존재가 없는 것과 마찬가지라 할 정도로 일본의 간섭이 심하였지만, 오히려 새로운 법령에 따라 배부르고 따뜻하게 승평시대를 즐기고 있던 '시골의 가난한 사람들'의 모습(遐陬窮蔀 飽煖自得如樂世焉)은 이들의 관심이 어디에 있었는지를 보여준다. 글을 쓴 황현과 같은 '사대부'

---

41 『이웃』, p. 359. 청일전쟁 당시 만주지역의 중국인들은 중국 군인들이 "협박과 권력을 악용하여 강도와 같은 모습을" 일삼자 일본군에 대해 안전과 질서를 보장해주는 유일한 희망으로까지 인식하였다(『이웃』 pp. 249-250).

42 『梅泉野錄』, p. 331.

들과 달리 이들에게는 무엇보다 생활이나 생존과 직결되는 조세문제가 가장 중요한 관심사였다. 국가나 국왕, 일본의 국정간섭 등의 문제는 '그들의 문제'였던 것이다.

　이러한 민중의 생각과 행동은 당시 조선을 여행한 한 외국인의 눈에도 마찬가지로 비추어졌다.

　　물론 다른 곳도 그러하겠지만, 그 곳에 있는 사람들은 그들 자신의 관심사에 사로잡혀 있었다. 사람들은 땅의 측정된 가치에 따라 돈으로 일정한 세금을 부과하는 새로운 조세체계에만 관심이 있었다. 서울의 사건들에 그들은 관심이 없었다. 최근의 왕비 시해와 감금상태에 있는 국왕의 처지도 그들에겐 관심사가 되지 못했다. 왜냐하면 두 사건이 어떠한 결과를 낳더라도 그들의 '살이'에 영향을 끼치는 것은 없었기 때문이다.[43]

　'시골 사람들'이 조세문제에 예민한 반응을 보이고 있었다는 점은 한편으로는 이들의 일상생활이 중앙집권적 국가체제에 깊이 편입되어 있고, 또 일상적으로 그 존재를 인식하고 있었음을 보여준다. 그러나 다른 한편 왕비의 시해나 국왕의 처지에 별 관심이 없었다는 점은 민중이 '사대부'들과는 물론, '민족서사'의 서술기조와는 다른 이데올로기나 세계관, 문화를 가진 독자적인 세계를 구축하고 있었음을 동시에 보여준다.

　특히 1896년의 의병전쟁 때 동학농민군의 잔여세력이 의병의 주요 구성원이었던 것처럼 서술한 점은 최근의 연구 성과에 비추어보더라도 석연치 않다. 농민군 잔여세력의 의병 가담은 황현(黃玹)의 『매천야록(梅泉野錄)』에 실린 다음의 기사에 크게 의존한 것이다.

---

43 이사벨라 버드 비숍 지음, 이인화 옮김, 『조선과 그 이웃 나라들』, pp. 369-370.

강제로 삭발할 때 전국이 흥분하여 의병이 일어났으나, 세월이 조금 지나자 의병들의 사기가 떨어져 京軍만 만나면 패배하였으므로 무수한 사상자가 발생하였다. 그리고 忠憤을 가지고 의병이 된 사람들은 몇 명에 불과하고, 명예를 좋아하는 사람들이 倡義를 하거나 모험을 좋아하는 사람들이 그들에게 따라붙는 경우가 많았다. 그렇지 않으면 불량배 몇 천 명 혹은 몇 백 명이 成群作黨하여 의병이라 칭하였고, 심지어는 東匪로 활동하던 사람들 중에 안면을 바꾸어 의병을 따르는 사람들이 절반은 되었다.[44]

황현의 설명을 따를 경우 농민전쟁 당시 일본과 연합하여 농민군의 '반침략 민족운동'의 진압에 앞장섰던 유생들이 불과 1년 여 후에는 오히려 민중과 합세하여 일본에 맞선 것으로 된다. 민족대서사를 풀어나가는 데 참으로 곤혹스런 대목이다.

그러나 동학농민전쟁과 의병의 관련성에 대한 황현의 기록은 의병이 포악함과 노략질이 극에 달한 집단임을 말하고자 한 의도에서 동비(東匪)의 잔당까지 다수 가담하고 있음을 강조한 것이지 의병과 동학농민전쟁의 관계를 전면적이고 정확하게 서술한 것은 아니라는 지적이 있었다.[45] 최근에는 1896년 의병의 주요 참여층이 오히려 1894년에 수성군 혹은 민보군을 조직하여 농민군 진압에 가담하였던 세력이었다는 연구가 제출되었다.[46] 또 의병장 유인석 부대에서 맹활약한 포군대장 김백선도 1894년에는 농민군 토벌에 앞장섰던 인물이라는 점에서 그의 평민적

---

44 黃玹 著, 金濬 譯, 「梅泉野錄」, 교문사, 1994, pp. 380-381.

45 糟谷憲一, 「초기 의병운동의 사회적 기반과 전개과정」, 양상현 편, 「한국근대 정치사연구」, 1985 참조.

46 이상찬, 「1896년 의병운동 통설에 대한 비판적 검토」, 「역사비평」 1998 겨울호 참조.

지향에 대한 의문이 제기되었다. 나아가 동학 두령 출신으로 유인석 부대에 가담하였다가 처형된 신처사(申處士)의 사례 등을 통해 오히려 의병지도부와 농민군은 여전히 적대적 관계였다는 주장이 제기되기도 했다.[47]

물론 1896년의 의병과 1905년이나 1907년 이후의 의병은 생각이나 지향 면에서 적지 않은 차이가 있을 것이다. 일본군의 야만적 약탈 · 방화 · 살인 등을 겪으며, 일본에 대한 증오심은 급격히 증대하였을 것이고, '우리 민족'이라는 의식도 강화되어 갔을 것이다. 맥켄지는 살인 · 방화 · 약탈을 자행하는 일본인의 초토작전으로 인하여 순진한 주민들이 의병에 투신하였기 때문에 의병 수는 날로 증가하였고, 이때 일본군에 의해 뿌려진 증오의 씨앗이 뿌리 뽑히기 위해서는 수 세대의 세월이 필요할 것이라고 지적하였다.[48] 따라서 "일본의 노예가 되어 사느니 자유민으로 죽는 것이 훨씬 낫다"는 생각으로 무장한 의병도 적지 않았을 것임은 오히려 당연할 것이다.[49]

그러나 1896년의 의병에는 명성황후 시해에 대한 복수, 단발령 반대, 갑오개혁 반대, 환궁운동 등 반일 '민족운동'과는 무관한 세력의 움직임이 다수 포함되어 있었다. 이 가운데 명성황후에 대한 복수, 단발령 반대, 환궁운동에 가담한 의병은 모두 정치적 목적 아래 활동하였고, 친러파나 고종 측근 등 중앙 세력과 연결되어 있었다. 중앙정치세력 이외에도 현직 군수, 이서층, 포수층, 보부상 등이 가담하였고 이들은 대체로 동학농민군과 적대적인 세력이었다.[50] 이러한 사실은 근대사의 전개가

---

47 이상찬, 「1896년 의병운동의 정치적 성격」, 서울대 박사학위논문, 1996, p. 109, 251.

48 맥켄지, 앞의 책, p. 222.

49 맥켄지, 앞의 책, p. 239.

50 이상찬, 앞의 글, 1998 참조.

구국 민족운동의 방향으로 일관된 단선적 과정이 아니라 그 속에서 다양한 집단이나 구성원에 의해 다양한 지향의 움직임이 모색되고 있었음을 보여준다.

한편 독립협회의 활동과 애국계몽운동은 민중의 근대의식과 민족의식이 계몽되고 그들이 민족운동에 더욱 활발히 참여하게 되는 중요한 계기가 되었던 것으로 서술하고 있다.

> 평민과 천민들은 독립협회 운동과 의병운동에 가담하면서 점차 민족의식을 가진 사회적 존재로 성장하였다 (중략) 이들의 새로운 의식은 일제의 침략이 노골화하면서 국권 수호 운동의 밑거름이 되었다. 이제 평민과 천민들은 민족운동에 나서게 되었다. 이들은 남녀노소 가릴 것 없이 국체 보상운동에 가담하고 의병운동에 참가하여 국권을 회복하려고 노력하였다 (금성 p. 114).

> 민중의 근대적인 정치적 · 사회적 의식은 을사조약으로 국권 상실의 위기에서 전개된 애국 계몽 운동으로 더욱 확산되었다 (중략) 애국계몽운동은 국민들의 근대 의식을 일깨우고, 근대 민주주의 사상과 함께 근대적 민족 의식으로 발전시켰다(중앙 p. 121).

또 국채보상운동에 대해서도 "국민들은 모금을 위하여 금연운동을 전개하고, 여성들도 적극적으로 참여하여 비녀와 가락지 등을 의연품으로 내놓았다"(대한 p. 93; 중앙 p. 118; 두산 p. 97), "일반민들이 주로 호응하였을 뿐, 상층민, 명문가, 부호 등의 참여는 거의 없어 그 열기가 오래가지 못하였다"(금성 p. 111)라고 하여 남녀노소를 불문한 평 · 천민이 민족 구국운동의 전사가 된 것처럼 묘사하고 있다.

이러한 계몽과정을 거치면서 민중이 민족운동에 더욱 적극 가담하였음을 강조하기 위해 우선 을사조약 당시의 몇 가지 사례를 들고 있다. 을사조약에 반대한 민영환 등의 자결을 설명하면서 울분과 분노는 "민중의 경우에도 마찬가지였다"고 서술하면서, 그 예로 매국노 이근택 집의 하녀가 이근택에게 "개, 돼지만도 못한 놈"이라고 비난한 사실과 평양 군대의 상등병 김봉한이 자결하였다는 사실을 제시하고 있다(대한 p. 81). 이 역시 몇 가지 사례를 가지고 민중 전체가 을사조약에 울분하고 분노한 듯이 과장하여 서술함으로써 민중의 생각과 행동을 민족서사의 하위영역으로 전유해가는 전형을 보여준다.

여기에서는 민중이 고유한 생각이나 행동을 가진 행위 주체(agent)로 인식되거나 인정될 여지가 없다. 민족대서사에 그려진 민중상은 그저 민족주의 엘리트 지도자들에 의해 동원되고 이끌리면서 민족의 일원으로서만 행동하는 존재들로, 민족대서사가 제시하는 역사적 전망에 의해 통제되고 전유되는 존재들로 재현될 뿐이다. 이는 민족이라는 근본적 가치들과 범주들을 쓸모없게 만들거나 전복시킬 가능성이 있는 다른 가치들과 범주들을 배제하고 억압함으로써 주변화시키는 계서제적인(hierarchical) 전략에 다름 아니다.[51]

그러나 위와 같은 '민족대서사'에서 보이는 민중의 모습은 1910년 8월 29일 국치일 당일 최린이 목도한 서울 거리나 민중의 모습과 크게 차이가 난다.

---

51 김택현, 앞의 글, 1999, pp. 105-108. 서발턴 연구 그룹에 따르면 "민족주의 엘리트에 의한 역사담론 안에서 인도의 인민들은 독자적인 혹은 고유한 '의식'을 갖는 정치적인 행위 주체(agent)로 인식되거나 인정되지 못하고 그저 민족주의 엘리트 지도자들에 의해 동원되고 이끌리면서 민족의 일원으로서만 행동하는 존재들로 재현되어 왔으며, 따라서 그런 식으로 인도의 인민들을 전유해온 민족주의 담론에서는 엘리트의 정치만 있을 뿐 '인민의 정치(the politics of the people)'는 부재할 수밖에 없었다"(김택현, 앞의 글, 1999, p. 105).

〈망국을 모르는 민중들〉

(1910년) 8월 29일은 마침내 오고야 말았다. 이날은 우리의 '국치일'이
었다. 합병조약은 8월 22일에 조인하였으나 민심의 동요를 고려하여 합병
에 관한 선언은 29일에 발표하였다고 한다. 나는 수금 중에 이 같은 역사
적 대사실을 완전히 모르고 있었다. 오후 3시경 뜻밖에 서장실로 불러내더
니 서장 모가 '한일합병'이 발표되었다는 사유를 말한 뒤에 계속하여 말하
기를 '여러분은 전도가 유망한 청년들이니 아무쪼록 대세에 순응하여 신명
을 그르치지 않기를 바란다'는 일장의 훈시였다. 나는 그 자리에 꺼꾸러져
서 '방성대곡'하였다. 그리고 주목으로 널마루바닥을 두들겨서 손은 모두
파상되었고 의복은 피투성이가 되었다. '일경'들은 당황하여 '인력거'를 부
러 태워주었다. 나는 간신히 정신을 차려 집으로 돌아왔는데 경찰서 문전
을 나서서 남대문통으로부터 종로를 경유하여 광화문통 네거리까지 오는
도중에서 '시가' 상태를 살펴본즉 각 상점에는 매매 거래가 여상하였다.

'오백년 왕국'이 일조에 멸망하는 이날이 이렇게도 '안온무사'할 법이 있
을까 하는 이상한 감상을 금할 수가 없었다. 조선민족은 특별히 애국심
이 강열한 민족이다. 그것은 지리적으로 강국 사이에 개재한 작은 나라로
서 그 침략에 쓰라린 역사를 짊어지고 있었기 때문이다. 그런데도 불구하
고 무슨 까닭으로 이 원수의 날을 평온 무사히 '오불관여(吾不關與)'의 태도
로 맞이하였을까. 여기에는 여러 가지 설명이 있을 것이지만, 우선 간단한
이유로서는 '이조'는 원래 왕국의 전제정치인 동시에 귀족의 계급정치이었
다. 더구나 그 종말의 '난정'이란 이루 말할 수 없는 폭정이었다.[52]

---

52 如菴崔麟先生文集編纂委員會, 『如菴文集』, 1971, pp. 172-173.

〈이조가 망하는 날〉

그러므로 일반 민중은 이날을 국가가 망한 날이라기보다는 차라리 이조
가 망한 날이라고 보는 편이었고 이조가 망한 뒤에는 우리들은 그 폭정에
서 벗어날 수가 있다는 막연한 생각이었는지도 모른다. 이것은 일반 평민
을 가르켜 하는 말이다. 중류 이상 인사들로 말하면 어느 누가 뼈에 사무
친 망국지한(亡國之恨)이 없을 리가 없다. 집으로 돌아온 나는 그날부터 두
문불출(杜門不出)하였다. 생각하면 할수록 비통하였다. 나라는 이미 망하
였고 과거의 모든 희망은 꿈으로 화하고 말았다.[53]

최린은 일본 유학을 마치고 귀국한 후 1910년 봄부터 5~6명의 동료
들과 함께 "경성에 있는 각국 공관에 불을 놓아서 국제문제를 일으켜 가
지고 합병을 방지하자"고 모의하였다가 1910년 6월 초순경에 체포되어
남부경찰서에 수감 중이었다.[54] 또한 나중에는 3.1운동의 주역이 되기
도 했던 최린의 "애국심"에 비추어 볼 때 8월 29일은 '방성대곡'해야 하
는 '원수의 날'이었을 것이다. 그러나 위의 글에서 보이는 대다수의 민중
에게는 그렇지 않았다. "민중은 이날을 국가가 망한 날이라기보다는 차
라리 이조가 망한 날이라고 보는 편이었고 이조가 망한 뒤에는 우리들은
그 폭정에서 벗어날 수가 있다는 막연한 생각"을 하고 있었기 때문일 것
이라는 최린의 해석은 시사하는 바가 크다. 민중은 8월 29일을 자신들
에게 폭정을 일삼던 '이조'의 '난정(亂政)'에서 벗어날 수 있는 날로 받아
들였기 때문에 '오불관여(吾不關與)'의 태도로 '안온무사'하게 그날을 보냈
던 것이다.

---

53 如菴崔麟先生文集編纂委員會, 『如菴文集』, 1971, p. 173.

54 이용창, 「한말 최린의 일본유학과 현실 인식」, 『역사와 현실』 41, p. 267 참조.

의병장들은 물론, 한일강제병합이 알려지자 아편을 마시고 자결한 황현이나 동학농민전쟁의 지도자 전봉준에게는 목숨을 걸고라도 지켜야 할 덕목이나 가치가 있었다. 그것은 유교라는 정도(正道)일 수도 있고, 나라를 지켜야 한다는 생각, 사군사상(忠君思想) 혹은 일본의 지배로부터 '생민(生民)'을 지키려는 생각일 수 있다. 황현은 4수의 '절명시'를 남기고 죽었다. 그 시에서 그는 왕조의 멸망을 "요분(妖氛)에 가려 제성(帝星)이 옮겨지니, 침침한 구중궁궐(九重宮闕)에는 물시계도 더디다. 이제부터 조칙(詔勅)이 내려지지 않아", "조수(鳥獸)도 슬피 울고 해악(海岳)도 낯을 찡그리니, 근화세계(槿花世界) 이미 침몰하였다"고 하였다. 전봉준은 '민유방본(民惟邦本) 사상에 입각하여 지배층의 부패와 학정 때문에 도탄에 빠진 백성들을 구하기 위해 죽음을 각오하고 일어섰다.[55] 또 제2차 농민전쟁 때는 "일본의 침략을 막아내지 못하여 국가가 멸망한다면, 폐정개혁은 고사하고 생민(生民)이 하루도 편히 살 수 없을 것"으로 판단하였기 때문에 기포하였다.[56]

민중에게도 목숨을 걸고라도 지켜야 할 것이 있었을 것이다. 그것은 가족이나 재산일 수도 있고, 명예일 수도 있을 것이다. 그러나 최린의 글에 나오는 바와 같이 대부분의 '일반 평민'에게 충군사상이나 유교라는 도, 혹은 나라는 목숨을 걸고 지켜야 할 가치가 있는 그 무엇이 아니었음을 보여준다.

민중은 모순을 '과학적'으로 인식하고 '옳은 노선'이나 '역사적 과제'를 향해 달려가는 영웅이 아니라 평범하면서도 감당하기 힘든 일상에서 고

---

55 「隨錄」茂長縣滕上東學人布告文,「東學農民戰爭史料叢書」5, pp. 157-159 참조.

56 「東京朝日新聞」, 明治 28年 3月 5日,「東學農民戰爭史料叢書」22, p. 367.

통과 희망을 경험하는 존재이다.[57] 일상생활 속에서 형성된 고유한 가치관이나 관습체계는 그들의 몸에 각인되어 있었고, 또한 그들의 일상생활을 규정하는 가장 중요한 요소들이었다. 또 "우두를 맞으면 소처럼 미련하게 되고 성질이 온순해진다"라고(금성, p. 124, 〈인물엿보기〉) 생각할 만큼 '몽매'하기도 하였다. 그래서 그들은 "일본군의 보복이 두려워 추위에 떠는 의병들의 잠자리를 거절할 수밖에 없는"[58] 일견 나약한 생활인의 모습을 보이기도 했다. 또 일본군의 약탈과 살육으로부터 살아남기 위해 그들에게 협조한 대가로 의병의 공격을 받아 마을이 불타는 비극을 당하기도 한 존재였다.[59]

이러한 사실은 민중의 삶과 그들의 역사가, 한편으로는 역사의 흐름 속에서 태어나고 또 한정된 세계에서 살아가는 동안 상처받으면서도 전력을 다해 살아가는 인간의 씩씩하고 부지런한 모습, 그러한 각 개인의 관계가 방대하게 집적되어 형성되는 비정한 드라마일 수 있는 것이다.[60]

5. 맺음말

이상으로 제7차 교육과정의 고등학교 〈근현대사〉 교과서에 그려진 근대 이행기의 민중상에 대해 살펴보았다. 이를 통해 '근대화'와 '민족'을 중심 코드로 한 근대사 서술에서 보이는 구체적인 민중상과 그것이 가지

57 이용기, 「미군정기의 새로운 이해와 '사회사'적 접근의 모색」, 『역사와 현실』 35, 2000, p. 20.

58 맥켄지, 앞의 책, p. 238.

59 맥켄지, 앞의 책, p. 268.

60 安丸良夫, 『〈方法〉として 思想史』, p. 46.

는 문제점을 지적해보았다. 그러나 이 글의 목적이 근현대사 교과서의 서술 내용을 비판하거나 그것을 집필한 분들을 비난하려는 데 있는 것은 아니다. 앞서도 언급하였지만, 〈근현대사〉 교과서는 정부의 「준거안」을 따를 수밖에 없는 것이 엄연한 현실이다. 제7차 교육과정의 〈근현대사〉 교과서는 「준거안」을 따르면서도 좀더 충실한 교과서를 만들기 위해 장·절마다 탐구과제나 답사자료, 참고자료 등을 제시하거나 내용 구성을 다양화하는 등 여러 가지 방법을 모색함으로써 그 이전 교과서에 비해 진일보한 면도 없지 않다.

또 필자가 지적한 민중상이 교과서에 충실히 반영되기 위해서는 무엇보다 역사학계의 연구가 뒷받침되어야 할 것이다. 그러나 현재 한국사 연구에서 민중사 연구는 거의 이루어지지 않고 있는 실정이다. 따라서 필자가 지적한 몇 가지 사례에서 보이는 문제점은 단지 현행 교과서 서술 내용이나 집필자들의 문제라기보다는 역사학계가 안고 있는 문제이다.

그러나 이 글에서 지나칠 정도로 세세한 서술 내용까지 지적한 의도는 우선 민중사 연구의 필요성을 환기함과 동시에 근대지향, 민족지향의 역사 이해가 가지는 한계를 극복해보자는 데 있다. '민족대서사'는 '민족'과 '근대화'가 아닌 다른 지향을 가지고 살아간 사람들, 나아가 다른 지향을 가지고 이른바 민족운동이나 근대화운동에 가담한 사람들의 생각과 행동을 모두 배제한다. 민중의 생각과 행동은 그것이 거대한 민족서사의 구성에 필요한 한에서만 의미를 가지는 것으로 그려진다. 그 결과 이 시대를 살아간 민중의 삶과 생각·행동이 가진 독자성은 배제·억압되거나 한계를 가졌지만 궁극적으로는 선진적 엘리트에 의해 계몽됨으로써 민족운동과 근대화운동을 추구한 것으로 환원·전유된다.

민중의 삶과 그들의 고유한 생각이나 행동을 배제하거나 전유하여 '민족'과 '근대화'라는 코드를 중심으로 한 거대서사의 구도 속에 용해시키는   역사 서술방식 역사를 통해 근대 형성 과정과 근대에 대해 '성찰'할 수 있는 중요한 계기 또한 배제시키고 만다. 이 점에서 '근대화'나 '민족'이라는 코드와는 다른 생각과 행동을 보였던 민중사의 복원은 민중의 고단한 삶, 그리고 복잡한 생각과 행동을 통해 그 시대의 역사상을 풍부하게 할 뿐만 아니라 그를 토대로 근대에 대해 비판적으로 성찰할 수 있는 하나의 중요한 단서가 될 수 있다고 생각한다.

동학농민전쟁에 대한
역사교과서 서술 내용의 새로운 모색
–동아시아적 시각과 '나눔과 배려'의 정신을 중심으로

1. 머리말

1997년 교과부가 고시한 교육과정에 따르면 '한국근현대사' 과목은 "우리 민족의 가까운 과거를 정확히 앎으로써 당면한 과제를 바르게 처리할 수 있는 능력을 계발하고 신장시키기 위해" 설정된 것이다. 과목의 목적은 "우리 민족이 근현대의 세계 속에서 발휘해온 역량을 주체적 · 비판적으로 이해하고, 이를 토대로 하여 21세기 우리 민족사의 전개에 능동적으로 참여할 수 있는 자질을 기르도록 하는 데" 있음을 명시하고 있다. 또 역사학습의 궁극적인 목표에 대해서는 "단순한 역사적 지식의 습득이나 교훈을 얻는 데 그치는 것이 아니라, 과거에 대한 이해를 통해 현재를 바로 인식하고 미래를 올바르게 설계하는 데" 있음을 강조하고 있다.[1]

그러나 현행 고등학교 교과서의 동학농민전쟁에 관한 서술 내용이 이러한 교과목의 설정 이유나 목적, 역사학습의 궁극적 목표에 충실하게

---

1 「(교육부 고시 제 1997–15호) 고등 학교 교육 과정: 교과목별 교육과정 해설(사회과)」, p. 171.

부합하는 것인지에 대해서는 의문이 든다. 분류사적 구분(정치, 경제, 사회, 문화)과 시대별 구분(근대사회의 전개, 민족독립운동의 전개, 현대사회의 발전)을 혼합하여 설정한 〈내용체계〉를 보면 '동학농민운동'은 〈정치〉 영역의 〈근대사회의 전개〉 시대에 배치되어 있다. 〈근대사회의 전개〉 시대의 단원 내용은 크게 ①외세의 침략적 접근과 개항, ②개화운동과 근대적 개혁의 추진, ③구국민족운동의 전개, ④개항 이후의 경제와 사회, ⑤근대문물의 수용과 근대문화의 형성으로 구성되어 있다. ③구국민족운동의 전개에 포함된 동학농민전쟁에 대한 주제별 학습 내용은 "동학농민운동의 전개과정을 파악하고, 특히 2차 봉기가 일본의 침략을 물리치려는 구국민족운동의 성격을 띠었음을 이해하며, 비록 동학농민운동은 실패하였지만, 동학농민군의 잔여세력이 의병과 활빈당을 결성하여 반봉건·반침략의 투쟁을 계속하였음을 학습"한다는 점을 밝히고 있다.[2]

교과서의 서술 내용도 이러한 기조에서 마련된 집필 기준에 따라 서술되어 있다.[3] 이를 준거로 집필된 동학농민운동에 대한 교과서의 서

---

2 위와 같음, pp. 173-179. 동학농민전쟁에 대한 이해와 학습의 기본방향은 2004년 제정된 〈동학농민혁명 참여자 등의 명예회복에 관한 특별법〉과도 유사하다. 〈특별법〉 제1조 (목적)에는 "이 법은 봉건제도의 개혁과 일제의 침략으로부터 국권수호를 위한 동학농민혁명참여자의 애국애족정신을 기리고 이를 계승 발전시켜 민족정기를 선양하며, 동학농민혁명 참여자와 그 유족의 명예를 회복함을 목적으로 한다"고 되어 있다. 또 제2조, "동학농민혁명 참여자"를 정의하는 부분에서는 "1894년 3월에 봉건체제의 개혁을 위하여 1차로 봉기하고, 같은 해 9월에 일제의 침략으로부터 국권을 수호하고자 2차로 봉기하여 항일무장투쟁을 전개한 농민 중심의 혁명 참여자를 말한다"고 되어 있다.

3 교과부의 〈한국근현대사〉 집필 기준 가운데 동학농민전쟁에 관한 내용은 다음과 같다. ①개항 이후 지배층의 농민에 대한 압제와 수탈, 일본의 경제적 침탈이 심해짐에 따라 농촌 사회기 피폐되고 농민의 불만이 고조되는 가운데 동학이 널리 퍼져 갔음을 이해한다. ②동학농민운동의 전개과정을 고부민란, 1차 봉기, 집강소 설치, 2차 봉기, 공주 공방전 등으로 정리할 수 있다. ③동학농민군이 제시한 〈폐정 개혁 12조〉를 분석하여 동학농민운동이 반봉건적 사회개혁운동, 반침략적 항일민족운동임을 추론할 수 있다. ④동학농민운동이 실패한 후, 동학농민군의 잔여 세력이 을미의병 투쟁에 가담하고, 나중에는 활빈당을 결성하여 반봉건, 반침략의 민족운동을 계속하였음을 이해한다(「제7차 교육과정 사회과교육과정(한국근현대사) 서술지침」, 교육부).

술 내용의 골자는 다음과 같다. "조선사회의 부정과 부패, 열강의 침략과 농촌사회의 동요→동학농민운동 발발→왕조정부가 청에 원병 요청→톈진조약을 근거로 일본도 군대 파견→일본군의 경복궁 침범과 청일전쟁 승리/내정간섭/농민군 진압→침략 행위와 내정 간섭에 맞서 일본제국주의 몰아내기 위한 반외세 투쟁→일본에 의한 패배와 희생→이후 의병운동 등 구국운동으로 연결."

이러한 이해 자체는 역사적 사실에 비추어볼 때 크게 잘못된 것이 아니다.[4] 특히 강조되고 있는 외세의 침략에 대한 투쟁정신 역시 동학농민전쟁에서 얻을 수 있는 중요한 교훈임에 틀림없다. 그러나 전체적인 내용이 '반봉건·반침략'이라는 점에 치우쳐 설명되고 있으며, 일국사적 시야에 닫혀 있다. 국내외적 환경의 변화, 우리 사회가 당면한 새로운 과제들, 피학습자들이 '글로벌화'한 현대사회에서 이전과는 전혀 다른 환경 속에서 태어나고 자라났다는 점 등을 고려하여 기왕의 서술 기조를 재검토할 필요가 있다. 반침략 구국운동으로서의 의미는 여전히 유효한 바가 있지만, '글로벌화'한 현대사회의 국제관계 역시 이전에 비해 훨씬 복잡하게 얽혀 있다는 점을 고려할 때 서술 내용이 조정될 필요가 있다.[5] 무엇보다 학생들에게 정서적으로 납득되지 않는 서술 내용은 그저 암기의 대상으로 박제화하고 말 것이기 때문이다.

---

4 물론 최근 연구들에 비추어볼 때 사실관계 면에서도 크고 작은 문제들이 없지 않다. 예컨대 농민군 잔여 세력이 1896년 의병으로 연결되었다는 점에 대해서는 1896년 의병의 주요 참여층이 오히려 1894년에 수성군 혹은 민보군을 조직하여 농민군 진압에 가담하였던 세력이었다는 연구가 제출된 바 있다(이상찬, 「1896년 의병운동 통설에 대한 비판적 검토」, 『역사비평』 1998 겨울호).

5 아직도 우리에게는 정치적·사회적·경제적 민주화와 혁신이라는 과제, 과거사 공방, 독도 문제, 교과서 문제, 동북공정에서 드러나듯이 '외세의 침략'과 관련한 과제가 산재해 있다. 그러나 교과서에서 강조하는바 "침략에 저항하는 구국투쟁"이라는 단순 논리로는 이러한 과제에 대처할 수 없다. 국제질서나 국가 간 분쟁이나 갈등 양상은 복합적 요소에 규정되는 다층적 성격을 가지기 때문이다.

동학농민전쟁이 조선사회의 부정부패, 그리고 외세의 침략 행위에 반대하여 일어난 민중의 대규모 '반침략 반봉건' 투쟁이었음을 부정할 수 없는 사실이다. 그러나 동학농민전쟁은 많게는 수십만 명에 이르는 것으로 이해되기도 하는 대규모 희생자를 내며 약 1년간 지속되었다. 그 과정에서 보이는 농민군의 생각과 행동은 현대를 살아가는 우리에게도 시사해주는 바가 매우 크다. 한국 근현대사 교과목의 목표 가운데 명시되어 있는 바와 같이, 이러한 점들을 "주체적, 비판적으로 이해"한다면, 동학농민전쟁에는 현재를 바로 인식하고 미래를 올바르게 설계하는 데 도움을 줄 수 있는 중요한 역사적 경험 혹은 자산이 되기에 충분한 요소들이 다른 어떤 역사적 사건보다 많다고 생각한다.

이 글에서는 "우리 민족이 근현대의 세계 속에서 발휘해온 역량을 주체적, 비판적으로 이해"하게 한다는 근현대사 교육의 목적, "과거에 대한 이해를 통해 현재를 바로 인식하고 미래를 올바르게 설계"하는 데 있다고 밝힌 역사교육의 궁극적 목표에 유념하면서 "나눔과 배려의 정신", 그리고 동아시아적 시각의 확충이라는 점을 중심으로 동학농민전쟁의 새로운 서술 방향을 모색해보고자 한다.

2. 동학농민전쟁에 대한 또 하나의 이해

동학농민전쟁은 현재를 살아가는 우리에게는 기억되어야 할 구국운동이고, 반봉건 · 반침략 투쟁을 벌인 농민군들의 뜻은 이어받아야 할 숭고한 정신으로 이해되고 있다. 그러나 다른 한편 농민전쟁은 동학농민전쟁에 참여했던 사람은 물론 그 당시를 살아가던 민초들을 비롯한 모든 사람들에게 고통을 안긴 '난리'이기도 했다.

19세기에 들어 국가 기구의 수탈과 관리들의 탐학이 극심해지면서 백성들 사이에는 난리가 일어나기를 바라는 분위기가 팽배해 있었다. 이러한 분위기는 민란과 변란이 빈발하는 1860년대부터 현저해졌다. 이미 1862년의 농민항쟁 때도 사태의 추이를 관찰하던 충청도 유생 이단석(李丹石)은 '난민' 가운데 능력 있는 지휘자만 있다면 반드시 "불측(不測)한 변란(變亂)"이 일어날 것이라 진단하기도 하였다. 농민항쟁에서 분출되던 집단적 힘이 특정한 목적의식을 가진 인물에 의해 이용된다면 그것은, "불측한 변란", 곧 체제를 위협하는 정치적 변란으로 치달을 가능성이 있음을 걱정하고 있었던 것이다.[6] 황현(黃玹)도 1869년 민회행(閔晦行)이 광양에서 병란을 일으키고, 1871년 이필제(李弼濟)가 영해에서 병란을 일으켜 부사 이정(李炡)을 죽인 사건이 일어날 무렵의 민심에 대해 "극도로 동요되어 난리가 일어나기를 바라는 사람이 많았다"고 하였다.[7] 또 1881년 3월 출신(出身) 황재현(黃載顯)이 올린 상소문에서도 당시의 민심에 대해 "팔도 도백으로부터 360주 수령에 이르기까지 모두들 선치(善治)와 인정(仁政)의 소재를 모르고 오직 끊임없이 수탈하는 가혹한 행정으로 백성들에게서 뜯어내려고만 합니다. 온 나라 백성들이 모두 도탄에 빠져 있어서 '저 해는 언제 없어지려나, 내 차라리 저 해와 함께 죽겠다'는 말을 예사롭게 여길" 정도라고 하였다.[8]

교조신원운동이 일어나던 무렵에는 온 나라가 시끄러웠고 사람들 사이에 동요가 널리 퍼졌다. 동요 가운데는 "난리가 왜 일어나지 않는가",

6 壬戌民擾 (중략) 若有能指揮者數人在其中 必有不測之變 而究其由 則守宰之貪도 豪强之武斷 甚於塗炭 民不堪其患 雖百訴而無伸寃之處 則寧一死而得暴怨之意也 起若衆狗吠聲聚若群蟲 成雷勢(李丹石,「時聞記」壬戌 夏,『총서』 2, p. 161).

7 黃玹 著, 金濬 譯,『梅泉野錄』, p. 204 및 p. 209.

8 『승정원일기』, 고종 18년 3월 23일.

혹은 장탄식을 하며 "무슨 좋은 운수라야 난리를 볼 수 있을까"라는 내용이 들어 있었다.[9] 당시 한국에 거류하던 한 서양인은 "나라 안에 불평들이 노골화되고 혁명이 일어날지 모른다는 소문이 유럽 거류민 가운데 돌고 있었다"라고 하였다.[10] 오지영(吳知泳)은 관리들의 수탈이 극심해진 1894년 직전의 민심에 대해 "조선 각지의 백성들은 (중략) 말끝마다 이 나라는 망(亡)한다. 꼭 망(亡)하여야 옳다. 어찌 얼른 망(亡)치 않는고 하며 날마다 망국가(亡國歌)를 일삼았다"고 하였다.[11] 이른바 "사발통문 거사계획"에도 난망(亂亡)을 구가하던 당시 민중의 분위기가 다음과 같이 기록되어 있다.

右와 如히 檄文를 四方에 飛傳ᄒ니 物論이 昇沸ᄒ얏다. 每日亂亡를 謳歌ᄒ던 民衆드른 處處에 모여서 말ᄒ되 「낫네 낫서 亂離ᄀ 낫서」「에 이 참 줄되얏지 그양 이딕로 지닉서야 百姓이 흔사람이ᄂ 어딕 ᄂ머 잇겟ᄂ」ᄒ며 期日이 오기ᄆ 기다리더ᄅ[12]

'난리'를 바라는 사람들로 가득 찬 세상, 19세기 후반의 조선사회가 그러했다. 동학농민전쟁은 인정을 외면하고 탐학을 일삼는 국가 기구의 수탈과 탐관오리들의 부정부패를 '참고 또 참다' 더 이상 견딜 수 없어 일어난 '대반란'이었다. 공주 일대에서 농민군의 후손들에게는 당시 농민들이 부패하고 부정한 세상, 자신들을 억압하고 수탈하는 세상을 "하

9 「梧下記聞」, 首筆, p. 38.

10 한국교회사연구소 역주, 「뮈텔주교일기」1, 1891년 11월 6일조.

11 오지영, 「東學史」「東學思想資料集」貳(아세아문화사), p. 456.

12 「전봉준자료집」「나라사랑」15, 1974, pp. 134-135.

늘과 땅을 맷돌 삼아 갈아 엎어버리고 싶은" 심정, "난리(전쟁)나 벌어졌으면 좋겠다"는 심정에서 동학농민전쟁에 가담하였다는 이야기가 전승되어 온다고 한다.[13]

그렇다면 민중이 이와 같이 '난리'가 일어나기를 바라는 마음을 갖게 되고 또 '난리'를 일으키게 된 것은 무엇 때문인가? 그에 대한 농민군들의 인식은 〈무장포고문〉에 잘 드러나 있다.

오늘날 신하된 자들은 報國할 생각은 하지 않고 한갓 벼슬자리만 탐내며 (국왕의) 총명을 가린 채 아첨을 일삼아 충성스러운 선비의 간언을 妖言이라 하고 정직한 사람을 匪徒라 일컫는다. 그리하여 안으로는 輔國하는 인재가 없고 밖으로는 백성들을 수탈하는 관리들만 득실대어 人民들의 마음은 날로 더욱 어그러져서 들어와서는 즐겁게 살아갈 생업이 없고 나가서는 제 한 몸 간수할 방책이 없다. 虐政은 날로 더해지고 원성이 이어지고, 군신의 의리와 부자의 윤리와 상하의 분별이 드디어 무너져 남아 있는 것이 없다. 管子가 말하기를 "四維[禮義廉恥]가 베풀어지지 않으면 나라가 곧 망한다"고 하였다. 바야흐로 지금의 형세는 옛날보다 더욱 심하다. 公卿으로부터 方伯守令에 이르기까지 국가의 위태로움을 생각하지 않고, 단지 남몰래 자신을 살찌우고 제 집을 윤택하게 하는 계책만 생각하여 벼슬아치를 뽑는 일을 재물이 생기는 길로 여기며, 과거 보는 장소를 온통 사고파는 장터로 만들었다. 허다한 재화와 뇌물이 국고로 들어가지 않고 도리어 개인의 창고를 채우고 있다. 국가에는 쌓인 부채가 있는데도 갚을 방도를 생각하지 않고, 교만하고 사치하며 음탕하게 노는 데 거리낌이 없

---

13 이러한 분위기는 공주 출신의 시인 신동엽이 쓴 〈금강〉의 다음과 같은 구절에도 반영되어 있다. "가는 곳마다/정자나무 밑 모여 앉아/농민들은 긴 한숨 쉬었다.// 에이 쌍,/하늘과 땅/맷돌질이나 해라!"

어서 온 나라가 어육이 되고 만백성이 도탄에 빠졌다. 참으로 지방관들의 탐학 때문이다. 어찌 백성들이 곤궁하지 않을 수 있겠는가. 백성은 나라의 근본이다. 근본이 약해지면 나라가 멸망한다. 그런데도 보국안민의 방책을 생각지 않고 시골에 저택이나 짓고 오직 저 혼자서 살 길만 도모하면서 벼슬자리만 도적질하니 어찌 올바른 도리이겠는가. 우리들은 비록 草野의 遺民이지만 임금의 땅에서 농사지어 먹고 임금이 준 옷을 입고 살아가고 있으니 국가의 危亡을 坐視할 수 없어서, 온 나라 사람들이 마음을 합치고 億兆蒼生이 詢議하여 지금 義의 깃발을 치켜들고 '保國安民'을 생사의 맹세로 삼았다.[14]

농민군들은 자신들이 거의(擧義)한 이유를 관리들의 부정부패와 그로 인해 인정이 붕괴되고 학정이 득세하는 현실, 사회적 문란상 등을 지적하고 있다. 또한 인정이 외면되고 수탈과 학정이 횡행하면서 나라의 근본인 농민들이 곤궁에 빠지고 국가는 위기에 처하게 하였다는 것이다. 이런 상황에서 자신들은 비록 초야의 유민(遺民)이지만 임금의 땅에서 농사지어 먹고 임금이 준 옷을 입고 살아가는 사람, 곧 왕민(王民)의 입장에서 국가의 위기를 좌시할 수 없기 때문에 '보국안민(保國安民)'을 위해 목숨을 걸고 일어났음을 밝히고 있다. 이러한 인식에 근거하여 농민군은 전주화약에 앞선 5월 4일 양호초토사 홍계훈(洪啓薰)에게 제시한 〈소지(所志)〉에서는 "탐관이 비록 학정(虐政)을 하지만 나라에서는 듣지 못하"여 "백성들이 보존하기 어려운 상황에서", "탐관들을 하나하나 베어 없애는" 행위가 어찌하여 잘못된 행위인지를 반문하

14 「隨錄」茂長縣謄上東學人布告文, 『東學農民戰爭史料叢書』(이하 『총서』) 5, pp. 157−159; 「茂長布告文」, 『東學亂記錄』上, pp. 142−143; 「梧下記聞」, 『총서』1, pp. 52−54.

고 있었다.[15] 여기서 우리는 농민군들 스스로가 자신들은 나라의 근본인 王民이기에 인정(仁政) 혹은 덕치(德治)의 세례를 받는 것이 당연하다는 점, 탐관들이 인정을 배반하고 학정을 일삼지만 나라에서 그를 바로잡지 못하므로 국왕을 대신하여 자신들이 직접 탐관오리의 제거하는 행위가 정당하다는 의식이 획득되어 있었음이 보인다.

발발 이후 농민군들의 격문류 등을 통해 볼 때 농민군의 행동 근저에는 국왕을 제외한 중앙집권세력 이하 방백수령이 이르기까지 인정을 배반한 모든 관리들을 역적으로 규정하고 이들을 스스로 제거한다는, 그리고 그를 위해서는 인정이 회복될 때까지 기왕의 지배질서를 일시적으로 부정해버리는 급진적 의식이 자리 잡고 있었던 것이다.[16]

그 결과 발발한 '난리'는 엄청난 고통과 피해를 가져왔다. 모든 사회구성원, 특히 가난하고 억압받던 민중의 고통과 피해는 막대했다. 농민군들은 물론이고 동학농민전쟁에 참여하지 않았던 민초들도 감내하기 어려운 고통의 세월을 견뎌내야 했다. 새로운 세상을 향한 민중의 염원은 1894년 한 해 동안 한반도 거의 전역에서 불타올랐다. 그 과정에서 많게는 수십만 명으로 추정되는 많은 사람이 희생되었다. 국왕 이하 관리나 양반 지주들도 불안에 떨어야 했고, 나아가 죽거나 고통을 당했다. 또한 전봉준 스스로 밝혔듯이 동학농민전쟁은 "생각지도 않게 오늘 중국과 일본이 조선에서 전쟁을 벌이게 되는 실마리가 되는", "천추의 유감"을 남기기도 했다.[17]

15 「兩湖招討謄錄」, 『총서』 6, pp. 66-67. 「兩湖招討謄錄」, 『東學亂記錄』 上, p 207.

16 동학농민군의 정치의식에 대해서는 배항섭, 「19세기 지배질서의 변화와 정치문화의 변용 —仁政 願望의 향방을 중심으로」, 『한국사학보』 39, 2010 참조.

17 「日淸交戰錄」 12, 明治 27年(1894) 10月 16日, 『총서』 25, p. 234.

그렇다고 동학농민전쟁을 일으키지 말아야 했다는 것은 결코 아니다. 정직하지 않은 사회, 부패한 사회, 억압과 차별이 횡행하는 사회는 사회 구성원 모두의 고통과 피해를 초래한다는 사실을 분명히 확인해두자는 것이다. 이러한 이해는 "우리 민족이 근현대의 세계 속에서 발휘해온 역량을 주체적, 비판적으로 이해"하게 한다는 근현대사 교육의 목적, "과거에 대한 이해를 통해 현재를 바로 인식하고 미래를 올바르게 설계"하는 데 역사교육의 궁극적 목표를 온전히 체현하기 위해서도 필요하다. 이에 비추어 보더라도 동학농민전쟁이 가지는 또 하나의 의미로서 "부정하고 부패한 사회는 모든 사람에게 감내하기 어려운 고통과 파탄을 초래한다"는 사실은 동학농민전쟁이 주는 중요한 역사적 교훈 가운데 하나로 학습되어야 마땅할 것이다.

한편 부정과 부패, 인정을 방기한 학정, 억압과 차별에 반대하여 일어선 동학농민군은 새로운 세상을 만들기 위한 자신들의 염원을 담은 다양한 생각과 행동을 보여주었다. 여기서는 그 가운데 '나눔과 배려'의 정신을 중심으로 그 의미를 되새겨보고자 한다.

3. 동학농민군이 체현한 '나눔과 배려'의 정신

1) 2009년 개정 교과과정의 변화: '나눔과 배려'의 강조

최근 월스트리트 시위와 그 확산 과정에서도 볼 수 있듯이 사회 양극화는 80:20이 아니라 99:1이라는 말이 과언이 아닐 정도로 심각한 상황을 향해 치닫고 있다. 전 세계를 압도하고 있는 신자유주의는 극단적 양극화를 향해 브레이크 없이 폭주하고 있다. 한국 사회의 현실 역시 이로부터 자유롭지 못하다. 이 점에서 현 정부에 들어 개편한 중고등학교 교육과정의 기본목표에 이전의 교육과정에서는 전혀 언급되지 않던 '나눔과 배려'가 강조된 점은 주목되는 변화이다.[18]

제7차 교육과정까지만 하여도 교육과정의 기본목표에는 '나눔과 배려'에 관한 언급이 전혀 없었다. 제7차 교육과정에 명시된 "추구하는 인간상"의 내용은 다음과 같다.

우리나라의 교육은 홍익인간의 이념 아래 모든 국민으로 하여금 인격을 도야하고, 자주적 생활 능력과 민주 시민으로서 필요한 자질을 갖추게 하여 인간다운 삶을 영위하게 하고, 민주 국가의 발전과 인류 공영의 이상을 실현하는 데 이바지하게 함을 목적으로 하고 있다. 이러한 교육 이념을 바탕으로, 이 교육과정이 추구하는 인간상은 다음과 같다.

가. 전인적 성장의 기반 위에 개성을 추구하는 사람
나. 기초 능력을 바탕으로 창의적인 능력을 발휘하는 사람
다. 폭넓은 교양을 바탕으로 진로를 개척하는 사람
라. 우리 문화에 대한 이해의 토대 위에 새로운 가치를 창조하는 사람
마. 민주 시민 의식을 기초로 공동체의 발전에 공헌하는 사람[19]

---

18 고등학교 교육과정 개정의 방향에 대해 "2009 개정 교육과정의 주된 방향은 학생의 지나친 학습 부담을 감축하고, 학습 흥미를 유발하며, 단편적 지식·이해 교육이 아닌 학습하는 능력을 기르도록 하고, 지나친 암기 중심 교육에서 배려와 나눔을 실천하는 창의 인재를 양성하는 교육으로의 변화를 추구하는 것이다"고 하였다(「교육과학기술부 고시 제 2009-41호에 따른 고등학교 교육과정 해설: 총론」, 2009, 교육과학기술부, pp. 18-19).

19 「제7차 고등학교 교육과정 해설: 총론」, p. 103.

2007년에 들어 교육과정의 일부를 개정하였지만, "추구하는 인간상"은 1997년에 마련된 제7차 교육과정의 그것과 완전히 동일하다.[20] 그러다가 현정부에 들어 이루어진 2009년의 '개정 교육과정'에서는 "추구하는 인간상" 면에서 주목할 만한 변화가 있다.

가. 전인적 성장의 기반 위에 개성의 발달과 진로를 개척하는 사람
나. 기초 능력의 바탕 위에 새로운 발상과 도전으로 창의성을 발휘하는 사람
다. 문화적 소양과 다원적 가치에 대한 이해를 바탕으로 품격 있는 삶을 영위하는 사람
라. 세계와 소통하는 시민으로서 배려와 나눔의 정신으로 공동체 발전에 참여하는 사람[21]

2009년에는 그 이전 교육과정의 다)항이 삭제되었고, 다)항에서는 그 이전까지 언급되어온 "우리 문화에 대한 이해"라는 구절 가운데 "우리"가 빠지는 한편 "다원적 가치에 대한 이해"가 들어갔다. 라)항에서는 "민주시민 의식"이 "세계와 소통하는 시민"으로 바뀌었고, "배려와 나눔의 정신"이 들어갔다. 이 가운데 다)항에서 "다원적 가치"를 강조한 것은 2000년대에 들어 급격히 늘어난 외국인 노동자나 다문화 가정 문제를 고려한 것으로 보인다.[22]

---

20 「교육인적자원부 고시 제2007-79호에 따른 고등학교 교육과정 해설: 총론」, 2008, 교육과학기술부, p. 220, 224.

21 「교육과학기술부 고시 제 2009-41호에 따른 고등학교 교육과정 해설: 총론」, 2009, 교육과학기술부, p. 20.

22 개정 교과과정에서 추구하는 인간상의 하나로 〈자주 창의 문화 세계인〉을 들고 있다. 구체적인 내

이글에서 주목하고자 하는 부분은 '배려와 나눔'에 대해 강조한 점이다. 추구해야 할 인간상과 관련하여 '배려와 나눔'을 강조하는 구체적인 이유는 다음과 같다.

> 라. 세계와 소통하는 시민으로서 배려와 나눔의 정신으로 공동체 발전에 참여하
>   는 사람
>   세계 시민으로서 우리가 누려야 할 것을 당당하게 누림과 동시에 지구 공동
> 체의 문제 해결에 적극적으로 참여하고, 인류의 발전을 위해 배려와 나눔을 실
> 천하는 태도를 길러야 한다. 우리나라가 점차 발전하여 선진국 대열에 올라서게
> 되면, 이러한 지구촌 공동체를 대상으로 하는 배려와 나눔의 자세는 더욱 필요
> 하게 될 것이다.[23]

세계시민으로서, 또 선진국민으로서의 자질 향상을 위해 "배려와 나눔의 자세"가 필요하다는 점을 강조하고 있지만, 신자유주의의 쇄도에 따라 사회적 양극화가 심해지면서 사회적 갈등과 불안이 고조되어 가는 현실을 반영한 것이라 생각된다. 의도가 어쨌든 '배려와 나눔'을 명시적으로 거론하며 강조한 점은 "세계와 소통하는 시민", "다원적 가치"에 대한 강조와 더불어 사회 현실을 반영하는 주목할 만한 변화인 것으로 판

용은 다음과 같다. "다. 문화적 소양과 다원적 가치에 대한 이해를 바탕으로 품격 있는 삶을 영위하
는 사람: 미래사회에서 추구해야 할 바람직한 삶의 모습은 경제적 풍요를 누리는 것뿐만 아니라, 학
생 각자가 다양한 문화에 대한 감수성을 바탕으로 풍부한 학습 경험을 통해 문화적 소양을 갖추고 향
유하는 것이다. 우리 문화에 대해 올바로 이해하고 향유하며, 다양한 문화의 세계를 경험하며, 우리
문화뿐만 아니라 세계 여러 나라의 다양한 문화를 이해하고 교류할 수 있어야 할 것이다"(「교육과학
기술부 고시 제 2009-41호에 따른 고등학교 교육과정 해설: 총론」, 2009, 교육과학기술부, p.
20). 이 역시 다문화 가정의 증가 등의 현상과 관련이 있는 것으로 보인다.
23 「교육과학기술부 고시 제 2009-41호에 따른 고등학교 교육과정 해설: 총론」, 2009, 교육과학기술
부, p. 24.

단된다. '근대'를 향해 돌진하는 단선적 발전사관이나 일국사적 인식틀에 구속되어 있던 기왕의 서술 기조를 넘어설 수 있는 가능성을 내포하고 있기 때문이다.

'나눔과 배려'에 대한 강조라는 새로운 서술기조를 고려할 때 동학농민전쟁은 더욱 중요한 의미가 있으며, 그 의미를 적극적으로 드러내는 서술이 요청된다. 우리 역사 속에서 '나눔과 배려'의 정신을 가장 잘 드러낸 사건이 동학농민전쟁이었기 때문이다.

2) 동학농민전쟁에서 보이는 '나눔과 배려'의 정신

동학농민전쟁은 부패하고 탐욕스러운 지배층의 억압과 수탈에 맞선 투쟁, 외세의 침략 행위에 저항한 투쟁이기 전에 민중이 추구하는 "사람답게 살 수 있는 세상"을 건설하기 위한 민중의 몸부림이었다. 민중은 지배체제나 사회구조, 지배 이데올로기로부터 완전히 자유로운 존재는 아니었지만, 지배체제나 지배 이데올로기에 규정되면서도 거듭되는 일상생활 속에서 독자적인 문화를 형성해 나가고 있었다.[24] 동학농민전쟁에서도 이러한 사정은 마찬가지였다. 여기서는 동학농민전쟁 당시 농민군이 보여준 '나눔과 배려'의 정신을 민중의식 내지 민중문화의 독자성이라는 맥락에서 살펴보고자 한다.

1860년에 창도된 동학은 교조 최제우의 처형과 이어진 가혹한 탄압 속에서도 꾸준히 포교가 이루어졌으며, 1890년 무렵부터 입도자들이 급증하였다. 그 중요한 요인 가운데 하나는 동학교도들 간에 사회적 평등주의와 경제적 균산주의(均産主義)가 실천되고 있었다는 데서 찾을 수 있

---

24 배항섭, 「근대이행기의 민중의식: '근대'와'반근대'의 너머」 『역사문제연구』 23, 2010.

다. 동학이 계급과 신분의 상하귀천, 노소를 구별하지 않았다는 사실은 잘 알려져 있다. 또 교도들은 빈부 간에 유무상자(有無相資)를 실천하고 있었다. 전 사간(司諫) 권봉희(權鳳熙)는 동학교도의 수가 날로 증가하는 것은 지방관의 탐학이 더욱 심해지기 때문임과 동시에 내 것과 네 것의 구분 없이 돈과 곡식을 나누어주기 때문이라고 하였다.[25] 실제로 동학교단에서도 가진 자와 없는 자 간에 서로 도와준다는 의미의 '유무상자'를 중요한 덕목으로 강조하고 있었다.[26] 신분 구별을 하지 않았고 빈부 간에 서로 나눔을 실천하였다는 사실은 이 무렵 입도한 교도들 사이에 '사회적 평등주의'와 '경제적 균산주의'가 실현되는 세상, 곧 일종의 '민중적' 이상사회를 향한 염원이 깔려 있었음을 시사하지만, 여기서 주목하고자 하는 점은 무엇보다 동학교도들 간에 일찍부터 '나눔의 문화'가 실현되고 있었다는 사실이다.

동학농민전쟁의 전개과정에서 보여준 농민군의 행동이나 그들의 규율 등에도 '나눔과 배려'의 정신이 잘 드러나고 있었다.[27] 동학농민전쟁 발발 이후 농민군들은 엄격한 규율을 유지하고자 노력하였고, 이러한 노력은 폭넓은 호응을 불러 일으켰다. 이에 대해 황현은 다음과 같이 기록하고 있다.

성이 함락되었다는 보고가 날마다 날아들기는 했지만, 사실 적은 한 번도 성을 포위·공격한 적이 없었다. 적은 가는 곳마다 관청의 건물을 파괴

---

25 「聚語」『東學亂記錄』上, p. 107.

26 『天道敎會史草稿』, p. 435, 436, 444; 崔承熙, 1981, 「書院(儒林)勢力의 東學 排斥運動 小考」『韓㳰劤博士停年紀念史學論叢』 참조.

27 동학농민군의 행동과 지향에 대해서는 배항섭, 「제1차 동학농민전쟁 시기 농민군의 행동 양태와 지향」, 『한국근현대사연구』 21, 2002 참조.

하고 문서와 장부를 불태우고 군기를 훔치고 관청의 재물을 약탈하였다. 수령을 잡으면 바로 죽이지 않고 잡아 가두고 치욕을 주었다. 한편으로 구실아치에 대해서는 죽이지는 않고 볼기를 치고 주리를 트는 형벌을 가하였다. 그러나 일반 백성들에게는 먹을 것과 짚신을 요구할 뿐 부녀자나 재물을 약탈하지 않았다. 이런 까닭에 이들을 추종하는 사람들이 날로 늘어나 적의 기세가 점점 커졌다.[28]

농민군 진영에서는 조금이라도 양민의 재산을 탐하거나 부녀자를 겁간하는 일이 있으면 당장 체포하여 중병(衆兵)이 보는 앞에서 효수하여 본보기로 삼았다.[29] 필요한 잡화를 살 때도 그 대금을 부족함이 없이 지불하는 등 가난하고 약한 자들을 억압하거나 약탈하는 일이 조금도 없었다. 이 때문에 갑자기 농민군이 지나가는 곳에서는 물가가 올랐고 상인들도 모두 농민군을 환영하는 실정이었다.[30] 농민군의 엄정한 군기가 일반 농민과 상인 등으로부터 호응을 얻는 중요한 단서가 되고 있었음을 보여준다.

제1차 기포(起包) 당시 농민군의 행동 양태에서 가장 두드러진 점은 농민들로부터 부당하게 빼앗아간 관곡(官穀)이나 부자들의 재물을 탈취하여 그것을 빈민들에게 나누어준 점이다.[31] 이러한 농민군들의 행동은

---

28 「梧下記聞」, 「총서」1, pp. 54-55.

29 「萬朝報」, 明治 27年 6月 21日, 「총서」22, p. 461.

30 「大阪朝日新聞」, 明治 27年 5月 26日, 「총서」23, p. 9 참조. 또 간신탐리의 침학을 두려워하여 남는 재물은 낭비하여버리는 태도까지 보이고 있던 농공상민들은 농민군이 일어나자 오히려 기뻐하였다는 일본 측의 기록도 있다(「內亂實記 朝鮮事件」, 「총서」25, p. 191).

31 「駐韓日本公使館記錄」1, p. 10; 「東京日日新聞」, 明治 27年 5月 29日, 「총서」22, p. 352; 「大阪朝日新聞」, 明治 27年 5月 31日, 「총서」23, p. 12; 「甲午朝鮮內亂始末」, 「총서」25, p. 137.

"소수인이 부를 독차지해서는 안 된다"는 생각에서 나온 것이며, 부자들에게서 빼앗은 쌀을 헐값으로 빈민에게 판매하거나 부자들에게도 헐값으로 쌀을 팔라고 강요하였다.[32] 농민군은 "부호자(富豪者)로부터 재곡(財穀)을 강탈하여 빈곤자(貧困者)를 진휼하고 혹은 약탈한 미곡을 시가에 비하여 5~6할 염가로 방매하"기도 하였다.[33] 또 오직 관물(官物)과 가난한 사람들의 고혈을 짜서 치부한 부자들의 재물만 빼앗을 뿐 양민을 전혀 괴롭히지 않아서 의적(義賊)의 면모를 보여주었다.[34] 이러한 탓에 일본 공사관 측에서는 인민들이 농민군을 의군(義軍)으로 여겨 내심 찬미하는 분위기라고 하였다.[35] 이러한 모습은 '경제적 균산주의'의 표현이면서, 동시에 억강부약(抑强扶弱)의 논리와도 통하는 '나눔과 배려'의 정신을 잘 보여주는 행동들이었다.

3) 농민군의 행동준칙에서 보이는 '나눔과 배려' 정신

동학농민전쟁 전개과정에서 농민군들의 '나눔과 배려'의 정신이 가장 잘 드러나는 대목은 농민군들이 영광에 주둔하던 4월 12~16일 사이에 발포한 대적시 약속 4항(對敵時 約束 4項) 12조 계군호령(12條 戒軍號令)이다.[36] 영광에 주둔해 있던 농민군은 5리마다 복병을 두었으며, 30리 거

---

32 『駐韓日本公使館記錄』3, pp. 214-215; 「東京日日新聞」, 明治 27年 8月 5日, 『총서』22, p. 509.

33 『駐韓日本公使館記錄』3, p. 210.

34 「大阪朝日新聞」, 明治 27年 5月 26日, 『총서』23, p. 9.

35 『駐韓日本公使館記錄』3, p. 215.

36 4개항의 약속과 12개조의 계군호령(戒軍號令)이 나온 시점이나 장소에 대해서는 3월 29일~4월 4일 사이(鄭昌烈, 「甲午農民戰爭硏究」, 延世大學校 博士學位論文, 1991, p. 140), 혹은 3월 25일 〈4個名義〉를 게시하였다는 鄭喬의 「大韓季年史」를 인용하여 3월 27일경 개최된 것으로

리를 두고 2,500명씩 배치하였다. 농민군의 수는 날마다 불어나 하루에 늘어나는 수가 수천 명이나 된다고 할 정도였다. 영광에 주둔할 무렵에는 농민군의 수는 무장기포 당시의 3배 이상인 12,000~14,000명에 이르렀다. 또 이 무렵부터 농민군 가운데는 지배층의 탐묵과 학정을 더 이상 견딜 수 없어 가담한 자들 이외에도 불평을 품은 자, 동학이라는 이름에 현혹되어 입당한 자, 각지의 무뢰배 등이 몰려들기 시작했다.[37] 이에 따라 농민군 지도부는 영광에서 농민군의 행동을 단속하기 위해 두 종류의 행동준칙을 내렸다. 그 내용은 다음과 같다.

〈對敵時 約束 4項〉

1. 每於對敵之時 兵不血刀而勝者 爲首功(매번 대적할 때 병사가 칼에 피를 묻히지 않고 이기는 것을 최고의 공으로 삼는다)

이해한 이른바 "백산대회" 때(愼鏞廈, 『동학과 갑오농민전쟁연구』, 1993, p. 154)인 것으로 파악하여 왔다. 그러나 『朝鮮暴動實記』에는 '靈光賊營의 軍令狀과 戒軍令'이라는 소제목 하에 소개되어 있다(『총서』 25, p. 204). 또 『駐韓日本公使館記錄』에는 영광으로 간 농민군의 동태를 보고하는 4월 16일자 전라감사의 전보 내용과 함께 소개되어 있고(『駐韓日本公使館記錄』 1, p. 19), 『東匪討錄』에도 4월 21일에 4월 19일 도착한 영광군수의 보고 내용에 의거하여 농민군의 영광 공략 소식을 정부에 전하는 假都事의 전보에 이어 〈偵探記〉라는 별도의 항목으로 소개하고 있다(『韓國民衆運動史資料大系-1894年의 農民戰爭編 1』, p. 319-320). 『東京朝日新聞』에도 농민군이 한양호를 공격한 기사와 영광의 농민군에 대한 기사와 함께 싣고 있고(『東京朝日新聞』, 明治 27年 6月 3日, 『총서』 22, p. 352), 『甲午朝鮮內亂始末』에는 이러한 군호와 계문이 내려진 시점에 농민군이 무장 영광 지역에 주둔해 있다고 하였다(『총서』 25, p. 120). 다만 『續陰晴史』에는 4월 27일 농민군의 전주성 점령 사실에 이어 소개되고 있다(『續陰晴史』 上, p. 311). 이러한 기록으로 미루어볼 때 4개항의 약속과 12개조의 계군후령(戒軍號令)은 농민군이 영광을 점령하는 무렵 농민군의 수가 크게 늘어나자 내부 규율을 강화할 필요에서 내놓은 것으로 보인다. 『万報朝』에는 이 가운데 4개 항의 약속이 무장에서 정한 규율인 듯이 밝히고 있으나, 이때 농민군이 매 20리마다 1천여 명씩 주둔해 있었다고 한 기사로 미루어볼 때 역시 영광에서 정한 사실을 오보한 것으로 보인다(『万朝報』, 明治 27年 6月 5日, pp. 397-398).

37 제1차 동학농민전쟁의 전개과정에 대해서는 배항섭, 「제1차 동학농민전쟁 시기 농민군의 진격로와 활동 양상」, 『동학연구』 11, 2002 참조.

2. 雖不得已戰 切勿傷命 爲貴(부득이 전투를 하더라도 절대로 인명을 살상하지 않는 것을 귀하게 여긴다)

3. 每於行進所過之時 切勿害人物(매번 행진하여 지나갈 때 다른 사람의 재산을 해치지 않는다)

4. 孝悌忠信人所居之村 十里內勿爲屯住(孝·悌·忠·信한 사람이 사는 촌락으로부터 10리 이내에는 주둔하지 않는다)

〈12條 戒軍號令〉

1. 降者受待(항복한 자는 받아들여 대우해준다)

2. 困者救濟(곤경에 처한 자는 구제해준다)

3. 貪者逐之(탐묵한 관리는 쫓아낸다)

4. 順者敬服(공순한 사람에게는 敬服한다)

5. 走者勿追(도망가는 자는 추격하지 않는다)

6. 飢者饋之(배고픈 자에게는 음식을 먹인다)

7. 奸猾息之(간활한 자는 그 짓을 못하게 한다)

8. 貧者賑恤(가난한 자는 진휼한다)

9. 不忠除之(불충한 자는 제거한다)

10. 逆者曉諭(거역하는 자에게는 효유한다)

11. 病者給藥(병든 자에게는 약을 준다)

12. 不孝殺之(불효한 자는 죽인다)

위의 조항은 우리들이 擧行하는 근본이다. 만약 명령을 어기는 자가 있으면 地獄에 가둘 것이다.[38]

---

38 『續陰晴史』上, p. 311; 「東匪討錄」, pp. 319-320; 『駐韓日本公使館記錄』1, p. 19; 「朝

〈약속 4항〉에서는 인명을 중시하는 내용(1, 2항)이 주목되며, 〈12개조 계군호령〉에서는 부정하고 탐학한 자들에 대한 경계(3, 7, 9, 10), 그리고 가난하고 약한 자들에 대한 인본주의적 배려(1, 2, 5, 6, 8, 11)가 두드러지게 눈에 띈다.

〈12개조 계군호령〉 말미에는 "위의 조항은 우리들이 거행(擧行)하는 근본이다. 만약 명령을 어기는 자가 있으면 지옥(地獄)에 가둘 것이다"고 부기하여 행동 규율에 대한 강고한 의지를 천명하였다. 규율을 어긴 농민군에 대한 처벌에서도 인명을 함부로 살상하지 않은 점은 마찬가지였다. 규율 위반에 대한 처벌이 죽임으로까지 가는 사례는 드물었다. 상대적으로 "과격한" 행동을 보였던 김개남이 1894년 8월 25일 휘하의 농민군 한 명이 오수찰방의 사무실에 들어가 은가락지를 빼앗은 사실이 확인되자 즉시 목을 베어 막대기에 매달고 행렬 앞에 세워 농민군을 경계한 사실 등[39] 그 사례를 찾기 어렵다. 이러한 사실은 농민군들이 규율을 엄격하게 지켰음을 보여주는 것이기도 하지만, 극단적인 규율 위반이 아닐 경우 "처형"하지는 않았음을 보여주는 것으로 역시 농민군이 가지고 있던 인명 존중 의식을 드러내는 것이라 생각한다.

실제로 동학농민전쟁을 다른 나라의 유사한 민중운동과 비교할 때 두드러진 특징 가운데 하나가 적대적인 위치에 있던 사람들의 인명도 함부로 살상하지 않았다는 사실이다. 구체적인 수치를 확인할 길은 없

鮮暴動實記」, 『총서』 25, p. 202 및 204; 「東京朝日新聞」, 明治 27年 6月 3日, 『총서』 22, p. 352; 「万朝報」, 明治 27年 6月 5日, pp. 397-398; 「大阪朝日新聞」, 明治 27年 6月 3日, 『총서』 23, p. 17; 「內亂實記 朝鮮事件」, 『총서』 25, p. 191. 「甲午朝鮮內亂始末」에는 동도대장의 계칙 가운데 2개조가 소개되어 있다(『총서』 25, p. 120). 또 「大阪朝日新聞」과 「万朝報」에서는 12개조의 계군호령이 12개의 군기(軍旗)에 쓰여 있다고 하였다.

39 「梧下記聞」 『叢書』 1, 210쪽.

지만, 10월 17일 김개남이 백성들에게 성을 탈취하라 부추겼으며, 운봉의 박봉양에게도 사람을 보내어 남원의 김개남 부대를 협공하자고 밀계를 꾸몄던 남원 부사 이용헌을 전주에서 체포하여 처단한 사실,[40] 4월 25일 전주를 향해 진군하던 농민군들이 원평에서 국왕의 효유문을 가지고 온 이효응과 배은환을 살해한 사실[41] 이외에는 농민군들이 관리들이나 양반지주들을 직접 처단한 사례가 거의 없다. 이러한 사실은 중국의 태평천국운동이나 서구 중세의 민중운동과 크게 비교되는 점이다.

태평천국군이 기의(起義)한 날은 1850년 1월 11일이었다.[42] 배상제회 교도들은 홍수전의 38세 생일이기도 한 이날 금전촌 서우령(犀牛嶺) 고영반(古營盤)에 모여 "삼가 만수기의를 경축하여 태평천국 원년이라 부른다"고 하였다. 기의 후 홍수전은 〈군기오조(軍紀五條)〉를 반포하였다. 그 내용은 ①명령을 준수한다, ②남녀를 구분한다, ③군령을 추호라도 범하지 않는다, ④공정한 마음으로 화목하며 수령과의 약속을 준수한다, ⑤합심협력하여 싸움에서 퇴각하지 않는다는 것 등이다. 이에 따라 태평천국군도, 특히 1853년 3월 남경을 점령하기 전까지는 엄격한 군기를 유지하였던 것으로 이해되고 있다. 그러나 〈군기오조〉에도 인명 살상을 경계하는 내용은 없다. 실제로 태평천국군 지도부에서도 일반 백성에 대해서는 상하게 하지 말 것을 지시했다. 그러나 황제를 비롯한 모든 만주족과 관병, 관리들은 요마(妖魔)로 규정되었으며, 그들에 대해서는 남

---

40 「梧下記聞」「叢書」1, 257쪽.

41 「兩湖招討謄錄」「叢書」6, 61쪽.

42 조병한 편저, 『태평천국과 중국의 농민운동』, 인간, 1981, p. 73, 221; 김성찬, 「태평천국과 염군」, 『강좌중국사V』, 1989, p. 91; 조너선 D. 스펜스, 양휘웅 옮김, 『신의 아들: 홍수전과 태평천국』, 이산, 2006, p. 227.

기지 말고 죽일 것을 지시하였다.[43]

태평천국군은 전투과정에서 많은 사람들을 죽였다. 특히 남경으로 향해 진군하던 중인 1852년 6월 3일 광서성 전주(全州)에서 벌어진 '주민학살' 혹은 '도성(屠城)'과 관련하여 전해지는 이야기는 잘 알려져 있다. 물론 이 이야기는 실상이 과장된 것으로 이해되고 있지만, 그만큼 태평천국군의 살상 행위가 적지 않았음을 시사한다. 실제로 1853년 2월 수십만의 태평천국군이 남경을 점령하였을 때 특히 성안에 있던 약 4,000여 명의 팔기병과 그의 가족들은 거의 몰살되다시피 하였다. 겨우 400여 명의 팔기병이 성에서 탈출한 후 살아남아 있던 기인(旗人) 여성들도 모두 집단 소살(燒殺)되었다. 남경에서 살해된 팔기병과 그 가족들의 수를 정확히 알 수는 없지만, 많게는 2만여 명에 이를 것으로 추정되고 있다.[44]

나아가 남경을 점령한 이후에는 내분이 일어나면서 태평천국군 상호간에도 많은 살상행위가 일어났다. 1856년 9월 동왕(東王) 양수청(楊秀淸)이 홍수전의 군력을 넘보다 살해당한 뒤 동왕의 친족과 부하들 수천에서 2만여 명이 학살되었다.[45] 서로 적대관계에 있던 사람들에 대해서는 물론, 농민군의 규율 위반에 대해서도 "지옥에 가둔다"는 상징적 의미의 경계를 하였을 뿐, 인명살상을 회피하고자 하였던 동학농민군의 행동과 크게 차이가 나는 점이다.

서구에서도 마찬가지였다. 1381년 영국의 와트 타일러난이 일어난 초기 에식스주에서는 주민들이 왕립위원 브렌트우드(Brentwood)의 명령을

---

43 趙矢元·馮興盛 주편, 중국사연구회 옮김, 『중국근대사』, 청년사, 1990, pp. 54-57.

44 菊池秀明, 「太平天國における不寬容」, 『東アジア近現代通史 1: 東アジア世界の近代(19世紀)』, 岩波書店, 2010 참조.

45 조너선 . 스펜스, 양휘웅 옮김, 『신의 아들: 홍수전과 태평천국』, 이산, 2006, pp. 391-394; 김성찬, 「태평천국과 염군」, 『강좌중국사V』, 1989, p. 117.

받고 주민들을 체포하러 온 민소재판소의 서기 3명을 그 자리에서 처단하였다. 또 뒤따라 파견된 지방배심원 3명의 수급을 베어 장대에 매달고 시위를 하였고, 여러 점령 지역에서 플랑드르인 등 주민들을 살해하였다.[46] 독일 농민전쟁 시기에도 농민군은 체포된 귀족과 귀족의 병사들을 집단적으로 살해하기도 하였다.[47] 중세 유럽 여러 곳에서 일어난 천년왕국운동에서도 반란군은 선민의식에 입각하여 여러 가지 이유로 주민들이나 상대편을 살상하거나 노약자들에게까지 고통을 주며 즐거워하기도 했다.[48]

이 역시 동학농민군이 인명 살해를 엄격히 경계하고 삼간 사실과 크게 대조되는 모습이다. 농민군들은 여러 차례에 걸쳐 부패하고 정의롭지 못한 관리들에 대한 처벌을 요구하였고, 그들 스스로 직접 징치하기도 했다. 그러나 농민군들은 자신들의 삶을 파탄시킨 탐관오리에 대해서까지도 그들을 죽임으로써 징치하기보다는 "허물을 고쳐 스스로 혁신"하게 하고자 하였다.[49] 오히려 "단 한 마디의 효유(曉諭)도 없이 오로지 살벌(殺伐)만 일삼"는 초토사 등 관군의 행태를 격렬하게 비판하였다.[50] 이러한 행동은 역시 행동강령에서 보이는바 농민군이 표방하고 있던 '나눔과 배려'의 정신의 연장선에서 이해할 수 있을 것이다.

한편 농민군들은 〈폐정개혁안 27개조〉등을 통해 조세제도나 탐관오

46 J. F. C. 해리슨, 『영국민중사』, 소나무, 1984, p. 82.

47 프리드리히 엥겔스, 『독일혁명사 2부작』, 소나무, 1988, p. 103, 130.

48 노만 콘 지음, 김승환 옮김, 『천년왕국운동사』, 한국신학연구소, 1993, p. 299, 300, 337, 357-359.

49 「隨錄」, 『동학농민전쟁사료총서』 5, pp. 199-200.

50 「隨錄」, 『동학농민전쟁사료총서』 5, pp. 207-208. 巡相閣下行所告急文狀; 「南遊隨錄」 5月 11日, 『동학농민전쟁사료총서』 3, pp. 211-212.

리의 처벌 등 중앙정부 차원의 제도개혁을 요구하였다. 그러나 좀 더 낮은 차원, 혹은 일상적 생활 속에서 어떤 세상을 추구하였는지에 대해서는 구체적으로 드러내어 보여주지는 않았다. 이 점에서 〈약속 4항〉과 〈12개조 계군호령〉은 중요한 단서를 제공한다. 〈약속 4항〉과 〈12개조 계군호령〉은 기본적으로 농민군의 행동준칙으로 삼기 위해 제시된 것이지만, 억압받고 가난하게 살아온 농민군들의 호소이자 요구였고, 그들이 지향하는 사람답게 살 수 있는 세상의 한 모습이기도 했다. 그 핵심적 내용은 부정부패한 자들에 대한 처벌, 그리고 '나눔과 배려'의 실천을 통한 정의롭고 공정한 사회질서의 회복에 다름 아니었다고 생각한다.

농민군의 행동강령과 규율에서 보이는 '나눔과 배려'의 정신은 농민군에 가담한 사람들에게만 적용되는 것은 아니었다. 오히려 농민군에 가담하지 않은 일반 백성들을 '나눔과 배려'의 정신으로 대하려는 것이었다. 이러한 태도는 비록 농민군에 가담은 하지 않았지만, 그들도 자신들과 마찬가지로 "고통받는 사람들"며, 새로운 세상을 향한 열망을 가지고 있으며, 새로운 세상이란 결국 그들과 함께 만들고 함께 누려야 한다는 어떤 '공동성'에 대한 인식의 표현이었다고 생각한다.[51]

제7차 교육과정에서 발간된 고등학교 교과서에서는 두산동아의 〈근현대사 교과서〉(67쪽)에만 『대한계년사』와 『속음청사』를 인용하여 〈약속 4항〉과 〈12개조 계군호령〉을 〈읽기자료〉로 제시해두었다. 그렇지만 거기에 내포된 동학농민군의 '나눔과 배려'의 정신에 대한 언급은 없다. 앞으로 서술될 교과서에서는 이와 관련된 내용을 대폭 보강하는 노력이 요

---

51 농민군들은 "위민위국(爲民爲國)을 하려는 데에 어찌 吏와 民의 구별이 있겠는가? 그 근본을 궁구(窮究)해보면 리(吏)도 역시 민(民)이다"고 하여 적대적 관계에 있는 吏에 대해서도 "위민위국"을 함께 수행해 나갈 주체로 생각하고 있었다(「東匪討錄」, pp. 320-321).

청된다.

4. 동아시아 시각의 강조

제7차 교육과정에서는 동학농민운동이 배치된 "근대사회의 전개"의 단원의 목표가 "19세기 후반의 정세를 파악하고 한국 근대사의 전개과정을 세계사와의 연관 속에서 이해"[52]하는 것으로 되어 있다. 이 외에도 제7차 교육과정에는 이와 같이 한국 근대사의 전개과정을 세계사와의 관련 속에서 이해하도록 한다는 교육목표가 여러 군데에 지적되고 있다.

이러한 기조는 2007년에 개정된 교육과정에서는 더욱 강화된다. 역사교육의 성격과 목표에는 각기 "근·현대사를 중심으로 세계사의 흐름 위에서 한국사를 주체적으로 파악하도록 한다", "우리나라와 세계의 역사를 종합적이고 체계적으로 이해하는 것을 지향한다"라는 내용이 들어 있다.[53] "과거와 현재, 우리나라와 세계를 연관시켜 체계화"한 점과 "근·현대사를 중심으로 세계사의 흐름 위에 한국사의 주체적 파악"이라고 한 점은 제7차 교육과정과 가장 큰 차이를 보이는 부분인 것으로 지적되고 있다.[54] 또한 모두 5개 항목으로 구성된 '역사' 과목의 세부적인 목표 가운데 2개 항목이 우리 역사와 세계사와의 관련성에 대한 것이다.[55]

---

52 「(교육부 고시 제1997-15호) 고등학교 교육과정: 교과목별 교육과정 해설(사회과)」, p. 177.

53 「교육인적자원부 고시 제2007-79호에 따른 고등학교 교육과정」, 2007, 교육인적자원부, p. 160.

54 「교육인적자원부 고시 제2007-79호, 교육과학기술부 고시 제2009-10호에 따른 고등학교 교육과정 해설 4: 사회(역사)」, 교육과학기술부, 2008, p. 102.

55 「교육인적자원부 고시 제2007-79호에 따른 고등학교 교육과정」, 2007, 교육인적자원부, p. 161.

나아가 고등학교 한국사 학습영역 가운데 3번째 영역의 주제는 "동아시아의 변화와 조선의 근대 개혁운동"이다. 그 영역의 주제에 '동아시아'가 명시되어 있다. 그 시기는 "개항 이후 동학농민운동 이전까지"이며, 학습의 주안점은 "외세의 침략에 직면하여 자주적인 근대 국가 체제를 갖추기 위한 다양한 노력과 개혁 방향을 둘러싼 갈등을 파악"하고, 아울러 "조선을 둘러싼 열강의 대립이 조선의 근대 개혁에 끼친 영향을 파악"하는 데 두고 있다. 동학농민전쟁을 다루는 제4영역 "근대 국가 수립 운동과 일본 제국주의의 침략"에서도 역시 외세의 중국침략, 청·일 전쟁과 러·일 전쟁을 거치면서 일본의 제국주의가 본격화하는 과정 등과 연계하여 근대변혁운동의 전개를 이해하도록 하고 있다.[56]

이 점은 2009년에 다시 개정된 교육과정에서도 마찬가지로 확인된다. 특히 2009년에 개정된 교육과학기술부의 고등학교 교육과정에서는 추구하는 인간상의 하나로 "세계와 소통하는 시민"을 들고 그 자질에 대해 다음과 같이 지적하고 있다.

2009 개정 교육과정에서 추구하는 글로벌 창의 인재는 무엇보다도 세계 여러 나라 사람들과 소통할 수 있어야 할 것이다. 이를 위해서는 의사소통 능력, 정보통신 활용 능력과 같은 역량이 필요할 뿐만 아니라 세계화된 오늘날 우리의 삶을 올바로 이해하는 안목이 필요하다. 오늘날 우리의 삶은 이미 세계화되어 있다. 우리의 일상생활이 우리나라 안의 문제에 국한되는 것이 아니라, 전 세계적인 동향에 영향을 받는다는 것이다. 금융시장은 물론이고, 각종 수출입품의 활용, 심지어 신종플루와 같은 유행성 질

---

56 「교육인적자원부 고시 제2007-79호에 따른 고등학교 교육과정」, 2007, 교육인적자원부, p. 163.

병에 이르기까지 우리의 일상생활에 영향을 크게 미치는 거의 모든 일이 이제 우리나라만의 문제를 넘어 세계적인 문제가 되고 있다. 글로벌화가 가속화될 미래사회를 살아갈 학생들은 이러한 세계의 추세를 분명하게 인식하고 세계시민으로서 당당하게 살아갈 수 있는 능력과 자세를 갖추어 나가야 한다(밑줄-필자).[57]

또 개정 교육과정의 한국사 교육의 목표에 따르면 "한국사는 우리나라 역사가 형성·발전되어 온 과정을 세계사와의 유기적 관계 속에서 심층적으로 이해하여 역사적으로 사고하고 현대 사회를 통찰할 수 있는 능력을 증진시키기 위한 과목"이다. 한국사 교육의 목적은 "세계사와의 연관 속에서 한국사의 전반적인 흐름을 이해" 함으로써 세계사의 흐름 속에서 우리 민족이 발휘해온 역량을 주체적이고 비판적으로 이해하여, 21세기 우리 민족사의 능동적인 전개가 이루어지도록 학습자의 자질을 기르는 데 두고 있다. "이를 바탕으로 학습자가 세계 속의 한국인으로서의 정체성과 한국 문화를 토대로 둔 세계인으로서의 자부심을 함양"하고, "주체적인 한국인으로서 세계화에 부응하여 인류 역사의 전개에 능동적으로 참여할 수 있는 자질을 갖추는 데 학습의 주안점을 둔다"고 하였다.[58]

한편 2007 개정 교육과정에서는 한국사의 전개를 시간의 순서에 따라 크게 6개의 영역으로 나누고 있으며, 동학농민전쟁은 그 가운데 흥선대원군 집권부터 일제에 의한 국권 상실까지를 다루는 4번째 영역, 〈국제질서의 변동과 근대 국가 수립운동〉에 포함되어 있다. 이 영역의 교육내

---

57 「교육과학기술부 고시 제 2009-41호에 따른 고등학교 교육과정 해설: 총론」, p. 24.

58 「교육과학기술부 고시 제 2011-361호[별책 7] 사회과 교육과정」, p. 69.

용은 다시 ①서구 열강의 접근과 조선의 대응, ②문호 개방 및 개화사상과 위정척사 사상, ③근대적 개혁 추진 과정, ④근대 국가 수립을 위한 노력, ⑤국권수호운동의 전개와 사상적 배경, ⑥개항 이후의 경제 변화와 사회 변화, ⑦독도와 간도 등으로 구분되어 있다. 동학농민전쟁은 이 가운데 〈③근대적 개혁 추진 과정〉에 포함되어 있다. 4번째 영역의 〈학습내용 성취기준〉은 "서구 열강의 팽창에 따른 동아시아 삼국의 대응 과정을 바탕으로 개항 이후 갑신정변, 동학농민운동, 갑오개혁, 독립협회 활동, 광무개혁 등 자주적 근대 국가를 수립하기 위한 노력과 과정을 살펴본다. 또한 동아시아 국제정세 변화를 바탕으로 일본의 국권 침탈 과정과 이에 맞서 전개된 다양한 국권수호운동을 파악"하는 데 있다고 하였다.[59] 제7차 교과과정에서는 동학농민전쟁이 의병운동, 독립협회, 애국계몽운동 등과 함께 〈구국민족운동의 전개〉에 편제되어 있었으나,[60] 여기서는 갑오개혁과 함께 〈근대적 개혁 추진과정〉에서 서술하도록 한 점이 가장 큰 변화이다.[61]

앞서 언급하였듯이 제7차 교육과정에서는 동학농민전쟁에 대한 서술 기조가 "조선사회의 부정과 부패, 열강의 침략과 농촌사회의 동요→동

---

59 「교육과학기술부 고시 제 2011-361호[별책 7] 사회과 교육과정」, p. 73.

60 「(교육부 고시 제1997-15호) 고등학교 교육과정: 교과목별 교육과정 해설(사회과)」, p. 178.

61 동학농민전쟁의 성격을 단순히 〈근대적 개혁의 추진과정〉의 하나로 파악하는 것은 동학농민전쟁이 가진 풍부한 역사적 자산과 가치들을 왜소화하는 것이라 생각한다. 민중의식은 '근대지향', 혹은 근대를 경험한 속에서 그에 반대한다는 의미에서의 '반근대지향'으로도 규정할 수 없는 매우 독자적인 영역을 가지고 있었기 때문이다. 이러한 민중의식은 엘리트들의 그것과 다른 것이고, 서구중심적·발전론적 시각으로는 포착할 수 없는, '근대'나 '반근대' 너머의 고유한 영역과 성격을 가지고 있었다(배항섭, 앞의 글, 2010 참조). 동학농민군이 가졌던 이러한 의식세계는 서구적 근대를 무비판적으로 수용해 나간 문명개화론자들이나, 주자학적 세계를 고집하며 서구적 근대를 배척한 척사론자들과는 다른 독자적 성격을 가지는 것이었다. 이에 대한 올바른 이해는 오늘날 많은 문제들을 드러내고 있는 서구적 근대를 새롭게 이해하고 새로운 문명적 대안을 모색하는 데도 도움을 줄 것으로 생각한다.

학농민전쟁 발발→왕조정부가 청에 원병요청→톈진조약을 근거로 일본도 군대 파견→일본군의 경복궁 침범과 청일전쟁 승리/내정간섭/농민군 진압→침략 행위와 내정 간섭에 맞서 일본제국주의 몰아내기 위한 반외세 투쟁→일본에 의한 패배와 희생→이후 의병운동 등 구국운동으로 연결"에 있었다. 이러한 기조에 입각하여 서술된 교과서의 내용이 일국사적 시야에 닫혀 동아시아사적 의미를 제대로 부각시키지 못하고 있음은 물론이다. 일본군의 조선 진출에 대해서도 대부분의 현행 교과서에서는 청나라에 원병을 요청하자 일본도 톈진조약을 근거로 군대를 파견하였다고만 기술하고 있다. 톈진조약이 어떤 배경에서 체결되었으며, 군대 파견과 관련한 내용의 핵심은 무엇인지 등에 대해서도 함께 지적되어야 할 것이다. 그러나 현행 교과서 가운데는 그에 대해 전혀 언급이 없는 교과서도 적지 않다.

동학농민전쟁과 일본 및 중국의 국내 상황이나 한국 정책 등과의 관련에 대해 간단하더라도 분명하게 언급함으로써 동아시아적 안목을 키워줄 필요가 있다. 동학농민전쟁이 청일전쟁의 도화선이 되었고, 동아시아 국제질서의 재편과 관련하여 중요한 의미를 가지는 사건이라는 점은 많은 연구자들이 지적해왔다. 최근 들어 국내외에서 동학농민전쟁이 가지는 동아시아 국제질서와의 관련, 중국과 일본의 대한정책과의 관련 등에 대해 적지 않은 연구들이 축적되고 있다.[62] 개항 이후 한국사의 전개과정에서 일어난 대부분의 사건들이 그러하지만, 동학농민전쟁의 경

---

62 박종근 저, 박영재 역, 『청일전쟁과 조선』, 일조각, 1989; 동학농민혁명기념사업회 편, 『동학농민혁명의 동아시아적 의미』, 서경, 2002; 姜孝叔, 「第2次東學農民戰爭と日淸戰爭 : 防衛硏究所圖書館所藏史料を中心に」, 『歷史學硏究』 762, 2002; 나카츠카 아키라 지음, 박맹수 옮김, 『1894년, 경복궁을 점령하라』, 푸른역사, 2002; 조경달 지음, 박맹수 옮김, 『이단의 민중반란』, 역사비평사, 2008; 강효숙, 「제2차 동학농민전쟁과 일본군-일본군의 생포농민군 처리를 중심으로」, 『전북사학』 30, 2007; 배항섭, 「동학농민전쟁 당시 日本軍의 개입과 그 영향」, 『군사』 53, 2004.

우 한 · 중 · 일 삼국의 내외정세와 밀접한 연관 속에서 발발하고 전개되었으며, 그 결과는 한국의 식민지화, 청일전쟁의 발발과 중국의 패배에 따른 반(半)식민지화 등 동아시아 근대사의 전개에 큰 영향을 미친 사건이었다.

일본은 이미 1882년 무렵부터 청일 간의 전쟁에 대비하여 군비를 증강하기 시작하였다. 또 1893년 10월에 제출된 야마가타(山縣有朋) 대장의 〈군비의견서〉에는 "대러시아 전쟁이 10년이 지나지 않아 터진다면 전략 요충지인 조선을 사전에 확보하기 위해 빠른 기회에 대청나라 전쟁을 일으키는 것은 절대로 필요한 전제"라는 대한정책이 들어있었다. 이러한 정책은 이미 1887년 참모본부 제2국장 오가와 유지(小川又次) 대좌에 의해 완성되어 있었다.[63] 동학농민전쟁 발발 후 일본이 청나라에 대한 조선정부의 공식적인 원병(援兵) 요청보다 하루 앞서 출병을 결정한 것도 이러한 대한정책에 의거하여 만반의 준비를 갖추고 있었기 때문이었다. 1894년 3월에 발발한 동학농민전쟁은 바로 일본이 기다리던 조선 침략과 청일전쟁 도발의 빌미를 제공해준 것이다.

또 출병 이후 일본이 조선정부의 철병 요구와 청나라의 공동철병 주장을 묵살하고 청일전쟁을 일이키는 것이나, 6월 21일 경복궁을 강제로 점령하여 조선 군대를 무장해제 시킨 일, 이틀 뒤에는 청일전쟁을 도발한 것도 마찬가지의 맥락에서 이해할 수 있다. 또한 일본군의 출병은 농민전쟁의 전개양상과 농민전쟁의 방향과 농민군의 체제 구상 등에도 커다란 영향을 미쳤다. 일본군의 출병과 경복궁 강점, 청일전쟁 도발에 따라 '반봉건' 문제를 핵심적인 과제로 일어났던 농민군 지도부의 관심은 급격히 반일문제로 경도되었다. 이는 농민군의 정치체제 구상에도 변화

---

63 후지무라 미치오 지음, 허남린 옮김, 『청일전쟁』, 소화, 1997, pp. 68-69 참조.

를 초래했다. 전봉준 등 농민군 지도부는 민족적 위기를 당면의 과제로 설정하게 되면서 사족(士族)이나 지주층까지도 포괄하는 '민족적 대연합' 을 구축하여 일본군에 맞서고자 하였다. 이에 따라 농민군들의 사적인 설분(雪憤) 행위를 금압하고자 하였다. 그러나 지도부의 이러한 생각은 농민군 대중에게 그대로 수용되지 않았으며, 오히려 양자 간의 갈등을 불러일으켰다. 농민군 대중에게 중요한 것은 '묵은 원수의 보복' 등 눈앞 의 이해였기 때문이다. 이러한 갈등은 결국 농민군 내부의 결집력을 약화시켰고 집강소 시기 농민군의 체계적인 폐정개혁 활동을 방해하였다. 또한 '계급모순'보다 '민족모순'을 우선하게 되면서 농민군의 '내셔널리즘' 구상에도 국가주의적 요소가 강화되는 결과를 초래하였다.[64]

이와 같이 동학농민전쟁은 청일, 특히 일본의 대한정책이나 침략행위 등과 밀접한 관련 속에서 전개되었다. 동학농민전쟁이 동아시아적 시야 에서 가지는 이러한 의미를 강조하고, 그에 따른 일국사를 벗어나는 복 합적 감각을 길러주는 일은 '세계화' 시대를 살아가는 학생들에게 "세계 시민으로서 당당하게 살아갈 수 있는 능력과 자세를 갖추어" 주기 위해 서도 긴요하다.

그럼에도 불구하고 제7차 교육과정의 교과서 대부분이 동학농민전쟁 의 '반봉건·반침략' 투쟁이 가진 의미를 일국사적 차원에서 드러내는 데 초점을 맞추고 있다. 때문에 "동학농민운동은 청일전쟁의 도화선이 되어 동아시아의 정세에 큰 변동을 가져오는 계기가 되었다"(p. 70)라고 간단히 언급한 두산동아의 『근현대사교과서』를 제외하고 이에 대해 언급 한 교과서가 없다. 이는 동학농민혁명의 의미 가운데 하나로 청일전쟁 이나 동아시아 국제질서 재편과의 관련성을 지적하는 한국 사학계의 일

---

64 배항섭, 「1894年 東學農民軍의 反日 抗爭과 '民族的 大聯合' 推進」, 『軍史』 35, 1997 참조.

반적인 이해와도 크게 다른 모습이라는 점에서도 놀라운 사실이 아닐 수 없다.

2009년 개정된 교과과정에 입각한 한국사 교과서 역시 다음과 같은 교과부의 집필기준을 통해 볼 때 동아시아적 시각이 얼마나 고려될지 의문이 간다. 2007년 교육과정 개정에 따라 교과부가 내놓은 고등학교 한국사 교과서 집필기준은 다음과 같다.

동학농민운동의 성격에 대해서는 '민란', '전쟁', '혁명' 등 다양한 학설이 존재함에 유의한다. 동학농민운동의 발발 배경과 전개과정을 이해하고 농민군이 주장했던 사회 개혁의 내용과 지향을 파악한다. 2차 봉기 시 일제의 침략을 막기 위한 연합전선의 전개에 주목하고, 이후 농민군 탄압이 자행되었던 상황과 향촌사회에 끼친 영향을 설명한다. 당시 상황에서 동학농민운동을 통해 농민이 추구한 이상 사회 모습을 사료를 통하여 학생들이 탐구할 수 있도록 서술한다.[65]

여기에서는 이전 시기의 교과서 서술과 마찬가지로 동아시아적 시각에 대한 고려가 전혀 나타나지 않고 있다. 동학농민전쟁에 대한 집필기준이 어디까지나 일국사적 맥락에서만 제시되고 있다. 2009년에 교육과정이 다시 개정됨에 따라 교과부에서도 새로운 집필기준을 제시하였다.

동학농민운동이 반봉건적, 반침략적 근대 민족운동의 성격을 지니고 있음을 파악하고, 갑오개혁 때 주진된 근대적 개혁 내용을 살펴본다. 동학농민운동은 개항 이후 지배층의 압제와 일본의 경제적 침탈에 따라 고부민란

---

65 「2007년 개정 교육과정(교육인적자원부 고시 제2007-79호)에 따른 역사 교과서 집필기준」.

을 시작으로 단계적으로 전개되어 갔으며, 반봉건적, 반침략적 성격을 가지고 있음을 서술한다. (중략) 동학농민운동의 성격에 대해서는 '민란', '전쟁', '혁명' 등 다양한 학설이 존재함에 유의하도록 한다. 동학농민운동의 배경에 관해서는 사회경제적 요인과 함께 대외관계의 측면도 고려한다. 갑오개혁의 추진은 자율성과 타율성의 양면적 성격이 있음에 유의한다. 동학농민운동과 갑오개혁, 청일전쟁을 별도로 다루기보다 상호 관련성 속에서 입체적으로 이해할 수 있도록 유의한다.[66]

집필기준에 "동학농민운동과 갑오개혁, 청일전쟁을 별도로 다루기보다 상호 관련성 속에서 입체적으로 이해할 수 있도록 유의한다"는 구절이 추가된 점이 이전 시기와 가장 다른 점이다. 그러나 동학농민전쟁을 청일전쟁과 관련하여 이해한다는 교육목표는 이미 그 이전부터도 끊임없이 제기되어 오던 것으로 여전히 내용 서술이 미흡하다. 이는 무엇보다 동아시아적 시각이 가지는 중요성을 자각하지 못하였거나 미흡한 데서 오는 결과라고 생각된다.

2009년에 개정된 교과과정에서는 사회과 교과목에 〈동아시아사〉를 추가하게 되어 있지만, 〈동아시아사〉는 한국사와는 다른 맥락과 시각에서 "동아시아"를 하나의 단위로 하여 서술되는 교과목이다.[67] 따라서 〈동아시아사〉와는 별도로 한국사의 이해를 동아시아, 나아가 세계사라

---

66 「2009년 개정 교육과정에 따른 교과 교육과정 적용을 위한 고등학교 한국사 교과서 집필기준」, 교육과학기술부」, 2011

67 '동아시아사'는 "동아시아 지역에서 전개된 인간 활동과 그것이 남긴 문화유산을 역사적으로 파악하여 이 지역에 대한 이해를 증진하고, 동아시아 각국의 상호 발전과 평화를 추구하는 안목과 자세를 갖도록 하기 위해 개설된 과목이며, 크게 국가의 형성, 동아시아 세계의 성립, 국제관계 변화와 지배층의 재편, 동아시아 사회의 지속과 변화, 근대 국가 수립의 모색, 오늘날의 동아시아 등으로 구성된다(「교육과학기술부 고시 제 2011-361호 [별책 7], 사회과 교육과정」, pp. 84-92 참조).

는 좀 더 넓은 지평에서 이해할 수 있는 안목을 키워줄 필요가 있다. 이는 앞서 살펴보았듯이 개정 교육과정에서 제시한, "우리나라 역사가 형성·발전되어 온 과정을 세계사와의 유기적 관계 속에서 심층적으로 이해하여 역사적으로 사고하고 현대사회를 통찰할 수 있는 능력을 증진"시킨다는 한국사 교육의 목표, 그를 통해 세계사의 흐름 속에서 우리 민족이 발휘해온 역량을 주체적이고 비판적으로 이해한다는 한국사 교육의 목적을 달성하기 위해서도 불가결하게 요청되는 점이다.

5. 결론

동학농민군의 생각과 행동에는 오늘날에 우리 사회와 우리의 삶을 되돌아보는 데 유의미한 중요한 의미와 가치들이 풍부하게 내포되어 있다. 억압받고 가난한 사람들의 요구에는 부정부패한 사회를 불식하고 정의롭고 공정한 새로운 사회질서를 창출하고자 하는 염원이 들어 있다. 그것이 가진 역사적 의미를 제대로 되새기고 발전적으로 계승한다면, 현대사회의 모순과 병폐를 넘어서는 새로운 문명적 대안에 대한 고민들과 관련하여서도 중요한 시사점을 얻을 수 있을 것으로 생각한다. 그 가운데 하나가 바로 동학농민군이 농민혁명을 수행하는 가운데서 실천한 '나눔과 배려'의 정신이다.

무엇보다 "세상을 갈아엎고 싶은" 원망을 가진 사람들로 가득 찬 세상, 그들에 의해 모두가 고통 받는 '난리'를 방지하기 위해서도 동학농민전쟁에서 농민군들이 보여준 '나눔과 배려'의 정신은 "현재를 바로 인식하고 미래를 올바르게 설계하는 데 도움을 줄 수 있는 중요한 역사적 경험이자 자산"이라고 생각된다. 사람 사는 세상을 만들고자 한 동학농민군의 꿈과 노력은 세계사적으로 근대가 가진 파괴적 측면과 한계가 강조되면서 근대에 대한 성찰과 새로운 문명적 대안이 요청되는 현실, 특히 글로벌한 차원에서 진행되는 양극화와 그에 따른 다양한 갈등과 대립이 커다란 사회적 불안요소가 될 수 있음을 보여주는 이때 새로운 세상을 만들어 나갈 수 있는 더없이 중요한 자산이 아닐 수 없다.

　한편 세계화 속에서 동아시아 지역 내의 협력과 상호의존이 급속히 증대됨에도 불구하고 역사인식과 역사교육 면에서는 갈등과 분쟁이 오히려 증폭되고 있다. 이러한 문제를 해결하기 위해서는 중국과 일본의 제국성이 지적되고 극복되어야 할 것이다.[68] 타당한 지적이지만, 다른 한편 갈등과 분쟁의 해결을 위한 전제조건 가운데 하나가 특히 19세기 후반 이후 동아시아 각국 간의 침략과 갈등의 역사가 어떠한 국내외적 환경과 상호 관련성 속에서 연동되면서 전개되었는가를 정확히 인식하는 데 있다고 생각한다. 이를 통해 한국사의 전개가 중국이나 일본과 동떨어진 것이 아니라 연동되어 있었음에 대한 감각을 키워줄 수 있고, 이러한 감각이야말로 현재 동아시아에서 전개되는 "역사분쟁"은 물론 "미래사회를 살아갈 학생들이 이러한 세계의 추세를 분명하게 인식하고 세계시민으로서 당당하게 살아갈 수 있는 능력과 자세를 갖추"어나가는 데에도 불가결한 요소일 것이다.

68　유용태, 「한국의 동아시아 인식과 구성」, 『한중일 동아시아사 교육의 현황과 과제』, 선인, 2008, 49.

동학농민전쟁 연구의 새로운 가능성
—전남 장흥 지역의 사례를 단서로

1. 서론

동학농민전쟁에 대한 연구는 1994년 동학농민전쟁 100주년을 기점으로 관심이 크게 줄어들었다. 이는 1990년 중반 이후 근대적 주체에 대한 근본적인 회의가 제기되었다는 점과도 무관하지 않다고 생각한다. 기왕의 연구들은 대체로 변혁주체론에 입각하여 진행되어 왔기 때문이다. 그러나 다른 한편 연구의 주제 면에서 그 외연을 확대하지 못하였다는 점과도 관련이 있다. 그동안 농민전쟁에 대한 연구는 대체로 배경이나 사상적 기반, 전개과정과 주도층, 그리고 지향 등을 해명하는 데 집중해온 반면, 농민전쟁이라는 전대미문의 대사건이 가진 의미를 당시 조선의 정치·경제·사회·문화적인 면과 연결하여 파악하는 데는 소홀하였다. 특히 이제는 역사 연구에서 빼놓을 수 없을 만큼 중요한 의미를 가지게 된 여성문제와 관련한 연구는 사실상 전무하다시피 한 실정이다. 이글에서는 장흥 지역의 사례를 단서로 동학농민전쟁 연구가 새로운 연구 영역을 열어갈 수 있는 하나의 가능성을 확인해보고자 한다.

동학농민전쟁 당시 장흥 지역은 전라도 남부지역에서는 가장 큰 전투가 일어났던 곳이다. 그 가운데서도 일본군과 관군, 민보군에 저항하는 농민군들이 사실상 최후의 격전을 치룬 석대들 전투는 우금치 전투와 더불어 농민전쟁에서 가장 큰 격전지 가운데 하나로 꼽히고 있다. 그러나 그동안 장흥 지역 농민전쟁운동은 이와 같이 중요한 의미를 가짐에도 불구하고 우금치 전투나 황토현 전투 등에 비해 잘 알려져 있지 않았다. 다만 1990년대에 들어 장흥 지역 동학농민전쟁에 대한 관심이 고조되면서 자료 발굴과 정리가 이루어졌고, 최근에는 장흥 지역 농민전쟁을 총정리하는 저서가 나오기도 했다.

장흥 지역 농민전쟁을 최초로 소개한 글은 1924년 『천도교회월보』에 실린 「천도교장흥군종리원」이다. 여기에는 석대들전투가 일어난 사실과 이에 참여하였다가 전사한 사람의 명단 및 살아남은 사람들이 당했던 어려움 등이 기록되어 있다.[1] 동학농민전쟁 당시 천도교도로서 장흥에 살고 있었던 김재계도 1934년 역시 『천도교회월보』에 자신이 직접 보고 겪은 사실을 토대로 장흥 지역 농민전쟁에 대한 글을 쓴 바 있다. 여기에는 김재계의 아버지와 삼촌이 농민군 대열에 가담한 사실, 대접주 이인환이 기포할 당시의 광경 등이 생생하게 그려져 있다.[2] 이후 한동안 장흥 지역 동학농민전쟁에 대해 관심이 멀어졌으며, 1970년대 후반에 들어 비로소 향토사나 천도교 관계자들이 조금씩 관심을 보이기 시작했다. 우선 1973년 천도교 장흥교구에 의해 『갑오년동학혁명혈사』가 기록되었다. 이것은 24면에 불과한 필사본이지만, 여기에는 농민전쟁에 가담한 장흥 지역의 주요 인물에 대한 이력과 농민전쟁 당시의 활동, 기타 농민전쟁에 가담했던 사람의 명단 등이 실려 있다. 또 1970년대와 1980년대를 통해 천도교 관계자인 박석교, 향토사가인 김재열, 강수의 그리

---

1 천도교장흥군종리원, 『천도교회월보』 163(1924년 4월).

2 김재계, "교사이문-갑오년 동학이야기", 『천도교회월보』 271(1934년 8월), pp. 27-29.

고 송기숙, 문순태 등 문인들에 의해 석대들전투나 대접주 이방언에 관한 글들이 발표되기 시작한 것이다.[3] 그러나 장흥 지역 농민전쟁에 대한 본격적인 연구와 자료정리는 1990년대에 들어서야 시작되었다.[4]

1992년 〈장흥동학농민혁명기념탑건립추진위원회〉에서 편찬한 『장흥동학농민혁명사』에 실린 박맹수의 「장흥지방 동학농민혁명사」는 장흥 지역의 동학 포교 과정부터 교조신원운동을 거쳐 동학농민전쟁의 발발과 집강소 시기의 활동, 제2차 봉기에 이르기까지를 망라하여 장흥 지역 동학농민전쟁을 종합적으로 정리하고 있다. 이어 1995년에는 우윤이 「장흥·강진지역의 농민전쟁 전개와 역사적 성격」(『호남문화연구』 23)을 발표하여 동학농민전쟁의 전체적인 전개과정에서 장흥 지역 동학농민전쟁이 가지는 의미를 집중적으로 고찰하였다. 같은 해에 박찬승도 호남 남부 지역 농민전쟁을 살피는 글에서 이방언, 이사경 등 장흥 지역 주요 지도자들을 소개하고 장흥·강진 지역 농민군의 활동과 전투를 중요하게 다루었다.[5] 1996년에는 역시 박맹수가 『장흥동학농민혁명사』에 실은 글을 보완하여 장흥과 강진, 보성, 해남 지역의 농민전쟁을 아울러 각 지역 동학농민군의 전개과정과 농민군의 활동, 그 의미를 아우르는 「남부지역의 동학농민혁명」(이상식·박맹수·홍영기, 『전남동학농민혁명사』, 전라남도)

---

3 장흥 지역 동학농민전쟁에 관한 참고문헌에 대해서는 위의환 역저, 『장흥동학농민혁명사료총서』(Ⅱ) (천도교 장흥교구·장흥군청, 2009), pp. 473–479 참고.

4 박맹수, 「장흥 지방 동학농민혁명사」, 『장흥동학농민혁명사』(장흥동학농민혁명기념탑건립추진위원회 편, 1992); 우윤, 「장흥·강진 지역의 농민전쟁 전개와 역사적 성격」, 『호남문화연구』 23(1995); 박맹수, 「남부지역의 동학농민혁명」, 이상식·박맹수·홍영기 편, 『전남동학농민혁명사』(전라남도, 1996); 이상식·박맹수·홍영기, 『전남지방 동학농민혁명 자료집』(전라남도, 1996); 표영삼, 「장흥 지역 동학혁명연구」, 『동학연구』 6(2000); 장흥동학농민혁명기념사업회 편, 『장흥동학농민혁명사료집』(2006); 위의환 역저, 『장흥동학농민혁명사료총서』(Ⅰ, Ⅱ)(천도교 장흥교구·장흥군청, 2009).

5 박찬승, 「1894년 호남 남부지방의 농민전쟁」, 『1894년 농민전쟁연구』 4(역사비평사, 1995).

을 발표하였다. 2000년에는 천도교 상주선도사였던 표영삼이 오랫동안의 현지답사와 후손들에 대한 인터뷰, 관련 자료 등을 토대로 「장흥 지역 동학혁명연구」(『동학연구』 6)을 발표하여 장흥 지역과 강진 지역의 동학 포교 과정과 동학농민전쟁의 전개과정 등을 규명하였다. 이 과정에서 장흥 지역 동학농민전쟁에 관한 자료의 수집과 정리도 본격적으로 이루어졌다. 우선 1996년에는 전라남도의 후원으로 『전남동학농민혁명사』의 공저자인 이상식·박맹수·홍영기에 의해 『전남지방 동학농민혁명 자료집』이 발간되었다. 여기에는 그동안 발굴, 수집된 전라남도 각 지역별로 동학농민전쟁 관련 자료가 체계적으로 정리되어 있다.

최근에는 〈장흥동학농민혁명기념사업회〉에서 편찬한 『장흥동학농민혁명사료집』(2006)의 편집·번역 책임자였던 위의환이 천도교 장흥교구와 장흥군청의 지원을 받아 『장흥동학농민혁명사료총서』(Ⅰ, Ⅱ)를 발간하였다. 두 권으로 구성된 방대한 분량의 이 총서에는 장흥 지역으로 동학이 전파된 과정은 물론, 1862년의 민란부터 장흥 지역의 민중운동 관련 사실을 비롯하여 교조신원운동과 동학농민전쟁에 이르기까지 장흥 지역의 관련 자료를 거의 망라하다시피 수집하고, 번역하여 시기 순으로 일목요연하게 정리해둔 자료집이며, 각 자료에 대해 혹은 사건이나 인물에 대해 별도의 분석이나 저자의 생각을 밝혀두고 있어서 향후 연구에 커다란 도움을 줄 것으로 보인다.

이상과 같은 연구와 자료 정리 등을 통해 장흥 지역 동학농민전쟁의 전체적인 윤곽에 대한 이해는 크게 진전되었다. 그러나 장흥은 전투의 치열성이나 농민전쟁의 전체적인 전개과정에서 중요한 지역이라는 의미를 갖고 있을 뿐만 아니라 그동안 농민전쟁연구에서 간과해왔거나, 외면해온 분야에 대해 접근할 수 있는 새로운 단서들을 보여준다는 점에서 의미가 크다. 따라서 이 글에서는 장흥 지역 농민전쟁에 대한 연구 성과와 문제점을 살펴본 후 기왕의 연구에서 간과되어 왔던 부분을 중심으로 동학농민전쟁의 전체상을 이해하고, 나아가 동학농민전쟁상을 한층 풍부하게 하기 위해서는 장흥 지역 동학농민전쟁에서 보이는 다양한 사실들을 어떻게 접근할 것인가 하는 점을 중심으로 몇 가지 생각을 밝혀보고자 한다.

2. 연구사 검토

앞서 살펴보았듯이 최근에 장흥·강진 지역을 다룬 몇 편의 논문과 저작이 발표되었고, 역사문제연구소에서 발간한 후손증언록 등이 발간되어 장흥 지역 동학농민전쟁 당시 장흥 지역 농민군의 활동과 반농민군의 대응 양상 등에 대해 비교적 충실한 이해에 도달하게 되었으며, 그 과정에서 장흥 지역 동학농민전쟁이 가지는 의미에 대해서도 다양한 의견이 제시되었다. 그 가운데 최근의 연구를 중심으로 몇 가지 견해를 살펴보면 다음과 같다.

우윤은 장흥 지역 전투에 대해 당시 일본의 힘을 빌려서라도 체제를 유지하려던 집권층, 조선 지배를 통해 동아시아의 패권을 장악하려던 일본, 전근대적 향촌질서의 지배권을 상실하지 않으려던 보수유생층 등세 부류의 적대세력에 맞서 싸웠던 농민군의 최후 전투라고 하였다. 이어 장흥 석대들에서의 패배는 곧 농민군 권력을 창출하면서 폐정개혁을 실시하여 당시 조선사회의 과제를 해결하려는 노력이 실패했음을 의미하며, 이후 정국과 개혁의 주도권은 완전히 농민군의 손을 떠나고 말았다고 하였다. 또 이 점에서 장흥 석대들 전투는 동학농민전쟁의 전체상을 파악하는 데 놓쳐서는 안 될 중요한 전투이면서, 이후 한국 근현대사에서 새로운 형태의 반외세·반봉건을 지향하는 본격적 민족·민중운동을 끌어내는 역사적 조건이 되었다고 하였다.[6]

박맹수는 장흥 지역 농민군 활동의 특징으로 다음의 몇 가지 점을 지적하였다. 규모나 역할 면에서 다른 지역에 비해 두드러졌다는 점, 손화중, 전봉준 등 최고지도자들까지 패배하면서 농민전쟁의 좌절이 충분히 예견되었음에도 불구하고 끝까지 항쟁하며 재기의 꿈을 포기하지 않은 점, 장흥 일대 농민들의 열화와 같은 호응과 성원, 장흥 인근 농민군들이 대규모로 합류한 점 등이 그것이다.[7] 표영삼 역시 장흥 지역 민중의 열렬한 호응을 강조하는 한편, 2차 봉기 시에 금구의 김방서에 대한 지원 요청과 지원병 도래를 비롯하여 화순, 능주, 보성, 영암, 해남 등 인근 지역 농민군들과의 초지역적 연대의식이 강했다는 점을 지적하였다.[8] 위의환은 1차 봉기의 의의로 어느 곳보다 활발했던 집강소 활동을 추진함으로써 동학농민전쟁 최후의 전투를 준비하는 서막을 열었다는 점,[9] 2차 봉기의 의의로는 동학농민전쟁의 실패가 예견되고 살벌한 '토벌작전'이 전개되었지만, 농민군의 대의명분을 끝까지 지켜냈다는 점, 이후 장흥이 국난의 위기 속에서 이를 극복하는 돌파구와 시대의 징표를 마련하고, "문림의향(文林義鄕)" 장흥이 나아갈 방향을 제시했다는 점 등을 지적하였다.[10]

이러한 연구들이 축적되는 과정에서 연구자들 간에 장흥 지역 동학

---

6 우윤, 앞의 글, pp. 107~113.

7 박맹수, 앞의 글(1996), pp. 434~436.

8 표영삼, 앞의 글, pp. 56~57.

9 위의환, 앞의 책(1), p. 183.

10 위의환, 앞의 책(2), pp. 332~333.

농민전쟁의 배경이나 원인, 교조신원운동 시기 장흥 지역 동학교도들의 참여 시기나 규모, 1차 봉기 시기 장흥 지역 농민군의 참여 여부나 시기와 규모, 각 시기별 이방언, 이사경, 이인환 등 주요 지도자들의 동향, 특히 2차 봉기 때 장흥 지역 농민군의 참여 여부나 농민군 본대에 대한 원병 요청의 사실 여부나 실상 등에 대한 이견이 있음이 드러났다. 이는 앞으로 충분한 논의와 연구를 통해 밝혀져야 할 점들이지만, 장흥 지역 전투가 가지는 의미에 대한 이상의 지적들에 대해서는 대체적으로 수긍이 간다. 다만 아쉬운 것은 장흥 지역의 특성과 관련된 고려가 거의 없다는 점이다. 원인이나 전개과정 면에서도 장흥 지역의 지역 사정—예컨대 강진 등 인근 고을에 비해 보수적이었다거나, 종3품의 목사가 파견된 대읍이었다는 점, 다른 지역에 비해 인천 이씨라는 특정 가문 출신의 활동이 두드러진다는 점 등—과 연관된 분석이 충분히 이루어지지 못하였다. 이 점은 동학농민전쟁에 대한 기왕의 연구들이 보여주는 연구 경향과도 무관하지 않다고 생각한다.

기왕의 연구들에서는 1894년의 동학농민전쟁은 개항 이후 조선사회가 당면한 내외적 모순의 총체에 규정되어 발발한 일대 사건으로 이해하고 있으며, 동학농민전쟁에 대한 지금까지의 연구도 대체로 그러한 모순을 담지한 민중이 안으로는 봉건적 모순을 타파하고 밖으로는 외세의 침략을 물리침으로써 자주적이고 근대적인 민족국가를 수립하고자 한 점에 초점을 맞추어왔다. 이러한 이해 자체가 잘못된 것은 아니다. 문제는 그에 따라 동학농민전쟁에 대한 이해도 한국 근대민족(운동)사의 전개과정과 관련하여 가지는 의미를 밝히는 쪽으로 집중되어 왔다는 데 있다.

그러나 우윤이 "미시적으로 본다면 지역별 차이가 지역적 전투상황이라든지 집강소 활동에 영향을 주어 지역에 따른 차이를 보였다. 따라서 농민전쟁을 연구할 때 이 두 측면을 동시에 고려해야 할 것이나 지방·지역사 연구는 후자에 더 치중하지 않을 수 없다. 이것이 현재 지방·지역사 연구의 문제점이자 활성화시키는 요인이라 할 수 있다"라고 지적하였듯이 지역별 연구가 동학농민전쟁의 전체상, 나아가 그것이 가지는 의미를 좀 더 분명히 살리는 데 기여하기 위해서는 무엇보다 농민군 활동의 원인이나 배경, 그리고 동원방식이나 투쟁양상을 포함한 전개과정 양상 등과 관련한 지역별 특성에 대한 고려가 요청되는 것이다.

물론 지금까지의 연구에서도 지역적 특성에 대한 고려가 전혀 없었던 것은 아니다. 박찬승도 앞에 언급한 글에서 격동기 향촌사회의 모습을 통해 연구 영역을 넓혀나가야 한다는 점을 강조한 바 있다.[11] 그러나 장흥 지역 동학농민전쟁의 전개과정이나 농민군의 활동양상, 이후에 미친 영향 등을 지역 사정과 밀착시켜 분석적으로 접근하지는 못하였다. 이와 관련하여 여기서는 누구보다 먼저 지역적 특성에 대한 고려를 강조하였던 우윤의 연구를 통해 좀 더 살펴보도록 한다. 결론부터 말하자면 장흥 지역 동학농민전쟁의 전개나 농민군의 활동 양상이나 의미 등을 지역적 특성과 연결한 파악이라는 면에서 그다지 성공적이라고 보기는 어렵다.

우선 우윤은 일본군의 철저한 진압과 관군의 동조에 대한 농민군의 마지막 저항이요 사투였던 장흥·강진전투는 일본군과 관군 쪽에서는 준비된 일전이었고, 농민군 쪽에서는 회피할 수 없었던 일전이었다고 하며, 장흥·강진 지역의 전투를 '집강소 활동기'와 '2차 기병 결정과 농민군 북상 시기', '구원군의 도착과 퇴각 농민군 합류 시기'로 나누어 시기에 따른 양상과 발전과정을 설명하였다. 이어 지금까지의 연구에서

---

11 박찬승, 앞의 글, p. 350.

이런 전투를 조건 짓는 요인으로 동학교단의 조직과 교세에 주목하였으나 그것만으로는 전투를 설명할 수 없다고 주장하였다. 또 장흥·강진 지역의 특수성으로서 병영과 수영, 벽사역 등이 존재하여 상대적으로 보수세력이 강하고 수탈이 심했다고 하지만, 이는 필요조건은 되나 충분조건은 되지 못한다고 하면서, 장흥·강진 전투의 객관적 요인에 눈을 돌릴 필요가 있음을 강조하였다. 그러나 결론은 "자체 농민군 역량의 보존과 외부 농민군의 대거 유입, 구원군의 도착, 그리고 일본군의 강경한 진압이 맞물린 결과로서 일련의 전투과정으로 발전하였음이 드러났다"는 것이었다.[12] 여기서는 외부 농민군이나 구원군의 유입, 일본군의 강경한 진압 등 외부적 요인이 강조되고 있다. 지역적 특성으로 지적한 상대적으로 강했던 보수층의 존재, 장흥 및 인근 강진에 위치한 병영과 수영, 벽사역의 존재 등이 선언적으로 나열되는 선에서 그치고 있을 뿐 이것이 장흥 지역 동학농민전쟁의 전개과정이나 특성, 의미와 유기적으로 연관되어 접근하지는 못하고 있다는 아쉬움이 남는다.

그러나 우윤의 연구는 지역적 특성에 대한 고려가 필요하다는 점을 선구적으로 지적했다는 점에서 중요한 의미를 가지며, 향후의 연구 방향과 관련해서도 시사하는 바가 크다. 다음 장에서는 이 점에 유념하면서 장흥 지역 동학농민전쟁의 의미를 지역사회의 지배질서라는 맥락에 위치시켜 파악해보고자 한다.

---

12 우윤, 앞의 글, pp. 111-113.

3. 동학농민전쟁과 향촌사회의 지배질서

장흥 지역 동학농민전쟁에서 보이는 특징 가운데 하나는 특정 집안의 사람들의 활약이 두드러진다는 점 그리고 이와 연관되어 같은 집안의 사람들이 집단적으로 참가하였고, 그 결과 심지어 조(組)·부(父)·손(孫) 삼대가 같은 날 전사할 정도로 멸문지화를 당한 사례가 적지 않다는 사실이다. 특정 성씨 집안이나 지역의 유력 가문이 동학농민전쟁을 주도한 사례는 다른 지역에서도 심심찮게 발견된다. 지역별 사례에 대한 연구가 미흡하기 때문에 구체적인 데이터를 제시할 수는 없지만, 장흥 지역은 특히 두드러진다.

우선 장흥 지역을 대표하는 농민군 지도자 가운데 핵심 인물은 이방언과 이사경, 이인환[13] 등과 같이 인천 이씨가 많다. 인천 이씨는 지역사회를 주도한 성씨 가운데 하나였다.[14] 뿐만 아니라 인천 이씨 집안을 비롯하여 여러 명이 동시에 동학농민전쟁에 가담하고, 또 동시에 여러 명이 희생된 사례가 많다. 우선 이방언의 경우 체포된 뒤 재판에 회부되었다가 석방되어 귀향하여 보성으로 피신해 있다가 1895년 4월 당시 전라감사 이도재에 의해 다시 체포되어 그의 아들 이성호와 함께 죽임을 당했다.[15]

용반접주 이사경의 집안에서는 더욱 많은 사람들이 희생되었다. 이는 이사경의 집안이 일찍부터 동학에 입도했다는 점과도 관련이 있을 것으

---

13 이인환의 경우 인천 이씨인 것으로 추정되지만, 족보상으로 확인되지는 않고 있다. 이인환의 출신과 동학농민전쟁 당시의 활동상에 대해서는 위의환, 앞의 책(1), pp. 312-338 참고.

14 장흥 지역 인천 이씨의 사회적 위상에 대해서는 이용기, "19세기 후반-20세기 중반 동계와 마을자치: 전남 장흥군 용산면 어서리 사례를 중심으로", 『서울대 박사학위논문』(2007) 참고.

15 이와 관련된 자료와 상세한 분석에 대해서는 위의환, 앞의 책(2), pp. 209-222 참조.

로 보인다.

　　용반접주 이사경은 대물림 접주이다. 그의 부친이 또한 접주로 휘하 막료들이 지극히 따르는 등 신망이 두터웠다. 그러나 연로하여 체력이 한계에 이르자 고부의 동학 진영에서 낙향하여 용반리에 돌아왔다. 그러자 그를 따르던 휘하 동학군들이 이 접주를 따라 용반리에 들어왔고, 이 접주의 아들인 이사경이 기골이 장대하고 용맹이 있고 인품 또한 넉넉한 것을 알고 접주로 추대하여 계속 모셨다.[16]

　　이는 이사경의 집안에 일찍부터 동학에 입도한 사람이 적지 않았을 것임을 보여준다. 이에 따라 이사경 집안에서는 많은 사람들이 농민군으로 가담하였고, 이사경 본인은 물론 그의 아버지인 이호인과 숙부인 이호의, 이호신 등 5명, 혹은 그의 조부인 이석년까지 포함할 경우 6명이 농민전쟁에 가담하였다가 전사하거나 체포되어 죽임을 당했다.[17]

　　이보다 훨씬 기막힌 사정을 보여주는 것이 최근 알려진 사육신 박팽년의 후손인 고실의 순창 박씨가의 사례이다. 당시 장흥 대덕면에 살던 박광오 집안에서는 16명이 농민전쟁에 참여하였다. 광오의 경우 본인과 아들 영근, 손자 권채가 함께 참여하였다가 12월 12일 같은 날 장흥 지역 전투에서 전사하였다. 또 이들의 전사 소식을 접한 조(祖) · 부(父) · 손(孫)의 부인 삼대가 함께 시신을 찾으러 갔다가 일본군이 쏜 총에 맞아 사망하였다. 광오의 사촌동생인 광률의 경우 본인은 12월 12일 전투에

---

16 용반마을지 편찬위원회, 『지와몰』(1990), pp. 57-58. 『지와몰』은 동학농민전쟁에 참여했다가 처형된 이회근의 손자 이만기(1922-2000) 등 마을 어른들의 증언을 바탕으로 이종선(1934년생, 장흥군 용반리 309번지)이 1986년부터 작업을 시작하여 1990년에 출판한 책이다.

17 위의환, 앞의 책(1), pp. 241-248.

서 광오와 함께 전사하였고, 광오의 6촌 동생인 재성의 경우에도 본인은 농민전쟁 이후 부용산으로 피신하였으나, 관군의 수색에 발각되어 1895년 6월 부용한 능선에서 전사하였으며, 그의 차남 양진은 강진군 대구면 쪽으로 피신하였으나 관군의 수색 과정에서 행방불명이 되었다. 또 장남 순진과 삼남 항진은 모두 석대전투에서 부상을 입었으며, 삼남의 경우 체포되어 고문까지 받았다. 양자 모두 부상과 고문의 후유증으로 고통을 받다가 농민전쟁이 끝나고 각각 5년 후, 17년 후에 사망하였다. 그 밖에도 역시 광오의 6촌 동생인 재순의 경우 본인은 형 재성과 함께 부용산으로 피신했다가 수색 과정에서 전사하였으며, 장남 흥진은 강진 쪽으로 피신하였다가 역시 수색 과정에서 행방불명되었다. 광오의 또 다른 6촌 동생인 화성의 경우 자신은 전 재산을 농민군의 군자금으로 헌납하였고, 그의 아들 상진은 장흥전투에 참전 후 12월 13일 웅치 쪽 전투에 참전하여 간 후 행방불명되었다. 또 광오의 6촌 형인 상률의 경우 인천 이씨 집안으로 장가갔으며, 농민군에게 군자금을 제공하였다. 이상과 같이 박광오의 집안에서는 모두 16명이 농민전쟁에 참전하였으며, 이 가운데 전투 중이거나, 수색 과정에서 전사한 사람이 6명, 행방불명이 3명이며, 남편들의 시신을 수습하러 갔다가 사망한 부인들 3명을 합할 경우 모두 12명이 전사하거나 행방불명되었고, 2명은 부상과 고문의 후유증으로 고통받다가 사망하였다.[18]

이 밖에도 이사경 접주가 활동하던 용반접 산하의 자라번지 마을의 경우 참혹한 피해를 입었다. 앞서 언급한 용반마을지 『지와몰』을 보면 동학농민전쟁 참가자로 이호인, 최창업, 이원종, 이호의, 이세근, 이회

---

18 박광오 집안의 동학농민전쟁 참여와 희생, 그에 얽힌 일화에 대해서는 위의환, 앞의 책(2), pp. 364-378 참조.

근, 이호신, 이사경, 이수공, 이몽근 등 100명이지만,[19] 실제로는 이보다 훨씬 많은 사람이 전사하였으며, 마을 전체가 사실상 폐허가 되는 참혹한 피해를 입었다.

장흥 지역 농민군 활동의 거점이었던 용반리에서는 집성촌을 이루고 있던 인천 이씨를 비롯하여 많은 농민이 농민전쟁에 가담하였으며, 그 중심 인물은 이사경 접주였다. 이 과정에서 용반리 출신 농민군들 가운데 전사하거나 처형된 사람이 다수이며, 동학농민전쟁이 끝날 무렵 당시 용반리를 구성하던 270여 호가량의 가옥 가운데 3호를 제외한 마을 전체가 불타버렸다고 한다. 불타지 않은 3호는 빈소가 설치되어 있던 어떤 집의 아래채, 집을 막 지어 지붕만 덮어놓은 집이라 불을 질렀으나 지붕만 타고 집채는 타지 않은 집, 마을 뒤편으로 멀리 떨어진 배밭골에 있었고 너무 허술하여 그냥 둔 집 등이었다. 처형된 사람들 가운데 다수가 같은 날 제사를 지낸다고 한다. 이연기(참여자 이세근의 손자, 1938년생) 옹은 젊었을 때에 마을에서 떡공장을 했었는데, 해마다 1월 14일이 되면 부인네들이 '갑오동학' 때 돌아가신 어른들의 제사를 지내야 한다며 떡을 맞춰 갔으며, 이날이 기일인 사람이 14명이었다고 한다. 이세근의 제사도 1월 14일에 지내기 때문에 더 또렷이 기억하고 있다고 하였다. 1월 3일에도 아홉 집이 제사를 지냈다고 한다. 또한 참여자 이회근의 집은 장흥부의 향리 길씨가 강제로 빼앗아 가서 사람이 살던 집터에 묘를 썼다고 한다. 길씨 집안에서는 지금은 모두 이장하였지만, 이회근의 집 외에도 마을 뒷산 두 군데에도 묘를 썼다고 하며 이회근의 집터에는 지금까지도 길씨 집안의 묘가 있다. 이에 대해 동네에서는 모두 불쾌하게 생각하며, 그 자리에 묘가 있어 마을이 못 산다는 말까지 나온다고 한다.

---

19 용반마을지 편찬위원회, 앞의 책, p. 58.

위와 같은 이야기는 온 마을에 전해져오고 있으며, 당시 사망한 사람들의 사망 일자는 모두 틀리게 기록되어 있다. 『지와몰』의 편집자 이종선 씨에 따르면 당시 동학농민전쟁에 참여한 분들은 처형되었을 뿐만 아니라, 그 뒤에까지 유족들에게 피해가 있었으므로 족보에는 사망 일자를 의도적으로 틀리게 기록하여 갑오년이 아닌 것으로 기록하였다고 증언하였으며, 이러한 사실 역시 마을에서 지금까지 구전되어 오고 있다.[20] 앞서 언급한 이세근 역시 족보와 『지와몰』에는 1893년 1월 5일 사망한 것으로 되어 있으나, 손자 이연기에 따르면 이세근의 제사일은 1월 14일이라고 한다. 또 『인천이씨세보(仁川李氏世譜)』에 따르면 동학농민전쟁에 참여하였다가 1894년 말 혹은 1895년 초에 전사하였거나 혹은 체포되어 처형된 사람들의 사망 날짜가 이호의(1851-1893.12.29), 이호신(1857-1893.1.7), 이세근(1853-1893.1.5), 이회근(1854-1893.1.19) 등과 같이 다르게 기록되어 있다.

역시 동학농민전쟁에 가담했다가 전사한 이원종의 증손 이춘옥(1931년생, 전남 장흥군 용반리)에 따르면, 족보에는 증조모가 사망한 것으로 기록되어 있다고 하며, 둘째 증조부 이원찬도 용산면 월리미라는 곳에서 싸워 사망했으나, 족보에는 그의 처가 사망한 것으로 기록했다고 한다. 이는 동학농민전쟁이 끝난 다음에도 집요하게 이어지는 관과 보수세력의 탄압을 피하기 위해 실제 사망일보다 1~2년 정도 앞당겨 사망한 것으로 기록함으로써 동학농민전쟁과 무관하다는 점을 드러내 보이기 위한 고육책에 다름 아니었다. 동학농민전쟁에 가담한 사람들뿐만 아니라, 그 주변에 있던 사람들까지도 거대한 역사의 격랑 속에서 고통에 찬 세월을 보내야 했음을 그대로 보여준다. 처형된 시신들은 추운 겨울 날

---

20 앞의 책, 58-59.

씨 탓으로 꽁꽁 언 채 방치되어 있었으며, 가족들과 동네 아낙들이 거지 등으로 변장하고 찾아가서 한 사람은 머리, 한 사람은 발 부분을 이고 걸어서 마을로 옮겨온 것으로 전해지고 있다.[21]

장흥 지역의 피해에 대해서는 강진 유생 박기현이 남긴 「일사(日史)」에도 기록되어 있다. 「일사」에 따르면, 석대들전투 직후 장흥 강진 지역의 관속들이 "동학 마을을 불사르고 가신을 몰수하거나", "동학이라 핑계하여 사람들을 죽였고", "멋대로 토색"하여 "억울하게 죽은 사람"이 적지 않았다고 하였다.[22] 이러한 피해를 가장 극심하게 입은 마을은 용반 마을이었다. 그것은 "강진 병사가 윤권중 4부자와 그 처의 목을 베어 영중(營中)을 경계하는 한편 그 머리를 용반리 동학 마을로 보내 그 불을 지른 죄를 성토하였다"는 기록에서 분명히 확인된다.[23] 이는 온 마을에서 3채만 남기고 모두 불타버렸다는 용반 마을에 대한 구전 내용과도 부합한다. 또 김재계도 이와 관련하여 "어느 곳에서는 한 동리가 함몰했다, 삼부자가 한 총에 죽었다는 등 참으로 어수선하였다"고 당시의 사정을 기억하였다.[24] 이 역시 온 마을이 불타 폐허가 되어버린 용반리의 사정이나, 3대가 전사하고 그 시신을 찾으러 간 조·부·손 삼대와 그 아내들까지 총에 맞아 절명한 고실 박씨가의 사정과도 부합한다.

용반 마을 주민들과 길씨 집안과의 관계는 동학농민전쟁 당시 향촌사

---

21 필자의 면담. 이춘섭(이사경의 손자, 1935년생, 주소: 전라남도 장흥군 부산면 용반리 239), 이연섭(이사경의 손자, 1938년생). 일시 및 장소 : 2006. 7. 28 금요일 9시 40분–12시 50분 / 이성태(증손자) 씨 자택 및 마을 정자.

22 박기현, 「日史」, 12월 15일, 16일, 17일. 일사는 2002년 강진군의 지원을 받아 박맹수 교수가 번역하여 『강재일사』라는 제목으로 간행하였다. 이글에서는 번역본에 의거하여 인용하였다.

23 「일사」, 12월 13일.

24 김재계, 앞의 글, p. 28.

회의 갈등 관계를 반영하는 사례일 뿐만 아니라, 그 갈등이 현재까지도 완전히 사라지지 않고 있다는 점에서 당시 향촌사회의 지배질서나 동학농민전쟁이 향촌사회에서 살던 사람들의 삶에 미친 영향을 추적하는 데도 시사하는 바가 크다. 18세기 중반 이후 사족 지배질서가 와해되어 가면서 사족들이 차지하는 사회적 위세는 그 이전과 달라졌다. 최근 장흥 지역(용산면 어서리) 사회에 대한 중기사적 연구에 따르면, 19세기 후반 들어 장흥 지역의 동계에서도 신분제적 지배의 성격이 탈각하고 생활공동체로서의 성격이 강화되어 가는 모습이 확인된다. 그럼에도 불구하고 인천 이씨의 경우 19세기 후반까지도 향촌사회 운영의 주도권을 장악하고 있었다.[25] 이러한 상황이 특정 성씨의 지도나 집단적 참여를 비롯하여 장흥 지역 동학농민전쟁의 전개양상이나 농민군의 활동양상, 그 이후의 영향 등이 어떤 관련이 있는지에 대한 본격적인 분석이 요청된다.

한편 명망가는 아니더라도 군현을 넘나들며 조정자로서의 역할, 때로는 사기편재자(詐欺騙財者) 등으로 표현되지만, 이들이 '읍폐(邑弊)·민막(民瘼)을 늘 입에 올리고' '영소(營訴)·읍소(邑訴)를 생애로 삼는다'거나,[26] 고을의 폐막을 고치기 위해 중앙과 감영에 대한 정소는 물론 상경하여 격쟁(擊錚)·거화(擧火)까지 하는 인물,[27] 영소(營訴)로 가산을 탕진한 자들이 있었던 데서도[28] 엿볼 수 있듯이 민원이나 분쟁 해결에 앞장서는 자, 향촌사회에서도 반드시 배척의 대상이 아니라 필요한 자가 존재했다. 더구나 이방언과 같은 인물은 학덕을 겸비한 명망가였다. 박석

---

25 이용기, 「19세기 후반 반촌 동계의 기능과 성격 변화」, 「사학연구」 19(2008).

26 「壬戌錄」 晉州按 使査啓拔辭, p. 24.

27 「龍湖閑錄」 권3, 咸坪亂傀鄭翰淳供草.

28 「日省錄」 高宗 6年 正月 10日.

교에 따르면, 흉년이 들었는데도 중세(重稅)와 관리들의 횡포가 계속되자 이방언은 장흥군수를 방문하여 감세를 진정하였으나 아무런 반응이 없자 전라감사를 찾아가 담판 끝에 그의 출신지인 남상면 일대의 감세를 받아냈다는 일화가 있다.[29] 이방언의 조세 감세 노력은 유력 사족 혹은 명망가로서의 이방언의 평소의 생각과 행동이 어떠했는지를 잘 보여준다. 그러한 지역 명망가나 양심적 사족들이 어떤 현실인식 속에서, 어떤 방법과 절차를 통해 그런 역할을 수행해내었는지에 대한 접근이 필요하다. 이미 잘 알려진 김한섭과의 갈등, 대립도 도덕주의적 입장에서 한쪽은 양심적, 선각적이고 다른 쪽은 비양심적이고 구태적이라는 방식으로 접근하는 것은 자칫 도식적으로 흐를 수 있다. 이러한 접근을 벗어나 양자 간의 분기가 된 사정을 향촌질서나 사족의 사유체계 속에서 찾아내는 일이 중요할 것이다. 이러한 사정은 향촌 사회질서에 대해 접근하기 위해서는 가시적인 "제도"나 기구의 측면만이 아니라, 그 아래서 작동되는 보이지 않는 질서 내지 관계망에 대한 이해가 필수적임을 보여준다.

4. 동학농민전쟁과 여성

동학농민전쟁 연구에서 보이는 중요한 특징 가운데 하나는 반드시 젠더 문제나 여성사의 입장이 아니더라도 여성에 대해 언급한 연구가 거의 없다는 사실이다. 이는 무엇보다 동학농민전쟁에 관한 자료에 참여한 여성은 물론이고, 동학농민전쟁 당시 여성들의 사정을 기록한 내용이 거의 없기 때문이다. 조선후기부터 근대이행기로 이어지는 시기에

---

29 박석교, 「동학혁명과 이방언 장군」, 『신인간』 301(1972), p. 32.

빈발한 다양한 민중운동 연구에서 여성의 참여가 뚜렷이 드러나는 사건은 1901년 제주도에서 일어난 '이재수의 난'이 거의 유일하다.

1901년 제주도에서 일어난 '이재수의 난'에서는 무녀 · 기녀 · 첩 등의 하층 여성의 활약이 두드러졌다.[30] 제주성에서 내응한 주역은 여성이었다. 여진(女陣) · 남진(男陣)으로 각기 천여 명이 궐기했는데, 지휘를 한 것은 여진 중의 작두(作頭)였고, 성 위에 올라가 포문을 철거한 것도 여성이었다.[31] 또 수천 명의 여성들은 6월 15일에도 시위대 대대장을 찾아왔다. 이들은 병사들에게 "왜(倭)나 한[漢(청)]의 병사와 같이 백성을 살리지 않고 오히려 죽이려고 하는 것인가"라고 비난하며, "민막(民瘼)을 바로잡으려 하지 않고, 매일의 안락에 골몰하는 것이냐"라고 야유하였다. 이러한 여성들의 언행에 대해 당시 제주도에 유배된 몸으로 이 민란을 보고 들었던 개화파의 인사 김윤식은 "이 지역의 여풍(女風)은 참으로 심하게 나쁘다"라고 비판하였다.[32] 이에 대해 김양식은 무녀나 기생, 첩 등이 종교적 · 사회적 · 문화적으로 천주교에 대해 이질감을 강조하였으며,[33] 조경달은 대한제국에 들어 민중에 의해 형성되어 가던 선비의식이 여성에게까지 확산되어 있었음을 시사한다고 주장하였다.[34]

이재수의 난 이외의 민중운동과 관련한 연구에서 여성문제를 본격적으로 다룬 사례는 거의 없는 것으로 보인다. 사정은 동학농민전쟁에서도 마찬가지이다. 동학농민전쟁 당시 여성의 참여와 투쟁에 대해 언급

---

30 김양식, 「1901년 제주민란의 재검토」, 『제주도연구』 6(1989), p. 150.

31 김윤식, 『속음청사』 상, p. 573.

32 앞의 책, p. 589.

33 김양식, 앞의 글, p. 150.

34 조경달 지음, 허영란 옮김, 『민중과 유토피아-한국근대민중운동사』, 2009, 역사비평사, p. 148.

한 것은 조경달의 연구가 거의 최초인 것으로 보인다. 조경달은 농민군의 평등주의 투쟁이 여성해방의 지향도 가졌던 것으로 파악하였다. 그것은 바로 장흥 지역에서 체포된 이조이(李召史)의 활동을 근거로 한 것이다.[35] 조경달은 갑오개혁 당시 군국기무처가 "과부의 재가는 귀천을 논하지 말고 그 자유에 맡길 것"이라는 의안을 의결한 것도 이조이 같은 여성들이 농민군에 참가하여 싸웠기 때문에 얻어낸 측면이 있다고 하였다.[36] 최근에는 위의환이 이조이에 대해 "유관순 열사보다 항일운동의 선배로 여성운동의 선구자로 반드시 자리매김 시켜야 할 인물"이라고 하였다. 이조이에 관한 중요한 자료는 다음과 같다.

장흥의 民人 등이 잡아 바친 여자 동학은 그들이 '神異夫人'이라 일컫는데, 요사스런 말을 하여 어리석은 백성들을 현혹한 일대 요물인지라 이달 초 1일 나주에 주둔하고 있는 일본군 진영 대대로 압송하였습니다. '여자 동학 李召史의 남편을 급히 나주 감옥으로 보내어 그 아내의 병을 살피게 하라는 일'을 명령 받았으나, 그가 40리 떨어진 곳에 있으므로 사람을 보내어 불러오게 하였습니다. 그러나 갔다가 돌아오는 일이 다소 늦어져 그들이 오기를 기다렸다가 즉시 보낼 계획입니다.[37]

長興 전투의 틈을 타서 縣監을 죽인 것은 여자라는 소문이 있었다. 그런데 그 여자 東學은 사실 미친 사람이었는데, 東學徒들이 옹립해서 天使

---

35 이조이 관련 사료를 비롯한 자세한 내용은 위의환, 앞의 책(2), pp. 222-230 참조.

36 조경달 지음, 박맹수 옮김, 『이단의 민중반란-동학과 갑오농민전쟁, 그리고 조선민중의 내셔널리즘』, 2008, 역사비평사, pp. 235-236.

37 『양호우선봉일기』, 1895년 1월 3일, 4일 『총서』 15, p. 332, 337.

로 만들어 이용한 것이다. (중략) 그 미친 여자는 좌측지대에 소속되어 순회하던 招募官 伯樂中이란 자가 붙잡아 민병으로 하여금 엄하게 糾問하게 하였다. 그 전부터 조선에서의 처벌이 매우 엄중하다고는 들었지만, 이 여자를 고문하는 것을 보고 정말로 놀랐다. 양쪽 허벅지의 살을 모두 잘라내어, 그 한쪽은 살을 아주 잘라내서 뼈만 남고 또 다른 한쪽은 피부와 살이 금방 떨어져 나갈 것처럼 매달려 있는 것을 보았다. 그 여자가 압송되어 羅州城에 도착했을 무렵에는 거의 죽은 송장 같았다. 이 伯樂中은 雲峰에서 나와 食糧·兵舍·道路 등에 관해 우리 군대의 조달을 맡은 자로서 여러 곳을 수행해왔지만, 그의 거동이 분명하지 않아 그 점을 본인에게 규명·조사해보았더니, 巡撫營으로부터 하부받은 완전한 사령장을 갖고 있었으므로 그대로 수행하도록 했다. 미친 여자는 崔童子와 같은 날 도착했다. 상처 부위가 썩어 문드러져서 악취가 코를 찌르고 대소변은 앉은 채 나오는 대로 내버려두었으며 입은 것이라고는 흰옷 한 벌뿐으로, 그 참담한 꼴은 사람들로 하여금 무의식중에 무참한 감을 느끼게 하였다. 문명한 모든 나라에서는 부녀자에 대해서는 비록 죄수라 해도 대우 면에 있어서 얼마간은 관대하므로, 羅州에 도착한 뒤 그 여자를 병원에 입원시켜 치료하였다. 여러 가지 심문한 끝에 그 여자가 정신착란자라는 것을 확인하였다. 또 崔童子는 의사의 주장으로 그 다리를 자르지 않고서는 도저히 치유될 가망이 없다고 하기에 발목을 잘랐는데, 정신이 착란 되어 감각이 둔해졌던 탓인지 뜻밖에도 그 큰 상처가 완치되었다.[38]

이 외에도 1895년 3월 5일자 일본 「국민일보」에서는 다음과 같이 보도하였다.

---

38 『駐韓日本公使館記錄』 6, p. 53.

동학당에 여장부가 있다. 동학당의 무리 중에 한 명의 미인이 있는데, 나이는 꽃다운 22세로 용모는 빼어나기가 傾城之色의 미인이라 하고, 이름은 李召史라고 한다. 오랫동안 동학도로 활동하였으며, 말을 타고 장흥부가 불타고 함락될 때 그녀는 말 위에서 지휘를 하였다고 한다. 일찍이 꿈에 天神이 나타나 오래된 祭器를 주었다고 하며, 동학도가 모두 존경하는 神女가 되었다.[39]

장흥에는 이조이와 같이 농민군 지도자로 알려진 여성 외에도 동학농민전쟁에 가담한 남편이나 아들 때문에 곤욕을 치르거나 잡혀가서 문초를 받은 여성들이 지금까지 알려진 것만 하여도 적지 않다. 장흥의 농민군 지도자 이인환의 경우에도 그의 부인 유소사가 남편 대신 잡혀가 고문을 받았던 것으로 알려져 있으며, 앞서 언급한 장흥의 고실 박씨가의 사례에서는 남편들의 시신을 찾으러 갔다가 조·부·손 삼대의 부인들이 모두 총을 맞고 사망한 경우도 있었다. 또 신례원 전투에서는 관군의 밥을 해주던 노파가 농민군에 내응하여 관군이 잠든 사이에 포신에 물을 붓고 도망하였으며, 이 탓으로 다음 날 전투에서 관군이 포를 쏘자 포문에서 포탄이 아니라 물이 나왔고, 이때부터 "동학군은 호풍환우의 술(術)이 있어서 능히 대포구멍에 물이 나게 한다"는 소문이 떠돌았다는 일화도 전해지고 있다.[40]

이러한 사례들도 넓은 의미에서 여성들이 동학농민전쟁에 참여한 사실로 볼 수 있을 것이다. 그러나 동학농민전쟁이 가지는 의미를 한층 다양한 시각에서, 보다 풍부하게 이해하기 위해서는 단순히 여성들이 얼

---

39 『동학농민전쟁사료총서』 22, p. 499; 번역은 위의환, 앞의 책(2), p. 227 참조.

40 靑吾, 「東亂雜話」, 『신인간』 1, 1926년 4월, pp. 55-56.

마나 많이, 또 어떤 방식으로 참여하였는가 하는 문제가 아니라 여성들에게 동학농민전쟁은 어떤 의미를 지녔는가, 나아가 여성들의 시각에서 동학농민전쟁을 어떻게 바라볼 수 있는가 하는 관점이 요청된다.

앞서 언급한 이조이의 사례만 하더라도 그녀는 객관적으로는 분명히 지도자적 위치에 있었음이 사료에서 확인된다. 설사 그녀가 정신적으로 문제가 있었다 하더라도 수많은 농민군을 지도하는 위치에 있었고, 많은 농민군들이 그녀를 신이부인으로 신뢰하였다는 사실은 중요한 의미를 가진다. 어쨌거나 남존여비의 인식이 여전하던 당시로서는 파격적 의미를 지니기 때문이다. 이러한 사실이 남성들의 여성에 대한 인식이나 여성 자신들의 자기 정체성 인식 등에 어떤 영향을 미쳤는가하는 점에 대한 접근이 요청된다. 이러한 고민이 축적될 때 조경달이 언급한 "선비의식이 여성들에게까지 확산"되었다는 지적이나, 갑오개혁이 여성들의 투쟁의 결과라는 측면이 있다는 지적도 그 구체성을 획득하게 될 것이다.

5. 결론

동학농민전쟁의 발발 배경과 전개과정, 농민군의 활동양상, 동학농민전쟁이 한국 근대사에서 차지하는 위상이나 의미에 대해서는 그동안 많은 연구가 축적되어 왔다. 그러나 아직 연구가 전혀 이루어지지 못했거나, 미흡한 분야도 적지 않다. 특히 각 지역별 동학농민전쟁의 전개과정에 대해서도 자료의 발굴과 조사부터 구체적인 사실관계의 해명 등 아직까지 해명해야 할 과제가 산적해 있는 형편이다. 이러한 점들도 앞으로 해결해야 할 과제이지만, 기왕의 연구에서는 무엇보다 동학농민전쟁이 조선사회에 어떤 영향을 미쳤는가에 대한 접근이나, 여성사 내지 젠더론에 입각한 연구가 거의 없다.

물론 동학농민전쟁이 한국뿐만 아니라 동아시아 근대사의 전개에 결정적인 영향을 미쳤다는 점, 그리고 동학농민전쟁이 그 이후에 전개된 한국 근대의 민족·민중운동사, 예컨대 의병전쟁이나,[41] 식민지 시기 이후의 3.1운동을 비롯한 항일운동, 해방 후의 민주화운동에 이르기까지 동학농민전쟁의 경험과 정신이 면면히 이어졌다는 점에 대해서는 이미 충분히 지적되어 왔다. 그러나 동학농민전쟁이라는 전대미문의 대규모의 민중운동과 그 경험, 곧 농민군은 물론, 반농민군, 직접적인 관계가 없었던 모든 조선인들, 그리고 이들로 구성되는 향촌사회, 나아가 조선사회 전체가 겪었던 경험이 이후 그들 각자에게 어떠한 의미를 부여했으며, 어떠한 변화를 가져왔는가에 대해서는 진지한 연구가 사실상 거의 없다시피 하다.

이는 앞서 지적하였듯이 동학농민전쟁에 대한 연구가 '반봉건 반외세'를 지향한 최초의 대규모 근대 민족운동이라는 점에서, 또 그 정신이 이후 민족(민중)운동으로 면면히 이어지고 있었음을 강조하는 방향에서 이루어져 왔다는 점과 무관하지 않을 것이다. 물론 그에 따라 많은 연구가 축적되면서 사실관계의 해명에도 커다란 진전이 있었다. 그러나 민중운동은 다른 한편 그를 통해 그것이 일어났던 당시 사회를 역투사할 수 있는 가능성을 제공하기도 한다. 운동이라는 비일상적 상황 속에서 일상적인 삶 속에서는 잘 드러나지 않거나 은폐되어 있던 그 당시 사회의 보

---

41 1990년대 후반부터는 동학농민전쟁과 이른바 前期 의병의 관계에 대해 의문을 제기하는 연구가 제출되고 있다(이상찬, 「갑오개혁과 1896년 의병의 관계」, 『역사연구』 5, 1997; 이상찬, 「1896년 의병운동 통설에 대한 비판적 검토」, 『역사비평』 45, 1998; 배항섭, 「1896年 나주 향리층의 의병주도와 배경」, 『대동문화연구』 51, 2005.

이지 않는 구조나 사회관계, 인간관계, 의식, 특히 민중의식 등이 폭발적으로 드러나는 시공간이기 때문이다. 이와 관련한 연구도 일부 이루어지고 있지만,[42] 상대적으로 소홀한 형편이다.

장흥 지역 동학농민전쟁에 대한 연구에서도 동학농민전쟁의 전개과정이나 관련 인물들의 행적과 내력, 인근 지역과의 관계, 농민군 '본대' 혹은 '주력부대'와의 관계 등을 세밀하게 파악하는 것도 중요하지만, 거기에 그쳐서는 안 된다. 새로운 시각과 접근방법의 확보가 요청된다. 이를 테면 "중앙으로부터 지역"이 아니라 "지역으로부터 중앙", 혹은 농민전쟁을 그 내부로부터 파악해 들어가는 시각의 확보와 그를 통한 새로운 접근이 시급하다. 또 동학농민전쟁 연구를 "지역의 형성(지역사회의 질서 재편)"이라는 시각에서 바라볼 경우, 중앙 차원에서의 근대이행을 바라볼 때 보이지 않던 다양한 모습이나 특징이 포착될 수도 있을 것이다. 이와 같이 지역사회의 변화를 통해 근대사회로의 이행을 연구해 나갈 수 있는 것은 중요한 의미를 가진다. 이 점에서 장흥 지역은 풍부하고 매우 의미 있는 사례를 보여준다. "동학농민전쟁과 여성"이라는 문제도 마찬가지 맥락에서 이해할 수 있을 것이다.

지역적 특성에 대한 고려, 지역으로부터의 시각, 여성문제 대한 새로운 시각은 결국 민중사에서 말하는 "위로부터의 역사"가 아닌 "아래로부터의 역사"라는 시각과 상통하는 것이기 때문이다.

---

42 신영우, 「19세기 영남 금산의 양반지주층과 鄕內 사정」, 『동방학지』 70(1991)은 이러한 문제의식에 근접한 연구라고 생각된다.

이 책에 실린 글들이 처음으로 게재된 지면

1. 「조선후기 민중운동 연구의 몇 가지 문제」, 『역사문제연구』, 19, 2008

2. 「동학농민전쟁의 사상적 기반에 대한 연구현황과 과제—동학(사상)과 농민전쟁의 관계를 중심으로—」, 『사림』, 45, 2013

3. 「1920~1930년대 새로운 동학농민전쟁상의 형성」, 『사림』, 36, 2010

4. 「한우근의 동학농민전쟁 연구—내용과 의의」(원제, 「한우근의 동학농민전쟁 연구가 남긴 학문적 유산」), 『진단학보』, 120, 2014

5. 「'등신대(等身大)'의 민중상으로 본 동학농민전쟁—趙景達, 『異端の民衆反亂—東學と甲午農民戰爭』(岩波書店, 1998), 서평」, 『해외한국학평론 4』, 2006

6. 「1990년대 이후 북한 학계의 동학농민전쟁 연구동향과 특징」(원제, 「최근 북한 학계의 동학농민전쟁 연구동향과 특징」), 『민족문화연구』, 46, 2007

7. 「근대를 상대화하는 방법 : 민중사에서 바라보는 근대」, 『역사비평』, 88, 2009

8. 「임술민란의 민중상에 대한 재검토—근대지향성에 대한 반성과 동아시아적 시각의 모색—」, 『역사와 담론』, 66, 2013

9. 「동학농민군의 지향 :근대인가? 반근대인가?」, 『내일을 여는 역사』, 55, 2014

10. 「현행 고등학교 근현대사 교과서 서술에서 보이는 민중상」, 『한국사연구』, 122, 2003

11. 「동학농민전쟁에 대한 역사교과서 서술 내용의 새로운 모색—동아시아적 시각과 '나눔과 배려'의 정신을 중심으로」, 『역사와 담론』, 62, 2012

12. 「동학농민전쟁 연구의 새로운 가능성—전남 장흥 지역의 사례를 단서로—」, 『동학학보』, 19, 2010